지금 다시, 헌법

지금 다시, 헌법

차병직 · 윤재왕 · 윤지영

노르웨이숲

신판 3쇄에 부쳐

우주에 그렇게 별이 많은데 밤하늘은 왜 캄캄할까? 올베르스의 역설처럼 가끔 이런 생각도 든다. 나라마다 헌법이 있는데, 왜 살기는 어려울까? 기본권편만 읽고 현실 정치를 바라보면 누구나 헌법의 역설을 말할 수 있을 정도는 된다.

헌법대로만 하면 만사가 해결될 것 같은데, 동일한 조문도 서로 이해하는 방식이 다른 모양이다. 헌법이 하나의 개념이라면, 현실은 은유다. 우리는 저마다 개별 현상의 유추를 통해 개념을 이해하고, 개념을 수단으로 생각에 빠진다. 헌법은 하나인데, 그것은 내가 미워하거나 적으로 여기는 사람들과 공유하는 개념이라는 사실이 문제다. 그런 상황에서 헌법을 해석하는 보기로 제시하는 것이 이 책의 의도였다.

이 책의 내용은 애당초 수많은 다른 사람들의 사고의 결과를 유추한 산물에 불과하다. 따라서 이 책의 내용이 어느 누구의 헌법 이해에 조금이라도 도움이 된다면 얼마든지 그의 것으로 제공하기로 발행인과 저자들이 합의하고, 판권장에 그 표시를 한 것이 3쇄의 작은 의미다.

2024년 4월

윤재왕 윤지영 차병직

두 번째 이름에 세 번째 겉옷으로 내는 책은 새책일까 헌책일까? 노르웨이숲의 긴 털처럼 새로우면서 친숙한 표지로 단장한 이 책을 어떻게 보느냐에 따라 다를 것이다. 그 동안 달라진 부분들을 반영하여 조금 고친 부분에 비중을 둔다면 신판이다. 그 사이에 헌법은 바뀌지 않았다. 그럼에도 불구하고 헌법에 대한 사람들의 생각은 요동친다. 저자들은 헌법이라는 미래의 유물 앞에 선 안내원이다. 해석은 독자 개개인의 몫이다. 해석은 힘을 낳는다. 현실의 힘은 헌법학자들의 이론에서 나오는 것이 아니라 헌법을 필요로 하는 각자의 해석과 주장이 만들어 내는 희망 또는 울분에서 잉태된다. 그 힘이 헌법을 실현할 것을 기대한다. 실현의 향방이 어느 쪽인지 궁금해하면서.

2022년 3월

윤지영 윤재왕 차병직

서문

감정과 이성의 헌법

'헌법은 왜 읽어야 하는가?' 이 물음에 대한 답변은 쉽지 않다. 그럼에도 불구하고 우리 사회의 한쪽에서는 헌법 읽기 운동을 펼치는 등 헌법에 특별한 관심을 나타내고 있다. 보통의 시민이 헌법을 읽어야 하는 이유는 무엇인가. 헌법에 우리가 모르는 대단한 것이 숨어 있어서인가, 아니면 헌법을 읽음으로써 구체적인 힘을 가지게 되기 때문인가. 국가에 대해서 무엇을 요구하기 위해서인가. 혹은 헌법을 읽는 그 자체가 국민의례를 행하듯 의식 있는 시민으로서 이행해야 할 의무라고 생각해서인가. 손가락으로 조문을 짚어가며 헌법을 읽는 사람들은 거기에서 무엇을 기대하고 있는가.

근대국가는 주권 혁명에 따라 제각각 헌법을 마련했다. 헌법은 한 국가의 상징이자 실체이다. 주체이면서 구성원인 국민은 물론 함께 교류하는 세계인의 삶을 위한 기본 가치를 선언하고, 아울러 그것의 실현을 담당하는 권력기관의 설치와 운영을 규정한다. 통치기구가 국가를 제대로 운영하여 국민의 기본권을 보장하려면 수많은 법률이 필요하다. 우리는 헌법이라는 이름 아래 거미줄처럼 짜여 있는 법과 제도의 보호를 받으며 인간의 존엄과 가치를 훼손당하지 않는 가운데 행복을 추구하게 된다. 따라서 헌법만 제대로 작동한다면 우리는 모두 인간다운 생활을 누릴 수 있다고 믿는다. 헌법을 공부하지 않아도 대체로 그렇게 알고 있다. 태어나면서부터 민주주의라고 부르는 분위기 속에서 교육을 받았기 때문이다.

그러나 살아가면서 우리는 현실이 우리의 기대와 다르다는 사실을 깨닫는다. 가르쳐주지 않아도 저마다 경험으로 확인한다. 그리하여 정치적 불만을 가진 사람은 격앙된 감정으로 헌법을 노려보게 되고, 이를 혁명이나 개혁의 근거로 삼고 싶은 기분에 고양된다. 침착하고 신중한 태도의 사람도 생활의 고단함이 참기 불편한 정도에 이르면 헌법을 찾는다. 바람직하고 합리적인 변화를 일으킬 힘을 그 속에서 얻고자 하는 희망 때문이다.

어떤 변명에도 불구하고, 개인이 집착하는 것은 자신의 자유와 권리다. 그것이 확보되어야 공동선을 위한 협력이 가능하다고 생각하는 본성이 우리 안에 내재되어 있다. 자유란 무엇인가. 외부의 강요에 의하지 않고 자기 내면의 지시에 따라 움직이는 것이다. 자발적인 행동은 자연법칙에 의해서도 제한받지 않는다. 생물학적으로 표현하자면 오직 자기의 뇌가 명령하는 대로 행동할 뿐이다. 그렇다면 뇌가 외부의 영향을 받는 경우는 어떠한가. 환경의 영향으로부터 자유로운 뇌가 존재하는가. 결국 우리는 자유가 장애에 부딪혔을 때 갈등 속에서 행동을 선택한다. 참고 넘어갈 것이냐, 싸울 것이냐.

우리는 현재를 살고 있지만, 정작 현재는 모호하다. 과거와 미래가 끊임없이 교차하는 가운데 현재를 산다고 느낄 뿐이다. 사건이 일어나면서 과거와 미래가 구분된다. 우리가 살아가는 일이란, 무수한 사건을 맞아 대응하는 행위의 연속이다. 어떤 행동을 선택할 것인가에 대한 지침의 하나로 헌법은 유용하다. 변화를 원한다면 어떠한 형태로든 싸울 수밖에 없다. 정치 현실에서 필요한 싸움은 투쟁뿐 아니라 설득까지 포함한다. 그렇다면 정치의 줄기를 형성하고 있는 헌법은 일상의 삶에 사용 가능한 싸움의 도구다.

자연과학은 물론, 인문학이나 사회과학의 온갖 이론은 세상을 이해하고자 하는 하나의 방식이다. 헌법이 현실보다 얼마나 더 깊은 수준의 가치를 보유하는지 모르지만, 결국 그것도 우리가 사는 국가공동체라는 세계의 일부를 이해하는 유효한 수단이다. 그러한 점에서 시민의 한 사람으로서 헌법을 읽는 의미를 발견할 수 있다.

헌법과 헌법 현실은 항상 다를 수밖에 없다. 헌법 현실이 헌법 정신에 결코 도달할 수 없다는 것이 사실이라면, 그 난처한 상황을 헌법의 불합리한 근본성이라 부를 수 있겠다. 그런 점에서 한 사회가 무언가 새로운 시도를 기획하는 방법의 하나가 헌법 개정이다. 선거철이 다가오면, 또는 선거가 끝나기만 하면 개헌론이 들썩거린다. 개헌이 헌법 현실과 헌법 사이의 거리를 가깝게 만드는 데 도움이 된다면 마다할 이유가 없다. 그 절실함을 가늠해보기 위해서도 헌법의 일독은 필요하다.

현실은 각자로부터 시작하여 우리 모두가 공동으로 만들어내는 풍경이다. 헌법은 물론 헌법 현실도 종국에는 우리가 이루어내는 것이다. 행동으로 현실을 창조해가는 과정에 이성과 감정의 배분을 어느 정도 비율로 할 것인가를 선택하는 데에도 헌법의 이해는 필수적이다. 이 책은 그런 사정을 고려해 평범한 사람이 읽고 이해할 수 있도록 헌법에 해석을 붙인 것이다. 표제부터 마지막의 부칙에 이르기까지 빠뜨리지 않고 주석

을 달았는데, 시민의 교과서가 되었으면 하는 과욕이 낳은 시시한 결과물
이다. 7년 전《안녕 헌법》이라는 제목으로 펴냈던 책을 절판하고 새롭게
다듬어 조금이라도 덜 시시해 보이도록 노력했다.

2016년 11월
차병직, 윤재왕, 윤지영

차례

일러두기

● 대한민국헌법 등 법령 및 조문의 맞춤법과 띄어쓰기는 국가법령정보센터(www.law.go.kr)가 공시한 내용을 그대로 따랐다.

● 법령명은 〈 〉, 헌법 및 법령 조문을 직접 인용한 부분은 " "로 구분했다.

● 헌법 조문 주석에서 인용하고 있는 주요한 헌법재판소 결정문은 독자가 쉽게 전문을 찾아볼 수 있도록 결정번호를 미주로 처리했다.

대한민국헌법

1987년 10월 29일 전문 개정 공포

우리가 살고 있는 이 세계나 살면서 접촉하는 모든 현상에 출발점과 구분점이 명확하다면 정말 편리할 것이다. 어떤 일이든 시작과 순서가 분명하면 대상을 인식하고 이해하기가 수월하기 때문이다. 그렇지만 우리의 삶이나 주변 환경은 그렇게 질서 정연하지가 못하다. 오히려 복잡하고 어렵기만 하다.

거미줄처럼 얽혀 있는 법은 국가 사회 내에서 우리 현실의 삶을 비교적 구체적으로 만들어주는 제도적 수단인데, 그 법의 세계는 꽤 반듯하게 체계적인 것처럼 보인다. 무엇보다도 모든 법의 정점에 깃발처럼 세워놓은 헌법이 존재하기 때문이다. 수천 개의 법령은 헌법 아래 있고, 헌법은 법들을 지휘하고 감독한다. 헌법이 힘겨우면서도 영예로운 역할을 맡을 수밖에 없는 이유는, 오직 우리의 인간다운 삶에 봉사하기 위해서다.

헌법은 무척이나 논리적 결과물인 것 같은 느낌을 준다. 하지만 현실의 헌법은 경험적이고 정치적인 산물이다. '헌법을 갖지 아니한 나라는 없다'란 말도 그런 연유로 생긴 것이다. 적어도 오늘날 국가라고 하면 헌법을 가진 정치공동체를 의미한다. 대한민국헌법도 그중 하나다.

헌법이 정치적 결정에 의해 만들어졌다는 것은 어떤 의미에서 다행한 일이다. 헌법은 모든 법의 선두에 위치한다. 만약 그 법의 세계가 전문적이고 학문적인 벽에 갇혀 있다면 어떻겠는가. 법률가나 법학자들만 드나들 수 있고 보통 사람들은 접근하기가 힘들 것이다. 하지만 헌법이 정치적 과정에서 탄생했기 때문에 헌법의 명실상부한 주인은 주권자인 모든 국민이다. 정치는 주권자들의 위임을 받은 행정부와 입법부에서 수행하고, 그 행위의 정당성은 주권자의 의사에 바탕을 둘 때 생긴다. 헌법은 바로 그런 절차에 따라 만들어지며, 더군다나 우리 헌법은 마지막 확정까지 국민투표에 맡겨진다.

헌법이 국가의 상징이 된 것은 근대국가가 성립하면서부터다. 근대국가란 권력의 주체가 전제군주에서 국민으로 바뀌면서 세운 독립국가를 말한다. 그 이전에 모든 권력은 대체로 왕이라고 부르는 절대군주 한 사람에게 집중되어 있었다. 나머지는 모두 왕의 권력에 복종하는 신하였으므로, 그 시절의 민중을 신민臣民이라 한다. 왕권은 신으로부터 받은 것으로 여겼다.

전제군주제도를 깨뜨린 것은 인간들의 권리 의식 때문이었다고 할 수 있는데, 그 과정은 혁명, 바로 주권의 혁명이었다. 주권은 국가의 의사를 최종적으로 결정하는 권력을 말하는 것으로, 통치권이라 부르기도 한다. 혁명 이전에는 주권이 신의 것이라고 믿었으며, 왕은 신으로부터 권한을 위임받은 것으로 여겼다. 왕권신수설이라는 말은 거기서 생긴 것이다. 신이나 군주에게 속했던 주권의 주인이 다름 아닌 나 자신이라는 사실은 엄청난 관념의 변화였다.

영국은 명예혁명을 통해 서서히 왕의 권한을 의회로 옮겼다. 그리고 축적된 관행에 따라 헌법적 규범을 형성했다. 지금과 같은 성문헌법은 좀더 세월이 흐른 뒤 미국과 프랑스에서 탄생할 조짐을 보였다. 영국으로부터 독립한 미국은 1776년 독립선언을 선포한 다음, 1787년에 연방헌법을 만들어 각 주의 비준을 받기 시작했다. 시민혁명에 성공한 프랑스는 1789년 인권선언에 이어 1791년 헌법을 확정했다. 미국과 프랑스의 정치적 변화는 그 이후 유럽을 비롯한 모든 나라에 영향을 미치게 되었다.

군주를 몰아낸 근대국가는 그 권한을 일단 국민들에게 돌려준 뒤, 선거를 통해 다시 위임받아 국가기관을 구성했다. 그렇게 통치를 담당하는 국가기관과 주권자인 국민 사이의 관계를 밝혀놓은 것이 바로 헌법이다. 근대국가는 왕 대신 헌법을 택했는데, 그 형식을 전제국가에서 입헌국가로 바뀌었다고 표현한다.

헌법이란 말의 어원은 라틴어의 constituere다. 어떤 실체나 모습이 제대로 갖추어져 있지 않은 상태에서 점점 구체적이고 정형적 형태로 만들어간다는 의미다. 그러니까 헌법이란, 원래 나라를 세운다는 뜻을 담고 있는 것이다. 거기서 유래하여 '헌법'을 뜻하는 프랑스어 콩스튀시옹 constitution, 독일어 페어파숭 Verfassung, 영어 컨스티튜션 constitution이 생겼다.

우리처럼 한자로 헌법憲法이라고 표기하는 나라는 중국, 일본 그리고 대만이다. 서양의 constitution을 그렇게 번역한 것이다. 하지만 그 이전부터 헌법이라는 어휘를 사용한 예는 많다. 헌憲은 법이나 관청을 의미한다. 중국 고대 전국시대의 문헌인 《국어國語》에 '선한 행위를 한 사람에게 상을 내리고, 간악한 사람에게 벌을 주는 것이 국가의 헌법이다賞善罰姦 國之憲法也'라는 구절은 그 한 예다. 그 밖에 중국의 고대 문헌에 나타나는 헌

대한민국헌법

법은 대부분 모든 법령을 통칭하는 용어로 쓰였기에, 지금의 헌법과는 의미가 다르다.

일본은 서양의 constitution(국가를 구성하는 규범이라는 의미) 또는 constitutional law(사용하기 위해 실제로 만든 헌법전)를 도입하여 처음에는 국헌國憲, 율례律例, 근본율법根本律法, 국제國制 등 여러 번역어로 사용했다. 그러다가 1873년 미쓰쿠리 린쇼箕作麟祥가 프랑스 헌법책을 번역하면서 《불란서 법률서헌법佛蘭西法律書憲法》이라 하고, 하야시 마사아키林正明가 영국 헌법을 소개하는 서적을 번역하여 《영국 헌법英國憲法》이라 한 데서부터 지금의 의미와 용례대로 헌법이라는 말이 나타났다. 동양에서 실제 헌법에 그 명칭이 사용된 것은 1889년 일본의 대일본제국헌법이 최초이며, 1908년 중국의 흠정헌법대강欽定憲法大綱이 그다음이다. 우리나라가 헌법이란 용어를 처음으로 사용한 것은 1919년 9월 11일 공포한 대한민국 임시헌법에서다.

우리는 혁명 대신 외세의 도움으로 일제 식민 통치로부터 벗어났다. 1945년 광복과 함께 남쪽은 미군이 점령하여 미군정청에 의해 통치되었고, 북쪽은 소련의 영향을 받았다. 광복의 감격은 단일 정부 수립의 염원으로 이어져 좌우합작이 시도되기도 했지만 자유민주주의 사상과 사회주의 사상의 화해는 불가능했다. 미소공동위원회가 결렬되고, 미국의 제안으로 한국 문제는 유엔에 넘어가버렸다. 극심한 이데올로기의 대립으로 인한 혼란 속에서 강력한 반대에도 불구하고 유엔 소총회의 의결에 따라 1948년 5월 10일 남한만의 총선거가 이루어졌다. 미군정장관 윌리엄 F. 딘이 공포한 〈국회의원선거법〉에 근거하여 실시한 선거에서 198명의 국회의원이 당선되었고, 5월 31일 중앙청 홀에서 이승만을 의장으로, 신익희와 김동원을 부의장으로 선출하면서 최초의 국회가 출범했다.

헌법 기초 작업은 총선과 국회 개원 이전부터 시작됐다. 당시 정부 수립의 추진 세력은 단연 미군정청이었는데, 그 내부에 조선인 기관이 있었다. 조선인 기관은 1947년 6월 3일 미군정청으로부터 행정권을 이양받으면서 남조선과도정부로 명칭을 변경했다. 과도정부 사법부에서는 즉시 조선법전편찬위원회를 구성했고, 그중 헌법기초분과위원회에서 유진오에게 초안 작성을 맡겼다. 그런데 그 뒤 5·10 총선을 이끌었던 다른 두 세력으로 이승만의 대한독립촉성국민회와 김성수의 한국민주당 모두 헌법 초안을 유진오에게 의뢰했다.

유진오의 초안은 몇 차례 심의를 거쳐 국회에 제출됐다. 유진오의 안을 토대로 조금 변경을 가한 권승렬의 안은 참고안으로 채택됐다. 최초의 국회는 열자마자 즉시 헌법과 〈정부조직법〉 제정에 착수해 국회헌법기초위원회를 구성했다. 각 도별 대표 9명으로 전형위원이, 국회의원 30명으로 기초위원이, 그리고 외부 전문가 10명으로 전문위원이 조직됐다. 헌법기초위원회는 6월 3일부터 회의를 시작해 6월 22일까지 3회독을 마치고 헌법안을 본회의에 상정했다. 국회는 7월 12일에 역시 3회독을 마쳤는데, 표결에 부친 결과 한 명을 제외한 나머지 의원들이 모두 기립하여 찬성함으로써 가결되었다. 1948년 헌법 전문에 표시된 7월 12일은 바로 헌법이 확정된 날을 말한다. 그리고 닷새 뒤인 7월 17일 공포하여 그날부터 헌법이 효력을 발휘하기 시작했다. 7월 20일 국회에서 대통령 이승만, 부통령 이시영을 선출했고, 8월 15일 대통령 취임과 함께 대한민국 정부가 수립되었다.

남한의 단독 정부 수립과는 별도로 북한은 명분을 살리기 위해 최고인민회의 의장인 허헌을 중심으로 남북한 총선거를 실시했는데, 남한에서는 연판장을 돌리는 등 지하선거를 통해 대의원을 선출했다. 그리고 역시 헌법을 제정해 1948년 9월 9일 조선민주주의 인민공화국을 탄생시켰다.

현재 우리 헌법의 표제는 대한민국헌법이다. 미국은 아메리카합중국헌법, 일본은 일본국헌법, 북한은 조선민주주의인민공화국 사회주의헌법이라고 한다. 대한민국은 나라 이름이고, 헌법은 대한민국 주권자인 국민의 기본권과 통치기구를 정한 최고 규범을 말한다. 그리하여 다시 대한민국헌법은 지금부터 우리가 읽고 의미를 음미할 현재 시행 중인 헌법전을 지칭한다.

우리가 원할 때 언제든지 펼쳐 읽을 수 있도록 문자로 된 헌법전을 성문헌법이라 한다. 그렇지 않고 영국이나 뉴질랜드처럼 오랫동안 전해내려오는 헌법적 원칙 또는 관습만 있고 따로 헌법전이 존재하지 않는 불문헌법 국가도 있다. 대한민국헌법은 전형적인 성문헌법이다.

성문헌법을 가진 나라에도 관습헌법을 인정할 수 있느냐라는 논란이 있다. 관행이나 관습이 거듭 반복되어 최고법인 헌법 수준에 이르는 효력을 가지게 되는 경우, 그것을 관습헌법이라고 한다. 불문법국가의 헌법이 바로 관습헌법이므로, 성문헌법 국가에서는 헌법관습법 정도는 인정 가능하다는 견해도 있다. 그러나 성문헌법 국가에서 관습헌법을 필요로 하거나 인정하는 경우는 거의 없다. 설사 인정할 수밖에 없는 사정이 있다 하더라도 불분명한 성문헌법의 내용을 보충하는 정도의 효력을 가질 뿐이다. 그렇지 않으면 관행에 의해 성문헌법이 불안정하게 변질될 우려가 있기 때문이다.

헌법학자들 사이에서나 관심거리가 될 법한 성문헌법 국가에서의 관습헌법 인정 여부가 우리에게 현실의 과제로 등장한 적이 있다. 참여정부에서 비대한 도시 서울의 숨통을 트고 국토의 균형 발전을 꾀하기 위해 〈신행정수도의 건설을 위한 특별조치법〉 제정을 시도했는데, 그에 맞서 야당과 그에 동조하는 사람들이 수도 이전은 헌법위반 행위라고 주장하여 헌법 재판소에 제소한 것이다.

2004년 10월 21일 헌법재판소는 놀랍게도 위헌 결정을 내렸다. 조선 건국 이래 600년 이상 서울을 수도로 삼아온 사실이 관습헌법으로 인정 되기 때문에, 그것을 법률로 변경할 수 없다는 이유였다. 수도를 이전하 려면 헌법 개정의 방식에 따라 국민투표를 해야 한다는 결론이었다. 헌법 재판관 중 유일하게 전효숙만 반대 의견을 주장했다. 통치를 담당하는 주 요 국가기관의 목적은 국가권력의 통제와 합리화를 통한 국민의 자유와 권리를 최대한 실현하는 데 있을 뿐, 그런 국가기관이 모여 있는 수도의 소재지가 어디냐는 것은 그 목적을 위한 도구에 지나지 않는다는 것이 그 의 의견이었다.

다수 의견의 결론은 마치 관습헌법 자체는 헌법재판소 스스로 정하면 서 그 개폐는 국민투표에 부쳐야 한다는 듯한 인상을 주었다. 수도의 소 재지를 관습헌법이라고 하더라도, 관습헌법의 효력을 성문헌법과 동일하 게 인정하는 근거도 불명확했다. 수도의 소재지가 그토록 중요하다면, 북한 헌법처럼 그 사항을 헌법에 기재하는 것이 현명하다. 북한 헌법 제166조 는 "조선민주주의인민공화국의 수도는 평양이다"라고 규정하고 있다.

헌법의 제호 바로 아래에는 "1987년 10월 29일 전문 개정 공포"라고 표기되어 있다. 여기서 전문은 서문처럼 첫머리에 쓴 글이라는 의미의 전 문前文이 아니고 전체라는 뜻의 전문全文이다. 1987년 10월 29일에 9번 째 개정한 지금의 헌법은 부분 개정이 아니라 전체적으로 크게 개정하였 다는 말이다.

헌법 개정의 역사는 제10장 헌법 개정 조항을 참조하기 바란다.

대한민국헌법

전문

유구한 역사와 전통에 빛나는 우리 대한국민은 3·1운동으로 건립된 대한민국임시정부의 법통과 불의에 항거한 4·19민주이념을 계승하고, 조국의 민주개혁과 평화적 통일의 사명에 입각하여 정의·인도와 동포애로써 민족의 단결을 공고히 하고, 모든 사회적 폐습과 불의를 타파하며, 자율과 조화를 바탕으로 자유민주적 기본질서를 더욱 확고히 하여 정치·경제·사회·문화의 모든 영역에 있어서 각인의 기회를 균등히 하고, 능력을 최고도로 발휘하게 하며, 자유와 권리에 따르는 책임과 의무를 완수하게 하여, 안으로는 국민생활의 균등한 향상을 기하고 밖으로는 항구적인 세계평화와 인류공영에 이바지함으로써 우리들과 우리들의 자손의 안전과 자유와 행복을 영원히 확보할 것을 다짐하면서 1948년 7월 12일에 제정되고 8차에 걸쳐 개정된 헌법을 이제 국회의 의결을 거쳐 국민투표에 의하여 개정한다.

1987년 10월 29일

전문

우리를 실제의 세계나 의미의 영역으로 이끄는 가장 친절한 안내자는 열린 문이다. 문은 그 안과 밖을 나누고 있으면서 동시에 자연스럽게 연결해준다. 마찬가지로 헌법에도 마치 거기로 들어가는 문처럼 전문이 달려 있다. 전문은 원하는 시민이면 누구나 가볍게 손만 갖다 대도 열 수 있는 헌법의 현관이다. 거기에는 문패 대신 헌법 정신이 새겨져 있다.

사실 법률은 문이 필요 없다. 필요한 조항이 있으면 찾아 읽으면 된다. 따라서 모든 법률에는 전문이란 형식의 문이나 안내판이 없다. 그러나 헌법에는 전문이 있는데, 전문이란 본문이 시작되기 전에 헌법의 기본 원리와 추구하는 가치 그리고 제정된 유래를 간략히 표현하고 있는 머리말이다.

멋진 어휘와 우아한 표현으로 이루어진 전문은 헌법을 빛나게 장식할 뿐 아니라, 헌법에 생동감까지 불어넣어준다. 헌법의 권위와 가치를 드높이는 듯 보이기도 한다. 그래서 1787년에 만든 미국 헌법이 건국이념을 담은 짧은 전문을 채택한 것을 본받아 대부분의 성문헌법은 전문을 가지고 있다. 물론 전문이 필수적인 요소는 아니어서 벨기에, 네덜란드, 덴마크, 노르웨이, 오스트리아, 이탈리아처럼 전문이 없는 헌법을 가진 나라도 꽤 있다. 1948년 9월 9일에 헌법을 제정한 북한은 7차 개정 때까지 전문이 없었으나, 1998년 개정한 헌법에 비교적 긴 서문을 두었다.

우리 헌법은 제정 당시의 전문이 거의 그대로 지금까지 이어져오고 있다. "유구한 역사와 전통에 빛나는 우리 대한국민"으로 시작하는 문장은 우리에게 꽤 익숙한데, 광복 전후의 시기에 대학에서 헌법 교수로 재직하면서 제헌국회 헌법기초위원회의 전문위원으로 활동한 유진오가 그 초안을 잡았다. 최초의 초고는 "반만년의 광휘 있는 문화적 전통에 빛나는"으로 하였다가 지우고, "장구한 역사와 전통에 빛나는"으로 고쳤다. 그리고 마지막에 가서 '장구한'을 '유구한'으로 다시 바꿨다.

한때 이 전문은 최고의 명문으로 꼽히기도 했다. 그렇지만 아무리 좋게 평가되던 문장이라도 영원할 수는 없다. 다음 세대의 주역이 될 사람들이 읽고 금방 이해할 수 없는 구식 문투라면 헌법을 개정하는 기회에 쉬운 말로 바꿀 필요가 있을 것이다.

3·1운동 정신의 계승은 그때나 지금이나 변함없다. 그러나 1962년 개헌 때 들어갔던 4·19와 5·16의 이념은 역사의 부침에 따라 삭제됐다가 다시 채택됐다가 했다.

전문은 단순히 읽는 사람의 가슴이나 뛰게 하고 헌법을 그 형식에 어울리게 꾸며주는 장식품이 아니다. 전문에 표현된 내용은 헌법 본문의 각 조항처럼 헌법으로서 효력을 지닌다. 헌법 본문에는 없으나 전문에 있는 내용에 효력을 인정한 사례도 있다.

헌법에 국가유공자 인정에 관한 조항은 없다. 그러나 전문에서 "3·1운동으로 건립된 대한민국임시정부의 법통"을 계승한다고 하였다. 그런 이유로 헌법재판소는, 국가는 조국의 자주독립을 위해 공헌한 독립유공자와 그 유족에게 응분의 예우를 하여야 할 헌법적 의무를 이행해야 한다고 결정했다.[1]

"정치·경제·사회·문화의 모든 영역에 있어서 각인의 기회를 균등히 하고, 능력을 최고도로 발휘하게 하며, 자유와 권리에 따르는 책임과 의무를 완수하게 하여"라는 구절은 제헌헌법 제5조에 비슷한 내용으로 반복하여 국가의 기본 성격을 나타냈다. 헌법 초안자는 당시 다른 나라 헌법에서는 찾아볼 수 없는 독창적인 규정이라고 자랑하였으나, 5차 개헌 때 폐지되었다. 지금 그 의미는 부분적으로 헌법 제11조의 평등권 규정과 중복되기도 하는데, 자유민주적 기본 질서를 바탕으로 인간 중심의 헌법국가를 현실의 목표로 삼는다는 선언을 포함하고 있다.

어떤 헌법학자들은 전문에 우리 헌법이 전제하고 있는 인간상이 그려져 있다고 한다. 아무나 자유와 권리에 따르는 책임과 의무를 완수할 수 있는 것은 아니기 때문에, 자유와 권리를 누리면서 자신의 삶을 개척해나갈 수 있는 자주적 인간만이 그 주체가 될 수 있다고 한다. 심지어 헌법은 개성과 자율성을 가지고 주체적이고 능동적으로 살아가는 인간을 보호한다고 설명한다.

모든 인간의 모습이 학자가 머릿속에서 꾸며내는 것처럼 될 수 있으면 세상이 좀 달라질지도 모르겠다. 하지만 그런 일은 현실에서는 불가능하다. 일정한 능력이나 자격을 갖춘 사람만 헌법의 보호를 받는 것이 아니다. 안정된 삶을 구축했다고 생각하는 계층의 사람들이 무지렁이라고 얕잡아 평가하는 소외된 사람들도 헌법 질서 아래서는 동등하다. 전문에서 특정한 인간상을 그려내는 결과는 전문을 해석하는 사람의 주관적 판단일 뿐이다. 만약 헌법 전문이 의도하는 인간상이 있다면, 그것은 무능력하거나 대다수에 비하여 여러 조건을 갖추지 못하고 있는 사람까지 포함한 모든 다양한 인간이다. 어디서나 자기 자신일 뿐인 인간이다.

우리 헌법은 전문과 부칙을 제외하고 모두 130개의 조문으로 이루어져 있다. 본문 130개 조문은 다시 항목에 따라 10개의 장으로 나누었는데, 제1장은 총강總綱이다.

총강은 어려운 한자어이긴 하지만 널리 사용하고 있는 용어다. 그 의미는 '모든 내용을 총괄한 전체의 대강'이다. 여기서 강綱은 우리말의 '벼리'에 해당한다. 벼리는 원래 그물의 코를 꿰어 오므렸다 폈다 하는 굵은 줄을 말하는데, 일이나 글의 가장 중심되는 줄거리란 뜻으로 쓰인다. 그러니 헌법의 총강이라고 하면, 우리 헌법 전체 내용의 중요한 핵심 줄거리를 요약해서 정리한 부분이라고 이해하면 된다.

따라서 헌법을 읽고 싶은데 다 읽기는 싫고, 가장 중요한 몇 가지만 선택하여 대략 그 내용이나 성격을 짐작하고 싶다면 총강을 훑어보면 된다. 총강은 모두 9개의 조문으로 구성되어 있다.

우리 헌법 전체의 목차는 다음과 같다.

제1조

국호 · 정체 · 주권

001

① 대한민국은 민주공화국이다.

② 대한민국의 주권은 국민에게 있고, 모든 권력은 국민으로부터 나온다.

제1조 ①항

대한민국은 나라 이름이고, 민주공화국은 국가의 성격과 정부의 운영 형태를 말한다. 헌법 제1조 1항은 이렇게 시작한다. 헌법 제1조라고 하여 다른 조문보다 특별한 의미를 지니거나 우선적 효력을 갖는 것은 아니다. 상징적 의미가 강할 뿐이다.

모든 나라의 헌법 제1조가 국가의 이름이나 성격을 밝히는 것은 아니다. 다만 그런 형식이 헌법을 시작하는 데 가장 적합하다고 생각했기 때문에 이와 같이 정했을 것이다. 프랑스, 러시아, 그리스, 중국, 쿠바가 그렇고, 미국도 비슷하다. 일본은 천황에 대한 규정부터 시작한다. 국가의 이름이나 성격을 앞에 내세우는 현상만 보더라도 헌법은 국가를 전제로 만든 것이라는 사실을 알 수 있다.

하지만 헌법의 시작을 반드시 그렇게 할 필요가 있을까라는 의문도 든다. 국가 이름과 성격으로 시작하면 왠지 국민보다 국가를 중시하는 느낌을 주기 때문이다. 헌법의 주인이 국가가 아니고 국민이라면 국민 또는 인간에 관한 규정을 제1조로 삼을 수도 있다. 독일의 헌법은 보통 기본법이라고 번역하는데, 제1조는 "인간의 존엄성은 침해할 수 없다. 그것을 존중하고 보호하는 것은 모든 국가 권력의 의무다"라고 하고 있다. 네덜란드 헌법도 이렇게 시작한다. "네덜란드의 모든 국민은 평등한 환경에서 평등한 대우를 받아야 한다."

우리 헌법 제1조 1항에서 국호를 규정하고 있으므로, '대한민국'이라는 이름을 바꾸는 일은 헌법 개정을 통해서만 가능하다. 지금은 당연한 듯 여겨지지만, 대한민국이라는 국호는 1948년 헌법을 제정하고 정부를 수립하면서 비로소 사용하기 시작한 이름이다. 유진오의 헌법 초안에만 하더라도 국호는 조선이었는데, 사전 심의 과정에서 한국으로 바뀌었고, 다시 국회 헌법기초위원회에서 대한민국으로 확정됐다.

우리나라를 지칭하는 이름으로는 대체로 한국, 조선, 고려 세 가지가 있었다. 조선은 단군 이래로 사용해온 가장 오래된 국호다. 한국은 마한, 진한, 변한의 세 종족의 명칭에서 유래했다. 고려시대에는 고구려, 신라, 백제 세 나라를 한꺼번에 일컬어 삼한이라 했다. 그러다가 1897년 고종이 청나라에 대하여 독립국가임을 선언하는 뜻으로 스스로 황제라 칭하면서 조선이란 국호를 대한제국으로 변경했다. 이 명칭이 1919년 3·1운동 이후 상해 임시정부에 이어져 대한민국이 되었다. 고려는 당연히 고구려에서 비롯한 이름이다. 삼국 중 가장 먼저 수립된 고구려를 언젠가부터 고려라고 표기했고, 중국에서도 광개토왕과 장수왕 즈음 이후의 고구려는 모두 고려라고 불렀다. 지금도 외국에서는 대한민국을 고려(Korea, Corea)라고 하고 있다. 북한은 조선을 국호로 하고 있지만, 외국어로는 우리와 마찬가지로 고려로 표기한다.

민주공화국은 민주국가와 공화국이 합쳐진 말이다. 민주주의란 의사 결정을 구성원들이 직접 하거나, 구성원에 의해 선출된 대표들이 대신 행하는 형태를 일컫는다. 그리고 민주국가란 국가의 주권이 당연히 국민에게 있다는 의미다. 어느 특정한 한 사람의 권력자에 의해 의사가 결정되는 형태는 독재주의다. 사회주의나 공산주의는 생산수단의 소유나 생산물의 분배와 관련한 사상 또는 제도를 말하는 것이므로, 민주주의에 대응한 반대 개념이 아니다.

공화국이란 원래 주권이 국민에게 있는 나라 형태를 말한다. 주권이 왕에게 주어진 나라는 전제주의국가 또는 참주국, 군주국이라고 한다. 군주국은 왕이 있는 나라라는 의미이므로, 군주국 중에서도 왕이 전권을 휘두르는 나라는 전제군주국, 왕이 존재하되 헌법에 따라 민주적으로 국정을 운영하는 나라를 입헌군주국이라 한다. 분류상으로는 몇몇 특정인이나 계급에 주권을 부여한 나라를 과두국가, 귀족국가 또는 계급국가라고 하기도 한다.

한때 일본 학자들의 영향을 받아 정체와 국체를 나누어 설명하던 시절도 있었다. 정체는 정부 형태를 국체는 국가의 성격을 의미한다면서, 민주는 정체를 공화국은 국체를 말한다고 도식화하여 규정했다. 하지만 주권이 국민에게 있음을 전제로 한 근대입헌국가의 헌법에서 여전히 그런 식으로 나누는 일은 아무런 의미가 없다. 민주국가나 공화국이나 같은 뜻으로 이해해도 무방하다.

제1조 ②항

헌법 제1조 2항에 대한 우리 헌법재판소의 해석부터 살펴보자. 헌법재판소는 이 문장을 부르기 좋게 한 낱말로 대폭 줄여 부른다. 그것이 '국민주권주의'다. 그러면서 그것의 의미를 다음과 같이 풀어 쓴다. 즉 국민주권주의란 "일반적으로 어떤 실천적인 의미보다는 국가권력의 정당성이 국민에게 있고 모든 통치권력의 행사를 최후적으로 국민의 의사에 귀착시킬 수 있어야 한다는 등 국가권력 내지 통치권을 정당화하는 원리로 이해되고, 선거운동의 자유의 근거인 선거제도나 죄형법정주의 등 헌법상의 제도나 원칙의 근거로 작용하고 있다"[2]고 한다.

이제 국민주권주의의 의미를 '국가권력의 민주적 정당성'으로 요약할 수 있다는 것을 알 수 있다. 그런데 이와 더불어 헌법 제1조 2항의 전제에도 잠시 주목해볼 필요가 있다. 이 조항은 '대한민국의 주권은 국민에게 있다'와 '모든 권력은 국민으로부터 나온다'라는 명제로 쉽게 쪼개어볼 수 있다. 두 문장은 비슷하게 읽히지만, 단순한 동어반복은 아니다. '주권의 소재'와 '통치권력의 담당자'가 언제나 같을 수 없음을 전제한 결합인 것이다. 그래서 헌법재판소는 다음과 같이 썼다. "이러한 국민주권주의는 국가권력의 민주적 정당성을 의미하는 것이기는 하나, 그렇다고 하여 국민 전체가 직접 국가기관으로서 통치권을 행사하여야 한다는 것은 아니므로 주권의 소재와 통치권의 담당자가 언제나 같을 것을 요구하는 것이 아니고, 예외적으로 국민이 주권을 직접 행사하는 경우 이외에는 국민의 의사에 따라 통치권의 담당자가 정해짐으로써 국가권력의 행사도 궁극적으로 국민의 의사에 의하여 정당화될 것을 요구하는 것이다."[3]

우리 헌법은 제1조 2항은 물론 헌법 전체를 통하여 '국민'이라는 용어를 사용하고 있지만, 원래 유진오 초안에는 모두 '인민'이라고 되어 있었다. 초안 작성자가 국민 대신 인민이란 어휘를 택한 데는 이유가 있었다. 국민은 국가의 구성원이라는 의미가 강하여 국가 우월적 느낌을 준다. 반면에 인민은 국가라도 함부로 침범할 수 없는 자유와 권리의 주체로서의 인간을 표현한다. 그러니 국가를 구성하는 자유인으로서의 개인을 표시하는 데 인민이 적절하다는 것이었다. 하지만 초안의 '인민'은 국회 헌법 기초분과위원회 심의 과정에서 '국민'으로 바뀌고 말았다. 국호가 '조선'에서 '대한민국'으로 변경된 것과 함께 일어난 일이다. 그 주된 이유는 북한 때문이었다. 당시 국회의원 윤치영은 "인민이란 말은 공산당의 용어인데 그러한 말을 쓰려고 하느냐. 그런 말을 쓰고 싶어 하는 사람의 사상이 의심스럽다"고 흥분했다. 하지만 인민이란 용어는 구 대한제국의 절대군주 시절에도 사용하던 용어였다.

1948년 7월 1일부터 시작한 국회 본회의 헌법 초안 제2회독 때 국회의원 진헌식이 다시 문제를 제기했다. 그는 몇 개 조문을 제외하고 일반적으로 국가와 개인의 관계를 규정하는 조문에서는 모두 인민으로 하자는 수정안을 제출했다. 하지만 역시 윤치영 의원의 격렬한 반대로 무산되고 말았다. 인민이란 표현이 더 적절하다고 생각한 사람들은 그 좋은 말을 공산주의에 빼앗긴 셈치고 포기했다.

002

국민의 요건 · 재외국민 · 보호의무

① 대한민국의 국민이 되는 요건은 법률로 정한다.

② 국가는 법률이 정하는 바에 의하여 재외국민을 보호할 의무를 진다.

제2조 ①항

헌법 제1조 2항은 "대한민국의 주권은 국민에게 있고, 모든 권력은 국민으로부터 나온다"라고 했다. 그렇다면 주권의 소재이자 모든 권력의 원천인 '국민'이란 도대체 누구인지 궁금해진다. 헌법 제2조 1항이 이 점을 규율한다. "대한민국 국민이 되는 요건은 법률로 정한다." 누가 대한민국의 국민인지 확인하는 일은 생각보다 복잡한 일이어서, 헌법에서 단번에 정할 수는 없고 법률로 자세히 밝히겠다는 것이다. 다만, 국민의 자격에 관한 사항은 헌법 사항이라는 점만은 표명하고 있다. 이러한 헌법의 위임에 따라 1948년 겨울 〈국적법〉이 제정되었다.

결국 '국민'과 '국적'이라는 개념은 서로 깊은 관련을 맺을 수밖에 없다. 헌법재판소의 설명을 들어보자. "국민은 영토, 주권과 더불어 국가의 3대 구성 요소 중의 하나다. 국적은 국민이 되는 자격, 신분을 의미하므로 국민이 아닌 자는 외국인(외국국적자, 이중국적자, 무국적자 포함)이라고 한다."[4]

국적의 취득은 대체로 출생出生에 의한 경우와 귀화歸化에 의한 경우로 나눌 수 있고, 출생에 의한 경우는 다시 둘로 나뉜다. 우선 그 나라의 영토에서 태어나면 국적을 인정하는 속지주의屬地主義, 출생지주의出生地主義가 있고, 출생한 장소에 관계없이 그 나라의 국적을 가진 아버지 또는 어머니의 아이로 출생한 경우 국적을 인정하는 속인주의屬人主義, 혈통주의血統主義가 있다. 법무부 조사에 따르면, 세계 118개국 중 46개국은 속지주의를, 나머지 72개국은 속인주의를 채택하고 있다. 우리나라는 속인주의가 원칙이다. 그 밖에 귀화라는 방법으로 국적을 얻기도 한다.

국적은 개인과 국가를 연결하는 법적 장치라고 할 수 있다. 한 사람을 지구의 떠돌이로 내버려두지 않고, 어느 국가와 밀접한 유대 관계를 맺게 해주는 법적 끈이라는 말이다. 그런데 헌법을 가진 근대국가 이전에는 이런 국적 개념이 없었다. 왕권을 중심으로 계급화된 사회 속에서 개인은 자신이 처한 신분에 따라 살았을 뿐이다. 물론 중세나 고대에도 지금의 시민권 같은 지위는 존재했지만, 시민권을 바탕으로 한 엄격한 의미의 국적 개념은 없었다.

근대국가는 혁명을 통해 왕이 가지고 있던 주권을 국민에게 부여함으로써 성립했다. 이들 근대국가에서 주권의 소재는 공화주의 사상에 기반한 헌법에 명시되어 있다. 그런 이유로 이제 국민 개개인은 과거처럼 왕의 은혜나 입던 신민이 아니다. 다양한 개인들은 저마다 주권자로서 보편적 가치를 지닌 존재다. 한 국가에서 어엿한 권리와 의무의 주체이고, 그 지위가 국적에 의해 증명된다.

국적을 가진다는 것은 그 국가의 주권자라는 의미다. 상당한 권위가 생긴 셈이다. 그러니 국적은 국민에게 국가에 대한 배타적 충성을 요구한다. 따라서 한 사람이 둘 이상의 국적을 갖는다는 사실은 주권국가의 권위와

제1장 총강

자존심에 대한 참을 수 없는 도전처럼 생각되고, 자연스럽게 1인 1국적주의가 하나의 국제적 원칙처럼 형성되었다.

그런데 자기 국가의 국민이 되는 자격을 각 국가가 알아서 법으로 정하기로 하고 보니 오히려 예상하지 못한 결과가 발생했다. 나라마다 기준이 조금씩 달라, 이 나라 저 나라 법에 모두 해당하는 이중국적자(현행 국적법에서는 '복수국적자'로 부른다)가 생겼다. 한국 국적을 가진 부모가 미국에서 자녀를 낳은 경우를 생각해보자. 이 아이들은 선천적으로 한국 국적과 미국 국적을 동시에 갖게 된다. 미국은 부모의 국적과 관계없이 아이가 출생한 지역에 따라 국적을 정하는 속지주의를 채택하고 있으나, 대한민국은 속인주의를 원칙으로 하고 있기 때문이다. 이런 경우에는 두 가지 방식 중 하나에 따라 처리할 수밖에 없다. 본인으로 하여금 하나의 국적을 선택하게 하거나, 복수국적을 허용하거나. 요즘은 국제화 시대를 맞아 점점 복수국적을 허용해야 한다는 주장이 더 많은 설득력을 얻고 있다.

우리 〈국적법〉은 단일국적주의를 원칙으로 정하고 있다. 하지만 일정한 경우 불가피하게 임시로 이중국적을 허용하기도 한다. 부모가 우리나라 국적이면 그 사이의 자식은 우리 국적을 취득한다. 그런데 한국 국적 부모가 속지주의를 인정하는 다른 나라에서 출산하면, 그 아이는 한국 국적과 그 나라 국적을 동시에 취득한다. 하지만 우리 〈국적법〉은 정해진 시기 이내에 하나의 국적을 선택하도록 하고 있다.

북한에 거주하고 있는 주민들도 대한민국 국민이다. 1996년 11월 12일 대법원은 "조선인을 부친으로 하여 출생한 자는 남조선과도정부법률 제11호 〈국적에 관한 임시조례〉의 규정에 따라 조선 국적을 취득하였다가 제헌헌법의 공포와 동시에 대한민국 국적을 취득하였다 할 것이고, 설사 그가 북한법의 규정에 따라 북한 국적을 취득하여 중국 주재 북한 대사관으로부터 북한의 해외공민증을 발급받은 자라 하더라도 북한 지역 역시 대한민국의 영토에 속하는 한반도의 일부를 이루는 것이어서 대한민국의 주권이 미칠 뿐이고, 대한민국의 주권과 부딪치는 어떠한 국가단체나 주권을 법리상 인정할 수 없는 점에 비추어 볼 때, 그러한 사정은 그가 대한민국 국적을 취득하고 이를 유지함에 있어 아무런 영향을 끼칠 수 없다"고 판결했다.

구체적 사안에서 구체적 개인을 구제해야 할 경우에는 이 판결이 의미 있는 해석일지 모르나, 조선민주주의인민공화국을 무시하는 헌법 해석이라면 논리적 모순과 정치적 혼란을 피할 수 없다.

제2조 ②항

우리나라 국적을 가진 사람은 외국에 거주할 수 있다. 그때 그 사람은 일정 기간 외국에 체류할 뿐이고 대한민국 국민의 신분은 그대로 지닌다. 그런데 외국에 오래 체류하던 사람이 한국 국적을 포기하고 체류국의 국적을 얻으면, 그때부터 그 사람은 그 나라의 국민이고 법률상 한국인이 아니다. 그것으로 모든 것은 명확해 보인다. 그렇다면 헌법이 보호해야 한다는 재외국민이란 어떤 사람을 말하는가?

재외국민在外國民은 외국에 있는 국민이다. 국민이란 한국 국적을 가진 사람을 말한다. 그렇다고 해외여행 중이거나 일시적으로 외국에 체류하는 사람까지 포함하는 것은 아니다. 그들은 국내에 있는 사람들과 똑같은 일반 국민이다. 헌법이 말하고 있는 재외국민은 〈재외동포의 출입국과 법적 지위에 관한 법률〉(줄여서 〈재외동포법〉이라고 한다)에 규정되어 있다. 이 법률에 따르면 "대한민국 국민으로서 외국의 영주권永住權을 취득한 자, 또는 영주할 목적으로 외국에 거주하고 있는 자"를 재외국민이라 한다. 영주권은 거주하는 국가의 국적을 얻지 못한 외국인이 그 국가에 계속 거주할 수 있는 법적 권리다.

곧 외국 국적을 얻어 한국 국적을 상실할 지위에 있는 재외국민을 보호하는 이유는 무엇일까? 재외국민은 한국을 떠나 외국에 있기 때문에 국내법의 보호를 제대로 받을 수 없고, 아직 체류국의 국적을 얻지 못하여 그 나라의 국민으로서 대우도 받지 못한다. 〈재외동포법〉은 그런 불안정한 상태에서 한국 국적을 가진 사람이 불이익을 받지 않도록 배려하려는 정책이다.

마침내 장기간 외국에 거주하던 사람이 영주권이나 시민권 단계를 넘어서 그 나라의 국적을 취득하면, 선택에 따라 한국 국적을 상실하게 된다. 그때부터 그 사람은 그 나라의 국민으로서 보호를 받는다. 그런데 그런 경우라도 그 사람은 한국에 연고가 남아 있을 것이다. 원할 때 한국을 방문하고, 한국 내에서 재산을 소유할 필요도 생길 것이다. 그런 '과거의 한국인'들도 국내법으로 보호할 필요가 있을까? 그것은 법 정책의 문제다.

감정적으로 보자면 삶의 편의를 위해 외국 국적을 선택한 사람들이 새국적국과 과거 국적국 사이에서 양국의 이점을 동시에 누리려고 하는 것처럼 보일 수 있다. 그러나 달리 생각하면, 그들은 어느 한 나라의 보호도 제대로 받지 못하는 불안정한 상태에 놓여 있는 이들이다.

국내 정치가 민주화되고 세계화의 물결 속에 생활양식이 급격히 바뀌면서 해외로 이주한 동포들이 본국의 법적 보호를 요청하는 목소리가 점점 커졌다. 이주민들은 체류국에서 국적 취득으로 인한 권익을 누리면서, 국적을 상실한 한국의 정부로부터도 과거의 한국인으로서 일정한 혜택을 요구했다. 복수국적의 허용을 요구한 것이다. 그러나 국내 정치권에서는 이중국적을 허용하는 대신, 재외국민에 준하여 출입국과 국내 부동산 거래 등에서 일정한 혜택을 주기로 했다. 1999년 제정한, 〈재외동포법〉의 외국 국적 동포 규율 조항이 그것이다. 이 규율에 의해 이주민들은 재외 국민과 비슷한 대우를 받게 되었다(이 법률에서는 '재외국민'과 '외국국적동포'를 합하여 '재외동포'라 부른다).

하지만 〈재외동포법〉의 일부 조항은 시행 초기였던 2001년 11월 29일 헌법재판소로부터 헌법불합치 결정을 받았다. 당시 이 법률이 외국 국적 동포를 "대한민국의 국적을 보유하였던 자 또는 그 직계비속으로서 외국 국적을 취득한 자 중 대통령령이 정하는 자"라고 정의한 것이 문제였다. 앞에서 보았듯 우리나라는 1948년 정부 수립 이후에 처음으로 〈국적법〉을 제정했다. 따라서 정부 수립 이후 한국 국적을 얻은 뒤에 이주한 사람이 거기에 해당되었다. 정부 수립 전에 이주한 사람이라도 외국 국적 취득 전에 한국 국적을 공식적으로 확인받아야 〈재외동포법〉의 보호 대상이 되었다. 이것을 과거국적주의라고 한다.

조선시대 말기와 일제강점기 때 많은 조선인이 연해주와 간도로 이주했다. 생활고를 이기지 못해 살길을 찾아 떠났거나, 강제 이주를 당한 경우가 대부분이었다. 국적 개념이 없던 시절 나라를 떠난 사람들은 후에 거주국인 러시아와 중국의 국적을 부여받게 되는데, 그런 경우 아예 〈재외동포법〉의 적용 대상이 되지 않았다. 중국의 조선족들이 보기에 이 같은 〈재외동포법〉은 불평등했다. 광복과 정부 수립 이후 정착 자금을 마련하여 미주 등지로 이민을 간 비교적 잘사는 동포들은 본국의 보호를 받고, 본인의 의사와는 무관하게 이주하였다가 졸지에 다른 나라의 국적을 갖게 된 중국이나 러시아 동포들은 외면받는 것처럼 보였다. 이에 불만을 가진 중국 동포 몇 사람이 헌법재판소 문을 두드렸던 것이다.

국회는 결국 문제된 〈재외동포법〉 제2조 2항에서 "대한민국의 국적을

제1장 총강

보유하였던 자"를 "대한민국의 국적을 보유하였던 자(대한민국정부 수립 전에 국외로 이주한 동포를 포함한다)"로 개정했다. 따라서 현재 이 법은 과거 한국과 관계가 있었던 사람이라면 현재의 국적과 상관없이 보호 대상으로 삼고 있다. 일종의 혈통주의라고 할 수 있다. 이러한 입법례가 전혀 없는 것은 아니지만, 혈통 또는 민족국가의 의미가 갈수록 희미해지는 오늘날의 세계에서 반드시 그와 같은 제도가 필요한지에 대해 의문을 품을 수 있다.

우리는 과거에는 이출국移出國, 즉 이민하는 나라였다. 따라서 해외로 이주한 사람들의 지위와 복수국적이 문제였다. 하지만 어느새 중국과 동남아 여러 나라에서 노동자들이 국내로 몰려들어 이입국移入國으로 변모하는 추세이다. 통상 1980년대 후반을 그 기점을 본다. 그 이후 이주노동자들의 법적 지위와 복수국적이 새로운 문제로 등장했다. 이 문제에 대응하기 위하여 2004년부터는 〈외국인근로자의 고용 등에 관한 법률〉이 시행되고 있다.

과거 우리나라를 떠나 다른 나라에서 온갖 고통을 겪었던 우리 동포들의 모습을 이제는 자신들의 나라를 떠나 우리나라에서 고통을 겪는 외국인의 모습을 통해 확인할 수 있는 경우가 자주 있다. '국적'을 둘러싼 복잡한 법률적 문제를 떠나 이 지구 상에서 우리 모두가 어차피 이방인일 뿐이라는 생각을 법으로 실현하는 것은 불가능할까? 굳이 '사해동포주의'나 외국인을 손님처럼 환대하는 정도까지는 아닐지라도, 외국인을 내국인과 형식적으로 똑같이 취급하는 것은 오늘날 이른바 선진국들이 걷고 있는 뚜렷한 발전 방향에 속한다. 유독 혈통과 자국민에 대한 강한 보호 의식을 갖고 있으면서도, 어쩔 수 없는 현실 때문에 외국인을 필요로 하는 우리의 이중적 상황은 아직 여러 측면에서 사회적·법적 개선을 필요로 한다. 1960년대 말 독일에 가서 광부로 일하다가 계약 기간이 끝나

귀국했지만 고향의 척박한 현실 때문에 다시 독일로 가서 불법체류를 하던 어느 한국인은 재판정에서 이렇게 항변했다고 한다. "인간에게는 동물과 마찬가지로 원래 국경이 없다."

제1장 총강

제3조
———
영토

대한민국의 영토는 한반도와 그 부속도서로 한다.

영토란 그 나라의 주권이 미치는 장소의 범위를 말한다. 국가라는 이름
아래 사람들이 모여 살고, 헌법과 여러 법률의 효력이 미치는 곳이다. 다
른 말로 국토라고 해도 상관없다. 이 조항은 대한민국의 영토가 어디서부
터 어디까지인가를 선언하고 있기 때문에 보통 '영토 조항'이라 부른다.

영토 조항을 헌법에 규정하는 예는 흔하지 않다. 어느 나라든 당시의
영토는 이웃 나라와의 국경에 따라 현실로 결정되기 때문이다. 측량 도면
을 첨부할 수도 없고, 말로 표현하는 건 어차피 선언적 의미밖에 없다. 그
렇다 하더라도, 영토를 헌법에 정해두면 그 일부를 다른 나라에 양도하는
행위는 헌법 개정을 통하지 않고는 불가능하다는 실효성이 있다.

우리 헌법이 특별히 영토 조항을 두고 있는 이유는 분단국가라는 사정
때문이다. 헌법 제정 당시 북쪽이 반대함에도 불구하고 남쪽만 총선거를
강행하여 국토가 두 동강이 났다. 그럼에도 남쪽의 대한민국은 조선 말의

대한제국에 이어 임시정부의 정통성을 그대로 이어받은 유일한 합법 정부임을 내세울 필요가 있었다. 그래서 "한반도와 그 부속 도서"라 했다.

한반도는 현재의 남북한을 통틀어 일컫는 말이다. 부속 도서란 남북한의 반도에 딸린 크고 작은 섬들을 지칭한다. 그런데 한반도 전체를 대한민국 영토로 규정하고 있는 이 조항은 현실과 맞지 않아 여러 논란을 불러일으키고 있다.

헌법의 영토 조항을 그대로 해석하면, 북한은 대한민국의 법질서를 거부하고 함부로 국토의 일부를 점령한 불법 집단에 불과하다. 〈국가보안법〉이 보고 있는 대로, 북한은 국가가 아니라 "반국가단체"일 뿐이다. 하지만 북한은 조선민주주의인민공화국이란 국호로 헌법과 국가기구를 갖추고 있으며, 유엔에 가입하여 국제적으로 독립국가로 인정받고 있다. 이런 엄연한 현실과 동떨어진 영토 조항은 삭제해야 옳다는 주장이 많다.

우리 헌법은 다음 제4조에서 보듯이 평화통일을 목표로 하고 있다. 평화통일이란 무력에 의하지 않는 통일을 말한다. 이때 통일은 북한의 합법적 존재를 전제할 때 가능하다. 따라서 지금의 영토 조항은 평화통일 조항과도 모순된다는 지적이 있다.

그리고 지금은 미국과 북한이 맺은 정전협정이 유효한 상태다. 전쟁이 중단된 것에 불과하기 때문에 북한을 불법 집단으로 볼 수 있다는 이들이 있다. 하지만 북미관계의 호전에 따라 정전협정이 평화협정으로 전환될 때를 대비하여 영토 조항을 없애거나 개정해야 한다는 주장 역시 존재한다. 평화협정이 이루어지려면 북한의 합법적 실체를 인정해야 하기 때문에, 북한 지역까지 우리 영토로 규정하고 있는 헌법은 잘못이라는 것이다.

그럼에도 불구하고 지금의 영토 조항이 반드시 필요하다는 학자들도 꽤 있다. 그 유력한 근거는, 우리의 의사에 반하여 북한이 북한 지역의 일부를 다른 나라에 할양하거나 매각하지 못하게 하기 위해서라는 것이다. 우리 헌법에 대한민국의 영토로 규정돼 있으므로, 북한이 북한 땅 일부를 팔아넘기더라도 훗날 헌법위반을 이유로 무효를 주장할 수 있다는 말이다. 실제로 북한 정부가 그렇게 할 리도 없겠지만, 설사 북한 땅 일부를 처분한다 하더라도 우리 헌법을 근거로 사후에 무효를 주장하는 일은 정치적 의미만 가질 뿐이다.

언젠가 필연적으로 오고야 말 통일에 대비하여 영토 조항을 그대로 두어야 한다는 주장도 그럴듯하다. 하지만 남북통일과 같은 역사적 염원이 실현된다면 당연히 헌법도 바뀌어야 할 것이니, 그때 영토 조항을 개정해도 늦지 않다. 정치적 염원을 앞세워 현실과 맞지 않는 헌법 조항을 그대로 두어야 한다는 역설은 좀 우습기까지 하다.

영토는 육지만 일컫는 게 아니다. 바다를 전혀 끼고 있지 않은 나라는 인접 국가와의 국경선에 의해 영토가 확정된다. 반면 조금이라도 바다와 접한 연안국의 경우라면, 해수면과 육지가 만나는 선이 경계가 될까? 언뜻 생각하면 그렇게 결정하는 것이 명확하고, 바다는 모두 주인이 없는 공해로 해야 공평할 것 같다. 하지만 연안국에서는 바닷길로 드나들기 위해 일정 수역을 자유롭게 이용할 필요가 있다. 모든 바다를 공해로 하면 온갖 나라의 선박들이 무질서하게 연안에 몰려 혼란과 분쟁이 끊이지 않을 수도 있다. 따라서 연안으로부터 일정한 거리의 바다까지 그 나라의 영토로 인정하는 것이 합리적이다.

연안국들은 스스로 영해의 범위를 정하고 있는데, 국제 관습에 따라 6해리 또는 12해리를 주장하고 있다. 우리나라는 〈영해 및 접속수역법〉에서 기선基線으로부터 12해리까지의 바다를 영해로 정하고 있다. 1해리는 1,852미터이므로, 해안에서부터 약 22킬로미터까지다. 기선으로부터

200해리까지는 배타적 경제수역으로 정하고 있다. 〈배타적 경제수역법〉을 제정하여 그 안에서 경제적 이익을 위한 독점적 권한을 행사한다.

이때 기선이란 측정의 기준이 되는 선을 말한다. 동해안은 섬이 거의 없으므로, 썰물 때의 해안선이 기준이 된다. 썰물 때를 기준으로 하는 것이 조금이라도 유리하기 때문인데, 이때 해수면과 육지가 만나는 선을 최저조위선 또는 최저저조선이라 한다. 최저조위선을 기준으로 삼을 경우 이를 통상기선이라 한다. 울릉도와 독도는 예외적으로 섬을 기준으로 12해리를 따로 정한다. 섬이 많은 남해와 서해는, 육지로부터 가장 멀리 떨어진 섬을 직선으로 연결한 선을 기준으로 삼는 직선기선을 사용한다. 지금은 포항 부근 영일만의 달만갑에서 시작하여 서해안의 소령도까지 23개 섬을 연결하여 직선기선으로 삼고 있다. 예외적으로 일본 쓰시마 섬 가까이 있는 대한해협에서는 3해리를 영해로 하고 있다.

해양법에 관한 국제연합 협약에서는 각 연안국이 정한 영해를 영토와 같이 주권이 미치는 범위로 인정하고 있다. 영해의 수면뿐 아니라 그 상공, 해저, 하층토까지 모두 영토의 개념에 포함된다. 대신 특정 국가의 영해라 하더라도 특별한 위험성이 없는 한 외국 선박이 자유롭게 다닐 수 있게 하는데, 이를 무해통항권이라 한다.

육지와 바다, 그러니까 영토와 영해를 수직으로 연결한 상공은 영공이라 하여 주권을 인정한다. 하지만 영공에서는 영해와 같은 무해통항권이 원칙적으로 인정되지 않는다. 비행기가 다른 나라의 영공을 뚫고 지나가려면 승낙을 얻어야 할 뿐 아니라 대가를 지불해야 한다.

004

제4조
___

통일 정책

대한민국은 통일을 지향하며, 자유민주적 기본질서에 입각한

평화적 통일 정책을 수립하고 이를 추진한다.

대한민국은 남한과 북한의 통일을 목표로 삼는다는 선언으로, 통일 조항이라고 불러도 좋다. 이런 통일 조항도 보통의 국가 헌법에서는 찾아볼 수 없다. 우리처럼 남과 북으로 분단된 국가에서나 필요한 조항이다. 독일도 통일되기 전에는 통일에 관한 조항이 있었다.

광복 직후의 혼란 속에서 우리나라는 미군정청에 이은 남조선과도정부를 중심으로 가능한 지역에서 선거를 실시하기로 했다. 그 결정으로 남과 북은 결연히 갈라서고 말았다. 남북 분단의 결과는 모두에게 정치적 회한과 상처가 되었고, 영원한 민족적 과제를 남겼다. 이런 경위와 사정 아래서 헌법의 체면상 통일을 언급하지 않을 수 없게 된 것이다. 이 조항에서 통일은 단순한 감정의 문제가 아니라 역사적 숙제라는 의지를 읽을 수 있다.

평화적 통일 정책을 수립하여 추진한다는 말은 통일의 큰 방법론은 평화적 절차에 따르는 것으로 한다는 말이다. "자유민주적 기본질서에 입

각"한다는 것은 자유민주적 기본 질서를 밑바탕으로 하여 평화적 통일을
이루겠다는 의미다.

평화적 통일이란 통일이라는 목적 달성을 위해 무력적 수단을 사용하
지 않겠다는 의지를 담고 있다. 이는 침략적 전쟁을 부인하는 헌법 제5조
의 평화주의 정신에 부합한다. 북한도 평화통일을 목표로 하고 있다. 북
한의 사회주의헌법 제9호 후반부에는 "자주, 평화통일, 민족대단결의 원
칙에서 조국통일을 실현하기 위하여 투쟁한다"라고 명시되어 있다.

통일을 향한 남북한의 헌법적 목표와 방식이 표현상 거의 같다는 사실
은 희망적이다. 하지만 헌법전에서 눈을 떼고 남북한의 정치 현실을 보면
그 가능성은 지극히 불투명해 보일 때가 많다.

자유민주적 기본 질서는 그 자체로 아주 그럴듯하게 느껴지지만 그 의
미를 세세히 따지자면 무척 복잡하기 때문에, 여기서는 아주 간단히 새겨
보기로 한다. 자유민주적 기본 질서는 우선 우리 헌법의 기본 원리다. 가
장 중심이자 밑바탕이 되는 정신 또는 원칙이라고 이해하면 된다. 헌법의
이념적 기초라는 표현도 사용한다.

민주주의는 중요한 결정을 구성원들의 의사에 따라 하는 제도다. 자유
민주주의란 자유주의적 민주주의다. 자유주의는 개인의 자유와 권리를
최대한 보장하는 사상 또는 제도라고 알면 된다. 그렇다면 자유민주적 기
본 질서란 자유로운 경쟁을 통해 개인의 사유재산과 자유를 가능한 한 최
대로 보장하는 체제를 의미한다. 빈부의 격차를 가능한 한 줄이려는 사회
주의적 분배 방식과는 거리가 멀고, 시장경제주의, 자본주의와 가깝다.

자유민주적 기본 질서란 표현은 헌법 전문에서도 반복되고 있다. "자
유민주적 기본질서를 더욱 확고히" 한다고 강조하고 있다. 반면에 헌법
제8조에서는 "민주적 기본질서"라고만 하였다. 이를 두고 일부 헌법학자

들은, 민주적 기본 질서는 자유민주적 기본 질서와 사회민주적 기본 질서를 포괄하는 상위개념이라고 한다. 그런 해석에 따른다면 자유민주적 기본 질서는 사회민주적 기본 질서를 배척한다.

그렇다면 자유민주적 기본 질서를 바탕으로 통일을 추진할 경우, 사회민주주의를 기반으로 하고 있는 북한 체제의 전면 부인을 전제로 할 수밖에 없다. 이제 남북한의 헌법이 모두 평화통일을 외치고 있는데 왜 통일이 어려운지 조금 이해가 될 것이다. 평화통일은 서로 상대방의 체제를 존중하는 가운데 이루어낼 수 있는 목표다. 서로의 체제를 부인하면서 전쟁으로 승부를 가리지 않고 평화적으로 통일을 이룰 수 있는 방법은 도대체 무엇일까?

헌법에 표현된 자유민주적 기본 질서를 어떤 고정된 개념으로 이해하고 그 의미대로 규범화하는 것은 곤란하다. 민주주의나 자유주의에 대한 개념의 정의나 이해의 방식은 너무 다양하다. 그러므로 자유민주적 기본 질서도 의미가 명확하게 결정되어 있지 않다. 더군다나, 뒤쪽의 경제 조항에서 확인하게 되겠지만, 우리 헌법은 사회민주적 요소도 일부 도입하고 있다. 어디까지나 자유민주적 가치를 우선 원칙으로 삼는다는 것을 전제로 하되, 개인과 국가의 조화로운 최적의 이익을 위해 사회민주적 요소를 적절히 도입할 수밖에 없다는 사실을 깨달아야 한다. 고전적이고 낡은 교과서에 쓰여 있는 듯한 자유민주적 기본 질서의 의미만 고집해서는 안 된다.

〈국가보안법〉은 북한을 반국가단체로 규정하고, 자유민주적 기본 질서를 위태롭게 하는 행위를 처벌 대상으로 삼고 있다. 그렇다면 북한은 물리쳐야 할 적일 뿐, 평화통일을 위해 교섭해야 할 상대가 아니다. 그런 면에서 〈국가보안법〉은 평화통일을 지향하는 헌법 정신에 장해가 되므로 폐지해야 옳다.

제5조
침략적 전쟁의 부인 · 국군의 사명, 정치적 중립성

005

① 대한민국은 국제평화의 유지에 노력하고 침략적 전쟁을 부인한다.

② 국군은 국가의 안전보장과 국토방위의 신성한 의무를 수행함을

　사명으로 하며, 그 정치적 중립성은 준수된다.

제5조 ①항

　개인들이나 국가들 사이에서 전쟁과 평화 중 어느 것이 정상 상태일까? 철학자들뿐 아니라 평범한 시민도 가끔 그런 사색에 잠겨볼 필요가 있다. 결코 어리석은 질문이나 역설적 물음이 아니기 때문이다. 세계는 우리가 추적할 수 있는 아득한 옛날부터 지금 이 순간까지 전쟁이 끊이질 않는다. 제법 안정돼 보이는 평화의 시절은 전쟁과 전쟁 사이의 휴식 기간에 불과한 것일 수 있다. 그 휴식 기간조차 어떤 사람들에겐 꽤 길게, 어떤 사람들에겐 순간으로 느껴진다.

　무엇보다도 두 차례의 세계대전은 인류와 모든 국가에 경각심을 불러일으켰다. 그 사이사이에 또 얼마나 많은 싸움과 학살이 이어졌는가. 그리하여 제2차 세계대전 직후 수많은 나라들이 헌법에 평화 조항을 삽입했다. 침략적 전쟁을 거부하고, 평화 교란 행위를 금지하며, 양심적 병역 거부를 인정하는 등 다양한 형태로 평화의 염원을 헌법에 담았다. 아예

영세중립을 선언하기도 했다.

세계적 흐름에 따라 우리 헌법도 침략적 전쟁을 부인함으로써 세계 평화의 유지에 기여하겠다는 선언을 하고 있다. 그래서 남북통일도 평화적 방법으로 이룰 것이며, 국제법을 존중하여 국내법과 같은 효력을 인정하겠다고 규정했다. 전문에서는 항구적인 세계 평화와 인류 공영에 이바지하겠다고 밝혔다. 헌법의 이런 태도를 국제평화주의라고 표현한다.

침략적 전쟁을 부인한다는 말은, 방어적 전쟁은 용인한다는 의미를 포함하고 있다. 완전하고 철저한 평화란 어떠한 상황에서도 무력이나 폭력을 사용하지 않는 상태를 말한다. 하지만 부당한 침략에 맞서 방어하지 않는 태도는 상대방의 부당한 힘을 인정하고 자신의 생존을 포기하는 결과를 초래한다. 그런 결말은 아무런 평화를 보장하지 못한다. 따라서 평화를 깨뜨리는 도발적 전쟁은 방어를 위한 공격으로 제압해야 평화를 얻을 수 있다는 논리가 더 합리적인 것으로 받아들여진다.

문제는 전쟁을 일으키는 어떤 국가도 먼저 이유 없이 부당하게 침략적 전쟁을 시도한다고 생각하지 않는다는 것이다. 상대 국가가 정치적으로 도저히 참을 수 없는 행위를 한다고 느끼면, 전쟁이 정당하게 가능하다고 판단해버린다. 그러면서 어느 국가든 평화를 지키기 위해 불가피하게 전쟁을 수행한다고 변명한다. 평화를 강력하게 외치면 외칠수록, 평화를 목적으로 한 전쟁의 당위성은 점점 더 강화된다. 그래서 인간들은 평화가 지속되는 동안 전쟁을 사유하며 지낸다.

우리가 잘 알고 있는 침략적 전쟁으로는 나치 독일의 폴란드 공격을 들 수 있다. 1939년 9월 1일, 히틀러의 독일군이 폴란드 국경을 침공함으로써 제2차 세계대전의 시작을 알렸다. 세계인 모두가 잘 알고 있는 또 하나의 침략 전쟁은 미국이 일으킨 이라크 전쟁이다. 영국과 오스트레일리아의 동조를 얻은 미국은 2003년 3월 20일 오전 5시 30분 이라크의 수도 바그다드 동남부에 미사일을 퍼부어 전쟁을 감행했다. 미국이 지금까지 침공의 조건으로 제시했던 대량살상무기의 존재를 증명하지 못했으므로, 그 전쟁의 일방적 침략성은 명백하다.

그렇다면 미국의 요청에 따라 국군을 이라크에 파견하기로 한 한국 정부의 결정은 침략적 전쟁을 부인한다는 헌법을 위반한 것이 아닌가? 한국 정부는 2003년 4월 이라크에 최초로 병력을 보낸 뒤, 미국의 계속된 요구에 따라 그해 10월 18일 추가 파병을 결정했다. 이에 한 시민이 정부의 결정은 위헌이라며 헌법소원을 제기했다. 그렇지만 헌법재판소는 대통령이 결단하고 국회가 동의한 파병 행위는 고도의 정치적 행위로 헌법재판소가 판단할 일이 아니라고 결정했다.[5]

제5조 ②항

국군이 국가의 안전보장과 국토방위를 목적으로 함을 밝힌 이 조항은 형식상 군대의 존립 근거가 된다. 대한민국은 세계 평화를 추구하고 침략적 전쟁을 부인하지만, 그렇다고 그것이 군대와 무기를 보유하지 않겠다는 의미는 아니다. 이 조항에서 명시하고 있는 목적을 위해 존재하는 군대와 무기라면 침략적 전쟁을 부인하는 국제 평화주의에 어긋나지 않는다. 그리고 이를 강조하기 위해 '신성한 의무'라는 수사학적 표현까지 동원하고 있다.

"그 정치적 중립성"이란 국군의 정치적 중립성을 말한다. '국군은 정치적 중립성을 지켜야 한다'고 하면 될 것을, 왜 "그 정치적 중립성은 준수된다"라고 표현했는지 알 수 없는 일이다. 군대가 어느 정파의 이익을 위해 행동해서는 안 된다는 의미로 이해하면 된다. 헌법 제74조는 대통령을 국군통수권자로 규정하고 있는데, 우리나라에서 대통령은 한 정당의 당원이 될 수 있다. 그렇더라도 대통령이 국군을 구체적으로 지휘하고 통솔하는 행위는 그가 속한 정당을 위해서가 아니라 국가와 국민을 위한 경우에 한하므로 문제가 되지 않는다.

역사적으로 국군이 정치적 중립성을 지키지 못한 경우가 있다. 1961년 5월 16일 육군 소장이던 박정희는 병력을 동원하여 제2공화국 정권을 무너뜨렸다. 1979년 10월 26일 대통령 박정희가 살해된 뒤, 그해 12월 12일 역시 육군 소장이던 전두환은 자신의 친위 병력을 이용하여 군부 내의 반대파를 제거했다. 그리고 그 사건을 발판으로 대통령 최규하에게 사임을 강요한 뒤, 비민주적 절차에 따라 정권을 탈취했다. 이 두 차례의 쿠데타는 국군의 정치적 중립성의 필요성을 절감시킨 뼈아픈 과거사다.

우리나라 헌법의 평화 조항과 함께 늘 위헌과 개헌 시비가 끊이질 않는 사례는 일본에서 찾아볼 수가 있다. 제2차 세계대전에서 패한 직후인 1946년 2월 13일 점령군 총사령부는 일본 정부에 '맥아더 3원칙'을 담은 헌법 초안을 교부했다. 그에 따라 그해 11월 3일자로 제정한 것이 일본국 헌법이다.

일본 헌법 제9조는 평화 조항으로, 1항에서는 전쟁의 포기를 선언하고 있다. 그리고 항상 논쟁의 대상이 되는 그 유명한 2항은 다음과 같다. "전항의 목적을 달성하기 위하여 육·해·공군 기타의 전력을 보유하지 아니한다. 국가의 교전권은 이를 인정하지 않는다."

그럼에도 불구하고 일본은 자위대라는 이름의 군대를 보유하고 있다. 자위대의 군사력은 막강하여 군사비로만 따지면 세계 3위 수준이다. 이런 일본의 현실은 일본 헌법 제9조 2항의 위반이 아닌가? 그리고 일본에 주둔하고 있는 미군 역시 마찬가지가 아닌가?

일본에서도 자위대와 주일미군의 존재가 헌법 제9조 위반이라는 소송이 여러 차례 제기되었다. 가장 유명한 것이 스나가와 사건이다. 1957년 주민과 학생 300여 명이 도쿄도 스나가와의 다치가와 비행장 확장을 반대하면서 미군 전용의 비행장 철책을 부수고 들어갔다. 이 단순한 형사사건의 1심 재판을 맡은 도쿄지법 다테 아키오 판사는 피고인 전원에게 무죄를 선고했다. "주일미군은 일본이 자국과 직접 관계가 없는 무력 분쟁의 와중에 끼어들게 하는 원인이 되므로 헌법 제9조 2항에 위배되는 존재"라는 것이 판결 이유였다. 재판장의 이름을 따서 '다테 판결'이라 불리는 이 재판의 결과는 최고재판소에서 파기되었다.

일본에서는 자위대를 폐지해야 한다는 주장에서부터 자위대를 정당하게 보유하기 위하여 헌법 제9조를 개정해야 한다는 주장까지 지금도 논란이 끊이질 않고 있다. 현재 상황으로서는 대체적으로 자위대는 해석상 위헌이 아니라면서, 개헌까지는 이르지 않고 있다. 헌법이 말하는 평화주의가 무방비와 무저항을 의미하는 것은 아니라면서, 주권국으로서 갖는 고유의 자위권은 당연히 인정된다는 것이다. 그리고 근년에는 국제 정세상의 변화에 부응하기 위해서도 자위대는 필요한 합법적 존재라는 주장도 보태졌다.

제6조
___
조약 · 국제법규의 효력 · 외국인의 법적 지위

① 헌법에 의하여 체결·공포된 조약과 일반적으로 승인된 국제법규는

국내법과 같은 효력을 가진다.

② 외국인은 국제법과 조약이 정하는 바에 의하여 그 지위가 보장된다.

제6조 ①항
___
국제 관계의 주체는 기본적으로 국가다. 국제정치는 국가를 대표하여
대통령이나 정부로부터 권한을 위임받은 사람이 모여 회의를 하거나 결
정을 함으로써 이루어진다. 국제國際란 한자어의 의미는 나라와 나라 사
이 또는 그 관계를 말한다.

법의 존재 양식을 법원法源이라 한다. 법의 종류라고 해도 크게 틀리지
는 않으므로, 그렇게 이해해도 좋다. 단, 재판을 행하는 장소인 법원法院
과 구별만 하면 된다. 국내법의 법원이라면 국내에서 효력이 있는 규범의
종류를 말하는데 헌법, 법률, 시행령, 시행규칙, 조례 같은 것들이다.

국제법의 법원에는 어떤 것들이 있을까? 국가와 국가 사이에서 발생한
분쟁을 해결하기 위한 기준이 되는 국제법에는 어떤 것이 있느냐라는 말
이다. 국제적 관습이나 유력한 학자의 학설 같은 것도 국제법의 세계에선
의미 있는 규범적 구실을 할 때가 있지만, 가장 대표적인 것은 조약이다.

국내의 법률은 효력을 발생하기 시작하면 모든 국민에게 적용된다. 위반하면 처벌받거나 다른 불이익을 받게 된다. 그런데 국제법은 그렇지 않다. 조약이 만들어졌다고 모든 나라에 효력이 생기는 것은 아니다. 마치 계약처럼, 조약을 체결한 해당 국가들 사이에서만 법으로서 효력이 있을 뿐이다. 이미 체결된 조약에 동조하여 나중에 가입한 나라에도 효력이 생긴다. 하지만 위반한 국가가 생기더라도 강력하게 제재하거나 강제로 이행시킬 방법은 없다.

그러나 어떤 국가든 밖으로 향한 문을 굳게 걸어 잠그고 살아갈 수는 없다. 쇄국과 문호 개방의 차이가 얼마나 큰지 근대의 역사가 증명해 보였다. 자원의 고갈, 자연환경의 변화, 과학기술의 급격한 발전에 대처하려면 국가들끼리 협력하지 않으면 안 된다. 특히 세계의 평화를 항구적으로 유지하기 위하여 국제적 교섭과 유대의 필요성은 거의 절대적이다. 그러므로 국제법으로 기능하는 규범을 모든 국가들이 국내법처럼 인정하고 준수하기를 기대한다. 이것이 국제 정신이다.

조약은 둘 이상의 국가가 당사국이 되어 체결하는 국제 규범이다. 명칭이 반드시 조약treaty이어야 하는 것은 아니다. 규약covenant, 규정statute, 협정agreement, 협약convention, 헌장charter, 의정서protocol, 교환각서exchange of notes, 양해각서memorandum of understanding, 합의의사록agreed minutes 등 어떤 것을 사용해도 상관없다. 그 내용이나 체결 형식에 따라 결정할 뿐이다.

"헌법에 의하여 체결·공포"한다는 말은 무엇인가. 조약을 체결하고 비준하는 일은 대통령의 권한이다. 비준은 조약을 체결할 때 권한을 위임받은 전권위원이 서명한 것을 헌법상 체결권자인 대통령이 최종 확인하는 절차다. 조약은 체결하기 전에 반드시 국무회의의 심의를 거쳐야 한다. 그리고 대부분의 조약을 체결하고 비준할 때에는 국회의 동의를 얻어야 한다. 이런 헌법에 규정된 절차에 따른 조약이라야 합헌적이고 정당한 규범이라는 의미다.

1990년 9월 남한과 북한의 정부는 고위급 회담을 시작했고, 1992년 2월 평양에서 6차 회의를 열어 1991년 12월 13일자로 작성한 합의서를 정식으로 교환했다. 그것이 바로 남북기본합의서다. 남북의 화해와 불가침을 약속하고 남북 교류의 협력 방안을 마련하기로 하는 내용을 담고 있는 이 합의서는 남북 정부 당사자 사이에 공식 합의된 최초의 문서로 남북 교류의 역사에 큰 이정표가 되었다. '남북 사이의 화해와 불가침 및 교류·협력에 관한 합의서'가 공식 명칭인데, 제17조에는 "남과 북은 민족 구성원들의 자유로운 왕래와 접촉을 실현한다"고 명시되어 있었다. 그런데 남북기본합의서 교환에 앞서 제정된 〈남북교류협력에 관한 법률〉 제9조 3항은 "남한의 주민이 북한의 주민 등과 회합·통신 기타의 방법으로 접촉하고자 할 때에는 통일원장관의 승인을 얻어야 한다"고 규정하고 있다. 이에 민주사회를 위한 변호사 모임은 남한 사람이 북한 사람을 만날 때 승인을 얻도록 한 위 조항이 남북기본합의서 제17조에 위반한다는 이유로 당시 통일원장관을 상대로 소송을 제기했다.

1999년 7월 23일, 대법원은 남북기본합의서는 조약처럼 국내법으로서의 효력이 있는 문서가 아니라고 판단했다. "남북한 당국이 각기 정치적 책임을 지고 서로 성의 있는 이행을 약속한 것이긴 하지만 법적 구속력이 있는 것은 아니다"라는 이유에서였다.

조약 외에 "일반적으로 승인된 국제법규"란 무엇인가? 가장 적당한 예는 많은 나라들이 체결한 널리 알려진 조약이지만 우리나라는 아직 가입하지 않은 것이다. 결국 일반적으로 승인된 것이냐 아니냐를 누가 어떻게 판단하느냐가 문제다. 국제법과 국제 질서를 적극 존중한다는 의미가 강하게 담겨 있으나, 현실에서는 우리가 가입하지 않은 조약을 국내법처럼 인정할 가능성이 극히 적다. 1989년 사립학교 교원들의 노동3권을 제한하는 법률이 위헌이 아닌가라는 문제가 제기된 사건이 있었다. 헌법재판소는 선언적 의미만 있다는 이유로 세계인권선언의 국내법적 효력을 부인했고, 국제노동기구ILO가 채택한 권고 등은 우리나라가 가입하지 않았기 때문에 역시 효력이 인정되지 않았다. 1991년 7월 22일 헌법재판소의 그 선고가 있은 지 몇 개월 뒤에 대한민국은 국제노동기구에 가입했다.

이는 조약 등 국제법이 국내법과 같은 효력이 있음을 인정한다는 것으로, 그것들을 철저히 지키겠다는 의지의 표현이다. 그런데 새로 체결한 조약과 국내법이 서로 저촉할 때 문제가 생긴다. 이때 국내법이 우선이냐 국제법이 우선이냐, 아니면 신법 우선의 원칙에 따라 나중에 생긴 것이 우선이냐 하는 주장들이 엇갈린다. 진실로 국제조약을 존중하고 준수할 의사가 있다면, 새로 체결한 조약과 저촉되는 국내법 규정이 없는지 잘 검토한 뒤 저촉되는 국내법 규정을 새 조약에 맞추어 개폐해야 옳다. 그렇지만 실제로 그렇게 하는 국가가 얼마나 되는지 의심스럽다.

제6조 ②항

이 조항도 '외국인의 지위는 국제법과 조약에 따라서 보장한다'라고 하면 훨씬 이해가 더 쉽겠다. 우리 헌법과 법률은 우리나라 국민에게 적용하는 것이 원칙이지만, 외국인에게도 적용할 수 있다. 제6조 2항은 대한민국의 헌법과 법률로 보호할 필요가 있는 외국인에게 가능한 한 보호를 다한다는 의미를 강조하고 있다. 보통은 그 외국인이 속한 국가가 대한민국 국민에게 어떤 지위의 보장을 하느냐에 따라 우리의 보호 수준도 정해진다. 상대국으로부터 받는 만큼 주겠다는 그런 태도를 상호주의라 한다.

제1장 총강

제7조
___

공무원의 지위 · 책임 · 신분 · 정치적 중립성

① 공무원은 국민전체에 대한 봉사자이며, 국민에 대하여 책임을 진다.

② 공무원의 신분과 정치적 중립성은 법률이 정하는 바에 의하여 보장된다.

제7조 ①항

국가는 개인을 위하여 만든 것이다. 물론 그렇게 생각하지 않는 사람도 있지만 인간은 자유와 권리의 주체로 존재하기 위해 공동체를 필요로 한다. 가족, 시민사회, 국가가 그 공동체들인데, 이런 집합적 계기를 통해 비로소 개인은 의미를 지니게 된다. 개인이 더 중요하냐, 국가가 더 중요하냐는 물음은 어리석다. 개개인의 자유와 권리의 최적 상태를 보장하면서도 국가의 효용을 해하지 않는 곳에서 균형의 경계를 찾아야 한다. 그래서 헌법도 개인(기본권)과 국가(통치구조)의 양자에 관한 근본 내용을 규정한다.

국가의 운영은 어차피 개인 중에서 선출된 사람이 맡아 한다. 개인을 위하여 국가를 만들었는데, 국가가 움직이기 위하여 다시 개인의 힘을 필요로 하는 것이다. 국가의 일을 맡은 사람을 공무원이라 한다. 공무원의 역할은 국민과 국가 전체를 위한 것이기 때문에 사적인 일과는 그 의미나 비중이 다르다.

고대 그리스의 도시국가에서는 시민들이 의무적으로 돌아가면서 공무를 맡았다. 따라서 추첨에 의해 순번만 정하면 되는 식이었다. 공적인 업무는 개인과 공동체를 위한 공통의 의무로 인식되었다. 당시 민주주의의 극단적 한 면을 보자면 그렇다는 것이다. 고대 그리스 도시국가에서는 개인의 권리보다 의무가 더 강조되었기 때문에, 누구에게 공무를 맡기는 일은 어렵지 않았다. 그러나 그런 형태의 민주주의는 그 이후 다시 나타난 적이 없다.

직업적 공무원이 탄생한 것은 왕의 권력이 강화되어 중앙집권제가 구축되면서이다. 국왕의 의사에 따라 국정을 장악하기 위해서는 충성심이 강한 신하들이 필요했다. 그래서 정착된 것이 관료제도다. 왕의 뜻을 받들어 통치하는 신하로서의 공무원은 민중 위에 군림하는 특권 계급을 형성했다.

시민혁명으로 봉건제도가 타파되고 세습제의 왕이 쥐고 있던 주권이 국민에게 돌아왔다. 국민의 대표자를 선거에 의해 뽑는 정권의 수평적 교체가 이루어지자 공무원 임명 형식은 엽관제獵官制로 바뀌었다. 엽관제란 관직을 얻으려는 사람들이 서로 다투는 행태를 사냥꾼이 짐승을 잡으려고 혈안이 된 모습에 비유한 것이다. 즉 정권을 잡은 세력이 자기 성향에 맞는 사람들을 골라 공무원에 임명하게 되었다. 엽관제는 국민을 다스리던 공무원을 공공의 봉사자로 바꾸어놓은 장점이 있었지만, 국가가 아닌 특정 정치 세력의 이익을 위한 도구로 전락시키는 단점도 컸다.

필요한 것은 정권의 교체에 영향을 받지 않으면서 국민을 위해 헌신하는 공무원이었는데, 그리하여 등장한 것이 직업공무원제다. 19세기 말 영국과 미국에서 먼저 시작되었고, 독일은 20세기 초 바이마르헌법에 이를 규정했다.

공무원은 국민 전체에 대한 봉사자라는 말의 의미는, 공무원은 집권자나 집권당 또는 임명권자를 위한 복무자가 아니란 것이다. '국민 전체'를 위해 일하기 때문에 특정인의 이익을 위한 충신이 아니며, '봉사자'이기 때문에 국민 위에 군림하는 특권 계급이 아니란 뜻이 담겨 있다.

국민에 대하여 책임을 진다는 말은 국민에 대한 봉사자로서 공무원의 역할을 강조한 것이다. 이 표현이 없더라도 누구든 잘못이 있으면 책임지는 일은 당연하다. 공무원은 그 지위와 직책에 따라 헌법적·법률적 책임, 정치적 책임 그리고 도덕적 책임을 진다.

제7조 ②항
────

이 조항은 '공무원의 신분과 정치적 중립성은 법률로 보장한다'라고 하면 더 깔끔할 것이다.

공무원의 신분을 법률로 보장하는 것은 바로 직업공무원제도의 한 형태이다. 기본적인 법률로 〈국가공무원법〉과 〈지방공무원법〉이 있다. 신분을 보장한다는 것은 대략 이런 내용이다. 우선 특별한 사정이 없으면 정년까지 일할 수 있는 기회를 보장한다. 공무원은 직무 수행 중 책임질 만한 잘못이 없으면 어떤 불이익도 받지 않는다. 고급 공무원의 경우 탄핵, 일반공무원의 경우 징계 절차에 의하지 않고는 강제로 파면할 수 없다. 그러나 현실에서는 무능력을 이유로 구조조정의 대상이 되어 정년을 남겨두고 공직을 떠나는 경우도 있다. 〈국가공무원법〉은 이에 대해 자세히 규정하고 있다. 1급 공무원을 제외한 모든 공무원은 형벌을 받거나 징계처분을 당하거나 다른 법률의 규정에 의하지 않고는 본인 의사에 반하여 휴직·강임 또는 면직당하지 않는다. 하지만 일정한 경우 당연히 퇴직하거나, 직권 면직할 수 있다. 그 밖에 강제로 하위직에 임명되는 강임, 명예퇴직 등의 제도가 있다. 공무원의 능력에 따른 구체적 처우의 내용은 모두 법률로 정한다. 공무원의 보수, 각종 연금제도 등을 법률로 정하는 것도 신분 보장의 한 형식이다.

반면 공무원에 대해 특별한 의무를 요구하거나 권리를 제한하기도 한다. 〈국가공무원법〉은 공무원에게 성실 의무, 복종 의무, 직장 이탈 금지 의무, 친절 공정의 의무, 종교 중립의 의무, 겸직금지 의무, 비밀 엄수의 의무, 청렴 의무, 품위 유지의 의무, 정치 운동 금지의 의무, 집단행위 금지의 의무 등이 있음을 규정한다. 그리고 법률이 정하는 범위 안에서만 단결권, 단체교섭권, 단체행동권의 노동3권을 행사할 수 있다. 이러한 각종 의무와 제한은 공무원의 정치적 중립성 유지를 위한 제도이기도 하다.

공무원의 여러 의무는 실질적으로 판단해야 한다. 예를 들어 공무원에게는 직무에서 소속 상관의 명령에 복종해야 할 의무가 있지만, 부당한 명령은 거부할 수 있다.

008

제8조

정당

① 정당의 설립은 자유이며, 복수정당제는 보장된다.

② 정당은 그 목적·조직과 활동이 민주적이어야 하며, 국민의 정치적

의사형성에 참여하는데 필요한 조직을 가져야 한다.

③ 정당은 법률이 정하는 바에 의하여 국가의 보호를 받으며, 국가는 법률이

정하는 바에 의하여 정당운영에 필요한 자금을 보조할 수 있다.

④ 정당의 목적이나 활동이 민주적 기본질서에 위배될 때에는 정부는

헌법재판소에 그 해산을 제소할 수 있고, 정당은 헌법재판소의 심판에

의하여 해산된다.

정당은 국가기관이 아닌데도 불구하고 헌법이 그 조직과 활동을 보장하고 있다. 누구든지 만들 수 있는 정치적 결사체인 정당이 민주주의제도 속에서 핵심적 역할을 맡을 것이라고 기대하기 때문이다.

한때 직접민주주의를 신봉하던 사상가들은 정당을 민주주의의 적으로 보았다. 정부와 국민 사이에서 국민의 의사를 받아들이는 척하면서 정당의 이익을 위해서 그 민의를 왜곡하기 쉽다고 판단했기 때문이다. 그러나 대의민주주의가 정착하면서 정당의 기능은 민주주의를 위한 불가결의 요소로 대두되었다. 국민의 정치를 도맡아 대신 해주겠다는 정당이 없으면 어떻게 현실의 정치가 이루어지겠는가.

최초의 헌법에는 정당에 관한 언급이 없었다. 그러나 제2공화국 헌법 때 정당 조항이 신설되었고, 그 뒤에 강화되었다. 헌법을 해석하는 학자들도 복수정당제도를 국민투표제도, 대의제도, 선거제도, 지방자치제도

와 함께 자유민주주의 원리의 하나로 꼽고 있다.

제8조 ①항

정당은 자유설립주의를 원칙으로 삼고 있다. 여기서 말하는 자유설립주의란 일정한 요건만 갖추면 허가나 인가를 받을 필요가 없다는 의미다. 정당은 중앙당이 중앙선거관리위원회에 등록만 하면 된다. 그러므로 등록주의가 더 정확한 표현일 수 있다. 정당이 등록 신청을 했을 때 관할 선거관리위원회는 형식적 요건을 갖추었는가에 대해서만 심사한다. 일단 형식적 요건을 잘 갖춘 경우에는 그 신청을 다른 이유로 거부할 수 없다. 이런 내용은 모두 〈정당법〉에 있다.

정당 창당은 발기인으로 구성된 창당준비위원회 활동으로 시작한다. 누구든지 정당을 자유롭게 설립할 수 있으므로 복수정당제는 당연하다. 복수정당제는 일당제나 양당제를 허용하지 않는다는 말이다. 일당제는 독재를 의미하고, 양당제는 다양한 여론의 반영을 어렵게 한다. 북한의 헌법은 조선노동당을 유일한 정당으로 밝히고 있다.

정당의 창당뿐 아니라, 정당에 가입하거나 탈퇴하는 것도 자유롭다. 하지만 공무원 등 일정한 신분의 사람들은 정당원이 될 수 없다. 정치적 중립성을 지켜야 하기 때문이다. 정당의 해산이나 합당 또는 분당도 자유롭게 할 수 있다.

제8조 ②항

민주적이란 말은 무엇을 결정할 때 독단적이지 않고 구성원의 의사를 두루 수용하는 가운데 소수 의견까지 존중한다는 의미다. 그렇다면 정당의 목적, 조직, 활동이 민주적이어야 한다는 것은 무슨 말인가? 정당이

제1장 총강

민주적이면 좋겠지만, 헌법이 각 정당의 내부 사정까지 들여다보고 간섭해야 할까라는 의문도 든다.

정당의 목적, 조직, 활동의 민주성 확보를 흔히 당내 민주주의라고 한다. 헌법이 굳이 기본적인 당내 민주주의를 요구하는 것은, 헌법에 의해 보장받는 정당이 특정 정치인의 개인적 이익을 위해 사당화私黨化되는 현상을 방지한다는 경고로 이해해도 좋다. 〈정당법〉은 최소한의 당내 민주주의를 위하여 정당의 강령과 당헌을 공개하도록 하고, 당원의 전체 의사를 반영할 수 있는 내부 기구를 두도록 하고 있다. 국회의원이 있는 정당은 의원총회를 두어야 한다.

정당이 민주적이어야 한다는 것은 공산당의 허용을 금지한다는 의미까지 포함하는가? 사회주의나 공산주의를 목적으로 하는 정당이라고 비민주적이라고 할 근거는 전혀 없다. 사회주의나 공산주의는 민주주의의 대립·반대 개념이 아니다. 헌법이 당내 민주주의를 강력하게 요구하고 있더라도, 그것이 사회주의 정당이나 공산당을 금지한다는 의미는 아니다.

정당이 국민의 정치적 의사 형성을 할 수 있도록 해야 한다는 것은 너무나 당연한 말이다. 정당의 존립 이유가 바로 그것이기 때문이다. 〈정당법〉은 "정당이란 국민의 이익을 위하여 책임 있는 정치적 주장이나 정책을 추진하고 공직 선거의 후보자를 추천 또는 지지함으로써 국민의 정치적 의사 형성에 참여함을 목적으로 하는" 조직이라고 한다.

제8조 ③항

〈정당법〉에 따라 선거관리위원회에 등록한 정치 단체만 정당으로 인정된다. 그렇지 않은 단체는 정당이라는 명칭을 쓸 수 없다. 정당인 것처럼 함부로 정당 명칭을 사용하면 처벌받는다. 법률에서는 정당을 위하여 선거에서 후보자를 공천할 권리도 보장하고 있다. 정당에 국고보조금을 지급하는 것도 국가가 정당을 보호하는 형태의 하나다. 그에 관한 사항은 〈정치자금법〉에 규정하고 있다. 그러나 일각에서는 정당의 선거비용을 국가가 보조하는 것이 타당하지 않다는 주장도 있다.

제8조 ④항

정당을 자유롭게 설립할 수 있는 것은 원칙이다. 정당의 목적, 조직, 활동이 민주적이어야 하고, 민주적 기본 질서에 위배되어서는 안 된다는 요구는 정당의 자유에 대한 예외적 제한이다. 민주주의의 실현을 위해 필요한 최소한의 한계라고 보기 때문이다.

여기서 "민주적 기본질서"는 헌법 전문과 제4조에서 말하는 "자유민주적 기본질서"와 어떤 관계일까? 둘 다 같은 의미라는 주장이 있는가 하면, 서로 다르다는 견해도 있다. 민주적 기본 질서는 자유민주적 기본 질서뿐 아니라 사회민주적 기본 질서까지 포함하는 개념이라는 주장이 있다. 물론 이때 사회민주적 기본 질서란 복지국가 정책을 수용한다는 의미 정도이지, 결코 사회주의나 공산주의를 허용한다는 것은 아니라고 한다.

하지만 헌법학자들의 이런 주장은 이해하기 어렵다. 만약 사회민주주의를 강령으로 삼는 정당이 집권하게 되면, 그 정부의 통일 정책은 헌법 제4조에 따라 자유민주적 기본 질서 위에서 펼쳐야 하므로 강령을 바꿔야 한다는 말인가? 자유민주적 기본 질서와 민주적 기본 질서를 모호하게 함께 사용하고 있어 조금 혼란스럽다. 그 개념은 명확히 구분하기도 힘들다. 아예 개정의 기회에 통일하는 것이 바람직하다.

그리고 자유민주적 기본 질서를 이념으로 삼는다고 복지국가 정책이나 분배 위주의 경제 정책을 수립하지 못하는 것이 아니다. 더 나아가 정

제1장 총강

치적 안정을 바탕으로 사회주의 정당이나 공산당도 당연히 허용할 수 있어야 진정으로 건강한 민주주의 사회라고 자부할 수 있을 것이다. 우리 사회에서 자유주의, 민주주의, 자유민주주의, 자본주의, 사회주의, 공산주의에 대한 개념의 오해와 혼용과 남용 그리고 정치적 악용은 헌법 때문이 아니다. 일반의 교육과 인식의 문제일 뿐이다.

정당의 해산을 규정한 이 조항이 갑자기 엄청난 논란의 한가운데 서게 된 사건이 있었다. 2014년 12월 19일 헌법재판소는 다음과 같은 주문의 결정을 했다. 첫째, 피청구인 통합진보당을 해산한다. 둘째, 피청구인 소속 국회의원 김미희, 김재연, 오병윤, 이상규, 이석기는 의원직을 상실한다. 위헌정당해산제도가 제3차 개정 헌법에 신설된 이래 처음으로 헌법재판소에 의해 정당이 해산된 순간이었다.

이 결정문의 모든 부분이 논쟁의 대상이 되었다 해도 과언이 아니겠으나, 특히 소속 국회의원의 의원직을 상실시킨 주문과 그 논거에 대해 격론이 벌어졌다. 왜냐하면 헌법재판소의 해산 결정으로 정당이 해산되는 경우에 그 정당 소속 국회의원이 의원직을 상실하는지에 대해 현행 헌법이나 법률이 침묵하고 있기 때문이었다. 헌법재판소는 "명문의 규정은 없으나, 정당해산심판제도의 본질은 민주적 기본 질서에 위배되는 정당을 정치적 의사 형성 과정에서 배제함으로써 국민을 보호하는 데에 있는데 해산 정당 소속 국회의원의 의원직을 상실시키지 않는 경우 정당 해산 결정의 실효성을 확보할 수 없게 되므로, 이러한 정당해산제도의 취지 등에 비추어 볼 때 헌법재판소의 정당 해산 결정이 있는 경우 그 정당 소속 국회의원의 의원직은 당선 방식을 불문하고 모두 상실되어야 한다"[6]고 선언했다.

그런데 1962년 제5차 개정 헌법 제38조는 "국회의원은 소속 정당이 해산된 때에는 그 자격이 상실된다"고 규정했지만, 현행 헌법에는 그런 규정이 없다. 삭제한 이유가 있지 않았을까? 아마도 국회의원은 한 정당의 구성원이기에 앞서 국민 전체의 대표라는 생각에서였을 것이다.

정당해산제도는 '방어적 민주주의' 또는 '전투적 민주주의' 혹은 '투쟁적 민주주의'를 의도하고 있다고 말한다. 민주주의를 파괴하려는 적으로부터 민주주의를 스스로 방어해야 한다는 것이다. 민주주의가 그저 다양한 견해와 사상이 난무하는 경쟁의 장이 아니라, 민주주의를 거부하는 세력에 대해서는 국가가 독점하고 있는 제도적 폭력을 동원하여 비민주적 방식으로 대처할 수 있다는 의미가 담겨 있는 것이다. 즉 관용하지 않는 자들에 대해서는 민주적 관용이 베풀어질 수 없다. 이는 정치적 혼란을 겪던 바이마르공화국이 히틀러에 의해 파괴되는 끔찍한 역사적 경험을 겪은 독일의 법과 법학에서 발전된 개념이자 제도이다. 실제로 1950년대에 독일은 나치의 후신에 해당하는 정당 하나와 공산당을 해산했다. 그리고 이후 오랜 시간이 지나 민주주의가 정착한 오늘날에는 어떤 극우정당을 해산할지 여부를 둘러싸고 고민에 고민을 거듭하고 있다. 그만큼 민주주의제도와 민주주의에 대한 일반 국민의 확신이 정착했다는 반증인 셈이다.

민주주의를 유지하고 발전시키기 위한 가장 중요한 동력은 법을 통한 반민주주의 척결보다는 늘 정치적으로 깨어 있는 상태에서 비롯되는 것이다. 이 점에서 통진당에 대한 해산 결정은 법적 논란과는 상관없이 우리 민주주의의 성숙도를 가늠하는 척도라 할 수 있다. 통진당 해산 결정은 '백가쟁명, 백화제방'으로서의 민주주의를 받아들일 정신적 기반이 우리나라에는 아직 형성되지 않았다는 증거이다. 물론 정당해산제도의 정치적 남용 가능성이라는 문제야말로 정당해산제도가 갖고 있는 가장 어둡고 무서운 측면이라는 점은 너무나도 자명하다.

009

전통문화와 민족문화

국가는 전통문화의 계승·발전과 민족문화의 창달에 노력하여야 한다.

짧은 한 문장으로 된 이 조문을 가만히 읽으면 흐뭇한 기분이 든다. 좋은 말이고, 어떻게 보면 당연한 일이기 때문이다. 국가가 경제성장과 정치적 안정만 도모하는 게 아니라, 모름지기 문화의 보존과 발전에도 관심을 가지고 힘써야 한다는 것이 그렇다.

그런데 이 문장이 헌장이나 성명의 한 구절이 아니라 헌법의 조항이라면 어떤가? 좀 꼼꼼히 따져 읽어야 할 필요가 있다. 문화는 무엇이며, 또 전통문화와 민족문화는 어떻게 다른가?

어떤 공동체든 문화가 없는 곳은 없다. 누구든 문화가 어떤 의미를 지니는지 안다. 그럼에도 불구하고 문화란 것을 정의하여 말하라고 하면 설명하기가 쉽지 않다. 그런 어휘를 보통 추상적 또는 불확정적 개념어라고 한다. 추상적이거나 불확정적이거나 너무 포괄적인 용어를 법조문에 사용하는 건 명확하지 못하여 좋지 않다. 하지만 헌법 조문에 가끔 그런 표현이 사용될 때가 있다. 그런 용어나 표현들이 헌법에 생동감을 불어넣어 주고, 헌법으로 하여금 선언적 힘과 장식적 멋을 지니게 하기 때문이다.

문화란 인간들의 정신과 육체적 활동의 성과가 일정한 시간의 경과에 따라 유무형으로 축적된 상태를 말한다. 바로 그 문화권에 사는 사람들의 삶의 양식이면서 환경이기도 하다. 그리고 그 문화 속에 미래도 잠재해 있다.

전통은 공동체에서 전부터 이어내려오는 사상, 관습, 행동 등의 양식을 말한다. 전통문화는 그 공동체 내에서 지난날부터 전해내려오는 문화다. 민족은 같은 지역에서 오랫동안 함께 살아 감정, 언어, 풍습 등을 공통의 요소로 지니고 있는 인간의 집단을 일컫는다. 민족문화란 그 민족의 특성을 잘 드러내는 문화다.

그렇다면 도대체 민족문화와 전통문화는 무엇이 다르단 말인가? 물론 전통문화 중에는 민족문화가 아닌 것이 포함될 수 있다는 식으로 애써 구분할 수는 있겠지만, 두 개념은 문화인류학적으로도 깔끔하게 나누어 설명하기가 쉽지 않다. 모두 같은 의미로 이해해도 아무 문제가 없다.

전통문화란 시간적 요소가 개입된 말이다. 그래서 잘 이어서 앞으로도 계속 발전시켜나가자고 한다. 반면 민족문화란 형성의 주체적 요소가 강하게 들어 있는 개념이다. 여기서 민족이란 한韓민족을 말한다. 우리 민족 고유의 문화를 구김살 없이 펼쳐 널리 알리자는 것이다.

인류학적으로 따지더라도 한반도에 거주한 퉁구스 계통의 한민족이 혈통적으로 단일성을 유지해왔다고 보기는 어렵다. 그리고 어떤 고유의 문화도 항상 다른 지역의 문화와 교류를 통해 영향을 주고받으며 변화돼 왔다. 바로 문명 교류에 의한 문화의 역동적 변천이요 발전이다. 전통문화든 민족문화든 항상 끊임없는 변모의 과정을 거쳐 발전한다. 물론 민족

제1장 총강

성과 전통이 그 밑바탕에 있다.

전통문화나 민족문화는 반드시 과거 어느 시점의 원형을 그대로 유지하는 것을 의미하지 않는다. 우리에게 필요한 것은 골동품이 아니기 때문이다. 우리의 뿌리에 해당하는 과거를 앎으로써 오늘을 이해하고, 나아가 미래의 전망을 얻는 것이 인간의 삶이다. 그렇다면 헌법에서 말하는 전통문화와 민족문화가 단순히 옛것에 그친다면 아무 의미가 없다. 헌법에 규정할 필요가 없으므로 삭제하는 게 옳다는 주장이 제기되는 것은 그런 이유에서다. 하지만 오늘의 의미로 다시 새길 수 있는 문화로 이해한다면 문제가 없다.

동성동본끼리는 결혼하지 못하게 하는 제도와 남자만을 중심으로 가계를 이어가도록 한 호주제는 오랫동안 고유의 전통문화인 것으로 여겨져왔다. 하지만 현대의 연인들과 여성들은 그 불합리한 제도 때문에 많은 고통을 겪어야 했다. 두 제도는 결국 헌법재판의 대상이 되고 말았다.

1997년 7월 헌법재판소는 이렇게 선고했다. "동성동본 혼인 금지 제도는 만고불변의 진리가 아니다. 윤리나 도덕관념도 시대에 따라 바뀌고 역사의 법칙에 따라 발전한다. 그러므로 이 제도는 더 이상 법적으로 규제되어야 할 이 시대의 보편타당한 윤리 내지 도덕으로서의 기준성을 상실하였다."[7] 그 뒤로 〈민법〉을 개정하여 동성동본이라도 일정한 촌수 이내의 사람끼리만 결혼을 하지 못하게 하고, 그 밖의 사람들은 성과 본관이 같다는 이유만으로 제도적 불이익을 받지 않도록 했다.

호주제 역시 지금의 헌법 정신에 맞지 않는다는 헌법재판소의 결정이 2005년에 있었다. "헌법에서 말하는 전통문화란 오늘날의 의미로 재해석된 것이어야 한다. 헌법의 이념인 인간의 존엄성과 양성의 평등에 반하는 제도라면 그것은 계승·발전시켜야 할 것이 아니라, 헌법 전문에서 타파의 대상으로 선언하고 있는 사회적 폐습일 뿐이다."[8]

시민들이 생각할 수 있는 전통과 민족의 문화에 대한 권리는 무엇일까? 석기시대의 유물로 알려진 울산 반구대 암각화가 제대로 보존되지 않은 데 대해 국가에 항의할 수 있는가? 신라의 고도 경주를 이탈리아의 피렌체 이상으로 가꾸기 위해 만반의 대책과 충분한 보상을 요구할 수 있는가? 외국의 소유처럼 되어 있는 우리 문화재의 반환을 위해 국가의 의무와 책임을 추궁할 수 있는가? 아니면 전통문화를 즐기기 위해 주요 박물관이나 국립공원 입장료의 인하를 요구하는 것도 가능한가? 지금의 다양한 문화 활동의 보장을 위한 권리는 거기에 포함되지 않는가? 〈문화재보호법〉, 〈고도 보존에 관한 특별법〉, 〈전통사찰보호법〉, 〈향교재산법〉, 〈박물관 및 미술관 진흥법〉으로 충분한가? 시민의 이런 의문에 제대로 답하지 못하고, 이 정도의 불만을 설득하여 해결하지 못한다면, 헌법의 문화 조항은 여전히 필요한 것일까?

02장

국민의 권리와 의무

제2장은 국민의 권리와 의무에 관한 내용을 담고 있다. 모두 30개의 조문으로 구성돼 있는데, 그중 의무를 규정한 것은 납세와 국방에 관한 두 개 조항뿐이다. 따라서 제2장은 국민의 권리, 흔히 말하는 기본권에 관한 장이다.

사람은 태어나면서 한 국가의 국민이기 이전에 한 사람의 인간이다. 인간은 혼자 살아갈 수 없는 존재이므로 공동체를 형성하는데, 그 공동체 중에서 가장 적합한 형태의 하나로 만든 것이 국가다. 그리하여 우리 개개인은 인간이면서 국민이고, 생각하는 생물적 존재이면서 사회의 구성원이다. 심지어 어느 국가에도 속하지 않는 무국적자도 특정한 사회의 일원임은 부인할 수 없다. 부평초처럼 떠다니는 사람들의 쓸쓸한 사회도 있는 법이니까.

그리하여 인간은 인간으로서의 가치를 주장하는 권리를 당연히 가진

제2장 국민의 권리와 의무

다고 생각하고, 또 한편으로 그 권리를 자신이 속한 국가 안에서도 보장받아야 한다고 확신한다. 국가로부터 보장받아야 한다는 말에는 국가권력으로부터 부당한 간섭을 받지 않을 권리까지 포함되어 있다. 인간의 권리를 인권이라 부른다. 그 인권을 국가제도 속에서 실현하기 위하여 체계적으로 만들어 헌법에 써놓은 것이 기본권이다. 그렇게 이해하면 가장 쉽다.

헌법에 기본권을 열거하여 그 가치를 확인하고 보장을 선언하는 전통은 서양의 인권 사상의 영향을 받았기 때문이다. 보통 인권은 인간으로 태어나면서 누구나 가지게 되는 권리라고 믿는다. 한 인간이 태어난 국가나 사회에서 제도적으로 만들어 수여하는 권리가 아니라, 인간으로 태어났기 때문에 당연히 가지는 권리라는 말이다. 그래서 하늘로부터 부여받은 권리라고도 하고, 그렇기 때문에 국가나 어느 누구도 함부로 침범할 수 없다고 한다.

실제로 헌법의 기본권이 인간으로서 당연히 가지는 권리냐, 아니면 헌법이 보장해주기 때문에 비로소 현실에서 의미가 생기는 권리냐 하는 문제는 헌법의 쟁점 중 하나다. 권리의 원래 성격이 어떠한가 하는 결론의 상징적 가치는 크다. 하지만 그 문제에 너무 치우쳐 따질 일은 아닌지도 모른다. 인간은 태어나면서 당연히 인간으로 대우를 받아야 한다. 그런데 인간은 어떤 경우에도 혼자 살 수 없고, 혼자서는 인간으로서의 의미도 상실한다. 평생 절해고도에서 단신으로 수행하다 생을 마감한 인간이 있다고 하자. 그 사람조차 '다른 보통의 사람들과는 달리' 혼자 생활했고, 그 독특한 생활방식이 '다른 사람들에게 알려졌기 때문'에 의미를 가지는 것이다.

인간의 권리는 국가나 사회가 없으면, 그리고 그 인간의 제도 속에서 우리 각자가 제대로 보장하지 못하면 아무런 가치나 의미가 없다. 그럼에도 불구하고 천부의 권리라는 관념은 우리의 정신을 고양시킨다. 실제로 헌법이나 제도가 인권을 지켜주지 못할 경우에는, 권리의 천부성을 근거로 국가와 사회와 제도에 대항할 수 있다. 헌법에서 보장하는 모든 기본권은 그런 성격을 지니고 있다.

헌법의 기본권 조항은 애당초 개인과 국가 사이의 관계를 염두에 둔 것이다. 그런데 규범으로서 효력을 갖는 헌법인 만큼 개인과 개인 사이에서도 효력을 발휘할 수 있느냐가 논란이 되기도 한다. 그것을 헌법의 제3자적 효력 문제라고 부른다. 〈민법〉 제750조는 타인에게 손해를 입히면 배상해야 한다고 규정하고 있다. 누가 운전하다 행인을 치어 다치게 하면 〈민법〉의 해당 조항에 의해 그로 인한 손해를 배상할 책임이 생긴다. 헌법 제35조는 "모든 국민은 건강하고 쾌적한 환경에서 생활할 권리를" 가지고 있다고 한다. 그렇다면 그 조항을 근거로 조용한 우리 마을 뒷산에 공사 중인 골프 연습장 건설을 중단하라고 요구할 수 있는가?

헌법의 기본권 규정은 우선 국민에 대한 국가의 의무라고 이해하면 된다. 국가가 기본권을 보장하는 의무를 이행하지 않으면 국민은 헌법을 내세우며 국가에 대해 요구할 수 있다. 그러나 개인과 개인 사이에서는 사정이 다르다. 국가가 법제도로 사람을 차별하면 그것은 평등권에 어긋나는 헌법위반 행위다. 하지만 어떤 이기적이고 편협한 심성의 사람이 제 마음에 드는 사람에겐 친절하고 그렇지 않은 사람에겐 무뚝뚝하게 대한다고 평등권 침해를 따질 수는 없다.

이렇게 헌법의 기본권에도 여러 복잡한 사정들이 얽혀 있다. 그래서 헌법학에는 기본권 이론이라는 영역이 한자리를 차지하고 있다.

시민에게는 헌법에서 기본권이 가장 중요하다. 하지만 모든 나라의 헌법이 기본권을 규정하고 있는 것은 아니다. 미국 헌법도 처음에는 기본권에 관한 조항이 없었다. 훗날 필요에 따라 개정 형식으로 몇 조항씩 덧붙였다. 프랑스 헌법은 기본권 조항을 두었다가 없었다가 했다. 기본권을 헌법에 넣지 않았다고 기본권을 인정하지 않거나 보장하지 않는다는 것은 결코 아니다. 예를 들어 미국이나 프랑스 헌법은 독립선언문이나 인권 선언문에 표창된 인간의 권리를 존중하고 받아들이는 일을 너무나 당연하게 여겼기 때문에 기본권 조항을 특별히 장치하지 않았을 뿐이다.

어쨌든 핵심은 이것이다. 헌법의 기본권은 인간을 모든 것의 중심에 두려는 사상에서 비롯한 결과다. 그래서 인간의 권리는 태어나면서 하늘로부터 부여받은 것처럼 여겨진다. 세상의 모든 존재는 제각각 생겨나는 순간 의미와 가치를 지닌다. 그러나 인간은 생물이든 무생물이든 다른 존재의 세계 내부를 이해할 수 없다. 인간이 가장 잘 아는 것은 인간의 세계다. 따라서 인간은 인간을 세계 존재의 최우선 가치로 평가할 수밖에 없다. 인권과 헌법의 기본권 정신은, 인간이 세상 풍경의 일부가 아니라 주체라 생각하는 데서 탄생한 것이다.

제10조
인간의 존엄성과 기본인권보장

모든 국민은 인간으로서의 존엄과 가치를 가지며, 행복을 추구할 권리를 가진다. 국가는 개인이 가지는 불가침의 기본적 인권을 확인하고 이를 보장할 의무를 진다.

제10조는 기본권의 첫 번째 조항인 만큼 멋있고 훌륭한 근본 가치를 담은 권리를 선언한다. 이 조항은 세 가지의 중요한 개념으로 구성되어 있다. 인간의 존엄과 가치, 행복추구권, 기본적 인권이다.

인간의 존엄과 가치

존엄하다는 것은 그 품격이나 가치가 아주 높고 엄숙하여 함부로 침범할 수 없다는 의미다. 그러므로 인간의 존엄성이라는 한마디의 표현에 인간 권리의 모든 것이 함축되어 있다고 해도 그다지 틀린 말은 아니다. 모든 인권 혹은 인간의 기본권은 인간의 존엄성에서 출발하며, 인간의 존엄성 유지를 위해 봉사한다. 인간의 존엄성이라는 말에 하늘로부터 부여받은 권리라는 의미가 들어 있기도 하다.

인간의 존엄은 무엇이고 인간의 가치는 무엇인가? 헌법에 "인간의 존

제2장 국민의 권리와 의무

엄과 가치"라고 명시되어 있어 약간 혼란스럽다. 헌법학자들의 의견도 서로 다르다. 존엄과 가치를 분리하여 써놓았으니 구분하는 것이 당연한 듯이 보인다. 하지만 굳이 둘을 구분하여 해석하는 일이 반드시 필요한지는 의문이다. 인간의 존엄이 바로 인간의 가치를 표현하고 있는 말이기 때문이다.

인간의 존엄성 규정은 인간의 가치가 모든 것 중에서 최우선이라는 인간 중심주의를 바탕으로 한다. 국가나 사회의 제도나 우주 만물의 어떠한 존재보다 인간이 우선한다는 의미다. 그러므로 인간은 그 자체가 목적이며 결코 수단으로 이용되어서는 안 된다. 우리 헌법이 인간을 국가나 특정 사회를 위한 수단으로 삼는 전체주의를 부정하는 것도 이 때문이다. 나아가 인간은 자기와 관련한 중요한 일에 관하여 스스로 결정할 권리를 갖는다. 인간의 존엄과 가치는 이 자기 결정권에 의하여 생활 속에서 실현된다.

인간의 존엄과 가치는 모든 기본권의 본질을 표현하는 이념이기도 하면서, 그 자체가 하나의 독립한 기본권으로서 기능하기도 한다. 그 자체가 기본권은 아니지만, 헌법에 구체적으로 표시하지 않은 권리를 만들어낸다는 의미로 이해해도 된다. 성명권, 초상권, 명예권 같은 인격에 관한 권리는 헌법에 따로 규정하고 있지 않지만, 인간의 존엄과 가치로부터 당연히 인정되는 권리로 여긴다.

여러 명을 동시에 수용하는 교도소에서는 감방 한구석에 화장실이 마련되어 있다. 그런데 화장실의 칸막이가 허술하여 용변을 보는 재소자로 하여금 수치심을 느끼게 할 정도라면, 그것도 인간의 존엄성을 침해하는 행위라고 국가인권위원회가 결정한 바 있다.

인간의 권리 중 첫손가락에 꼽는 것이 생명권이다. 하지만 우리 헌법에는 생명권에 관한 규정이 따로 없다. 그렇지만 아무도 생명권을 부인하지 않는다. 헌법을 개정할 기회가 오면 생명권 조항을 반드시 넣어야 한다는 주장도 있다. 안락사나 존엄사 또는 배아 복제 등 생명윤리와 관련한 복잡한 문제를 고려하면, 어설픈 문장으로 생명권을 표현하였다가 논란거리만 만들어내느니 그대로 두는 편이 나을 수도 있다. 인간의 존엄과 가치에 생명권이 포함되어 있기 때문이다.

인간의 존엄성은 숭고한 의미를 담고 있는 표현이다. 그렇지만 너무 추상적이다. 과학기술의 발전을 인간의 존엄성만을 이유로 저지하려 한다면 구체적 설득력이 떨어진다. 실제로 어떤 경우에 인간의 존엄성을 해치게 되는지 세세하고 진지한 기준을 마련할 수 있어야 한다.

인간이라고 무조건 그리고 저절로 존엄한 존재가 되는 것은 아니다. 스스로 인간답게 행동하여 자존하고 타인을 배려할 줄 알아야 존엄한 존재로서의 가치를 가질 수 있다. 무엇보다 인간은 인간 사회에서 인간들끼리 소통할 수 있기 때문에 인간을 세계의 주체로 삼는다. 인간이 알지 못하는 다른 생물의 세계나 우주의 환경에 대해서도 존중하고 겸손한 태도로 대해야 인간으로서 품위를 지킬 수 있다. 하지만 헌법은 규범이기 때문에 그런 본질적 문제에는 관심이 없을지 모른다. 그러면서도 헌법은 근본 규범이라고도 하므로 본질적 영역에 속한 의미를 내포해야 할 것처럼 보이기도 한다. 헌법을 만들고 지켜가는 우리가 스스로 생각하고 갖추어야 하는 것이 인간의 존엄성이다.

행복추구권

인간은 스스로 존엄한 존재이므로 행복하게 살 권리가 있다고 믿는다. 누구나 행복해지기를 원하기 때문에, 개개인은 자신의 행복을 추구할 수 있어야 한다. 행복을 추구하면서 산다는 데에는 적극적 의미와 소극적 의미 두 가지가 있다. 첫째는 자기가 원하는 대로 살아갈 수 있어야 한다는 것이다. 둘째는 국가나 타인으로부터 불행이나 고통을 강요당해서는 안 된다는 것이다.

국가가 개인의 행복을 염려해준다는 사실은 꽤 그럴듯하다. 그것은 인류의 역사와 관련이 있다. 행복추구권은 서양의 역사에서 등장한 용어이고 권리다. 그렇다고 동양에 그런 생각이 전혀 없었던 것은 아니다. 동양의 인본주의 사상 안에 서양의 행복추구권이 온전히 포함되어 있는 것이나 마찬가지다.

다시 근대입헌국가가 성립되던 시기로 돌아가보자. 명목상으로는 모든 인간을 주권자로 내세워 권리와 소유의 주체로 삼았지만, 구체적으로 제시할 만한 것이 있어야 했다. 낡은 체제를 무너뜨리고 공화제를 수립하면서 불안해할지 모르는 민중을 설득할 구호와 전략이 필요했다. 각 개인들이 가장 관심을 가지고 있는 것은 자신의 자유와 권리일 수밖에 없다. 개인의 재산 소유를 자유롭게 허용하겠다는 제도만큼 매력적인 것은 없을 터였다. 행복추구권은 바로 그 소유권에서 경제적 색채를 희석시켜 고상하게 표현한 것이다.

1776년의 버지니아 권리선언은 제1조에서 "모든 사람은 태어날 때부터 자유롭고 독립한 생래적 권리를 가진다"고 하면서, 어떤 형식으로든 박탈할 수 없는 그 권리는 "재산을 취득하여 소유하고, 행복과 안녕을 추구하여 얻는" 권리라고 천명했다. 그로부터 며칠 뒤에 공포된 미국 독립선언문에도 행복추구권이 등장한다. "조물주로부터 받은 권리에는 생명과 자유와 행복을 추구할 권리가 포함되어 있다"가 바로 그 구절이다. 정부란 바로 그것을 보장하기 위해 세운 것이라는 말이다. 1789년 프랑스 인권선언도 마찬가지였다. 혁명을 통해 수립한 공화정부의 목적은 "만인에게 행복을" 가져다주기 위한 것이라고 못 박았다.

이런 전통에 따라 각 국가들은 헌법을 제정하면서 행복추구권을 규정했다. 물론 독일처럼 헌법 조항에 행복추구권을 따로 삽입하지 않은 나라도 많다. 그렇지만 어느 나라도 인간의 개인적 행복 추구를 인정하지 않는 곳은 없다. 우리 헌법도 처음에는 행복추구권을 따로 규정하지 않았는데, 1980년 개정 때 신설했다.

행복추구권도 인간의 존엄성과 마찬가지로 아주 포괄적이고 모호한 권리다. 그 자체가 하나의 독립한 권리라기보다는 다른 모든 기본권의 기초가 되는 근본 가치를 표현한 것이라고 보는 것이 옳다. 하지만 그것이 구체적이고 개별적인 권리냐 아니냐를 따지는 일 역시 시민에게 큰 의미는 없다. 국가든 개인이든 어느 특정인의 행복을 추구할 권리를 부당하게 침해할 수 없다는 점만 명백히 알고 있으면 된다. 헌법이 규정하고 있는 모든 기본권은 행복추구권 실현의 수단이나 다름없다. 헌법의 다른 기본권이 미처 알고 있지 못하는 권리도 행복추구권에 포함시킬 수 있다.

2003년 10월 30일 헌법재판소는 이렇게 결정했다. 운전자가 안전띠를 매지 않을 자유는 행복추구권의 하나임에 틀림없다. 하지만 그 권리는 정당한 공익을 위해 제한할 수 있다. 인간으로서 존엄과 가치를 지니는 개인은 어떠한 행위도 자유롭게 할 수 있지만, 그 행동이 자신의 이익에만 관련되는지 아니면 타인과 사회공동체 전체 이익과 관련되는지에 따라 제한이 가능하게 된다. 안전띠를 매게 하는 의무는 개인의 고유 가치를 훼손하지 않으면서 공동체의 이익을 위한 제한으로 헌법 정신에 어긋나지 않는다.

2004년 1월부터 절도로 교도소에서 생활하게 된 박 씨는 밤에 도무지 잠을 이룰 수 없었다. 낯선 곳에서 여러 명의 재소자와 뒤섞여 있어 불면의 밤을 뒤척이는 것이 아니었다. 취침 시간 이후에도 밝게 비추는 불빛 때문이었다. 교도소는 수형자들의 싸움, 자살, 탈출 기도 등의 행위를 적당한 거리에서도 감시하기 위해 야간에도 밝은 조도의 조명이 불가피하다고 강변했다. 하지만 최고 200럭스에 이르는 조명의 밝기는 박 씨에게 심야의 태양이나 다름없었다. 국가인권위원회는 교도소가 박 씨의 수면권을 침해했다고 판정했다. 그리고 법무부장관에게 당장 야간 수면권 보장을 위한 예산 확보 등 필요한 조치를 하고, 교도소에 대한 관리 감독을 철저히 하라고 권고했다. 수면권은 바로 행복추구권의 한 부분이기 때문이다.

학자들 중에는 행복추구권 규정은 체계상 문제가 있다는 지적을 하는 사람도 있다. 너무나 당연한 내용을 규정하여 오히려 불필요한 의문만 생기게 하기 때문에 없애는 것이 더 낫다는 주장이다.

철학자들은 다른 관점에서 행복을 바라보기도 한다. 그들은 행복에 의해 인간을 정의하는 시도가 타당한가 의문을 제기한다. 쉽게 말하면 이렇다. 인간은 행복이 무엇인지 정확히 알지 못한다. 그러면서 모든 사람들이 행복해져야 한다는 강박관념에 사로잡혀 있다. 행복이란 아주 막연한 것이기에, 자신이 바라던 행복이 찾아왔다 싶은 순간 불만은 또다시 시작된다. 행복은 충족되는 즉시 사라져버리기 때문이다. 많은 사람들은 불행해지지 않기 위하여 가능한 한 고통을 피하려 든다. 그렇게 고통에만 신경을 쓰다 보니 모든 것의 중심에 고통이 자리 잡게 된다. 더 이상 작은 고통도 받고 싶지 않다고 생각하다 보면 늘 고통에 시달리게 된다. 완벽한 건강을 추구하다 보면 조금만 이상해도 병에 걸린 것처럼 느끼는 것과 같다.

행복의 추구가 그 사회의 집단적 마취제처럼 되어서는 곤란하다. 개인과 가족의 경제적 안정과 편안함 외에 행복이 또 어떤 의미를 지니고 있는 것인지 한번쯤 되새겨볼 필요는 있다. 특히 가진 사람들의 경우에 그러하다.

아무것도 가진 것이라곤 없어 행복해진다는 생각조차 해본 적이 없는 사람들도 많다. 그런 사람들에게 헌법의 행복추구권이 무슨 소용이 있을까? 그런 불우한 사람들에게 행복이란 결코 추상적이거나 모호한 것이 아니라 분명하고 구체적인 것이다. 굶지 않는 것, 길바닥에서 자지 않는 것이기 때문이다. 그런 사람들에게 작은 희망이라도 되어줄 수 있는 헌법이라면 그보다 더 훌륭한 제도란 거의 없을 것이다.

사람마다 느끼는 행복은 다르다. 모든 사람의 행복을 제도가 충족시켜줄 수는 없다. 하지만 어느 정도 행복한 사회를 만드는 데에는 제도가 구실을 할 수 있을 것이다.

기본적 인권

헌법은 기본권 편의 제일 처음에 인간의 존엄과 가치 그리고 행복추구권을 선언하고 있다. 그것은 그 세 가지가 기본권의 핵심이자 동시에 모든 기본권의 총화임을 의미한다. 그리고 인간의 어떠한 기본적 권리도 소홀히 하지 않고 보장하겠다는 의지의 표현이나 마찬가지다. 따라서 바로 뒤에 국가는 개인의 "기본적 인권을 확인하고 이를 보장"한다고 부연하고 있다.

우리 헌법은 처음 만들 때 기본권이란 용어를 전혀 사용하지 않았다. 국민의 권리와 의무라고만 했을 뿐이었다. 그러다가 1962년 5차 헌법 개정 때 지금처럼 국민의 기본적 인권이란 용어를 처음으로 사용했다. 그러다 보니 용어를 두고 학자들 사이에 의견이 분분했다. 기본적 인권은 무엇이며, 인권과는 어떻게 다른가? 또 기본권과 기본적 인권의 관계는 어떠한가?

학자들은 인권, 기본적 인권, 기본권의 개념을 명확히 해야 한다고 강조한다. 그 개념들은 저마다 다르다고 목청을 돋운다. 그러면서도 주장은 제각각 다르다. 이럴 때 헌법을 읽는 시민들은 누구의 말을 믿어야 할까? 어떤 개념도 애당초 확정적으로 고정된 것은 없다. 인권 운동가든 학자든 자신의 목적에 따라 용어의 개념을 얼마든지 달리 할 수 있다. 인간의 근본적 권리에 관한 학설이 분분할 때에 시민들은 누구의 말도 믿지 않아도 된다. 헌법의 최고 가치로 지켜야 할 인간의 권리가 있다면 그것은 용어나 표현 방식과 무관하게 같은 것이어야 하기 때문이다.

제11조
국민의 평등, 특수계급제도 부인, 영전의 효력

011

① 모든 국민은 법 앞에 평등하다. 누구든지 성별 · 종교 또는 사회적 신분에

의하여 정치적 · 경제적 · 사회적 · 문화적 생활의 모든 영역에 있어서

차별을 받지 아니한다.

② 사회적 특수계급의 제도는 인정되지 아니하며, 어떠한 형태로도

이를 창설할 수 없다.

③ 훈장등의 영전은 이를 받은 자에게만 효력이 있고, 어떠한 특권도

이에 따르지 아니한다.

제11조①항

제11조에서는 평등 원칙 또는 평등권을 규정하고 있다. 그런데 모든 인간은 태어나면서 평등하다고 선언하지 않고, 법 앞에 평등하다고 말한다. 무슨 의미일까? 법 앞에서만 평등하다면, 다른 경우에는 평등권이 보장되지 않는다는 말인가? 그때 말하는 다른 경우란 어떤 경우일까? 권력이나 돈 앞에서는 불평등할 수도 있다는 뜻일까? 우리 헌법은 법치주의도 헌법의 기본 원리 중 하나로 삼고 있다. 그렇다면 모든 생활이 법제도와 관련이 있을 테고, 결국 아주 특별한 경우를 제외하고는 법에 의한 지배를 받고 있는 셈이다. 우리 존재와 활동은 거의 항상 법 앞에 서 있는 것이나 다름없으므로, 평등권을 보장받고 있다는 말인가?

자유민주주의를 표방하는 국가에서 자유와 평등을 철저하게 보장할 수 있어야 하는 것은 당연하다. 그런데 어떻게 하면 평등권을 철저히 보장할 수 있을까? 인간은 모두 평등하다고 하지만, 실제로는 태어나는 순

　　　　　　　　　　　제2장 국민의 권리와 의무

간부터 불평등하다. 태어나는 장소, 지방, 국가, 인종, 성별, 언어 그리고 부모의 사회적 지위나 재산 정도에 따라 출발의 조건이 확연히 달라진다. 평등을 부르짖는 것은 이렇게 인간의 삶이 시작부터 조건과 환경이 다르고 불평등하기 때문이다. 국가에서 제도적으로 모든 인간을 생의 출발에서부터 과정과 결말에 이르기까지 평등하게 만들면 좋겠지만, 그것은 불가능하다. 가능하다 하더라도 그런 절대적 평등은 바람직하지도 않다. 가능한 한 출발선상에서는 격차를 좁히고, 살아가는 과정에서 공정한 경쟁이 이루어지도록 하자는 것이 평등권의 현실적 내용이다. 그래서 무조건적 평등이 아닌 법 앞의 평등인 것이다.

여기서 말하는 법이란 국회를 통과한 법만을 의미하지 않는다. 일반적으로 지켜지는 관습이나 국제 관례까지 폭넓게 포함한다. 법 앞에서 평등하게 대우한다는 의미는 크게 두 가지로 나눌 수 있다. 첫 번째는 일정한 기준에 따라 조건을 동일하게 제공한다는 것이고, 두 번째는 부당한 차별을 하지 않는다는 것이다.

모든 인간은 개별성을 지니고 있다. 제각각 달라 이 세상에 똑같은 인간은 존재하지 않는다. 이런 인간을 평등하게 대우하는 방안이란 한 국가 내에서 일정한 기준을 정하여 조건을 동일하게 제시하는 것이다. 저마다 다른 인간의 평균치를 가늠하여 기준을 정하면 비교적 불공평한 정도가 덜하리라는 믿음을 깔고 있다. 일반의 평균인을 기준으로 만든 조건이 바로 법제도다.

아무리 평균인을 기준으로 법제도를 만든다 하더라도, 사람은 모두 처한 상황이나 지니고 있는 능력이 다르기 때문에 애당초 완전히 공정한 조건이란 없다. 따라서 평균인을 기준으로 한 법제도를 통해 비교적 공정한 기회를 제공하는 것만으로는 충분한 평등을 실현할 수 없다. 국가는 나아가 경쟁에서 뒤진 사람을 돕는 복지 정책의 시행으로 조금 더 실질적인 평등을 도모해야 한다.

우리가 진실로 합리적 수준의 평등을 원한다면 거기서 그쳐서는 안 된다. 남보다 능력이 뛰어나거나 노력을 많이 해서 경쟁에서 이겼다 하더라도, 그 결과로 얻은 이익은 모두 승자의 몫이 아니다. 승자는 패자가 있기 때문에 가능한 존재이므로 항상 패자에 대해 부채를 가진다. 따라서 경쟁에서 이긴 대가로 얻은 재화나 지위의 일부는 당연히 이름 모를 패자들을 위해 돌려주어야 한다는 인식이 필요하다. 이런 개인의 자각은 국가 복지 정책의 실질적인 동력이 되어 심화된 평등의 실현에 기여한다. 개개인의 깨달음과 실천이 헌법을 헌법답게 만드는 데 국가 정책보다 더 큰 힘이 될 수도 있다.

차별하지 않는다는 것도 말처럼 쉽지 않다. 동일한 조건 아래 가만히 내버려두면 그 자체가 차별이 되는 경우도 있다. 약자는 좀 더 적극적으로 도와주어야 할 필요가 있다. 약자를 돕는 정책을 펴다 보면 그렇지 않은 편에서 부당하다고 느낄 때가 있다. 그때 느끼는 부당함이 옳다면, 그 상황을 역차별이라고 부른다. 한쪽의 불평등을 없애려고 노력하다 보면 다른 쪽에서 예상하지 못한 불평등이 생기는 것이다. 이렇게 평등과 불평등, 차별과 역차별의 사이에서 균형을 이루어나가는 것이 평등의 실현을 위한 우리의 과제다. 그러니 평등권이란 무엇인가 하는 문제를 헌법에만 맡겨놓을 일이 아니다. 어느 쪽으로도 기울지 않는 평등이란 처음부터 확고히 정해져서 변하지 않게 헌법에 새겨두면 끝나는 일이 아니기 때문이다. 평등의 균형점은 시대와 장소에 따라 끊임없이 움직인다. 우리는 언제나 그 평등을 발견하기 위해 국가권력을 감시하고 스스로도 노력해야 한다.

제2장 국민의 권리와 의무

2002년 한 수험생이 대구가톨릭대학교 의예과에 수능 영역별 우수자 특별전형 입학시험에 응시했으나 불합격했다. 사유를 알아보니 동점자일 경우 연소자 순으로 합격 처리한다는 대학 규칙이 있었다. 다른 대학에서는 전체 점수가 동점자일 경우 수능 시험 성적, 생활기록부 성적, 면접 고사 성적, 학업계획서 평가 점수 순으로 합격자를 정하고 있었다. 연소자는 장래성이 있고, 상대적으로 수학 기간이 짧아 우수성이 인정된다는 편견은 지금의 평등 관념에 맞지 않는다. 그래서 연소자에게 우선권을 부여한 그 대학의 입학 전형 규칙은 평등권에 반하는 것으로 판정됐다.

헌법 조문은 차별 금지 사유로 성별, 종교, 사회적 신분의 세 가지를 내세우고 있다. 해당 문구 뒤에 '등'이란 불완전 명사를 붙여놓지 않아 이 세 가지 외의 사유로는 차별해도 되는 것처럼 보일 수 있다. 헌법학자들은 세 가지 사유가 그저 예시적인 것이다 아니다를 놓고 다투기도 한다. 하지만 시민의 눈으로 보면 명백하다. 시민의 판단에 조금 더 가까운 〈국가인권위원회법〉 제2조 3호는 합리적인 이유 없이 성별, 종교, 장애, 나이, 사회적 신분, 출신 지역(출생지, 등록기준지, 성년이 되기 전의 주된 거주지 등을 말한다), 출신 국가, 출신 민족, 용모 등 신체 조건, 기혼·미혼·별거·이혼·사별·재혼·사실혼 등 혼인 여부, 임신 또는 출산, 가족 형태 또는 가족 상황, 인종, 피부색, 사상 또는 정치적 의견, 형의 효력이 실효된 전과前科, 성적性的 지향, 학력, 병력病歷 등을 이유로 특정한 사람을 우대하거나 불리하게 대우하는 행위 등을 '평등권 침해의 차별 행위'로 정의하고 있다.

이 조문은 '모든 국민은' 법 앞에 평등하다고 하여, 국민이 아닌 경우는 제외하고 있다. 하지만 특별한 사정이 없는 한 외국인, 무국적자, 다국적자도 우리나라에 체류하는 동안 평등권을 누릴 수 있다.

제11조 ②항

우리에게는 특수 계급이라는 말이 익숙하지 않다. 특수 계급이란 신분에 따라 경제적으로나 사회적으로 특별한 혜택을 받는 계급으로, 대표적인 예로 귀족제도가 있다. 귀족에도 공작, 후작, 백작, 자작, 남작의 오등작처럼 계급의 구분이 있다. 계급에 따라 국왕으로부터 땅이나 특권을 부여받았고, 그것이 대를 이어 세습되기도 했다.

우리도 왕조 시절엔 봉건적 신분에 따른 계급이 있었다. 그렇지만 지금 그런 계급은 존재하지 않는다. 뿐만 아니라 새로이 계급제도를 만드는 일도 허용하지 않는다. 현대국가라고 계급제도가 전혀 없는 것은 아니다. 근대국가 성립 이후에도 영국이나 일본 같은 곳에는 여전히 귀족 계급이 존재한다. 그런 국가의 국민들은 전통의 계급제도가 일반의 평등권을 침해한다고 생각하지 않는 모양이다.

지금 우리 사회에 형식적이고 제도적인 계급이 없는 것은 맞다. 하지만 사실상 계급은 엄연히 존재한다. 가장 뚜렷한 계급은 빈부의 격차에서 비롯한다. 가진 자와 못 가진 자의 일상생활, 자녀 교육 등만 비교해보면 누구나 깨달을 수 있다. 헌법의 평등권을 진지하게 실현하려면 국가는 이러한 현실의 계급을 없애도록 방안을 강구해야 한다.

특수 계급을 인정하지 않는다는 이 조항은 우리 사회에서는 너무나 당연한 것이어서 미래지향적으로 볼 때 계속 유지할 필요는 없다. 과거의 역사적 관점에서만 의미를 지니고 있을 뿐이다. 이 조항을 없애는 대신, 빈부의 격차에 따른 실질적인 경제적 계급을 없애는 노력을 국가의 의무로 규정하는 게 옳을 것이다.

제11조 ③항

이 조항 역시 앞의 제2항을 조금 구체적으로 부연 설명한 것에 불과하다. 이 조항이 없더라도 누구나 그렇게 알고 있는 내용이기도 하다. 굳이 이 조항을 둔 이유는, 보통 훈장은 귀족들이 받거나 아니면 훈장을 받음으로써 귀족 작위를 얻는 것이 과거 귀족사회의 관례였기 때문이다. 따라서 이 조항 역시 현대에서는 별 의미가 없다.

한국인이거나 외국인이거나 대한민국에 공로가 있는 사람에 대해 대통령이 수여하는 상에는 훈장과 포장이 있다. 이런 훈장과 포장을 아울러 영전이라 한다. 포장은 훈장 다음의 순위에 해당하는 영전이다. 훈장과 포장에 관하여는 〈상훈법〉에 자세한 규정이 있다.

훈장에는 무궁화대훈장, 건국훈장, 국민훈장, 무공훈장, 근정훈장, 보국훈장, 수교훈장, 산업훈장, 새마을훈장, 문화훈장, 체육훈장, 과학기술훈장이 있다. 무궁화대훈장을 제외하고는 각 훈장마다 다시 5등급으로 나뉜다. 예를 들면 이렇다. 국민훈장은 무궁화·모란·동백·목련·석류, 산업훈장은 금탑·은탑·동탑·철탑·석탑, 체육훈장은 청룡·맹호·거상·백마·기린 등의 등급이 있다.

알아두면 상식은 늘겠지만, 국민의 기본권 신장에는 아무 영향이 없을 것이다.

제12조
신체의 자유, 자백의 증거능력

① 모든 국민은 신체의 자유를 가진다. 누구든지 법률에 의하지 아니하고는

체포 · 구속 · 압수 · 수색 또는 심문을 받지 아니하며, 법률과 적법한 절차에

의하지 아니하고는 처벌 · 보안처분 또는 강제노역을 받지 아니한다.

② 모든 국민은 고문을 받지 아니하며, 형사상 자기에게 불리한 진술을

강요당하지 아니한다.

③ 체포 · 구속 · 압수 또는 수색을 할 때에는 적법한 절차에 따라 검사의

신청에 의하여 법관이 발부한 영장을 제시하여야 한다. 다만, 현행범인인

경우와 장기 3년 이상의 형에 해당하는 죄를 범하고 도피 또는

증거인멸의 염려가 있을 때에는 사후에 영장을 청구할 수 있다.

④ 누구든지 체포 또는 구속을 당한 때에는 즉시 변호인의 조력을 받을

권리를 가진다. 다만, 형사피고인이 스스로 변호인을 구할 수 없을 때에는

법률이 정하는 바에 의하여 국가가 변호인을 붙인다.

⑤ 누구든지 체포 또는 구속의 이유와 변호인의 조력을 받을 권리가 있음을

고지받지 아니하고는 체포 또는 구속을 당하지 아니한다. 체포 또는

구속을 당한 자의 가족등 법률이 정하는 자에게는 그 이유와 일시 · 장소가

지체없이 통지되어야 한다.

⑥ 누구든지 체포 또는 구속을 당한 때에는 적부의 심사를 법원에 청구할

권리를 가진다.

⑦ 피고인의 자백이 고문 · 폭행 · 협박 · 구속의 부당한 장기화 또는

기망 기타의 방법에 의하여 자의로 진술된 것이 아니라고 인정될 때 또는

정식재판에 있어서 피고인의 자백이 그에게 불리한 유일한 증거일 때에는

이를 유죄의 증거로 삼거나 이를 이유로 처벌할 수 없다.

인간은 태어나면서 존엄함과 가치를 가진다고 했다. 그 내용에는 생명의 소중함을 지키기 위한 모든 권리도 당연히 포함된다. 그렇다면 생명 다음에 떠올릴 수 있는 권리는 무엇인가? 신체의 자유다. 우리 헌법 기본권 목록의 순서도 그렇다. 하지만 인간의 기본권에 순서나 서열이 정해져 있는 것은 아니다. 사람에게 생명보다 더 중요한 것은 없어 보인다. 그러나 목숨만 붙어 있고 마음대로 움직일 수조차 없다면 무슨 소용이 있겠는가. 또 움직이기는 하되, 자유롭게 생각하고 말할 수 없다면 어떻겠는가.

모든 기본권은 같은 수준에서 가치를 지닌다. 그렇다고 모든 기본권의 가치나 비중이 항상 똑같은 것은 아니다. 기본권과 기본권이 충돌할 때에는 어느 것을 선택하여 우선적으로 가치를 부여할 수밖에 없다. 그때 기본권의 가치나 순위는 구체적 상황에 따라 판단해야 한다.

신체의 자유도 가장 중심적인 기본권의 하나다. 신체의 자유는 타인으로부터 신체 활동을 강요당하지 않을 것을 의미한다. 움직이고 싶을 때 움직이고, 꼼짝하지 않고 싶을 때 가만히 있을 자유다. 가고 싶은 곳에 갈 수 있는 권리는 여행의 자유와, 어느 곳에 머물 권리는 거주 이전의 자유 혹은 주거의 자유와 겹치거나 관련된다. 따라서 사람을 함부로 체포하거나 감금할 수 없다.

신체의 자유에는 신체의 완전성에 대한 권리까지 포함되어 있다. 사람의 신체를 함부로 훼손하는 행위는 엄격히 금지된다는 것이다. 고문을 금지하는 이유도 거기에 있다. 고문이 강제로 사람에게 육체적 고통을 주기 때문만은 아니다. 고문 행위는 인간성을 파괴하기 때문에 절대 금지한다고 선언한다. 인간의 신체의 완전성에는 육체뿐 아니라 정신까지 포함된다. 폭언이나 심한 모욕감을 주는 행위 같은 폭력도 신체의 완전성을 해치는 행위다.

신체의 자유는 그 자체로 당연한 가치를 지니지만, 시민의 입장에서 기본권의 하나로 반드시 확보해야만 하는 역사적 배경도 있다. 주권이 국민에게 넘어오지 않고 왕이 쥐고 있던 서양의 봉건시대를 생각해보자. 왕권을 강화하기 위해서는 반대 세력을 잘 다스릴 수 있어야 했다. 말을 듣지 않고 불만을 토로하거나 저항하는 세력을 쉽게 제거할 수 있어야 왕권을 정점으로 한 피라미드 체제를 제대로 유지할 수 있었다. 그때 가장 효과적인 방법은 불만 세력의 주동자들을 체포하여 감옥에 가두어버리는 것이었다.

개인에게 가장 두렵고 힘겨운 상대는 과거나 지금이나 국가권력에 의한 폭력이다. 권력을 쥔 쪽은 권력 행사에 방해가 된다고 생각하는 장애물을 개인이든 집단이든 제거하고 싶어 한다. 그리하여 방해가 되는 요소를 제거하기 위해서 항상 공권력을 무기로 삼으려 든다. 공권력 행사는 범죄행위를 진압하거나 예방하여 질서를 유지하는 힘이 되기도 하지만, 권력자의 자의적 남용으로 정당한 비판을 부당하게 틀어막기도 한다. 민주적 방식은 까다롭고 번거로운 면이 있는 반면, 비민주적 힘의 행사는 단순하고 명쾌하다. 그래서 비민주적인 권력자일수록 사소한 일에도 질서유지라는 명분으로 공권력을 행사한다. 그런 공권력의 행사는 국가권력에 의한 폭력이다.

국가권력 또는 그와 유사한 지배계급이 국민에게 폭력을 행사하는 것을 백색테러라 한다. 그 어원은 과거 프랑스 왕실의 상징이 흰 백합꽃이었던 사실에서 유래하는데, 이렇듯 지배계급은 힘의 행사를 언제든 무기로 활용하려는 속성을 지니고 있다. 통치자인 왕은 마음에 들지 않는 귀족이나 관리를 손쉽게 제거할 수 있다는 것을 보여줌으로써 충성심을 강요했다. 따라서 과거 서양 귀족들은 왕권을 제한할 수 있는 기회가 있을 때마다 왕권으로 인해 함부로 사람을 체포하여 감금할 수 없도록 요구했

제2장 국민의 권리와 의무

다. 그런 귀족 계급의 요구는 결국 받아들여져 각종 권리장전에 명문으로 기재됐으며, 점차 일반 국민의 권리로 확장되어 오늘에 이르렀다.

신체의 자유의 내용을 요약하면 이렇다. 국가권력은 사람을 함부로 체포하거나 구금해서는 안 된다. 함부로 해서는 안 된다면 언제, 어떻게 할 수 있는가? 구체적인 범죄 혐의가 있어야 체포하거나 구금할 수 있다. 그런데 범죄 혐의가 있는지 없는지 누가 어떻게 판단하는가? 범죄의 내용과 체포의 절차는 반드시 법률로 미리 정해두어야 한다. 권력자가 마음대로 범죄 혐의를 조작하는 행위를 방지해야 하기 때문이다. 범죄 혐의가 인정되어 체포하더라도 반드시 형식적인 절차에 따라야 한다. 체포당하는 사람에게 최대한의 소명 기회가 주어져야 하고, 혹시 남용될지 모르는 공권력의 행사가 신중하게 이루어지도록 할 필요가 있다. 체포하거나 구금할 때에도 법관이 판단하여 영장을 발부해야만 가능하고, 구금된 뒤에도 다시 법관 앞에서 심사받을 기회가 보장되어야 한다. 그 과정에서 피의자는 변호인의 도움을 받을 수 있어야 한다. 국가기관이 피의자의 범죄 혐의를 쉽게 밝혀 체포와 구금을 정당화할 목적으로 고문하는 행위는 절대 금지된다. 따라서 자백을 강요해서도 안 되며, 범죄 혐의를 증명할 증거가 자백밖에 없을 때엔 그 자백을 유죄의 증거로 사용할 수 없다.

이런 내용을 담고 있는 것이 헌법 제12조다. 헌법은 기본적이고 원칙적인 규정만 하고 있다. 구체적인 내용은 모두 〈형사소송법〉에 들어 있다.

제12조 ①항

누구나 정신과 육체로 이루어진 자신의 신체를 그대로 보존하면서, 자기가 하고 싶은 대로 사용할 수 있다. 강제하는 것은 어떤 경우에도 허용되지 않는다. 오직 법률이 정한 경우에만 허용된다. 이런 신체의 자유는 국민뿐 아니라 외국인이나 무국적자에게도 인정된다.

신체의 자유를 침해해 강제하는 대표적 행위가 체포와 구속이다. 체포는 사람의 행동을 억제하여 마음대로 이동할 수 없게 하는 강제 조치다. 구속은 체포한 사람을 일정한 장소에 가두어두는 강제처분이다. 구속은 구금의 한 형태다. 구속하기 전에 또는 다른 필요에 의해 체포된 사람이 도망가지 못하도록 감금하는 강제처분에는 유치라는 것도 있다. 그러므로 일반 시민들이 헌법을 읽을 때는 구속이나 구금을 같은 것으로 이해해도 상관없다.

범죄 혐의의 증거가 되는 물건을 발견하여 강제로 가져가는 조치가 압수다. 수색은 범죄 혐의자나 압수할 만한 물건이 있는가 찾는 행위를 말한다. 심문은 수상한 점을 밝히기 위해 질문하는 것이다. 간단한 조사의 한 방식이다. 신문이라는 용어도 있는데, 무엇을 밝혀내기 위해 조사한다는 의미는 동일하다. 보통 재판 과정이나 수사 절차에서 조사하기 위해 묻는 행위를 신문이라 하고, 엄격한 절차에 따른 증거능력이나 증명력을 요구하지 않고 간이한 방식으로 필요한 내용을 묻는 경우를 심문이라 하고 있다. 하지만 심문과 신문의 구분은 별로 의미가 없다.

체포, 구속, 압수, 수색은 강제수사의 수단이다. 범죄의 내용과 범죄자를 밝히기 위한 수사는 수사기관인 검사와 경찰이 한다. 수사에는 임의수사와 강제수사가 있다. 임의수사는 수사 대상자가 자발적으로 협조하여 수사가 이루어지는 경우를 말한다. 반면 강제수사는 대상자의 의사에 관계없이 강제로 하는 수사를 말한다. 공권력을 이용해 강제로 하는 수사이므로 법률이 정한 엄격한 절차에 따르도록 한다.

범죄를 수사하고 범죄자를 처벌하는 모든 형사 절차는 법률과 적법한 절차에 따라 한다고 규정하고 있다. 여기서 법률은 대부분 적법한 절차를 담고 있는 것이기도 하다. 그러나 법대로만 따른다고 적법절차가 지켜지는 것은 아니다. 법률로 정해진 권한이라 하더라도 꼭 필요하지 않은 경우까지 과도하게 행사하면 그것은 적법절차에 따른 것이라 할 수 없다.

그런데 헌법 제12조의 적법절차 규정은 형사 절차에만 해당하는 것처럼 보일 수 있다. 원래 적법절차는 형사 절차뿐 아니라 모든 공권력 행사에 적용되어야 할 법치주의의 원리다. 따라서 일반적인 적법절차 조항을 따로 마련할 필요가 있다는 개헌론이 있다.

처벌은 형사재판을 거쳐 유죄로 인정된 범죄자에게 가하는 형벌을 말한다. 범죄자에게 형벌을 부과하는 것은 두 가지 목적 때문이다. 범죄행위에 대한 대가로 고통을 주는 것, 앞으로 범죄를 저지르지 않도록 예방하기 위한 교육을 하는 것이다. 그런데 형벌만으로는 그 효과를 기대하기 어렵다는 판단에서 고안한 것이 보안처분이다. 범죄자가 유사한 범죄를 다시 저지를 수 있는 가능성을 방지하기 위해 행하는 형벌 이외의 모든 강제처분을 보안처분이라 한다. 미성년자를 소년원에 수용하여 직업훈련을 시킨다든지, 마약중독자를 병원에 강제 입원시켜 치료를 받게 하는 것이 재범을 예방하기 위한 보안처분의 예다. 강제노역은 강제로 시키는 노동이다. 징역형을 받은 수형자에게 일을 시키는 것이 강제노동이다.

제12조 ②항

고문은 수사기관이 범죄 혐의자의 자백을 받아내기 위해서 행하는 범죄행위다. 고문은 육체적 고통뿐 아니라 격심한 정신적 충격을 유발하는 가장 심각한 형태의 폭력이다. 따라서 고문은 인권 유린 행위의 대표적 행태로 어떤 경우도 엄격히 금지된다.

그런데 "모든 국민은 고문을 받지 아니한다"는 문장의 형식은 좀 우습다. '수사기관을 비롯한 어떤 공권력도 고문을 해서는 안 된다'라는 문장과 어느 쪽이 나은지 비교해볼 필요가 있다. 고문을 당하지 않을 권리가 있다기보다는 국가권력 기관에 고문을 해서는 안 될 의무가 있는 게 아닐까? 그 의무는 바로 개인의 신체적 자유권에서 파생된 효과이다.

고문을 하지 않더라도 피의자를 조사하면서 진술을 강요해서도 안 된다. 어떤 질문에 대한 대답이 유리한지 불리한지는 조사를 받는 사람이 스스로 또는 변호인과 의논하여 판단하면 된다. 따라서 "자기에게 불리한 진술"뿐 아니라, 폭넓게 어떠한 내용의 진술도 거부할 수 있다. 수사기관은 피의자에 대한 조사를 시작하기 전에 진술거부권이 있음을 알려야 한다. 만약 진술거부권을 고지하지 않고 조사를 했다면, 그 진술조서는 증거능력이 없어 증거로 사용할 수 없게 된다.

민주노동당 학생위원회 정책국장으로 일하던 박 씨는 한미FTA 반대 집회를 주도하며 경찰과 몸싸움을 한 혐의로 체포됐다. 수사 도중 박 씨는 북한의 사상에 관한 문건을 보관하며 이적 단체 사람들과 교류했다는 혐의까지 덧붙여져 기소됐다. 검사는 박 씨와 공범 관계에 있던 최 씨를 불러 박 씨에 대한 진술을 받아 그 조서를 박 씨에 대한 증거로 법원에 제출했다. 하지만 최 씨로부터 진술을 받으면서 진술거부권이 있다는 사실을 알리지 않았다. 2009년 8월 20일 대법원은 최 씨의 조서는 증거능력이 없다고 판단했다. 박 씨는 결국 〈국가보안법〉 위반에 대해서는 무죄를 선고받았고, 〈집회 및 시위에 관한 법률〉 위반 등에 대해서만 유죄가 인정되었다.

제12조 ③항

제12조 3항은 영장주의를 말하고 있다. 개인이 개인에게 무언가를 강

제하면 그것은 범죄다. 국가는 법률이 정한 경우에 국민에 대하여 강제처분을 할 수 있다. 하지만 언제나 법관이 발부한 영장이 있어야 한다. 이것이 영장주의다.

영장은 검사가 청구하면 법관이 심사한다. 심사 결과 필요에 따라 기각하거나 발부한다. 경찰은 검사에게 영장을 신청할 수 있다. 그러면 검사가 판단하여 기각하거나 법관에게 영장을 청구한다.

1948년 헌법에서는, "체포, 구금, 수색에는 '법관의 영장'이 있어야 한다"고 했는데, 박정희의 군사쿠데타 직후인 1962년의 5차 개헌 때 "검찰관의 '신청'에 의하여 법관이 발부한 영장"이라고 고쳤다. 그것을 계기로 검사의 권한 확대가 가속화되었다는 지적도 있다. 이후 1972년의 유신헌법 때는 "검사의 '요구'에 의하여 법관이 발부한 영장"으로 강화된 표현이 사용된 적도 있었는데, 1980년 개헌 때 "검사의 '신청'에 의하여"로 돌아왔다. 헌법에는 검사의 '신청'으로, 〈형사소송법〉에는 검사의 '청구'로 되어 있는데, 양자의 차이는 없다.

수사기관이 강제수사가 필요하다고 판단하면 그 이유를 기재하여 법관에게 영장을 신청하고, 영장이 발부되면 그 영장을 가지고 체포, 구속, 압수, 수색을 하는 것이 일반적인 방법이다. 이런 방식을 체포나 구속을 하기 전에 미리 영장을 발부받는다는 의미에서 보통 사전 영장이라고 한다. 그런데 사안이 중대하거나 긴급하여 사전에 영장을 발부받을 수 없는 경우가 있다. 이때에는 필요한 강제처분을 먼저 한 뒤, 48시간 이내에 영장을 발부받도록 하고 있다. 영장 없이 미리 하는 체포를 긴급체포라 한다. 긴급체포를 하고 난 뒤 청구하는 영장을 흔히 사후 영장이라 부른다.

현행범은 범죄를 저지르고 있는 중이거나 막 범죄행위를 끝낸 혐의자를 말한다. 그런 경우 영장을 청구하다가는 범죄자를 놓칠 수밖에 없으므로 일단 체포할 수 있도록 영장주의의 예외를 인정하는 것이다.

〈형사소송법〉에서는 준현행범도 현행범과 같이 여긴다. 범인으로 불리며 추적당하고 있는 자, 장물이나 범죄에 사용했다고 인정할 수밖에 없는 물건을 소지하고 있는 자, 신체나 의복에 범죄의 흔적이 뚜렷한 자, 누구인지 묻는데 도망하려는 자를 준현행범이라 한다.

불심검문은 경찰관이 지나가는 행인을 정지시켜 궁금한 것을 묻는 행위다. 그런데 불심검문은 강제로 할 수 없는 임의 처분이므로, 경찰관의 불심검문에 응하지 않고 거부해버릴 수 있는 것이 원칙이다. 그런데 그러한 경우 준현행범으로 체포될 우려가 있으므로 조심해야 한다.

〈경찰관 직무집행법〉의 불심검문 외에도 〈도로교통법〉의 일시정지권, 〈주민등록법〉의 주민등록증 제시 요구, 〈항공보안법〉의 보안 검색, 〈의무경찰대 설치 및 운영에 관한 법률〉의 검문 등이 있다. 모두 강제처분의 성격이 있음에도 불구하고 개념이 모호하고 요건도 제각각이다. 헌법의 정신에서 보면 법체계의 통일성이 요구된다.

〈의무경찰대 설치법〉에는 징계 종류의 하나로 영창이 있다. 5일 이상 15일 이내의 기간 동안 강제 구금하는 징벌이다. 그런데 헌법재판소는 강력한 반대 의견에도 불구하고 영창이 영장주의 원칙에 위배되지 않는다고 결정했다.

〈출입국관리법〉은 행정기관에서 발급한 보호명령서에 의해서 강제 퇴거 대상자를 보호 처분할 수 있도록 규정했는데, 헌법의 영장주의에 위반하는 것으로 보지 않을 수 없다. 헌법재판소는 법무부장관의 출국금지 조치를 영장주의 위반이 아니라고 결정했는데, 소수의 반대 의견이 있었다.

〈북한이탈주민의 보호 및 정착지원에 관한 법률〉의 보호 조치는 마치 피보호자의 이익만을 위한 것으로 인식하는 경향이 있는데, 장기간의 보호 기간 동안 그들의 상태나 의사를 확인할 수 없다는 점은 큰 문제로 지적된다. 영장주의의 관점에서 검토의 필요성이 있다.

심야에 운전을 하는데 왕복 8차선의 대로가 막혔다. 사고가 난 게 아니라 음주 단속 때문이었다. 도대체 밤중에 대로를 차단하여 그곳을 지나가는 모든 차량을 세워 운전자의 음주 측정을 하는 행위는 영장 없이 가능한가? 무차별의 음주 단속을 불쾌하게 여긴 사람들이 문제를 제기했다. 그에 대한 헌법재판소의 대답은 영장주의 위반이 아니라는 것이었다. 1997년 3월, 헌법재판소는 지금의 음주 단속 방식은 사람에 대한 강제처분이 아니라고 했다. 음주 측정은 상대방이 동의하여 협력하지 않으면 불가능하기 때문이라는 이유에서였다. 하지만 음주 측정에 불응하면 그 자체를 처벌할 수 있다. 이런 간접 강제처분에는 영장이 필요 없다는 말인가? 논란의 여지가 있는 부분이다.

제12조 ④항

체포나 구속을 당한 사람은 수사기관에 비하여 열악한 지위에 있을 수밖에 없으므로 필요한 때에 변호인의 도움을 받을 수 있어야 한다. 법률 전문가이자 강제수사권을 가진 검사나 경찰에 맞서 자신을 방어하려면 법률 전문가의 도움이 필요하기 때문이다. 이를 흔히 무기 대등의 원칙이라 한다.

변호인은 체포 또는 구속당한 사람을 자유롭게 만날 수 있으며, 비밀스럽게 이야기를 나누고 필요한 서류나 물건을 주고받을 수 있다. 이러한 권리를 접견교통권이라 부른다. 접견교통권은 헌법이 보장하는 피의자 또는 피고인의 권리다. 변호인의 피의자나 피고인에 대한 접견교통권은 피의자나 피고인의 변호인 접견교통권에 기초하여 인정된다. 변호인이 아무리 원해도 피의자나 피고인 본인이 거절하면 접견교통은 이루어지지 않는다.

변호인은 피의자가 조사받을 때 함께 참여하여 도움을 줄 수도 있다. 그런데 수사기관은 대체로 수사에 방해가 되거나 불편하다는 이유로 변호인의 존재를 꺼린다. 그래서 가끔 접견을 거부하거나 교묘하게 방해하는 사태가 일어난다. 그때는 준항고 등으로 법원에 구제를 요청할 수 있다.

법률 용어는 피의자와 피고인을 구분하고 있다. 피의자는 범죄 혐의를 받아 수사기관의 수사 대상이 된 사람을, 피고인은 형사재판의 대상이 된 사람을 말한다. 수사가 종결되면 검사가 법원에 재판을 해달라며 피의자를 넘기는데, 이것을 공소제기 또는 줄여서 기소라 한다. 기소를 기준으로 그 이전 단계에 있는 사람을 피의자, 그 이후 단계에 있는 사람을 피고인이라 한다.

피의자든 피고인이든 자유로운 상태에서는 언제든 변호인을 만날 수 있다. 하지만 체포나 구속이 되면 신체의 자유가 제한되므로, 특별히 헌법과 법률이 변호인과의 접견교통권을 보장한다. 그런데 사정이 여의치 않아 변호인을 선임할 수 없는 사람은 법률적 도움을 받을 수 없게 된다. 그런 사람에게는 국가가 변호인을 선임해주는데, 바로 국선변호인제도다.

국선변호인은 원하는 모든 사람에게 도움을 주지는 않는다. 조문에서 보듯이 "형사피고인"에게 "법률이 정하는" 대로 선임해준다. 그에 따라 〈형사소송법〉은 구속된 피고인, 미성년자이거나 70세 이상인 피고인, 농아자 또는 심신장애의 의심이 가는 피고인, 사형, 무기 또는 단기 3년 이상의 징역이나 금고에 해당하는 사건으로 기소된 피고인에게 국선변호인을 선정해주도록 하고 있다.

헌법이나 법률이 피고인에 대해서만 국선변호인의 도움을 보장하고 있어, 피의자 단계에서는 전혀 도움을 받을 수가 없다. 수사를 받는 피의

자도 국선변호인의 도움을 받을 수 있도록 개정하는 것이 바람직하다.

제12조 ⑤항

이 조항은 속칭 '미란다 원칙'을 규정하고 있다. 미국 애리조나 주에 살던 어네스토 미란다는 강도강간죄로 중형을 선고받았으나, 1966년 연방대법원의 판결로 석방되었다. 경찰이 미란다를 체포할 때 방어권 보장을 위한 고지를 하지 않았다는 게 주된 이유였다. 미란다 판결은 미국 전역을 떠들썩하게 만들었는데, 그 뒤로 확립된 네 가지 원칙은 피의자의 인권 보장을 위한 상징이 되었다. 피의자를 체포할 때엔 반드시 진술을 거부할 수 있고, 진술한 내용은 불리한 증거로 사용될 수 있으며, 변호인의 도움을 받을 수 있는데, 변호인을 선임할 수 없다면 국선변호인의 도움을 받을 수 있다는 사실을 알려주어야 한다는 것이 미란다 원칙이다.

우리 헌법과 〈형사소송법〉은 피의자를 체포하거나 구속할 때 변호인의 도움을 받을 수 있다는 사실을 알리도록 하고 있다. 진술거부권에 관한 사항은 헌법 제12조 2항을 근거로 〈형사소송법〉에서는 피의자나 피고인에 대해 조사를 할 때 고지하도록 의무화하고 있다.

이런 절차를 위반한 경우에는 그로 인하여 받은 신문조서 등에 대한 증거능력을 인정하지 않는다. 피의자나 피고인의 인권 보장을 철저히 하기 위한 조치이며, 적법절차의 한 형태라고 할 수 있다. 하지만 미국에서도 미란다 원칙이 가끔 흔들리듯, 우리 사법 현실에서도 이 원칙이 엄격하게 지켜지지 않는 경우가 많다.

제12조 ⑥항

체포나 구속을 하려면 사전이든 사후든 영장을 필요로 하므로 법관의 판단을 거치게 된다. 그렇지만 일단 체포나 구속이 집행된 뒤에도 당한 사람은 즉시 법관 앞에서 체포나 구속이 정당한지 심사를 받을 수 있다. 그만큼 인신의 체포 또는 구속은 신중하게 해야 한다는 의미가 제도 속에 들어 있는 것이다.

체포적부심사와 구속적부심사 청구가 있으면, 법원은 청구서가 접수된 때로부터 48시간 이내에 심문하고, 심문이 종료된 때로부터 24시간 이내에 석방 여부를 결정한다.

제12조 ⑦항

이것은 자백법칙에 관한 규정이다. 범죄 혐의자로 기소된 피고인의 행위를 대상으로 유무죄를 밝히는 과정이 형사재판이다. 재판의 유무죄는 증거에 의하여 가린다. 자백도 증거의 하나다.

자백은 피의자나 피고인이 스스로 범죄 사실의 일부 또는 전부를 인정하는 행위다. 옛날에는 스스로 형벌의 책임을 지는 자백을 기이하게 여겼다. 보통의 경우라면 자기에게 불리한 자백을 할 리가 없기 때문이다. 따라서 자백을 하면 다른 증거를 더 따질 것도 없이 무조건 유죄를 인정했다.

중세 서양에선 '자백은 증거의 왕'이라고 했다. 그러다 보니 수사관들은 어렵게 다른 증거를 찾아 헤매는 것보다 쉽게 자백을 받아내는 방법에 몰두했다. 자백만 받으면 수사는 말끔히 종결되었기 때문이다. 그리하여 거짓 자백을 유도하는 고문이 횡행하게 된 것이다.

자백법칙은 수사와 형사재판에서 고문과 같은 인권 유린 행위를 추방하기 위해 마련된 것이다. 자백법칙에는 배제법칙과 보강법칙 두 가지가 있다.

자백의 배제법칙이란, 자백에 임의성이 없으면 자백의 증거능력을 인

제2장 국민의 권리와 의무

정하지 않는 원칙을 말한다. 자백은 믿을 수 있는 것이어야 하고, 조금만 의심스러워도 증거로 삼으면 안 된다. 고문, 폭행, 협박, 구속의 부당한 장기화, 기망의 방법으로 받아냈다는 의심이 드는 자백은 임의성을 인정할 수 없으므로 증거로 사용할 수 없다.

자백의 보강법칙이란, 자백이 임의성이 있어 증거로 사용할 수 있는 상태라 할지라도 자백 외에 다른 증거가 없으면 유죄를 인정할 수 없다는 원칙이다. 자백 하나만으로는 안 되고, 자백 외에 다른 보강증거가 있어야 한다는 말이다. 수사기관이 피의자의 자백을 받아내는 데 집착하는 관행이 인권을 침해할 가능성이 높기 때문에 마련된 제도다.

헌법 조문에서 "피고인의 자백"이라고 한 것은 피고인이 피의자였을 때 진술한 자백까지 포함한다. 자백의 증거능력은 재판 과정에서 의미가 있는 것이므로 '피고인'이라 표현한 것일 뿐이다.

정식재판이란 약식재판이 아닌 통상의 재판을 말한다. 그리고 자백의 보강법칙을 밝힌 이 조항의 마지막 부분을 보면, 보강증거가 없는 자백은 "이를 유죄의 증거로 삼거나 이를 이유로 처벌할 수 없다"라고 했다. 그런데 유죄가 인정되지 않으면 어떤 경우에도 처벌할 수 있는 방법은 없으므로, 문장의 표현이 좀 어색하다. 그냥 '유죄의 증거로 삼을 수 없다'고만 하면 되는데, 강조하려다 보니 쓸데없이 부언한 꼴이 되고 말았다.

형벌불소급, 일사부재리, 소급입법 제한, 연좌제금지

① 모든 국민은 행위시의 법률에 의하여 범죄를 구성하지 아니하는 행위로 소추되지 아니하며, 동일한 범죄에 대하여 거듭 처벌받지 아니한다.

② 모든 국민은 소급입법에 의하여 참정권의 제한을 받거나 재산권을 박탈당하지 아니한다.

③ 모든 국민은 자기의 행위가 아닌 친족의 행위로 인하여 불이익한 처우를 받지 아니한다.

사람을 처벌하려면 반드시 법률에 따라야 한다는 제12조 1항의 마지막 부분은 죄형법정주의를 선언한 것이다. 그런데 죄형법정주의의 내용을 이루는 몇 가지 파생 원칙이 있는데, 형벌불소급의 원칙이 그중 하나다. 헌법 제13조는 형벌불소급의 원칙을 비롯하여 그와 관련 있는 몇 가지 원칙을 말하고 있다.

제13조 ①항

익숙하지 않은 사람들은 금방 무슨 말인지 이해하기 힘든 구조의 이 문장은 두 개로 나눌 수 있다. 앞쪽은 형벌불소급의 원칙, 뒤쪽은 일사부재리의 원칙이다.

소추란 제도적으로 마련된 공적 절차에 따라 특정인을 심판의 대상으로 삼는 행위를 말한다. 범죄자를 재판하기 위해서 검사가 하는 공소제기, 대통령이나 고급 공무원을 탄핵하기 위해서 국회가 의결하여 헌법재판소에 넘기는 행위 등이다. 이 조항에서 말하는 소추란 검사의 기소 행위라고 쉽게 이해하면 된다.

죄형법정주의에 의거해 반드시 법률로 미리 정하고 있는 내용에 따라 범죄자를 처벌해야 하되, 행위 당시의 법률에 따라야 한다는 것이 형벌불소급의 원칙이다. 그렇지 않으면 행위가 있고 난 뒤 그 행위자를 처벌하기 위한 목적으로 법률을 만들 수 있기 때문이다. 이런 제도의 근본 취지는 인권과 법적 안정성의 보장에 있지만, 역사적으로는 권력자에 의한 정치적 보복을 금하는 데서 유래한다.

누구든지 행위 시의 법률에 따라서만 소추될 수 있다는 내용을 헌법 조문은 이렇게 복잡한 방식으로 표현하고 있다. 형벌불소급의 원칙은 행위 시의 법률 내용이 판결 선고 시의 법률 내용보다 가벼울 때 적용된다. 반대로 행위 당시에는 무겁게 처벌될 수 있었는데 법이 개정되어 판결 선고 시에는 가볍게 처벌될 경우, 판결 선고 시의 법률에 따른다. 당사자에게 불리하지 않아 인권을 침해할 우려가 없으며, 정치적 보복의 가능성도 없기 때문이다.

1항의 후반부는 일사부재리의 원칙이다. 만약 하나의 행위를 대상으로 두 차례 이상 처벌할 수 있다면, 그 자체로 과중하고 가혹하여 인권을 침해할 뿐 아니라, 역시 정치적 보복의 수단으로 이용될 수 있을 것이다.

일사부재리의 원칙에서 '처벌'이란 형사 처벌을 의미한다. 따라서 조직 내에서 징계를 받은 다음 법정에서 형벌을 선고받는 경우는 일사부재리의 원칙에 어긋나지 않는다. 이를 일사부재의의 원칙과 혼동해서는 안 되는데, 그에 관해서는 헌법 제51조의 설명을 참조하기 바란다.

제13조 ②항

사후의 법에 의해서는 처벌만이 아니라 참정권 혹은 재산권 침해도 안 된다. 이는 형벌불소급의 원칙의 내용을 확장한 것이다.

제13조 ③항

국가권력이 합법적으로 개인에 대하여 불이익을 가할 수 있는 처분은 형벌권의 행사다. 형벌은 처벌 대상이 되는 범죄행위를 한 사람에 대해서만 부과할 수 있다. 이것을 자기 책임의 원칙 또는 개별 책임의 원칙이라 한다. 행위를 하지 않은 사람에게 책임을 묻는 것은 불가능하다. 행위를 한 사람에 대해서도 책임에 해당하는 만큼의 범위 내에서 처벌하는 것만이 가능하다. 이 모든 것을 책임 원칙이라 한다.

연좌제는 책임 원칙, 그중에서도 자기 책임의 원칙에 어긋나는 처벌제도다. 범죄자를 처벌할 때 그 일가족까지 몰살하거나 귀양을 보내던 과거 중국이나 우리나라의 형벌제도는 연좌제였다. 그러다가 광복 후에는 친일 반민족 행위, 6·25 이후의 냉전시대에는 좌익 활동과 관련하여 연좌제가 횡행했다.

연좌제는 책임 원칙을 벗어나 개인의 인권을 침해하는 폐습이기도 하면서, 화해와 사회적 통합을 방해하는 장애물이기도 하다. 연좌제에 걸릴 만한 내력을 가진 집안의 사람들은 평생을 불안에 떨면서 살아야 했다. 1963년 대통령 선거에 출마한 박정희는 연좌제 폐지를 공약으로 내세웠으나, 그 공약을 지키지 않았다. 우리 헌법은 1980년이 돼서야 연좌제 폐지를 선언하면서 바로 이 조항을 신설했다.

1970년대에 판사로 재직하던 이건호의 아버지는 1950년 당시 서울지검 검사였다. 그러다 6·25가 발발하자 누군가에 의해서 납치되었는데,

월북인지 납치인지 밝혀지지 않았다. 결국 아버지의 행적 때문에 이건호 판사는 1973년 3월의 법관 재임용에서 탈락 위협을 받고 사직했다. 연좌제의 전형적 사례다.

연좌제와 관련한 '불이익한 처우'란 국가로부터의 모든 불이익한 처분을 말한다. 따라서 계약 관계를 비롯한 사적 관계에서 일어나는 불합리한 처분은 연좌제가 아니다.

제14조

거주 · 이전의 자유

014

모든 국민은 거주 · 이전의 자유를 가진다.

거주의 자유는 자신이 살 장소를 자기 의사에 따라 결정할 수 있다는 것을 말하고, 이전의 자유는 살고 있는 장소를 자기 의사에 따라 옮길 수 있다는 것을 의미한다. 생명을 얻어 태어난 인간이 신체의 자유를 가졌다면, 그 자유를 바탕으로 자신이 머물 곳을 정하고 마음대로 옮겨 다닐 수 있어야 한다. 그것이 인간의 삶이고, 헌법은 기본적으로 그 삶을 보장하려 노력한다.

거주의 개념은 제16조의 주거와 다르다. 거주는 주거에 비하여 조금 추상적 개념으로, 개인이 자신의 목적에 따라 머물기로 정한 장소다. 실제 머물며 살지 않더라도 경제생활의 필요에 따라 여러 개의 주소를 가질 수도 있는데, 이런 주소지도 거주의 개념에 포함된다. 반면 주거는 그 거주지에서 구체적으로 살아가기 위해 마련한 집과 같은 공간이다. 거주는 신체의 자유를 전제로 하면서, 한번 결정한 거주지를 마음대로 옮길 수

제2장 국민의 권리와 의무

있는 이전의 자유를 예정하고 있다.

거주와 이전의 자유는 직업 선택의 자유와 밀접한 관련이 있다. 경제 활동을 위한 직업의 선택은 개인의 삶의 수단이자 토대가 되는데, 직업 선택의 자유는 거주와 이전의 자유 없이는 불가능하다. 거주·이전의 자유나 직업 선택의 자유는 자본주의가 발달한 사회에서 뒤늦게 형성된 기본권이다. 중국이나 베트남에서는 지금도 여러 정책적 이유로 거주·이전의 자유를 제한하고 있다.

여행의 자유 역시 거주·이전의 자유에 포함된다. 단순한 신체 활동과 여행을 엄격히 구분하는 일은 쉽지 않다. 그러나 그 경계가 아무리 모호하다 하더라도 시민 한 사람 한 사람의 권리는 지켜진다. 마당을 서성거리거나, 야트막한 뒷산을 거닐거나, 등산화를 신고 북한산을 오르거나, 자전거를 타다 내친 김에 서울에서 분당까지 달렸다고 하자. 어느 것이 산책이고 등산이며 또 여행인가? 그것이 신체의 자유건, 여행의 자유건, 거주·이전의 자유건 시민의 행동은 자유롭다.

뇌성마비 1급 장애인인 최 씨는 정부의 장애인 정책에 불만이 많았다. 그리하여 '청와대도 장애인을 위한 편의시설 조사에 응하라'고 쓴 피켓을 들고 청와대 입구의 파출소 앞에서 1인 시위를 했다. 그리고 초소 앞을 지나 부근의 지하철 경복궁역까지 가려다 경찰로부터 제지를 당했다. 사실상 시위를 목적으로 한 행동이었기에 경찰은 그대로 둘 수 없다고 판단했고, 최 씨에게 차량을 제공하여 목적지까지 데려다주겠다고 설득하기에 이르렀다. 그러나 최 씨는 끝내 경찰의 제안을 받아들이지 않았다. 그는 후에 경찰로부터 자유로운 통행의 권리를 방해받았다며 국가인권위원회에 진정했다. 국가인권위원회는 최 씨의 손을 들어주었다.

여행의 자유에는 국내여행뿐 아니라 해외여행도 포함된다. 보통 출국은 자유로우나 입국은 외국인에 대하여 제한적이다. 우리나라 사람이 해외여행을 위해 자유롭게 출국할 수는 있지만, 원하는 국가로 입국하기 위해서는 그 나라 사정에 따라 심사를 받아야 하는 것과 마찬가지다.

한때 댄스가수로 인기가 높던 유승준이 병역의무를 연기한 뒤 미국으로 가서 미국 국적만 얻고 즉시 귀국하려 한 적이 있었다. 하지만 법무부에서 입국을 거절하여 그는 공항에서 대기하다 결국 발걸음을 돌려야 했다. 당시 국내에서는 정부의 조치에 대한 격렬한 찬반양론이 일었다. 유승준의 팬 두 사람이 정부가 유승준의 입국의 자유를 침해했다고 국가인권위원회에 진정하기까지 했다. 국가인권위원회는 출입국의 자유나 국적변경의 자유가 외국인에게도 내국인과 똑같이 인정될 수는 없다고 했다. 유승준은 미국에 영주할 의사로 미국 시민권을 얻은 것이 아니고, 일단 그것으로 병역의무를 회피한 다음 다시 국내에 들어와 연예 활동을 할 의도였다는 것이 국가인권위원회의 판단이었다.

북한은 여행이나 이사가 자유롭지 않은 사회로 알려져 있다. 일정한 행정구역을 넘어가려면 예전에는 미리 허가를 받아야 했다. 근년에는 조금 완화되어 신고만 하면 된다고도 한다. 우리로서는 상상조차 할 수 없는 폐쇄된 감시사회의 실상으로 느껴진다.

하지만 그런 판단은 우리가 우리의 현실을 기준으로 볼 때 가능할 뿐이라는 반론도 있다. 북한 같은 사회주의 계획경제 체제 아래서는 도시와 도시 사이의 생활에 차이가 거의 없다. 주민들은 각자에게 주어진 일을 하며 비슷한 수준의 생활을 한다. 따라서 다른 곳으로 이주할 필요가 없다는 것이다. 낯선 고장에 가서 더 고생하느니 원래 살던 곳에 계속 머무르겠다는 주민이 대부분이라면, 계획된 사업에 따라 인력을 운용하기 위해 여행과 이전의 자유를 제한하는 것이 주민들에게 실제로 압박감을 주지 않을 수도 있을 것이다.

따지고 보면 우리에게 해외여행이 자유로워진 것도 그리 오래된 일이 아니다. 그전에는 경제적 여유가 없었기 때문에 아예 해외여행을 할 엄두를 내지도 못했다. 따라서 그 시절에 여권이 극히 제한적으로 발급됐어도, 대부분의 시민들은 갑갑함을 느끼지 못했다. 북한뿐 아니라 지금도 가까운 중국이나 일부 국가에서는 여전히 여행이나 거주·이전의 자유가 제한되고 있다.

기본 권리 중의 하나로 당연시하던 권리가 시간과 공간에 따라 사정이 달라질 수 있다는 사실을 깨닫게 된다. 인권은 분명 보편성을 지닌 권리이고, 또 보편성을 가져야만 한다. 지구 위에 살고 있는 인간이라면 모두 같은 권리를 누릴 수 있어야 하지 않겠는가. 하지만 구체적 현실은 그렇지 못하다는 사실을 어떻게 받아들여야 할까. 부정해야 옳을까, 아니면 다른 대책을 세워야 하는 것일까?

직업선택

015

모든 국민은 직업선택의 자유를 가진다.

광주 충장로에서 광주극장을 운영하던 최 씨는 2001년 가을 검찰에 기소되어 재판을 받게 되었다. 죄명은 〈학교보건법〉 위반이었다. 이 법은 학교로부터 200미터 이내에서는 학생들에게 유해하다고 생각되는 일정한 영업을 하지 못하도록 제한한다. 법이 정한 학생들의 교육 환경과 위생에 적합하지 못한 시설 중에 극장이 포함되어 있는 것이 문제였다. 광주극장 정문에서 19미터 떨어진 곳에 보문유치원이란 유아교육기관이 있었기 때문에 법에 따라 극장을 이전하든지 폐업해야 했는데, 계속 영업하다가 기소된 것이다. 최 씨는 법정에서 자신이 범죄자가 아니라 피해자라고 주장했다. 오히려 자신이 헌법이 보장하는 직업의 자유를 침해당했다고 항변했다. 판사는 최 씨의 말에 일리가 있다고 판단했고, 극장을 학교 부근의 금지 시설로 규정한 〈학교보건법〉 제6조가 위헌이 의심된다며 헌법재판소에 넘겼다.

직업 선택의 자유는 직업의 자유라고 이해하면 된다. 직업을 선택하고, 선택한 직업에 자유롭게 종사하고, 싫증이 나면 포기하거나 다른 직업으로 바꿀 수 있는 자유를 말한다. 그리고 애당초 직업을 선택하지 않을 자유도 포함한다.

아예 직업을 가지지 않을 권리나 노동하지 않을 권리 혹은 노동을 적당히 할 권리는 자유주의 사상을 바탕으로 하고 있다. 이미 가진 것이 넉넉한 사람이라면 직업을 갖지 않고 일하지 않아도 상관없다. 누구에게 해를 끼치지도 않는다. 가진 것이 그리 많지 않아도 개인적 신념이나 특별한 이유로 굶주림을 감수하며 일터를 거부하는 행위도 일단 존중할 수밖에 없다. 하지만 사회주의 사상을 바탕으로 할 때는 견해가 달라진다. 개인을 위해 직업을 갖지 않고 일하지 않는 선택은 허용된다. 하지만 공동체를 위한 최소한의 노동은 일할 능력이 있는 사람에게 의무로 부과될 수 있다.

자유주의나 사회주의는 그 자체로는 성격이나 경계가 명확해 보일 때가 많다. 그러나 실제 인간 사회의 경제생활 속에 스며들면 개념의 구분이 모호해진다. 현실의 경제적 삶은 어떤 체제 아래서든 자유주의와 사회주의가 적당히 혼합된 상태로 나아가게 마련이다.

직업의 자유는 앞서 본 거주·이전의 자유와 마찬가지로 자본주의경제의 발전과 함께 형성된 권리 개념이다. 대체로 1919년 독일의 바이마르 헌법에서부터 구체적 기본권으로 등장했다.

직업의 자유는 어떤 직업이든 귀천이 없으므로 자기 능력과 사정에 맞는 직종과 직장을 자유롭게 선택하라는 그럴듯한 희망을 담고 있다. 그 배경에 직업의 평등이란 사상을 펼쳐 모든 사람을 격려하고 위로한다는 의미에서는 긍정적이다. 그렇지만 여전히 현실은 다르다. 평범한 시민들에게 직업 선택의 자유란, 굶어 죽지 않기 위해서는 어떤 일이라도 찾아서 하라는 냉혹한 명령으로 들릴 것이다. 실제로는 그 배경에 자유경쟁이란 무대를 깔고 있다는 사실을 깨달을 뿐이다.

"직업에 귀천은 없다. 아무리 그렇게 생각해도 죽음 그 자체를 터부시하는 현실이 있는 한, 장의사나 화장장 사람들은 비참하다." 일본에서 소설가로 데뷔했다가 장례회사에서 시신을 염습하는 일에 종사했던 아오키 신몬이 그의 대표작 《납관부 일기》에서 한 말이다. 현실 세계에서 직업 선택의 자유는 거의 존재하지 않는다. 우선 신분이 보장되는 공직은 자유로운 선택의 대상에서 제외된다. 뒤에 나오는 헌법 제25조의 공무담임권에서 조금 자세히 보게 될 것이다.

그다음에는 역시 경쟁의 결과에 따라 거의 순차적으로 직업이 정해진다. 능력이 뛰어나거나 조건이 좋은 사람에겐 폭넓게 선택의 자유가 주어지지만, 그렇지 않은 사람에겐 아무것도 없다. 세태에 따라 인기 있는 직업의 순서가 조금씩 바뀌긴 하지만, 경쟁이란 제도는 직업 선택의 자유를 제한할 뿐 아니라, 모든 직업을 불평등하게 계급화한다. 이런 현실의 모순을 완화하고, 직업의 자유를 다수의 시민에게 희망의 메시지로 기능하게 하려면, 일자리를 보장하는 국가의 적극적이고 효율적인 정책이 뒷받침되어야 한다.

헌법재판소에 직업 선택의 자유를 침해한다는 이유로 제소한 대부분의 사건도 일자리를 다투는 현실을 반영하고 있다. 안마사 자격을 시각장애인에게만 인정한 규칙은 일반인의 직업 선택의 자유를 부당하게 제한한다는 문제가 제기된 적이 있다. 헌법재판소는 안마사 자격을 시각장애인에게만 허용하는 것은 헌법에 위배된다고 결정하여 사회적 논란을 야기했다.[9]

백화점이나 대형 할인매장에서 고객을 유치하기 위해 셔틀버스를 운행한 적이 있다. 당시 이를 못마땅하게 여긴 시내버스 회사에서 아예 법률로 셔틀버스 운행을 못하게 했다. 백화점 등은 셔틀버스 운행을 금지한 〈여객자동차운수사업법〉의 조항이 영업의 자유와 평등권 그리고 행복추구권을 침해한다고 제소했다. 영업의 자유는 직업 선택의 자유에 포함된다. 그러나 헌법재판소는 몇 가지 이유를 들어 백화점 등의 셔틀버스 운행을 제한하는 조치가 정당하다고 결정했다. 반면 네 사람의 재판관은 다른 업종의 셔틀버스는 허용하면서 유통업체의 셔틀버스만 금지하는 것은 옳지 않다는 소수의견을 밝혔다.

〈관세법〉은 밀수품에 대한 보석 감정을 금지한다. 밀수품이 암시장에서 거래되는 것을 방지하기 위해서다. 이에 대해 보석감정사들은 일거리가 줄어들 것을 염려하여 그 금지 조항이 직업 선택의 자유를 침해한다고 불만을 토로한 바 있다. 하지만 헌법재판소는 보석감정사들의 주장을 받아들이지 않았다.

앞서 이야기한 광주극장의 경우 헌법재판소 전원재판부는 2004년 5월 극장을 '학교환경위생 정화구역 내의 금지 시설'로 규정한 〈학교보건법〉의 조항을 위헌이라고 결정했다. 학교 부근에서 극장 영업을 금지한 것이 직업의 자유를 침해했다고 판단한 것이다. 아울러 극장업을 하고자 하는 사람의 표현의 자유 또는 예술의 자유까지 침해한다고 인정했다. 그리고 학생들의 다양하고 자유로운 문화를 즐길 행복추구권을 제한하는 법률이라고 선언했다.[10] 법은 즉시 개정되어, 지금 〈학교보건법〉 제6조에서 극장은 삭제되었다.

직업의 자유는 오늘날 새로운 의미를 던져주고 있다. 오늘날 우리 사회는 일자리를 찾지 못해 전전긍긍하는 젊은이들로 넘쳐나고 있다. 직업을 선택하기는커녕 아무 직업이라도 갖기를 원하는 사람의 수만큼 사회의 빈곤은 깊이를 더해간다. 그런 의미에서, 진정으로 직업 선택의 자유가 보장되는 사회는 현실에서는 찾아보기 힘든 이상적인 인간 조건일지도 모르겠다.

016

제16조
주거 보장

모든 국민은 주거의 자유를 침해받지 아니한다.

주거에 대한 압수나 수색을 할 때에는 검사의 신청에 의하여 법관이 발부한

영장을 제시하여야 한다.

주거 보장은 국가기관이든 개인이든, 누구든지 타인의 주거의 자유를 침해해서는 안 된다는 규정이다. 거주의 자유가 경제생활의 근거지나 목적에 따른 활동 장소를 마음대로 정할 수 있는 권리라면, 주거의 자유는 결정한 거주지에서 머물기 위해 구체적으로 마련한 공간의 비밀성 보장을 말한다.

주거의 자유는 통신의 자유, 사생활의 비밀 및 자유와 함께 사생활 영역에 관한 기본권이다. 이 세 가지 권리는 넓은 의미에서 프라이버시권에 해당한다. 개인의 사생활은 인간 존재의 본성적인 면을 보호할 뿐 아니라, 공동체를 위한 의무 이행과 개성 발현을 통한 사회 기여의 바탕이 된다. 사생활의 보장 없이 인간다운 생활과 행복한 삶을 기대할 수는 없다.

여기서 말하는 주거란 정식으로 허가를 받아 준공을 마친 건축물만이 아니다. 주택이나 사무실 같은 전형적 주거 공간 외에, 야영장에 친 텐트,

승용차 안, 여관방 등과 같이 일시적이라 하더라도 누군가 점유하여 자기 공간화하고 있으면 모두 보호의 대상이 된다.

　수사나 범인 체포 등을 목적으로 타인의 주거를 수색하고 압수하려면 법관이 발부한 영장이 있어야 한다는 규정은 당연하다. 영장주의에 관한 규정은 제12조 3항에 명시되어 있는데, 여기서 다시 반복하고 있다. 그 이유는 제12조 3항의 압수·수색은 사람에 대한 것임을 전제하고 있고, 제16조의 압수·수색은 주거 공간에 대한 것임을 전제하고 있기 때문이다. 하지만 사람의 신체에 대한 압수·수색과 물건에 대한 압수·수색이 엄격히 구분되는 것은 아니다. 입고 있는 옷의 호주머니를 뒤지는 것이나, 의자에 걸쳐놓은 옷의 호주머니를 뒤지는 정도의 차이가 있을 뿐이다. 언제든 압수·수색과 같은 강제처분에는 법관이 발부한 영장이 필요하다는 점이 중요할 따름이다.

　이 조항도 1962년 헌법에는 주거의 수색이나 압수시에는 "법관의 영장을 제시하여야 한다"고 되어 있었다. 그러다 1972년 유신헌법에서는 "검사의 요구에 의하여 법관이 발부한 영장을 제시하여야 한다"고 했다가, 1980년 헌법에서부터 검사의 "요구"를 "신청"으로 바꾸었다.

　함부로 타인의 주거를 침해하는 행위는 주거침입죄로 처벌받는다. 그런데 가끔 주거침입죄가 엉뚱한 논리에 의해 처벌을 위한 마술지팡이 구실을 할 때가 있다. 주거의 소유자나 관리자의 승낙을 얻어 들어갔다 하더라도, 그 목적이 다른 데 있으면 주거침입죄가 성립한다고 한다. 입사시험 원서를 내고 시험장에 들어가는 일은 아무 문제가 없으나, 대리 시험을 목적으로 들어갔다면 주거침입죄도 성립된다는 것이 대법원의 판단이다. 남의 집에 들어가 그 집 부인과 간통한 남자를 간통죄로 처벌하는 데 어려움이 있자, 그 집 남편의 동의가 없었기 때문에 주거침입죄로 처벌할 수 있다고 한 것이 1950년대 우리 대법원의 판례다. 물론 지금은 간통죄가 폐지되었다.

1992년 12월 대통령 선거를 앞두고 부산의 초원복국이란 식당에서 부산 지역 기관장들의 모임이 있었다. 그 자리에 법무부장관을 지낸 지역 인사가 참석하여 김영삼 후보의 지지를 호소했다. 그리고 지역감정을 부추겨야 김영삼 후보가 김대중 후보를 이길 수 있다는 대화도 오갔다. 마침 그 모임을 미리 알고 경쟁자를 지지하는 측에서 하루 전날 초원복국집에 손님으로 들어가 도청장치를 설치했다. 그 모임에서 나눈 대화는 언론을 통해 공개되어 사회적으로 큰 파장을 일으켰다. 이른바 초원복국집 사건이다. 그런데 도청장치를 한 사람들이 주거침입죄로 처벌받았다. 식당 주인이 도청장치를 설치하려는 사실을 알았더라면 출입을 허락하지 않았을 것이라는 대법원의 논리가 근거였다.

그 같은 주거침입의 논리는 인권 운동 탄압에도 이용되었다. 1997년 가을 홍익대학교에서 제2회 인권영화제가 열렸다. 그런데 경찰은 상영 예정이었던 〈레드 헌트〉라는 영화가 이적표현물이라고 주장했고, 영화제를 주최한 인권운동사랑방에서 이에 반발하자 압수수색을 단행했다. 그 결과 인권운동사랑방 대표 서준식이 구속되었으며, 학교 측도 그를 쫓아내라는 압력을 받아야 했다. 훗날 법원은 〈레드 헌트〉가 이적표현물이 아니라고 판결했다. 서준식에 대한 〈국가보안법〉 위반이 무죄 선고된 것이었다. 그러나 엉뚱하게도 주거침입죄는 유죄가 인정되었다. 학교의 퇴거 요구에 불응했다는 이유 때문이었다. 이런 논리의 주거침입죄는 아무래도 헌법이 말하는 주거와는 거리가 먼 것 같다.

주거의 자유는 주거의 안정성과 비밀성을 보장한다. 하지만 주거의 자유가 아무리 중요해도, 그것은 자기만의 주거 공간을 확보한 사람에게만 해당하는 권리일 뿐이다. 적지 않은 사람들에겐 주거의 자유보다 주거의 확보가 더 급선무다. 이에 관하여는 헌법 제35조 3항에 따로 규정하고 있다.

017

사생활의 비밀과 자유

모든 국민은 사생활의 비밀과 자유를 침해받지 아니한다.

인간의 삶에는 사적 영역과 공적 영역이 섞여 있다. 어떤 인간이든 개인으로 탄생하여 존재한다. 특수한 목적과 계획에 따라 만들어진 복제인간이라든지, 훗날 국왕으로 등극할 것이 예정된 중세 봉건시대 왕자의 경우는 태어남과 동시에 공적 존재로서의 의미를 더 가질지 모른다. 하지만 오늘날 모든 인간은 사적 존재로 출발한다.

그렇지만 평범한 인간이라 하더라도 사적 존재이자 동시에 공적 존재로서 의미를 지닌다. 어떤 인간도 혼자 존재할 수 없기 때문이다. 대인기피증에 속세를 등진 인간이라 할지라도, 의도적으로 공동체와 거리를 둠으로써 부정적인 사회관계를 맺는 법이다. 사회적이지 않은 인간은 존재하지 않는다.

인간의 일차적 목표는 개인의 행복이다. 절대 이타적 인간조차 남을 위해 자신을 희생하면서 결국은 자신의 행복을 찾는다. 그러면서 인간은 자신이 속한 공동체를 위해 기여한다. 공동체는 자신과 분리된 다른 환경이 아니라 자신이 속한 배경이다. 공동체가 바람직한 방향으로 나아가면 개인의 행복도 더 커지고, 거기에 고무되어 개인은 다시 공동체를 위해서 노력한다. 그렇게 개인과 사회는 상호의존적 희망을 품고 함께 살아간다.

인간을 위해서든 사회를 위해서든 혹은 양자 모두를 위해서든, 인간의 사적 영역에서 출발한 동력은 공적 영역으로 확산된다. 따라서 어떤 경우든 개인의 사적 영역이 보호되어야 그다음을 기대할 수 있다. 그래서 헌법은 모든 국민의 사생활의 비밀과 자유를 보장한다. 이 조항을 흔히 프라이버시권이라고 한다. 앞에서 주거의 자유, 통신의 자유, 사생활의 자유를 아울러 넓은 의미의 프라이버시권이라 했는데, 제17조의 사생활의 자유는 좁은 의미의 프라이버시권이라 할 수 있다.

프라이버시권이란 미국에서 혼자 있을 권리라는 개념에서 시작된 것이다. 프라이버시는 대표적인 사적 영역에 속하는 것으로, 사생활의 비밀에 해당한다. 사생활의 자유란 자신의 방식대로 생활할 수 있다는 말이다. 그렇게 함으로써 개성을 발휘할 수 있기 때문이다. 그런데 그중에서도 자신이 원하지 않으면 다른 사람에게 알리지 않을 권리가 사생활의 비밀에 해당한다. 물론 모든 사람의 모든 사생활이 비밀에 부쳐져야 하는 것은 아니다. 하지만 전형적으로 사적 영역에 속하는 내용은 철저히 비밀이 보장되어야 한다.

의심의 여지없이 사적 영역에 속하는 것 중 하나는 일기다. 쓴 사람이 원하지 않을 경우 일기는 결코 공개되어서는 안 된다. 일기는 범죄의 증거로 사용될 수도 없다. 아예 압수가 허용되지 않는다. 일기에 범행을 자백하는 내용이 있다 하더라도, 그 일기를 압수하거나 증거로 제시하는 행위는 사생활의 비밀을 침해하기 때문이다. 헌법이 말하는 사생활의 비밀이란 것이 적어도 그 정도는 되어야 시민으로서는 기본권을 보장받는다고 느낄 것이다.

물론 절대적 권리란 존재하지 않는다. 일기보다 더 은밀한 사적 영역에 속하는 사항이라도, 그보다 큰 공적 이익을 위해서 제한될 수 있다. 사소한 범죄의 결과가 아니라, 사회적으로 큰 피해를 가져올 수 있는 테러의 예방을 위해서라면 개인의 사생활을 침해하더라도 비난할 수 없을 것이다.

어떤 것이 사적 영역이냐를 결정하는 문제도 끊임없이 변화하는 사회 속에서 경계를 찾는 일이기에 쉽지 않다. 미국에서 프라이버시권이 처음 거론된 발단은 피임이었다. 결혼한 부부의 피임기구 사용을 금지한 코네티컷 주는, 어느 부부에게 피임 방법을 알려준 그리스울이란 사람을 법정에 세웠다. 하지만 1965년 연방대법원은 코네티컷 주의 법은 위헌이라고 판결했다. 부부관계는 사적 영역에 속한다는 이유 때문이었다.

낙태는 사적 영역에 속하는가? 낙태의 자유를 놓고 지구촌의 여러 곳에서 논쟁과 시위가 일어났다. 그것이 사적 영역에 속하는가 공적 영역까지 포함하는가라는 문제는 사회적 상황에 따라 결정될 가능성이 높다. 그 사회적 상황을 자기 쪽에 유리하게 만들기 위해서 각 진영은 논리를 만들고 행동을 앞세운다. 그리고 종국에는 순수한 법이론이나 논리에 의해서가 아니라 정치적 결단으로 그 위치가 결정된다.

사생활의 자유는 대체로 자기 자신에 관한 것의 결정권을 자기가 갖는다는 말이다. 자신의 행동은 물론 정보에 대한 자기 결정권과 국가권력은 자주 충돌한다. 국가권력은 개인에 대한 정보를 최대한 많이 수집해 가지고 있으려 한다. 필요할 때 그 정보를 사용하면 질서유지에 편리할 것 같기 때문이다. 반면 개인은 자신의 의사와 무관하게 국가기관이 자신의 정보를 관리하는 일을 불쾌하게 여긴다. 국가의 개인 정보 활용이 자기에게 이익을 가져다 줄 땐, 가끔 고민하기도 한다.

개인은 자신의 정보를 두고 국가권력과 긴장 상태에 놓여 있다. 그리고 이중적 심리로 갈등한다. 자신에게 이익이 될 때는 정보 이용을 흔쾌히 받아들이면서, 그렇지 않을 땐 거부감을 나타낸다. 국가는 편리와 효율성을 미끼로 개인의 정보를 손에 넣으려 한다. 개인은 자기 정보의 비밀성을 어느 정도 포기하면서 제도적 이익을 누릴 것인지 계산해야 한다. 국가는 불필요한 정보 수집을 자제하고 필요한 최소한의 정보만 이용해야 한다.

국가권력은 맹목적 속성을 지니고 있다. 따라서 개인의 정보 수집을 스스로 억제하거나 절제하여 이용하는 태도에 익숙하지 못하다. 따라서 시민 개개인은 국가권력에 대해 항상적 경고를 해야 하는 임무를 떠안아야 한다.

종래의 주민등록증을 전자주민카드로 바꾸기 위해 사람들은 열 손가락 지문 날인을 해야 했다. 인권단체가 중심이 되어 일부 시민들은 '지문 날인 거부 운동'을 펼쳤다. 지문이라는 개인의 정보를 송두리째 제공하기 싫다는 뜻이었다. 하지만 종국에는 모든 사람이 전자주민카드를 발급받지 않을 수 없었다. 열 손가락의 지문 제공으로 인한 심각하고 구체적인 피해 사례도 지금까지는 보고된 바가 없다. 그렇다면 지문 날인 거부 운동은 잘못 판단한 행동이었는가? 결코 그렇지 않다. 적어도 속성에 따라 움직이는 국가권력에 대한 경고로서의 효과는 컸다. 필연적인 과정이고 불가피한 제도라 할지라도, 개인 정보에 대하여 국가는 마음대로 할 수 있는 게 아니라는 사실을 알려준 것만으로도 의미가 있다.

〈공직자 등의 병역사항 신고 및 공개에 관한 법률〉은 원래 4급 이상 공무원들의 병역면제 사유인 질병명을 관보와 인터넷을 통해 공개하도록

제2장 국민의 권리와 의무

했었다. 그런데 2007년 5월 31일 헌법재판소는, 4급 이상의 공무원 전체를 대상으로 삼아 모든 질병명을 아무런 예외 없이 공개하도록 한 것은 입법 목적 실현에 치중한 나머지 사생활 보호의 헌법적 요청을 현저히 무시한 것이고, 이로 인하여 청구인들을 비롯한 해당 공무원들이 헌법 제17조가 보장하는 기본권인 사생활의 비밀과 자유를 침해당했다며 헌법불합치 결정을 했다.[11] 헌법재판소는 동시에 입법자가 2007년 12월 31일까지 해당 부분을 개정하도록 촉구했다. 이에 국회는 2007년 12월 14일 법을 개정하여 사생활의 비밀과 자유에 대한 침해를 원천적으로 제거했다.

사생활의 비밀과 자유는 중요하다. 하지만 사생활이나 프라이버시를 말할 겨를조차 없는 사람들이 우리 사회의 한구석에 존재하고 있다. 사생활이란 그것이 가능할 수 있는 개인적 공간을 필요로 한다. 하지만 자기만을 위한 공간이라곤 한 뼘도 없는 경제적 약자들에게 사생활이나 프라이버시는 사치에 지나지 않는다. 국가는 사생활의 비밀과 자유를 보장하는 정책에 그런 소외된 사람들에 대한 배려를 포함시켜야 한다. 그렇지 않으면 사생활의 비밀과 자유가 제대로 보장되는 사회라고 말할 수 없다.

통신의 비밀

018

모든 국민은 통신의 비밀을 침해받지 아니한다.

우리나라 최초의 공중전화는 1903년 마포와 남대문에 설치됐다. 당시 공중전화 곁에는 관리가 한 사람씩 지키고 서 있었는데, 전화를 이용하는 사람들이 저속한 농담을 하거나 상스러운 욕설로 싸우는 행위를 방지하기 위해서였다. 지금으로서는 상상하지 못할 우습고 낡은 옛 사진 같은 이야기다. 당시에는 통화 내용의 비밀 보장보다 공공질서를 더 중시했던 모양이다.

개인의 사생활은 주거 공간에서 형성된다. 그러나 사생활은 자기 집 안에, 폐쇄된 자신의 방 안에만 있는 것이 아니다. 사생활은 바깥의 거리에서도 이루어진다. 방 안에서 바깥의 열린 공간으로 사생활의 영역을 확장시켜주는 수단의 하나가 통신의 자유다. 인간은 자신의 육체보다 언어와 신호를 통해 더 멀리 더 빨리 활동의 공간을 넓혀 간다. 편지, 전화, 인터넷을 수단으로 온 세상과 순식간에 접촉이 가능하다. 그리하여 인간 증강, 증강 현실이라는 용어가 사용되기 시작했다.

통신수단이 사생활의 영역 확장에서만 의미를 찾을 수 있는 것은 아니다. 오히려 통신수단은 민주주의를 위해 필수불가결한 도구로 기여한다. 인간은 통신을 통해 개인적으로 형성된 의사를 타인과 나눌 수 있고, 그 소통 과정을 통해 여론을 만들어내고, 공론 경쟁력을 지니게 되면 여론은 제도에 영향을 미친다. 그것이 바로 정치적 의사가 소통되고 순환하는 민주주의 제도의 한 단면이다. 그렇다면 통신의 자유를 보장하는 것이야말로 민주주의를 진행시키고 유지하고 보호하는 사회적 장치의 하나다.

통신의 권리도 통신의 비밀과 자유로 나누어 생각하는 게 편하다. 우선 통신의 비밀은 지켜져야 한다. 그리고 누구나 원하는 방식을 선택해 자유롭게 통신할 수 있어야 한다. 그것이 통신의 자유권이다. 여기에도 사적 영역과 공적 영역이 맞닿아 있다.

통신수단을 이용하여 교환하는 내용의 비밀성이 보장돼야 하는 까닭은 무엇일까? 자신의 의견이나 감정을 공개할 것이냐 말 것이냐에 대한 결정권은 자기 자신에게 있다. 널리 공개하기로 결정하기 전까지 개인이 형성한 의견이나 감정은 순전히 사적 영역에 속한다. 따라서 그 비밀성은 철저히 보장돼야 한다.

비밀성 요구의 근거가 거기에만 있는 것은 아니다. 개인의 사상이나 감정, 아이디어는 공동체를 위한 공적 의견으로 발전할 잠재력을 지닌다. 개인의 생각을 공론의 마당으로 내보내기 전까지는 아무런 제약이나 감시 없이 자유로운 상태에 머물게 해야 한다. 아무 거리낌 없이 생성된 잡념을 포함한 여러 생각들 중 스스로 선택하여 일부를 표현하게 되고, 그것이 기회를 맞아 공동체를 위한 토론의 대상으로 발전하기도 한다.

통신의 비밀은 혼자만의 은밀한 생각을 자신이 지정한 타인과 나누는 사이에 이루어진다. 따라서 자신과 통신하는 상대방이 동시에 원하는 범위 내에서만 비밀성이 유지될 뿐이다. 두 사람 이상이 소통한 통신의 내용은 어느 한 사람이라도 비밀의 벽을 깨뜨릴 수 있기 때문에, 전파 가능성은 항상 열려 있다.

그렇기 때문에 통신의 비밀의 핵심에는 도청 금지가 있다. 그중 가장 중요한 것은 국가권력에 의한 도청의 금지다. 도청은 과학기술의 발달에 따라 마음만 먹으면 어떤 형태로든 가능하다. 편지, 전송, 전화, 전자우편은 물론 대화까지 엿들을 수 있다. 국가기관은 범죄 수사뿐 아니라 첩보, 그러니까 정보 수집을 위해 도청을 시도한다. 국가기관이 합법적으로 남의 통신 내용을 훔쳐볼 수 있는 경우는 법관이 발부한 영장을 지녔을 때다. 그런 합법적 엿듣기를 감청이라 한다. 하지만 감청을 위한 영장 발부는 남용되고 있고, 감청을 먼저 하고 난 뒤 사후에 영장을 청구하는 경우도 빈번하다. 현재 대한민국의 수사기관과 정보기관의 무분별하고 광범위한 감청은 사전이든 사후든 아무리 영장을 발부받았다 하더라도 정당하다고 보기 힘들다. 시민이 보기에는 감청이 아니라 모두 도청이다. 국가권력은 불가피한 경우에만 감청을 시도한다는 극히 제한되고 신중한 태도를 가져야 한다.

모든 국민은 비밀이 보장된 통신수단을 자유롭게 이용할 수 있어야 한다. 따라서 과다한 통신 요금은 단순한 부당이득을 넘어 국민의 통신의 자유를 제한하는 결과를 초래한다. 특정 통신회사의 휴대전화 요금이 비싸 시민단체에서 요금 계산의 근거 제시와 요금 인하를 요구한 적이 있다. 통신사에서 적극적인 반응을 보이지 않자 시민단체는 사용 거부 운동으로 한 발 더 나아갔다. 그때 시민단체의 행동은 단순한 소비자운동에 그치는 것이 아니라 국민의 통신의 자유를 실현하기 위한 의미를 가진다.

제2장 국민의 권리와 의무

인터넷은 가장 많은 사람들에 의해 가장 널리 쓰이는 통신수단이 되었다. 인터넷 보급률이나 활용도의 면에서 대한민국은 세계 최상위의 수준이다. 그런데 우리 정부의 정책은 인터넷 이용자의 편의성보다는 질서유지를 위한 감시와 규제에 더 골몰하고 있다. 특별법으로 사이버모욕죄를 신설한다든지, 익명의 게시글에 이의를 제기하는 사람에게 글쓴이의 신상을 공개한다든지, 대부분의 인터넷 공간을 실명화하려는 태도가 그러하다.

이런 정책들의 방향이 옳은지 심각하게 따져볼 필요가 있다. 인터넷 댓글이나 선동적 게시글로 부분적 혼란이 일어나고 명예를 훼손당하는 일이 벌어지는 것은 사실이다. 가급적 그런 사례는 적게 발생하는 편이 낫다. 하지만 공간의 특수성을 무시한 채, 사이버공간에서 벌어지는 일을 실제 오프라인 공간으로 옮겨 동일하게 평가하여 처리하려는 데는 무리가 따를 수밖에 없다. 익명성을 중심으로 한 사이버공간의 독특한 문화는 현실의 오프라인 세계와 다르다. 그곳의 질서는 바깥 세계의 질서와 다른 속성을 지니고 있다. 온라인에 참여하는 사람들도 모두 그런 특수 상황을 전제하고 있다. 사이버 세상의 안팎에서 허용되는 일과 금지되는 일의 기준은 다를 수밖에 없는 것이다. 그런 민감하고 특수한 사정을 고려하지 않는 국가의 질서유지에 대한 욕망은 또 다른 형태의 통신의 자유에 대한 부당한 제한이 된다.

자신의 통화 내용을 누군가 엿듣는다면 그처럼 불쾌한 일도 없을 것이다. 하지만 지하철이나 엘리베이터 안에서, 또는 길을 걸으며 휴대용 전화기를 통해 큰 소리로 떠드는 사람들은 어떤가? 이 같은 우리 주변의 풍경은 통신의 비밀도 우선 스스로 소중히 여기고 지킬 줄 아는 자세가 필요하다는 사실을 암시한다.

범죄성이 의문시되는 사건을 정치적 의도로 수사하면서 행위자의 고의를 입증한답시고 극히 사적인 메일 내용을 언론에 공개하는 것이 대한민국의 검찰이다. 이런 국가권력으로부터 통신의 비밀과 자유를 지켜내는 일은 쉽지 않다. 헌법에 맡겨놓을 일이 아니라, 각자가 행동으로 쟁취해야 한다는 주장이 설득력 있게 들리는 게 우리의 현실이다.

제18조의 문장을 다시 읽어보자. "모든 국민은 통신의 비밀을 침해 받지 아니한다." 다른 조문과 마찬가지로 아주 어색하다. 국가는 모든 국민의 통신의 비밀을 보장한다든지, 누구든지 통신의 비밀을 침해하여서는 안 된다는 형식으로 바꾸어 읽으면 어떤가? 혹은, 모든 국민에게는 통신의 비밀과 자유에 대한 권리가 있다는 식으로 고쳐야 할 것이다. 왜 다른 조문처럼 '모든 국민은 통신의 비밀과 자유를 가진다'라고 하지 않는지 모르겠다.

019

양심의 자유

모든 국민은 양심의 자유를 가진다.

양심良心을 글자대로 뜻을 풀이하면 선량한 마음이다. 선량한 마음은 자기 자신이나 공동체를 위해서 더없이 좋은 사회적 촉매가 될 것이다. 하지만 헌법이 보호하려는 것은 선량한 마음이 아니다. 헌법적 양심은 윤리적 양심에 가깝다.

헌법학자가 설명하는 양심의 의미 중 하나는 이렇다.

"헌법이 보호하려는 양심은 어떤 일의 옳고 그름을 판단하고 실천함에 있어서 그렇게 하지 않고는 자신의 인격적인 존재 가치가 파멸되고 말 것이라는 강력하고 진지한 마음의 소리다."

독일 연방헌법재판소에서 설명한 양심과 거의 동일하다. 굳이 나누어 해설하면 이럴 것이다. 첫째, 옳고 그름에 대한 판단이다. 둘째, 그 판단에 따라 자기가 옳다고 생각하는 바를 주장하고 실천에 옮기려는 의지를 가져야 한다. 셋째, 그 주장과 의지는 어떤 난관에도 물러서거나 포기하지 않을 정도로 강하고 진지해야 한다. 적어도 그 정도의 생각을 양심이라고 한다는 것이다. 단순한 아이디어나 잡념, 즉흥적으로 떠오른 생각 따위는 헌법적이고 윤리적인 의미의 양심이 아니라고 한다.

그럴 수도 있겠다. 그런데 정말 양심이란 게 그토록 까다로운 개념이란 말인가? 평범한 시민은 그런 의문을 가질 수 있을 것이다. 헌법이 시민을 위해 보장하는 양심이라면 그것보다는 좀 쉬운 양심이어야 한다는 느낌이 들 것이다. 양심의 자유란 자기 마음대로 생각하고 행동할 수 있는 것이라는 정도로 말이다. 대신 행동에 책임이 따른다는 것쯤은 누구나 알고 있다.

어떤 것에 대해 선악의 판단을 한다고 하자. 그다음에 반드시 자기가 선이라고 생각하는 데에 따라 주장하고 행동해야만 그것이 양심적인가? 일부러 악이라고 판단한 결과를 따르더라도 그것을 양심이라고 불러야 하지 않을까? 일반 시민이 생각할 때는 헌법이 보장하는 양심을 그렇게 좀 자유로운 방식으로 이해해도 좋다. 그렇지만 내심에 머물지 않고 자기의 판단과 주장이 일치하지 않는다는 사실이 겉으로 드러나게 되면 양심으로 보호받지는 못한다. 자신이 심사숙고한 끝에 내린 옳은 것 대신 그른 것을 받아들여 따를지라도, 그 나름의 필연적인 이유가 있을 때에는 또 사정이 달라진다. 선악의 판단 다음에 악을 따를 수밖에 없는 다른 판단을 다시 한 결과이기 때문에, 그 행동은 양심의 소산으로 불릴 수 있다.

양심이 옳고 그른 것에 대한 판단과 관련된 것이라 하더라도, 사람마다 판단 기준이나 판단의 결과는 다를 수 있다. 그렇기 때문에 양심의 자유란 미리 정해져 있는 선에 따라 행동하는 자유가 아니다. 자기가 선이라고 믿는 데 따라 행동하는 자유다. 또는 행동하지 않을 자유다. 양심의 자유라는 세계에서는 옳은 것이 결코 하나만 있는 게 아니다. 사람에 따라 옳다고 믿는 내용이 모두 다를 수 있다. 다양하다 못해 혼란스러울 수도 있다. 그렇지만 개개인의 양심을 모두 인정한다. 그렇게 함으로써 개인의 개성이나 정체성을 지키게 할 수 있기 때문이다. 정체성이란 "나는 바로 나다, 이것이 바로 나다"라고 할 수 있는 개인의 특성을 의미한다. 사람마다 제각각의 차이를 인정함으로써, 자신으로 하여금 "나는 누구다"라고 말할 수 있게 한다. 이런 사회적 다양성이 확보되어야 민주주의가 제대로 이루어질 수 있다. 좀 어지럽더라도 함께 어울려 사는 것이 민주주의적 삶이다.

자신이 만들어낸 믿음의 결과를 자기 마음속에 그대로 간직하고 있는 경우가 있다. 그러한 내면의 양심은 절대적으로 보장된다. 스스로 무슨 생각을 하든, 어떠한 결론에 도달하든, 타인이나 국가권력이 간섭할 수 없다. 그것이야말로 진정한 양심의 자유다. 그런데도 불구하고 가끔 무도한 국가권력은 생각이 불온하다는 이유로 사람을 체포하려는 경우가 있다. 양심의 자유가 무엇인지 전혀 모르는 국가권력의 폭력일 뿐이다.

사람은 자기가 형성한 양심을 가슴속에만 묻어두려고 하지 않는다. 가능하면 밖으로 표현하여 다른 사람들에게 알리고, 그 내용을 행동으로 옮기려 한다. 그때 다른 질서나 가치와 충돌하는 경우가 생긴다. 기본적 권리가 서로 부딪칠 때는 그 가치나 사정을 잘 헤아려 경계를 긋는 수밖에 없다. 하지만 가능한 한 양심의 자유를 잘 보호하도록 해야 할 것이다.

예를 들어보자. 양심적 병역 거부자가 있다. 그는 종교적 신념이나 개인의 순수한 양심적 판단으로 총을 쥐는 훈련을 할 수 없다는 이유로 병역을 거부한다. 그 행위를 헌법의 병역의무나 다른 사람들과 비교하여 무조건 처벌하기보다, 대체복무제도를 만들어 개인의 양심을 지킬 수 있도록 배려해야 옳다. 그런 정책을 서둘러 펴는 국가야말로 양심의 자유가 무엇인지를 안다고 할 수 있겠다.

양심의 자유를 침해하는 사례에는 어떤 것들이 있을까? 일상생활에서 쉽게 나타나는 일 중에서는 사과의 강요다. 누구든 타인에 대해 잘못을 저지르면 책임을 져야 한다. 법적 책임의 대표적 형식은 손해배상이다. 그러나 인간은 감정의 동물이기에, 금전적 배상 외에 사과를 요구한다. 하지만 채무자로부터 재산을 강제로 빼앗아 오는 일은 가능하지만, 채무자에게 사과를 강요하는 일이 가능할 것인가? 사과와 같은 도덕적 감정에서 비롯하는 행위를 강요하는 것은 양심의 자유를 해친다. 따라서 우리 헌법재판소는 1991년 4월 사과 광고를 강제해서는 안 된다고 했다.[12]

국가권력에 의한 양심의 자유 침해 사례는 사상범에 대한 태도에서 찾아볼 수 있다. 남북분단과 이념 대립이라는 한반도 특유의 상황에서 발생하는 현상인데, 〈국가보안법〉의 존재가 그에 대한 상징과도 같다고 할 수 있다. 생각이 다르다는 이유로 구체적 위험성이 없어도 처벌하는 것이 대한민국 〈국가보안법〉 운용의 현실이다. 게다가 한때는 사상 전향을 강요했고, 사상 전향을 하지 않는다는 이유로 형기를 마친 사상범들을 수십 년씩 감옥에 계속 가두었다. 양심의 자유를 짓밟는 이 적나라한 제도의 실상을 쉽게 잘 살펴볼 수 있는 방법에는 두 가지가 있다. 하나는 서승의 《옥중 19년》을 읽는 것이고, 다른 하나는 김동원 감독의 다큐멘터리 영화 〈송환〉을 보는 것이다.

양심의 자유는 인간으로 하여금 자유롭게 생각하고 소신 있게 판단할 수 있도록 한다. 양심의 자유를 바탕으로 인간은 자신의 정신세계를 펼칠 수 있다. 양심에서 시작한 인간의 정신 활동은 크게 두 가지 방향으로 나아간다. 이성과 신앙이다. 그것은 다시 학문·예술의 자유와 종교의 자유로 구체화된다.

020

제20조

종교의 자유

① 모든 국민은 종교의 자유를 가진다.

② 국교는 인정되지 아니하며, 종교와 정치는 분리된다.

제20조 ①항

위 씨는 사법시험 준비에 여념이 없었다. 처음 도전하는 1차 시험을 얼마 남겨두고 있지 않았지만, 기필코 합격하고 말리라는 각오가 대단했다. 그런데 위 씨는 고시생 이전에 하나님 앞의 어린 양이었다. 아주 독실한 기독교인으로 일요일 예배에 빠진 적이 없었다. 그런데 시험 공고를 보니 1차 시험 날짜가 일요일이었다. 위 씨로서는 사법시험 때문에 교회를 빠져야 할 일이 난감했다. 그때 마침 시험에 대비해 읽었던 헌법 조문이 떠올랐다. 그리고 자신과 같은 종교인들을 고려하지 않고 일요일을 시험 날짜로 지정한 행정자치부장관의 처분은 분명 종교의 자유를 침해한다고 확신하기에 이르렀다. 도대체 국가기관은 종교가 무엇인지 알기나 한단 말인가 싶어 울분이 일었다.

종교가 무엇인지 몰라도 종교의 자유를 누리는 데에는 아무 지장이 없다. 어떤 종교를 믿어도 좋으며, 한 번 믿기 시작한 종교를 버려도 상관없고, 도중에 다른 종교로 바꾸는 것도 자유롭다. 그리고 아무 종교도 믿지 않을 자유가 있다. 그것이 종교의 자유다.

그럼에도 불구하고 종교가 무엇인지를 두고 싸움이 일어나기도 한다. 어느 종교가 더 힘이 센가부터 시작하여 어느 종교가 진짜인가까지 다툼의 내용도 다양하다. 그것도 종교의 자유에 포함되는 양상일까, 아니면 종교의 자유를 방해하는 혼란일까?

전통적으로 인정받는 종교 외에도 잘 알려지지 않은 무수한 신앙이 있다. 그러한 믿음의 형태 중에도 사이비라고 지탄을 받는 종교가 있는가 하면, 같은 이름의 종교계 안에서도 이단이라고 서로 배척하며 파벌이 생기기도 한다. 하지만 사이비 종교와 이단은 종교계 내부의 문제일 뿐이다. 어떤 신앙이든 모두 종교의 자유 범위 안에 들어 있다. 헌법이 말하는 종교의 자유에 사이비나 이단 같은 평가는 없다. 특정 종교가 법이 허용되지 않는 행위를 하면 범죄로 처벌받을 뿐이다.

자기 마음속에 자기가 원하는 신앙심을 가질 자유뿐 아니라 신앙을 밖으로 드러내는 자유 역시 보장된다. 신앙을 고백하고, 종교를 위한 단체를 결성하고, 종교 모임을 가지고, 자신이 믿는 종교를 널리 전파하고, 종교를 가르치는 일까지 종교의 자유에 포함된다.

종교 행사를 치르기 위해서는 〈집회 및 시위에 관한 법률〉에 따른 옥외 집회 신고를 하지 않아도 된다. 법에 그렇게 규정하고 있기 때문이다. 이것을 근거로 일부 헌법학자들은 종교 집회는 일반 집회보다 헌법적으로 특별한 보호를 받는다고 한다. 하지만 그런 주장은 근거가 박약하고 설득력이 없다. 종교 집회가 다른 집회보다 헌법적으로 더 보호받아야 할 본질적인 이유는 어디서도 발견할 수 없다. 종교 집회는 성스럽고 경건하며 따라서 질서정연하고, 정치적 집회는 소란스럽고 폭력 사태로 번질 우려가 있어 무질서하다는 생각은 구체적 근거가 없는 편견일 뿐이다.

〈집회 및 시위에 관한 법률〉이 종교 행사를 신고 대상에서 제외한 것은 경찰 행정의 판단으로 입법을 그렇게 하였을 뿐이지, 종교 집회가 본질적으로 우월한 가치를 지니고 있기 때문은 아니다. 더군다나 법은 종교뿐 아니라, 학문·예술·체육·의식·친목·오락·관혼상제·국경 행사와 관련된 집회를 모두 신고 대상에서 제외하고 있다. 종교가 헌법의 특별한 대우를 받기보다는 특별한 태도를 보이는 것이 더 필요한 세태다. 상업화된 종교를 보고 있자면 그런 생각이 든다.

제20조 ②항

국가가 특정한 종교를 지정하여 온 국민들로 하여금 믿도록 하거나 특혜를 부여하는 경우, 그 종교를 국교라 한다. 헌법은 이러한 국교를 인정해서는 안 된다고 선언하고 있다. 국교를 인정하지 않는다는 말은 특정 종교에 특혜를 주지 않겠다는 뜻이므로, 그 자체가 종교의 자유를 보장하는 하나의 방식이다. 국가의 힘으로 특정한 종교를 배려하면 다른 종교에 상대적으로 불이익을 주는 것과 같은 효과를 가져오기 때문이다.

종교와 정치를 분리한다는 정교분리의 원칙도 마찬가지다. 국가는 종교적 색채를 띠어서는 안 된다는 것인데, 국교를 인정하지 않는 것은 정교분리 원칙에 포함된다. 종교와 정치가 분리되지 않은 예를 떠올려보면 그 필요성을 알 수 있다. 근대 이전 동서양 국가의 왕정 체제에서는 정치와 종교가 밀접한 관계를 맺고 있었다. 그러다 보니 교권과 왕권이 서로 충돌하여 싸우기도 하고, 밀약하여 권력을 남용하기도 했다. 고려시대의 승려와 왕, 로마제국의 교황과 황제의 관계를 생각해보면 쉽게 이해된다. 종교의 힘이 정치의 배경에 깔려 있으면 국가를 전체적으로 통합하고 질서 있게 유지하는 데는 도움이 될 수도 있다. 하지만 종교권력과 정치권력의 관계에 따른 부작용은 민주적 질서를 손상하고 국민에게 피해를 입힐 우려가 크다. 그런 현실적 문제 외에도 정교분리 필요성의 근거는 있다. 종교가 국가권력에 영향을 미칠 뿐 아니라 국가권력으로부터 영향을 받을 수도 있다면, 그 자체로 종교의 자유를 침해하는 결과를 초래할 수도 있기 때문이다.

따라서 국가나 지방자치단체는 종교적인 면에서 중립성을 지키도록 유의해야 한다. 국공립학교에서 특정 종교 수업을 강요하는 것은 안 된다. 사립학교라고 하더라도, 학생이 자발적으로 학교를 선택할 수 있는 경우라면 종교 수업은 가능하다. 모두 사전에 그런 사실을 알고 입학했을 테니까. 하지만 학교를 배정받는 경우에는 사립학교라도 원하지 않는 학생에게 종교 수업을 강제할 수 없다.

미국 헌법도 기본권을 담고 있는 수정조항의 첫머리에 국교를 인정하지 않는다고 선언하고 있다. 그럼에도 불구하고 왜 미국 대통령 취임식 때 특정 종교의 경전인 성경에 손을 얹고 선서하게 할까? 그것은 헌법의 규정과 관계없이 전통으로 내려오는 관행일 뿐이기 때문에 허용하는 것일까? 우리나라는 특정 종교에 유리한 정책을 펴지 않는다고 하면서 왜 석가탄신일과 크리스마스를 공휴일로 지정했을까? 많은 사람들이 원하기 때문에 헌법 정신의 예외처럼 그냥 넘어가려는 것일까? 이렇게 찬찬히 따져보면 헌법 원칙과 현실이 일치하지 않는 경우는 참 많다.

미국은 기독교 국가처럼 보이는 현상이 흔하다. 그러나 미국 헌법은 국교를 인정하지 않는다. 간혹 기독교 국가적인 면을 보이는 예가 있더라도 그것은 전통적 관행일 뿐이고, 다른 종교의 자유를 완전히 보장하고 있으므로 위헌 현상은 아니라고 할지 모르겠다. 한편 이슬람 문화권 국가들은 타 종교에 배타적인 이슬람교 국가처럼 여겨지기도 한다. 하지만 이슬람 국가에서도 다른 종교의 활동은 허용되고 있다.

프랑스는 거의 가톨릭 국가라고 평가할 수 있음에도, '라이시테 laïcité'라고 하여 비종교성을 지키려는 독특한 사회적 분위기가 있다. 특정 종교의 성향을 사회적으로 드러내지 않는 것을 전통으로 삼는 것이다. 그 원칙에 따라 공립학교에서 이슬람 복장을 착용하지 못하게 하여 논쟁이 일어나기도 한다.

공공장소에서 종교의 색채를 유난히 부각하여 드러내는 행위는 다른 종교인에게 종교의 자유를 침해할 정도로 방해가 되는 것은 아닐 테다. 하지만 그냥 방치하기에는 문제가 있다는 의견도 가능하다. 이와 같은 의견은 축구 선수가 골을 성공시킨 뒤 환호하기에 앞서 무릎을 꿇고 기도하는 행위, 대통령을 꿈꾸는 서울 시장이 서울을 자신이 믿는 신앙의 숭배자에게 봉헌하겠다고 공표한 행위의 의미를 생각하게 한다. 어떤 연구자는 이런 현상을 종교와 세속의 영역이 분화되지 않은 중세적 사태라고 표현하기도 한다. 종교의 자유에는 이런 미묘하고 복잡한 부분들이 섞여 있다.

영국의 육상 선수 에릭 리들은 파리 올림픽에서 유력한 금메달 후보였음에도 불구하고 100미터 예선 경기가 일요일에 열린다는 이유로 출전을 포기했다. 위 씨도 결국 일요일의 예배와 봉사활동에 참석하기 위하여 사법시험 응시를 포기했다. 대신 시험 날짜를 일요일로 지정한 행정자치부 장관을 상대로 헌법소원을 제기했다. 자신의 종교의 자유와 공무담임권을 침해했다는 이유에서였다. 2001년 9월 27일 헌법재판소는 위 씨의 청구를 기각했다. 위 씨가 주장하는 내용은 신앙의 자유가 아니라 종교활동의 자유에 해당하는 것으로, 상대적 자유에 속한다. 그러므로 다른 사정을 고려하여 일요일을 시험 날짜로 지정한 처분은 위씨의 기본권을 직접 침해하는 것은 아니라고 결정했다.[13]

언론 · 출판 · 집회 · 결사의 자유등, 언론 · 출판에 의한 피해배상

021

① 모든 국민은 언론 · 출판의 자유와 집회 · 결사의 자유를 가진다.

② 언론 · 출판에 대한 허가나 검열과 집회 · 결사에 대한 허가는 인정되지

   아니한다.

③ 통신 · 방송의 시설기준과 신문의 기능을 보장하기 위하여 필요한 사항은

   법률로 정한다.

④ 언론 · 출판은 타인의 명예나 권리 또는 공중도덕이나 사회윤리를

   침해하여서는 아니된다. 언론 · 출판이 타인의 명예나 권리를 침해한 때에는

   피해자는 이에 대한 피해의 배상을 청구할 수 있다.

제21조 ①항

언론 · 출판 · 집회 · 결사의 자유, 이 네 가지를 한마디로 표현의 자유라 한다. 표현의 자유는 공동체의 구성원으로서 가지는 권리다. 민주주의의 필수불가결한 기본권이라 할 수 있다. 어떤 형태로든 원하는 경우 개인의 의사를 표현할 수 있어야 하기 때문이다. 의사 표현은 개인적 개성 신장의 수단으로, 궁극적으로는 인간의 존엄성을 실현하는 데 기여한다. 그런 개별적 의사가 모여 여론을 형성하고, 그 공론 경쟁력의 정도에 따라 제도화하거나 제도에 영향을 미친다. 이는 의사 표현의 공적 기능이다.

표현의 자유 중 대표적인 것은 언론과 출판의 자유다. 그러나 이 권리를 보통 사람들이 이용하는 데는 현실적인 제약이 많다. 특히 언론은 그 전파력과 영향력은 매우 크지만, 필요로 하는 사람이 제도화된 언론을 이용할 수 있는 기회는 아주 제한적이다. 더군다나 소수 세력의 소수 의견은 무시되기 쉽다. 그래서 나타난 것이 집회와 결사의 자유다. 거리로 나

가 자신의 의사를 알리는 수밖에 없기 때문이다. 언론·출판의 자유와 집회·결사의 자유는 모두 표현의 자유의 한 형태로서, 현대 민주국가 내에서 정치·사회 질서의 중추신경 역할을 한다는 공통점이 있다.

제21조 ②항

표현의 자유에 사전 허가나 검열은 금지한다는 규정이다. 금지하는 이유는 국가권력이 허가나 검열의 충동을 항상 욕망처럼 지니고 있기 때문이다. 질서를 유지한다는 명분으로 표현의 자유를 통제하려 하지만, 그렇게 함으로써 국가권력의 유지가 수월하다는 믿음을 버리지 못하는 것이다. 여기서 개인이 누리고자 하는 표현의 자유와 국가권력이 충돌한다.

언론의 자유에 한정해서 생각해보자. 언론 정책에 대한 태도에는 양극단에 두 가지가 있다. 하나는 언론의 자유를 거의 무제한으로 내버려두어도 저절로 조정이 된다는 견해다. 아무리 터무니없는 유언비어라도 인간의 이성이 그것과 대항하여 싸울 수 있다면 참아야 한다는 것이다. 게다가 진실이란 게 존재한다면 대체로 상반된 두 의견 사이에 놓여 있을 터이므로, 잘못된 의견도 대중의 이성으로 견뎌야 한다는 논리다.

현실에서는 언론의 자유란 그런 게 아니라는 주장이 더 지배적이다. 진실의 영역을 벗어나지 않는 경우에만 언론이 자유로울 수 있다는 사상이다. 이 생각은 언론의 존재 가치가 사회를 위해 기능한다는 데 있다는 믿음을 바탕으로 한다. 과거 미국의 실용주의자들이 그랬듯이, 우리가 우리와 다른 생각들을 필요로 하기 때문에 마음대로 표현하도록 허용하는 것이 사회를 위해 이익이라는 논리다. 명백하고 현존하는 위험 이론으로 표현의 자유의 화신처럼 여겨지는 올리버 홈스도, 개인의 이익이 아니라 사회의 이익을 위해 필요하기 때문에 언론의 자유를 보장한다고 했다. 따라서 일단 보도한 이후에 비로소 가차 없이 잘잘못을 따져야 하지 보도 자체를 금지해서는 안 된다고 한다. 그러면서 어떤 행동을 처벌한다고 해서 그런 행동을 할 자유를 제한하는 것은 아니라고 주장한다. 하지만 합리적 선을 넘어서는 처벌은 아무리 사후에 이루어진다 하더라도 사전 검열과 비슷한 효과를 가져온다.

언론과 출판의 자유에서 핵심은 국가권력에 의한 탄압이 없어야 한다는 것이다. 탄압의 대표적 수단에는 사전 검열이나 강제 보도 통제 등이 있다. 과거 전두환 정부 시절 매일 언론사에 내려보낸 보도 지침 사건이 한 예다. 반면 집회·결사의 자유는 언론·출판의 자유를 집단적 성격으로 표현한 것이라 할 수 있다. 제도 언론을 마음대로 이용할 수 없는 현실에서, 집회·결사의 자유는 자유로운 의사 표현 방식의 전제가 된다. 그러므로 집회와 결사의 자유는 다수결 원리를 지향하는 현대 대의민주주의 제도를 보완하는 기능도 한다. 집회와 결사의 보장을 통해 시민들은 참여 민주주의를 실현할 수도 있다.

2002년 8월 강 씨는 미국 대사관 앞에서 1인 시위를 시작했다. 그가 든 피켓에는 "덕수궁 터 미국 대사관·아파트 신축 반대"라고 쓰여 있었다. 그러자 잠시 후 전투경찰대가 나타나 시위자를 방패로 밀어붙여 약 15미터가량 떨어진 구석으로 내몰아버렸다. 시위자가 대사관 정문 앞으로 다시 가려 하자 전투경찰 10여 명이 다시 가로막았다. 전투경찰대는 외교 공관 보호를 위한 비엔나 협약에 의한 조치였다고 주장했다. 그러나 당시 강 씨의 1인 시위는 평화적으로 서 있기만 한 것이어서 일반인의 통행이나 대사관 업무에 아무런 지장을 주지 않았다. 그러므로 강 씨는 1인 시위 행위자로서 자율적으로 결정한 시위의 시간과 장소 그리고 방법 등을 공권력에 의해 훼손당한 경우에 해당한다. 국가인권위원회는 전투경찰대가 강 씨의 표현의 자유를 침해했다고 판정했다.

민주노총 전국건설운송노동조합의 노조원인 김 씨는 2001년 4월 정오 무렵 서울 광화문 누각 앞에서 1인 시위를 했다. 목적은 연합회장이 합법 노조를 인정하지 않는 데 대한 항의였다. 김 씨는 머리에서 발끝까지 하얀 붕대를 감아 미라처럼 분장했으며, 해골을 그린 마스크와 짙은 선글라스를 착용했다. 경찰은 김 씨의 행위가 〈집회 및 시위에 관한 법률〉에 위반되지 않지만, 복장이 지나다니는 행인들에게 불안감과 불쾌감을 줄 수 있다고 하여 〈경범죄 처벌법〉 위반으로 즉결심판에 넘겼다. 이 사건은 대법원까지 갔는데, 결국 유죄가 인정되어 3만 원의 벌금형이 확정되었다.

〈경범죄 처벌법〉과 같은 행정 질서 규제 규정을 특히 헌법이 보장하는 자유권과 관련하여 해석하고 적용할 때는 제한적으로 해야 함에도, 법원이 단순히 타인에게 혐오감을 줄 우려가 있다는 정도의 자의적 판단으로 개인의 표현의 자유를 침해했다고 볼 수 있는 사례다. 우리 공권력은 헌법으로 보장된 기본권을 곧잘 행정 질서 유지가 목적인 〈경찰법〉 차원의 권리로 끌어내리곤 한다.

표현의 자유와 관련하여 제도적으로 가장 논란이 심한 것은 집회와 시위를 규제하고 있는 〈집회 및 시위에 관한 법률〉이다. 이 법은 형식상 신고제로 하고 있지만, 실제로는 경찰이 사전 허가제처럼 운용하고 있어 집회와 결사의 자유를 제대로 보장하지 못하는 경우가 많다. 그럼에도 불구하고 경찰은 1인 시위까지 제한하는 형식으로 규제를 강화하기 위해 〈집시법〉 개악을 기회가 있을 때마다 시도하고 있다.

〈집회 및 시위에 관한 법률〉은 여전히 야간의 옥외집회나 시위를 원칙적으로 금지하고 있다. 2009년 헌법재판소가 옥외집회 금지 부분에 대한 헌법불합치 결정[14]을 선고하면서 2010년 6월 30일까지 국회에 대한 입법 개선을 촉구하였는데도 2016년 6월 현재까지도 법 개정은 이루어지지 않고 있다. 다만, 법원은 헌법재판소의 결정을 존중하여 야간 옥외집회로 기소된 사건에 대해서는 이제 무죄를 선고하고는 있다. 국회의 태만을 질책하지 않을 수 없다. 또 2014년 헌법재판소는 "해가 진 후부터 자정까지의 시위"를 처벌하는 것은 헌법에 위배된다는 취지의 한정위헌 결정[15]을 선고하여, 시위에 대한 시간적 제한이 조금은 더 가벼워졌다. 그렇지만 집회와 시위를 눈엣가시로 보는 정치적 편견이 사라지지 않는 한, 이 기본적 권리는 여전히 종이 위의 권리가 될 위험이 높고, 정치 현실 역시 자주 그러한 위험을 감지하게 만드는 방향으로 흘러간다. 하나의 권리로 보장하지 않는 상황에서 집회 '문화'와 시위 '문화'를 얘기하는 것은 앞뒤가 뒤바뀐 얘기일 뿐이다. 그 때문에 민주주의의 희망은 끊임없는 투쟁 속에서 가능하다는 역사의 교훈은 미래에도 반복될 것으로 보인다.

제21조 ③항

통신, 방송, 신문은 제도적 언론의 세 기둥이다. 그런데 그 기능을 국가가 보장한다는 것은 어떤 의미인가? 언론 매체는 자유경쟁에 맡겨두고 간섭하지 않는 태도가 최선이 아닌가?

그렇지는 않다고 생각하는 모양이다. 역시 국가의 정책적 태도는 자유방임의 언론은 허용할 수 없다는 쪽인 것 같다. 언론을 독점하는 지배 세력의 존재를 위험하다고 판단하는 것이다. 꽤 많은 언론 관련 법률들이 그런 점에 착안하여 이 조항을 근거로 형성되었다. 〈방송법〉, 〈신문 등의 자유와 기능 보장에 관한 법률〉, 〈전파법〉, 〈인터넷 멀티미디어 방송사업법〉, 〈정보 통신망 이용촉진 및 정보보호 등에 관한 법률〉 등이 그것들이다.

2009년 국회에서 충돌한 〈인터넷 멀티미디어 방송사업법〉, 속칭 '미디

어법' 파동은 언론 정책에 대한 정치권의 이해관계와 야망과 치부를 동시에 보여주는 사례다. 여당은 방송과 통신을 융합하는 새 시대에 부응하는 미디어 체계를 기본으로 하는 언론 관련법들의 개정안을 억지로 통과시켰다. 하지만 야당은 그 법안들의 실제 의도는 신문사나 대기업의 지상파 방송 사업 진출을 가능하게 하려는 것이라며, 절차적 하자를 들어 무효를 주장했다. 거대 자본이 언론사를 지배하여 여론을 독점할 위험이 크다는 우려가 반대의 근거였다. 언론의 자유는 이렇게 정치에 의해 실험 대상이 되곤 한다.

제21조 ④항

표현의 자유가 타인의 권리를 침해해서는 안 된다는 사실은 자명하다. 하지만 언론을 포함한 표현의 수단이 되는 모든 매체와 활동은 개인의 명예와는 또 다른 가치 위에 서 있다. 바로 공동체를 위해서 기여하는 정보의 제공이라는 중요한 기능적 가치다. 이는 비록 우리 헌법에는 명시되어 있지 않지만 누구도 부인하지 않는 알 권리로 형성되어 있다. 언론으로 인한 피해의 구제제도는 알 권리라는 공공성과 명예라는 개인적 가치 사이에서 균형점을 찾아야 한다.

명예훼손을 비롯한 언론의 보도로 인한 피해·구제제도는 몇 차례 시행착오를 거쳐 〈언론중재 및 피해구제 등에 관한 법률〉로 정착해 있다. 언론사를 상대로 한 정정보도 청구, 반론 청구와 손해배상이 중심이다. 이에 대한 판단과 해결은 언론중재위원회와 법원이 시행한다.

이론과 실제는 항상 다른 법이어서 예상하지 못했던 현상도 나타난다. 예를 들면 이런 것이다. 보도를 위한 취재를 할 때 반드시 이해 관련자에게 반론의 기회를 주라고 계도한다. 이는 개인의 권리 보호를 위해 당연하게 여겨지는 것으로, 취재 기자는 취재 대상이 된 사람에게 할 말이 있으면 해보라고 한다. 그러면 그 사람은 자기에게 불리한 기사가 나갈지 모른다는 사실을 알고 법원에 보도 또는 방영 금지 가처분 신청을 한다. 일단 나가고 나면 피해 회복이 힘드니 사전에 명예를 지켜달라고 강력히 호소하는 것이다. 그러면 보도나 방송 전에 그 기사나 대본이 송두리째 법관 앞에 펼쳐진다. 조목조목 따지기 위한 공개다. 이렇게 예상치 못한 방식으로 철저한 사전 검열이 이루어지는 것이다. 개인의 명예가 언론의 자유와 맞서 싸움을 벌이는 사이에, 간혹 민주주의의 명예는 어디로 갔을까 하는 생각이 들 때가 있다.

제2장 국민의 권리와 의무

022

학문 · 예술의 자유와 저작권등 보호

① 모든 국민은 학문과 예술의 자유를 가진다.

② 저작자 · 발명가 · 과학기술자와 예술가의 권리는 법률로써 보호한다.

인간의 정신 작용은 양심을 중심으로 형성되어 이성과 신앙의 세계로 전개된다. 종교적 믿음은 논리 체계를 벗어난 곳에서 거의 무조건적으로 이루어진다. 인간의 힘을 벗어난 절대자 신과의 교감은 사후 세계로 이어진다. 반면 현실 세계에서 인간은 신의 힘을 빌리지 않고 세상과 그 안팎의 만물을 이해하고자 노력한다. 그 행위가 바로 학문 활동이며, 그 목적을 진리의 발견이라고 말한다. 예술은 학문과는 다르다. 하지만 예술 활동의 목적이 다양한 양식을 통한 아름다움의 추구에 있다면, 그리고 그러한 과정과 결과를 통해 인간의 사상과 감정을 나타내고자 한다면, 예술 활동도 넓은 의미의 학문 활동에 포함시킬 여지가 있다.

그래서 헌법은 인간의 정신 활동에 관련되는 양심의 자유, 종교의 자유, 학문과 예술의 자유, 나아가 표현의 자유를 보장한다. 제22조는 바로 학문과 예술의 자유에 관한 조항이다. 1항에서는 학문 · 예술의 자유권을 선언하고, 2항에서는 그 활동의 결과에 따른 가치와 경제적 이익을 보호한다.

제22조 ①항

학문이란 어떤 대상에 대한 지적인 탐구 활동을 한 결과로서 얻은 지식을 체계화한 것이다. 무엇을 이해하느냐, 어떤 가치를 부여하느냐, 어떻게 판단하느냐 등의 문제를 진지한 탐구의 대상으로 삼는다. 그 궁극의 목표는 흔히 진리라고 한다. 진리에 도달하는 것이 가능한지는 잘 알 수 없다. 그러한 진리가 존재하는지조차 분명하지 않다. 만약 있음에도 불구하고 우리가 알아내지 못한다면, 진리는 신의 영역에 속하는 것이라 할 수밖에 없다. 그러나 종교의 힘에 의존하지 않고 인간이 이성을 도구로 진리를 발견해보겠다는 방식이 바로 학문이다.

방문을 걸어 잠그고 책상 앞에 혼자 앉아서 하는 학문 활동이야 특별히 따로 보장할 필요도 없다. 신체의 자유나 양심의 자유 정도만 보장돼도 얼마든지 방해받지 않고 할 수 있으니까. 하지만 그것만이 학문이 아니다. 진정한 학문 활동의 목표는 연구 결과를 널리 알리는 데 있다. 배움을 원하는 사람에게 가르치고, 모임을 결성하여 토론하거나 공동 연구를 진행할 필요도 있다.

대한민국에는 학문의 자유를 우습게 아는 법률이 하나 있는데, 바로 〈국가보안법〉이다. 〈국가보안법〉은 학자들이 연구하는 대상이 마음에 들지 않으면 국가의 헌법 질서를 어지럽힐 우려가 있다는 구실로 체포하여 처벌하려 든다.

그러한 예는 너무 많아 열거하기가 곤란할 정도다. 가장 최근의 대표적 사례를 든다면 2008년 여름에 시도한 사노련 연구자들에 대한 구속영장

청구였다. 사노련은 '사회주의노동자연합'이란 연구소의 약칭인데, 연세대학교 명예교수 오세철이 운영위원장을 맡고 있는 사회주의 이론 연구단체다. 오 교수는 연구 활동에 전념하기 위해서 교수직도 포기하고 사노련을 결성했다. 그런 결단도 학문의 자유의 한 면을 보여주는 것이다. 그들은 스스로 사회주의자임을 자처하고, 연구의 기본 내용을 인터넷 홈페이지에 공개하고 있었다. 그들의 활동이 민주주의 질서를 혼란스럽게 한다든지, 폭력을 기획한다든지 하는 조짐은 어디서도 찾아볼 수 없었다. 그럼에도 불구하고 검찰은 사회주의를 연구한다는 이유로 두 차례나 그들을 구속하려 시도했으나, 법관의 영장 기각으로 실패하고 말았다.

이런 식의 국가권력의 횡포는 학문의 자유에 대한 심각한 위협이다. 이 사건을 놓고 보면, 학문의 자유를 침해하는 것은 사실 〈국가보안법〉이 아니라 〈국가보안법〉을 무기로 사용하려 드는 검사를 비롯한 국가공무원들이다. 아마도 그들은 사회주의가 무엇인지 제대로 알지 못하여 그런 헌법적 실수를 저질렀을 수도 있다. 그 무지에서 벗어나려면 학문의 자유를 존중하는 정신을 기르는 수밖에 없다.

현실에서 제도적인 학문은 대학을 중심으로 이루어진다. 따라서 대학의 자치, 대학의 자유도 학문의 자유에서 중요한 부분을 차지한다. 무엇을 어떻게 가르치며 총장을 누가 선출할 것이냐는 문제뿐 아니라, 교내의 질서유지까지 모두 대학이 자율적으로 결정할 수 있어야 대학의 자유를 보장하는 것이 된다.

일본의 포포로 사건은 대학의 자치와 경찰권에 관한 유명한 판례를 남겼다. 1952년 2월 20일 도쿄 대학교 캠퍼스 내에서 연극 공연이 있었다. 학생들이 만든 극단 이름은 포포로였는데, 이탈리아어로 인민이란 뜻이다. 인민극단에서 무대에 올린 작품은 마츠카와 사건을 모델로 한 〈언제의 일인가)였다. 마츠카와 사건이란 1949년 8월 17일 도호쿠선 마츠카와 역 부근에서 열차가 전복된 일을 말한다. 치안 당국은 그 사고의 책임을 좌익 세력의 도발로 몰아가면서, 철도노조원과 공산당원 20명을 검거했다. 그 사건은 원인 불명의 열차 사고 책임을 엉뚱한 데 전가하여 사회주의 세력을 탄압하려는 극우 보수 정부의 획책으로 비난받았다. 그런데 연극 공연 중에 관람석에 사복 경찰 3명이 잠복해 있다 발각되고 말았다. 학생들은 경찰관들을 끌고 가 수첩을 빼앗고 확인서와 사죄문을 쓰게 했는데, 이 소동으로 학생들은 폭력 혐의로 기소되었다.

1954년 5월의 1심 재판과, 1957년의 2심 재판에서 법원은 학생들에게 무죄를 선고했다. 학생들의 행위는 대학의 자치권을 지키기 위한 정당한 이유가 있는 것이라고 판단한 것이다. 하지만 1963년 최고재판소는 원심을 파기하고 학생들의 유죄를 인정했다. 당시 학생들의 연극 공연은 정치적·사회적 활동이었으므로, 그 집회에 경찰관이 입회한 것은 대학의 자치를 침범하지 않는다는 이유였다. 결과적으로 대학의 자치권을 인정받지는 못했지만, 포포로 사건은 대학의 자치권이 쟁취해야 할 목표라는 과제를 남겨주었다.

예술 활동의 자유는 학문의 자유와 크게 다를 게 없다. 넓은 의미에서 예술은 학문의 한 분야이다. 그래서 일본 헌법처럼 예술의 자유를 따로 보장하는 규정이 없어도, 당연히 학문의 자유에 포함되는 것으로 해석하는 경우도 있다. 학문에서 예술을 분리하여 규정한 것은 1919년 독일 바이마르헌법 때부터다.

예술의 자유도 창작의 자유와 발표의 자유로 나눌 수 있다. 예술 활동을 위한 집회와 결사의 자유도 고려해야 한다. 예술의 자유와 관련하여 빈번하게 충돌이 일어나는 지점은 음란성의 경계에서다. 그리고 우리 사

제2장 국민의 권리와 의무

회에선 여전히 〈국가보안법〉도 제한의 도구가 되고 있다. 다른 이익과 질서유지라는 명분으로 예술 활동을 제한하려는 국가권력과 그에 맞서는 예술가들의 싸움은 다양한 형태로 전개되고 있다. 예를 들면 문신 시술을 자유롭게 허용할 것이냐 말 것이냐의 논란이 있다. 타투이스트들은 문신 시술을 예술 행위의 하나로 여기고 있다. 반면 그들을 못마땅한 시선으로 바라보는 행정 당국은 피부조직에 변형을 가하는 시술이므로 의료 행위라고 주장한다. 따라서 문신 시술을 〈의료법〉 위반으로 제한하려 한다.

예술이나 학문 활동은 최대한으로 자유롭게 보장할 수 있어야 한다. 미적 수준이나 문화적 가치가 의심스러운 예술 활동의 결과에 대해서는, 공권력이 아니라 문화 소비자인 시민들의 자유로운 평가와 여론에 따라 그 운명이 결정되도록 하는 것이 현명하다.

제22조 ②항

모든 사람의 권리는 헌법과 법률에 따라 보호받는다. 그런데 새삼스럽게 저작자, 발명가, 과학기술자, 예술가의 권리가 보호된다는 규정은 무슨 의미인가? 여기서 말하는 권리는 그들의 모든 권리가 아니라, 정신적이고 육체적인 활동 결과에 대한 특별한 권리를 말한다. 흔히 말하는 저작권, 특허권 같은 것들이다.

인간의 사상이나 감정을 표현한 창작물을 법에서는 저작물이라 하는데, 바로 그 저작물을 창작한 사람이 저작자다. 예술가는 당연히 자신의 작품에 대한 저작자다. 보통 저작자의 저작물에 대해서는 저작권이란 이름으로 그 재산적 가치는 물론 저작자의 인격권까지 보호한다. 저작물이 누구의 작품이라고 저작자의 이름을 표기하는 권리가 대표적인 저작 인격권이다. 이럴 때 법률상으로는 저작자가 저작권자가 된다. 물론 저작자는 자신의 저작권을 다른 사람에게 양도할 수 있다.

학자의 저술이나 예술가의 작품은 창작되어 발표되는 순간 저작물로 보호받기 시작한다. 하지만 발명가나 과학기술자의 발명품이나 기술은 특허 신청과 같은 일정한 절차를 거쳐야 한다. 특별히 보호할 만한 가치가 있는지 판단하기 위해서다.

저작물과 발명품 등을 지적재산권이라 부른다. 현대사회에 들어서서 지적재산권의 세계는 거대한 시장을 형성했다. 엄청나게 커졌을 뿐 아니라 놀라울 정도로 세분화되었다. 고전적인 형태의 시와 소설, 그림과 조각, 논문이나 도형은 물론이고, 간단한 인간의 생각조차 기발성을 근거로 모조리 재산화하려는 경향이 생겼다. 헌법 제22조 2항도 그런 경향의 반영이다. 인간의 학문과 예술 그리고 기타 지적이고 감성적인 정신 활동의 결과를 철저히 보호함으로써 창조적 활동을 촉진하고 장려한다는 것이다.

인간의 창조적 활동은 궁극적으로 자기가 속한 작은 사회나 인류 공동체를 위해 기여할 수 있을 때 가치를 지닌다. 그래서 이 조항은 문화를 창달하고 과학기술을 발전시킨다는 헌법적 의미를 갖는다. 하지만 인간의 생각 한 조각, 표현 한 구절을 상품화하는 현대의 지적재산권 시장은 경쟁과 권리 주장이 지나칠 경우 도리어 개인의 창조적 활동을 억압할 수도 있다. 강대국의 정치권력이나 거대 자본의 힘이 아이디어를 선점했다는 이유로 창작의 세계를 독점할 우려도 있다. 인용, 패러디, 모방, 표절이 어느 순간에 합법적 행위에서 범죄행위로 둔갑하는지 그 경계는 애당초 명확하게 존재하는 것이 아니기 때문이다. 헌법 규정과 정신은 시대의 반영이므로 어쩔 수 없다 하더라도, 법률을 수단으로 하는 정책이 그 균형을 잘 유지해야 할 것이다.

023

재산권 보장과 제한

① 모든 국민의 재산권은 보장된다. 그 내용과 한계는 법률로 정한다.

② 재산권의 행사는 공공복리에 적합하도록 하여야 한다.

③ 공공필요에 의한 재산권의 수용 · 사용 또는 제한 및 그에 대한 보상은

법률로써 하되, 정당한 보상을 지급하여야 한다.

제23조 ①항

한때 욕망은 죄악처럼 여겨졌다. 고대 그리스 철학자 중에는 인간의 고통이 이룰 수 없는 무한한 욕망 때문이라고 생각한 사람도 있었다. 따라서 행복해지려면 욕망을 누르고 참으라고 훈계했다. 동서양을 막론하고 중세시대도 욕망은 충족의 목표라기보다 억제의 대상이었다.

그러다가 언젠가부터 이 세상 자체가 인간 욕망의 대상이 되었다. 헤겔의 말에 따르면 근대에 들어서서 시민사회는 욕망의 체계가 되었다. 국가나 사회의 이념과 제도가 모두 욕망의 충족 또는 조절을 위해 존재한다는 것이다. 바로 그 욕망의 중심에 재산권이 있다. 재산의 소유를 하나의 권리로 파악하면서 탄생한 것이 사유재산제도다.

1항은 바로 사유재산제도를 보장한다는 사실을 천명하고 있다. 개인의 재산권을 인정하는 사유재산제도는 인간의 이기적 동기를 끌어내는 데 탁월한 효과가 있다. 아마도 그런 이유 때문에 이론상으로는 분명 더 우

월해 보이는 사회주의를 현실에서 누르고 이길 수 있었던 모양이다. 특히 근년의 우리 사회에서 사유재산제도는 하나의 종교 같은 신념이 되었다.

그런데 1항의 단서는 무슨 의미인가? 사유재산제도의 내용은 그렇다 치고, 한계는 무슨 의미인가? 재산권의 첫 번째 문제는 누가 무엇을 가지느냐다. 그다음의 문제는 그 소유를 어떻게 정당화하느냐. 소유에 정당성이 필요한 근거는 다음과 같다. 재화를 권리화하면 한 사람의 소유는 타인의 사용이나 수익을 배제한다. 내가 많이 소유하면 그만큼 다른 사람은 소유의 기회를 상실한다. 따라서 소유란 단순한 사실 관계가 아니라, 사람과 사람 사이의 관계로 기능한다. 그러므로 소유자 아닌 사람을 배척하는 소유를 정당화할 수 있어야 한다. 정당성을 발견할 수 없는 곳이 바로 사유재산권의 한계 지점이다.

로크나 루소는 재산권의 정당성을 자연권에서 찾았다. 그들은 재산권을 인간의 생존을 위한 자연적 권리라고 했다. 재산제도를 공동체의 번영을 가능하게 하는 예측 가능성의 토대라고 한 것은 벤담이다. 어쨌든 재산권 사상은 근대국가 형성에 기여한 자유주의나 입헌국가 발전과 함께 대의민주주의 사상의 핵심을 차지했다. 프랑스 인권선언문으로 불리는 〈인간과 시민의 권리 선언〉 제17조는 "신성불가침의 권리인 소유권은, 합법적으로 확인된 공공의 필요성에 따라 정당한 사전 보상을 조건으로 명백한 요구가 있을 때가 아니면, 어느 누구도 박탈할 수 없다"고 되어 있다. 일본의 오자키 유키오가 도쿄 대학교에서 일본 제국 헌법 정신을 강연하면서 "우리의 사유재산은 천황 폐하라 할지라도 손가락 하나 대실 수 없다"라고 한 것은 그런 점에서 상징적이다.

제2장 국민의 권리와 의무

제23조 ②항

로크는 무제한의 재산권을 주장했지만, 재산권은 그 속성 때문에 제한이 불가피하기도 하다. 생산수단의 사유를 금지해야 한다는 마르크스 정도는 아니더라도, 어떤 형태로든 타인의 생활에 일정한 영향을 주기 때문에 재산권의 행사를 무한정 인정할 수는 없다. 특히 한정된 자원으로 특수성을 띠고 있는 토지의 경우는 더하다.

2항은 사유재산권의 헌법적 한계를 하나 예시하고 있다. 이 항목은 다음의 독일 바이마르헌법 제153조 3항의 영향을 받았다. "재산권은 의무를 수반한다. 재산권 행사는 공공복리를 위해야 한다."

우리 헌법재판소는 "토지 소유권은 신성불가침한 것이 아니다"라고 하면서 토지 공개념 이론을 헌법상 정당한 것으로 받아들였다. 토지 공개념은 어차피 법적 개념이라기보다는 사회 정책적 개념이다. 그래서 재산권을 제한하기 위해 많은 제도들이 쏟아졌다. 하지만 헌법재판소는 거의 모든 경우에 제동을 걸었다.

토지거래허가제는 찬반론의 치열한 공방 끝에 아슬아슬하게 위헌이라고 선언할 수 없는 정도에 머물렀다. 1994년 7월 헌법재판소는 〈토지초과이득세법〉이 아직 실현되지 않은 이득에 대한 예외 제도임에도 신중하지 못하게 과표를 대통령령에만 맡겼다는 등의 이유로, 헌법이 보장하는 사유재산제도에 위반한다고 했다. 이 결정에 대해 '부동산 투기의 특수성에 따른 과도기적 특수 입법이란 성격을 도외시했다'는 비난이 일었다.

1998년과 1999년에도 잇따라 〈개발이익 환수에 관한 법률〉과 〈택지소유상한에 관한 법률〉에 대해서도 위헌 결정이 내려졌다. 택지 소유를 제한하는 법률은 "주택개발정책 등을 통하여 모든 국민이 쾌적한 주거생활을 할 수 있도록"해야 한다는 헌법 제35조의 실천에 기여하는 제도로 평가됐다. 그러나 헌법재판소는 택지를 일률적으로 200평 이상 소유하지 못하게 하는 것은 과도한 제한으로 헌법상의 재산권을 침해한다고 했다.[16] 구 〈도시계획법〉상의 개발제한구역의 설정도 제도 자체는 합헌적이지만, 일부 토지 소유자에게 사회적 제약의 범위를 초월한 가혹한 부담이 발생하는 예외적 경우에 대해 보상 규정을 두지 않은 것은 헌법에 합치하지 않는다고 본 것이다.[17]

제22조 ③항

사유재산을 적극적으로 제한하는 경우, 그러니까 법률에 의해 수용하거나 사용을 제한할 때에는 정당한 보상을 하여야 한다. 현실에서 개인에게 가장 중요하고 민감한 부분은 '정당한 보상'이다. 어느 정도가 정당한 보상이란 말인가? 그 문제에 대한 해답은 헌법이 사회적 논의와 법률에 떠맡기고 있다.

제2장 국민의 권리와 의무

024

제24조

선거권

모든 국민은 법률이 정하는 바에 의하여 선거권을 가진다.

선거권은 대표를 선출하는 선거에 참여하여 투표권을 행사할 수 있는 권리를 말한다. 헌법 제24조는 모든 국민에게 선거권이 있음을 명시하고 있으므로, 모든 국민은 대표를 선출하는 선거에 참여하여 투표권을 행사할 수 있는 권리를 가진다. 그런데 이런 설명만으로는 부족하다. 한 학급의 반장을 뽑는 것도 선거이고, 종친회 회장을 뽑는 것도 선거이기 때문이다. 그렇다면 선거권이란 구체적으로 무엇을 뜻하는 걸까? 이를 알기 위해서는 헌법의 다른 규정들도 살펴볼 필요가 있다.

헌법 제41조 1항은 "국회는 국민의 보통·평등·직접·비밀선거에 의하여 선출된 국회의원으로 구성한다"고 규정하고 있다. 또한 헌법 제67조 1항은 "대통령은 국민의 보통·평등·직접·비밀선거에 의하여 선출한다"고 규정하고 있다. "지방의회의 조직·권한·의원선거와 지방자치단체의 장의 선임방법 기타 지방자치단체의 조직과 운영에 관한 사항은 법률로 정한다"고 규정한 제118조 2항도 빼놓을 수 없다. 그렇다. 선거권이란 공무원, 그중에서도 대통령, 국회의원, 지방의회의원을 뽑는 선거에 참여하여 투표권을 행사할 수 있는 권리를 말한다. 헌법은 지방자치단체의 장에 대해서는 "선임"이라는 표현을 사용하였으나 선거도 선임 방법 중 하나다. 〈지방자치법〉과 〈공직선거법〉은 지방자치단체의 장도 보통·평등·직접·비밀선거에 따라 선출한다고 규정하고 있으므로, 지방자치단체의 장을 뽑는 선거에 참여할 수 있는 권리도 선거권에 포함된다고 하겠다.

다시 앞으로 돌아가보자. 선거권은 누가 가지는 걸까? 헌법 제24조는 "모든 국민"이 가진다고 한다. 이와 관련해서 두 가지 검토할 사항이 있다. 첫째 모든 국민이 선거권을 가지는 것은 당연한 것인지, 둘째 모든 국민이라면 18세 미만인 사람도 선거에 참여할 수 있어야 하는 것이 아닌지의 문제다.

국민이라면 선거권을 가지는 것이 당연한 걸까? 결론부터 말하자면 당연하다. 우리 헌법이 그렇게 규정하고 있기 때문이고, 선거는 대의민주제 국가에서 국민이 자신의 주권을 행사하는 가장 직접적이고 효과적인 방법이면서 동시에 정치 지도자에게 민주적 정당성을 부여하는 수단이기 때문이다. 그래서 로크나 몽테스키외는 선거권은 하늘이 부여한 불가침의 권리라고 했다. 그러나 모든 국민이 처음부터 선거권을 가졌던 것은 아니다.

프랑스의 경우 노동자들을 중심으로 선거권의 확대를 요구한 1848년 2월 혁명의 결과로 전 인구의 0.7%의 부르주아지 남자들에게만 부여되었던 선거권이 성인 남자 전체로 확대되었다. 또한 프랑스에서 선거권이 여성에게까지 확대된 것은 1944년이다. 서구의 다른 나라들도 사정은 이와 비슷하다. 대부분의 국가가 18세기 말 19세기 초에 남성들에게 보통

선거권을, 제1차 세계대전 이후 20세기 초·중반에 여성들에게 보통선거권을 부여했다. 미국의 경우 흑인들이 실질적으로 선거에 참여할 수 있게 된 것은 1965년에 이르러서다. 선거권은 국민 주권의 실현을 위한 투쟁과 희생의 결과물이라고 해도 과언이 아니다. 이에 반해 우리나라는 선거권의 확대를 위한 투쟁의 역사가 거의 없다. 우리나라는 최초로 제정된 헌법에서부터 "모든 국민은 법률이 정하는 바에 의하여 공무원을 선거할 권리가 있다"고 명시하여, 국민이라면 누구나 선거권이 있음을 분명히 해왔다.

모든 국민이 선거권을 가지는 이상 18세 미만의 청소년들도 선거에 참여할 수 있다고 해야 하지 않을까? 엄밀하게 따진다면 18세 미만의 청소년들도 대한민국의 국민이므로 선거권을 가지고 있다. 다만 그 행사 시기가 18세 이후로 미뤄져 있을 뿐이다. 어떻게 이러한 제한이 가능한 걸까? 답은 헌법 조문에 나와 있다. 헌법 제24조는 모든 국민은 "법률이 정하는 바에 의하여" 선거권을 가지고 있다고 규정하고, 〈공직선거법〉은 18세 이상의 국민에게 선거권을 부여하고 있기 때문이다. 마찬가지로 1년 이상의 징역 또는 금고의 형을 선고받고 그 집행이 종료되지 아니하거나 그 집행을 받지 아니하기로 확정되지 아니한 사람(다만, 그 형의 집행유예를 선고받고 유예기간 중에 있는 사람은 제외한다), 일정한 선거사범 그리고 법원의 판결 등에 의하여 선거권이 상실된 자, 기타 판결 등에 의해서 선거권이 정지되거나 상실된 자 등도 선거권을 가질 수 없다.

그런데 이런 식으로 하게 되면 결국 모든 국민에게 부여된 선거권을 법률로 제한할 수 있게 되는 결과가 되어버린다. 앞에서도 본 것처럼 선거권은 국민이 주권을 행사하고 정치에 참여할 수 있는 천부인권인데 말이다. 따라서 헌법이 명시하고 있는 "법률이 정하는 바에 의하여"는 법률로 선거권을 제한할 수 있다는 의미가 아니라 법률을 통하여 선거권을 구체화한다는 의미로 해석해야 하며, 선거권의 제한 범위는 가능한 한 최소한에 그치도록 해야 한다. 헌법재판소도 이러한 취지에서 2007년 6월 28일, 〈주민등록법〉상 주민등록을 할 수 없는 재외국민의 선거권 행사를 전면적으로 부정하고 있던 옛 〈공직선거법〉 제37조 1항은 재외국민의 선거권과 평등권을 침해하고 보통선거 원칙에 위배된다고 결정했다. 현재는 해당 조항이 개정되어, 전체 유권자의 5%를 차지하는 197만 8천여 명의 재외선거권자가 투표를 할 수 있게 되었다.[18]

더 나아가 선거권은 헌법의 취지에 맞게 실질적으로 보장될 수 있어야 한다. 선거권의 실질적 보장은 선거권자에게 풍부하고 객관적인 선거 정보가 제공되고, 선거권자들의 자유로운 의견 표현과 교환이 이루어지는 선거 과정에서 선거권자들이 방해 없이 선거권을 행사할 수 있는 경우에만 가능하다. 요컨대 "모든 국민이 법률이 정하는 바에 의하여 선거권을 가진다"는 것은, "모든 국민이 '선거권의 실질적 보장을 위하여 마련된' 법률이 정하는 바에 의하여 '진정한 의미에서의' 선거권을 가진다"는 것이다.

025

제25조
———
공무담임권

모든 국민은 법률이 정하는 바에 의하여 공무담임권을 가진다.

헌법은 인간의 기본적 권리를 열거하면서 보장하고 있다. 그러한 기본권 혹은 기본적 인권은 대체로 구체적 법률에 의해서 실현된다. 법을 만들고 집행하는 일은 역시 헌법에 규정되어 있는 국가기관이 맡아 한다. 그렇지 않더라도 법률 또는 국가기관이 위임하는 기관이나 개인이 담당하여 실행한다. 결국 실제로 일을 맡아서 행하는 주체는 사람이다. 그 사람을 공무원이라 한다.

공무담임권은 공무원의 직책을 맡을 권리를 말한다. 헌법이 창설한 국가기관뿐 아니라, 그로부터 파생하는 모든 공적 기구의 일을 맡을 사람은 역시 국민이다. 국민이면 누구나 공무를 맡을 권리가 있다는 것이 이 조항의 핵심이다.

공무담임권은 제15조의 직업 선택의 자유와 다르다. 누구든 지원한다고 공무원이 될 수 없다는 말이다. 그렇기 때문에 국민은 누구든지 직업 선택의 자유를 가지지만, 공무담임권은 "법률이 정하는 바에 의하여" 가질 수 있다.

공무원에는 임명직과 선출직이 있다. 법률은 그에 대한 각종 자격 요건과 절차를 규정한다. 채용 시험에 합격해야 한다거나, 일정한 나이에 이르고 자격을 갖춘 사람에게 피선거권을 인정하는 방식이 그것이다. 요즘은 세계화 추세에 따라 국민이 아닌 외국인에게도 일부 공무를 맡게 하는 경우가 있다. 이와 관련하여 〈국가공무원법〉제26의3 1항에서는 "국가기관의 장은 국가안보 및 보안·기밀에 관계되는 분야를 제외하고 국회규칙, 대법원규칙, 헌법재판소규칙, 중앙선거관리위원회규칙 또는 대통령령 등으로 정하는 바에 따라 외국인을 공무원으로 임용할 수 있다"고 한다. 그리고 2항에서는 복수국적자의 공무원 임용을 제한하고 있다.

026

① 모든 국민은 법률이 정하는 바에 의하여 국가기관에 문서로 청원할
___
권리를 가진다.

② 국가는 청원에 대하여 심사할 의무를 진다.
___

제26조 ①항
___

청원은 무언가를 요구하는 일이다. 헌법이 말하는 청원권은 국민이 국가기관에 대하여 무엇을 요구하는 권리다. 국민의 주권에 근거해서 헌법을 만들었고, 헌법에 국민의 권리를 새겨넣었으며, 그것을 실현할 수 있도록 국가기관을 설치했다. 그러나 그것으로 만족할 수는 없다. 통치기구와 국가권력의 작용이 국민의 인간다운 생활을 보장하며 국민의 뜻에 기초하여 제대로 작동하고 있는지 항상 감시해야 한다. 그 과정에서 필요한 것이 있으면 국가기관에 직접 요구할 수도 있어야 한다. 그것이 청원권이다.

청원권은 참정권이나 언론의 자유가 제대로 보장되지 않던 시절에 유효 적절한 기능을 발휘할 것으로 기대되었다. 남녀의 보통선거권과 피선거권이 확보되고 언론의 자유가 확립된 오늘날에 청원권은 과거에 비하여 지위가 많이 약화되었다는 지적도 있다. 국민 개개인이 입은 피해나 불만은 사법제도를 통해 대체로 해결이 가능해졌기 때문에 실효성이 크

지 않다는 의견도 많다. 그렇지만 비교적 간편한 절차에 따라 국민의 관심 사항과 경험을 국정 담당자에게 알려 국민과 국가 사이의 원활한 의사소통과 유대를 가능하게 한다는 장점은 여전히 남아 있다. 청원제도는 대의민주제의 약점을 보완할 뿐 아니라 참여민주주의를 부분적으로 실현하게 하는 역할을 담당한다.

무엇을 청원할 수 있느냐 하는 구체적 내용은 〈청원법〉에 규정되어 있다. 피해의 구제, 공무원의 위법·부당 행위에 대한 시정이나 징계의 요구, 법률·법령·조례·규칙의 제정이나 개정 또는 폐지, 공공의 제도 또는 시설의 운영 그리고 그 밖에 국가기관의 권한에 속하는 모든 사항이다.

그런가 하면 청원해서는 안 되는 금지 사항도 〈청원법〉에 있다. 감사·수사·재판·행정심판·조정·중재 등 다른 법령에 따라 조사나 구제 절차가 진행 중인 때, 허위의 사실로 타인으로 하여금 형사처분 또는 징계처분을 받게 하거나 국가기관을 중상모략하는 사항인 때, 개인 사이의 권리관계 또는 개인의 사생활에 관한 사항인 때, 청원인의 성명이나 주소가 불분명하거나 청원 내용이 불명확한 때, 타인을 모해謀害할 목적으로 허위의 사실을 적시한 때에는 청원이 받아들여지지 않는다.

제26조 ②항

물론 청원 금지 사유에 해당하지 않는다고 하여 모든 청원을 받아들여 해결해주는 것은 아니다. 그냥 못 본 체하지 않고, 적어도 어떤 내용인지 심사는 한다는 말이다. 청원 방식은 헌법에는 문서로 한다고만 되어 있지만, 구체적인 것은 〈청원법〉에 규정되어 있다. 청원서는 그 내용을 담당하는 국가기관에 접수해야 한다. 잘못 접수된 청원은 국가기관이 알아서 주무관서로 넘겨준다. 일단 청원을 접수한 관청은 판단하여 그 결과를 90일

제2장 국민의 권리와 의무

이내에 통보하는 것이 원칙이다.

수많은 국민들은 자신의 고통과 불만을 호소하고 해결하기 위하여 민원창구를 찾아든다. 국가는 모든 행정 창구에서 민원을 받아들이면서, 다른 한편으로 종합적이고 효율적인 처리를 위해 국민권익위원회를 설치하고 있다. 국민권익위원회는 이전의 국민고충처리위원회, 국가청렴위원회, 국무총리행정심판위원회를 통합한 기구다. 한 국가의 청원제도가 원활하고 만족스럽게 운용된다면, 그 국가의 민주주의의 장래는 희망적이다.

제27조
재판을 받을 권리, 형사피고인의 무죄추정등

027

① 모든 국민은 헌법과 법률이 정한 법관에 의하여 법률에 의한 재판을 받을 권리를 가진다.

② 군인 또는 군무원이 아닌 국민은 대한민국의 영역안에서는 중대한 군사상 기밀 · 초병 · 초소 · 유독음식물공급 · 포로 · 군용물에 관한 죄중 법률이 정한 경우와 비상계엄이 선포된 경우를 제외하고는 군사법원의 재판을 받지 아니한다.

③ 모든 국민은 신속한 재판을 받을 권리를 가진다. 형사피고인은 상당한 이유가 없는 한 지체없이 공개재판을 받을 권리를 가진다.

④ 형사피고인은 유죄의 판결이 확정될 때까지는 무죄로 추정된다.

⑤ 형사피해자는 법률이 정하는 바에 의하여 당해 사건의 재판절차에서 진술할 수 있다.

제27조 ①항

우리 헌법은 기본권 조항들을 통해서 인간을 중심에 두는 헌법 질서의 이념을 표방하고 있다. 인간이 국가를 위해 존재하는 것이 아니라, 국가가 인간을 위해 존재한다는 것이다. 하지만 기본권이나 다른 모든 권리들이 그저 종이 위에만 기록되어 있을 뿐이라면, 권리는 마치 메뉴판에 적힌 음식들을 읽는 것만으로 배가 부르지 않듯이 현실적으로 아무런 소용이 없게 된다.

권리가 제대로 실현되도록 하기 위해서는 일정한 제도적 장치가 마련되어야 하고, 권리에 대해서 다툼이 있을 때에 적절한 절차를 거쳐 권리가 침해되지 않도록 보호하는 규칙이 있어야 한다. 그러한 제도적 장치나

제2장 국민의 권리와 의무

규칙이 없다면 다툼은 결국 물리적 폭력이 난무하는 약육강식의 정글 상태를 유발할 것이다. 이러한 개인적 폭력을 배제하고, 국가가 폭력을 독점하는 대가로 독립된 법원을 설치하여 분쟁에 대한 결정을 담당하게 했다. 이러한 재판제도는 오랜 진화를 거쳐 형성된 문명과 문화의 결실이다.

권리를 갖고 있는 것과 그 권리를 실현하는 것은 늘 같지 않다. 법질서가 부여한 권리는 다른 사람들에 의해 침해당하기 쉬운데, 그 때문에 자신에게 인정되어 있긴 하지만 제대로 실현되지 못하고 있는 권리를 어떤 식으로 관철할 수 있는지가 문제된다. 이러한 문제를 해결하기 위해 국가가 마련한 제도가 곧 재판이라고 하는 소송제도이다.

국민이 다른 국민에 대항하여 자신의 권리를 실현하려고 하는 경우를 민사소송이라 하고, 국가에 대항하여 권리를 실현하려고 하는 경우를 행정소송 또는 헌법소송이라고 한다. 이에 반해 형사소송은 한 개인의 권리를 관철하려는 것이기보다는, 다른 사람의 권리를 과도하게 침해한 행위가 공동체 전체 질서에 영향을 미치는 사정을 감안한 제도이다. 따라서 〈형법〉과 〈형사소송법〉은 원칙적으로 범죄 피해자가 직접 가해자에 대해 침해된 이익을 회복할 수 있도록 하지 않는다. 범죄자에 대해 소송을 제기하고, 그가 유죄판결을 받도록 하는 일은 전적으로 국가의 책임이다.

누군가 타인의 다툼을 조정하고 결정할 때에는 늘 그렇듯이, 과연 심판을 맡은 사람이 공정한 제3자인지를 따지게 된다. 심판을 하는 국가는 그 막대한 권력에 비추어 볼 때 더더욱 의심의 대상이 된다. 재판을 맡는 사람이 누구인지, 그 조직은 어떠해야 하는지, 어떠한 규칙에 따라 재판이 이루어져야 하는지를 헌법과 다른 법률을 통해 자세히 규정해야 재판의 공정성을 꾀할 수 있다. 사법부에 관한 헌법 제101조 이하의 규정, 〈법원조직법〉, 〈형사소송법〉, 〈민사소송법〉 등은 그러한 공정성을 보장하기 위한 제도적 장치들이다.

　이렇게 보면 사법부에 재판을 요구할 수 있는 권리는 국민의 기본 권리에 속한다. 국민은 국가에 대해 자신의 권리를 실현하기 위한 제도를 마련하라고 요구한 다음, 그 제도를 이용할 수 있도록 다시 요구할 권리가 있다. 그것은 자신의 이해관계를 해결하기 위해 스스로 폭력을 동원하지 않는다고 포기를 한 대가이기도 하다. 이 점에서 재판을 "받을" 권리라는 표현은 국가와 국민의 관계를 적절히 반영하지 못한다. '받다'라는 말은 시민이 아니라, 신민이 고귀한 국가권력으로부터 무슨 시혜를 받는 듯한 인상을 준다. 헌법 정신과 제도의 뜻에 비추어 재판을 '요구' 또는 '청구'할 권리라고 말해야 옳다.

　"헌법과 법률이 정한 법관"이란 직업 법관을 말한다. 재판은 대체로 직업 법관이 하는 것으로 알고 있지만, 그렇지 않은 경우도 있다. 바로 배심재판이 그렇다. 전형적인 배심재판은 배심원이 확정적으로 유무죄를 결정한다. 따라서 우리나라에 배심제를 도입하려면 헌법의 바로 이 구절 때문에 안 된다는 주장이 있다. 현재 우리 형사재판제도에는 국민이 참여하는 변형된 배심재판이 도입되어 있지만, 그것은 배심원만이 하는 재판이 아닐뿐더러 배심원단의 결정은 판사에게 참고 자료가 될 뿐이어서 헌법 위반은 아니다. 하지만 본격 배심제를 염두에 둔다면, 이 조항을 적절히 개정하는 것이 바람직하다.

　"헌법과 법률이 정한 법관에 의하여 법률에 의한 재판을" 받는다는 표현도 문장으로서는 궁색하고 어색하다. '헌법과 법률에 의한 법관에 의하여 법률에 의한 재판을' 받는다라고 하지 않은 것만으로도 다행으로 여겨야 할 판이다. '헌법과 법률에 정한 법관이 법에 따라 하는 재판'이란 표현이 더 나을 것이다.

제27조 ②항

18~19세기 서유럽과 아메리카 대륙에서 처음으로 근대적 의미의 헌법을 만들었을 때, 사법권과 관련해서는 특별법원의 폐지를 규정하는 경우가 많았다. 왕정 치하에서 국왕이 자신의 이해관계가 걸려 있거나 권력을 과시할 필요가 있을 때에는, 궁정법원이라는 특별법원을 설치하여 다른 일반법원에 비해 심각하게 불공정한 재판권을 행사한 경우가 많았기 때문이다. 근대에 들어서는 재판의 중립성과 공정성을 해치는 특별법원은 없어지고, 사회가 복잡해지고 전문성을 요구하는 재판이 많아지면서 특수한 분야에만 집중하는 법원이 설립되는 경우가 있다. 행정법원, 가정법원, 특허법원과 같은 독립된 명칭들이 이에 해당되는데, 그럼에도 이는 전통적인 의미의 특별법원이 아니므로 전문법원이라고 해야 옳다.

군사법원은 군인이 군대 내에서 발생하는 사건만을 재판하는 특별법원이다. 군대라는 특수한 조직이 갖는 전문성이 아니라, 군인이라는 신분의 특수성을 감안하여 설치한 법원이기 때문이다. 군대라는 단어가 연상시키는 상명하복과 엄격한 규율 관계만을 보더라도 군사법원의 공정성은 이미 상당히 의심을 받는다. 더욱이 독재정권처럼 국가 전체를 병영으로 만들어버리는 시대에는 군인뿐 아니라 군인이 아닌 일반 국민도 사실상 국가의 명령에 복종하는 일개 신민의 지위로 강등되어 일반 법원조차 군사법원과 크게 다를 바가 없게 된다. 일반 국민이 군사재판을 받는 것을 금지하는 헌법 조항을 두게 된 것도 바로 그 때문이다.

이 조항은 일반 국민일지라도 군대와 관련하여 법률에 규정된 사건의 당사자가 되었을 때 또는 비상계엄하에서는 군사재판을 받는다는 예외를 규정하고 있다. 그렇지만 국민이 주권자라는 사실을 진지하게 여긴다면, 이러한 예외를 인정하지 않고 일반 국민에 대해서는 모두 일반 법원이 담당하게 하는 것이 기본권과 헌법의 정신에 맞는다. 군무와 관련하여 국민이 행한 범죄를 일반 법원이 재판한다고 해서 유죄가 무죄가 되는 것이 아닐뿐더러, 국민은 어떠한 경우에도 상명하달의 조직 속에 어쩌다 끼어들어간 부품이 아니기 때문이다. 이 점을 어느 정도 의식해서인지 헌법 제110조 2항은 군사법원의 상고심, 즉 최종심은 일반 법원인 대법원이 관할한다고 규정하고 있다. 일반 국민이 저지른 죄는 이미 1심부터 특별법원의 재판 대상에서 배제하는 것이 훨씬 더 말끔했을 것이다. 위험을 알았다면, 그 위험의 근원을 아예 잘라버리는 것이 옳은 길이다.

제27조 ③항

갈등은 어떤 식으로든 해결되지 않은 채 장기화되면 불안감만 키우고 정상적인 생활마저 어렵게 만드는 속성이 있다. 갈등을 공식적으로 해소하기 위한 장치인 재판제도가 신속하게 사건을 처리하지 못할 때에는 문제가 더욱 심각해진다. 재판은 공식적 절차이고, 그 공식성으로 인해 개인이 직접 갈등을 해소하기 위한 노력의 여지를 사전에 거의 차단하고 있기 때문이다. 그래서 공정한 재판을 통해 올바른 결정에 도달하는 것도 중요하지만, 최대한 빠른 시간 내에 결정하는 것도 중요하다.

형사소송의 피고인에게 신속한 재판은 더욱 중요하다. 물론 신속하게 유죄를 선고받아야 한다는 말은 아니다. 공정성과 신속성은 함께 손을 잡고 가야 할 길이지, 한쪽이 다른 한쪽을 희생시켜서는 안 된다.

형사재판은 사건과 관련이 없는 다른 사람들도 재판 과정을 지켜볼 수 있도록 공개해야 한다. 재판의 공개는 일단 피고인이 국가에 의해 부당하게 취급당하지 않도록 하는 기능을 한다. 원래 공개재판은 프랑스혁명 때 사법부를 감시하려는 목적으로 도입되었다. 절대왕정하에서는 정치나 재

제2장 국민의 권리와 의무

판 모두가 비밀에 부쳐졌다. 힘을 가진 자로서는 뭐든지 제멋대로 할 수 있다는 매력도 있었겠지만, 무엇보다 비밀로 부친다는 것 자체가 권력의 신비함을 더욱 높여주는 작용을 했다. 비밀의 두 가지 측면을 모두 파괴한다는 의미에서 공개재판은 한 시대를 가르는 가치를 지녔다.

공개재판은 직접 당사자가 아닌 사람들이 사법부가 범죄에 대해 어떤 식으로 반응하는지 경험할 수 있게 함으로써, 범죄를 저지른 피고가 아니라 자신들이 올바로 살고 있다는 의식을 확인하게 만드는 역할도 한다. 이 점에서 형사재판의 공개주의는 피고인과 법정 밖에 있는 국민 모두의 기본권일 뿐 아니라, 일반 국민의 법의식을 높이는 기능도 한다. 하지만 공개주의가 언제나 바람직한 것은 아니다. 예를 들어 청소년 피고인에 대한 재판까지도 무조건 공개하게 되면, 청소년의 인격 형성에 해를 끼치는 결과를 낳는다. 그래서 〈형사소송법〉은 공개주의의 예외를 별도로 규정하고 있다.

제27조 ④항

오늘날에는 오로지 죄가 있고 그 죄가 밝혀질 때에만 형사 처벌을 받는다는 것이 당연하게 여겨지지만, 17세기까지만 하더라도 단순히 범죄 혐의가 있다는 사실만으로 처벌을 받는 경우가 많았다. 고문을 통해 죄를 자백하도록 강요하거나, 죄를 입증하기 위해서 온갖 끔찍한 수단을 동원하기도 했다. 이러한 나쁜 관행에 종지부를 찍은 것 또한 근대국가의 헌법이었다. 헌법은 개인의 자유를 출발점으로 하고, 헌법을 통해 정당성을 확보하는 국가는 그러한 자유가 최대한 실현되도록 노력해야 할 의무가 있다. 따라서 국가가 개인의 권리를 침해할 때에는 반드시 그 침해의 근거를 제시할 의무가 있고, 설령 침해를 해야 하더라도 그 정도가 최소한에 그치도록 주의해야 할 의무도 부담한다.

개인의 자유에 대한 제한은 언제나 그 정당성이 명시적으로 밝혀져야 한다. 그렇기 때문에 의심스러운 경우에는 자유의 보장에 유리하게 결정해야 하는 것이 헌법국가의 원칙이다. 이 점에서 자유의 제한이 가장 심각하게 발생하는 형사절차는 피의자나 피고인이 일단 무죄라고 추정하는 데에서 출발해야 한다. 또한 국가는 개인과는 비교가 되지 않을 정도로 막강한 권한과 기술 그리고 풍부한 인력과 장비를 가지고 있기 때문에, 유죄를 입증하는 일은 국가가 부담하는 것이 사리에도 맞는다. 이러한 기본을 무죄 추정의 원칙이라 부르며, 이는 유죄라는 전제하에 강제 조치를 취해서는 안 된다는 〈형사소송법〉의 기본 원칙이기도 하다.

"형사피고인"이라는 문장의 주어는 문제가 많다. 혐의만으로 처벌하는 것을 금지하는 데에서 시작된 무죄 추정의 역사적 형성 배경을 고려하더라도, 법원보다는 훨씬 더 폭력성을 노골적으로 드러내는 경찰과 검찰에 붙들려 있는 형사피의자야말로 무죄 추정의 원칙으로 보호해야 할 필요가 더욱 절실하기 때문이다. 따라서 형사피고인이라고 규정했지만, 여기에는 형사피의자도 포함된다고 해석해야 헌법 정신에 맞는다.

그러나 현실은 이 원칙과는 반대로 돌아가는 경우가 많다. 국가의 형사소추 기관이 유죄 추정의 원칙을 출발점으로 삼는 것은 어제오늘의 일이 아니다. 옷을 뒤집어쓰고 얼굴을 가린 채 범죄 과정이나 동기에 대해 답하기를 강요당하는 피의자가 등장하는 뉴스를 보면, 이제 이 원칙은 국가가 아닌 군중에 의해서도 위협을 당하는 지경에 이르렀다는 사실을 깨닫는다.

언론과 무죄 추정의 원칙 또한 학자들에게는 커다란 주제가 된다. 물론 무죄 추정의 원칙을 극단적으로 이해하면 소송 자체도 없어야 한다는 결론에 도달하지만, 이 원칙이 그 정도의 내용까지 담고 있는 것은 아니다. 원칙의 핵심은 국가의 모든 활동이 국민의 자유를 존중하는 데에서 출발해야 한다는 것, 그리고 자유 제한은 반드시 근거가 있어야 하고, 최소한으로 그쳐야 한다는 것이다.

그렇다면 무죄 추정의 원칙이 현실 속에서 실현될 수 있도록 하려는 노력 역시 헌법에 속한다. 헌법은 종이 위에 고정된 문자들의 총합을 넘어서, 헌법의 정신을 실현하는 정치적 실천이기도 하기 때문이다. 그래서 많은 사람들은 〈형사소송법〉은 헌법의 실현 정도를 가늠하는 지진계라고 말하기도 한다.

제27조 ⑤항

1항에 대한 설명에서 언급했듯이 근대국가의 헌법 그리고 그 정신을 구현한 〈형사소송법〉은 원래 피해자라는 개념을 잘 알지 못한다. 형벌이나 형벌을 부과하기 위한 제도가 단순히 국가가 피해자를 대신해서 복수를 한다는 의미를 담고 있는 것은 아니기 때문이다. 이 점에서 형사피해자의 진술권을 규정하고 있는 이 조항은 헌법에 담기기에 이물질 같은 느낌이 든다. 굳이 기본권으로 규정할 정도로 근본적인 권리는 아니다.

물론 피해자가 형사 절차에서 증인이 될 수 있다거나 의견을 개진할 수 있는 가능성은 얼마든지 있고, 이에 관해서는 〈형사소송법〉에 규정이 있다. 하지만 피해자는 형사재판에서 진술을 거부하거나 재판을 돕지 않을 권리도 얼마든지 있다. 피해자를 위해 국가가 할 수 있는 일은 피해자에 대한 구제나 다른 정책적인 배려로도 충분하다.

형사보상

028

형사피의자 또는 형사피고인으로서 구금되었던 자가 법률이 정하는

불기소처분을 받거나 무죄판결을 받은 때에는 법률이 정하는 바에 의하여

국가에 정당한 보상을 청구할 수 있다.

　　국가의 형벌권 행사와 관련된 형사 절차에서 부당하게 구금되었다가 풀려난 사람은 국가에 대하여 보상을 청구할 권리가 있다는 규정으로, 이를 형사보상청구권이라 부른다. 이 조문을 잘 이해하려면 형사피의자, 형사피고인, 불기소처분의 의미를 알아야 한다.

　　범죄자에게 형벌을 부과하는 형벌권은 국가에 있다. 뿐만 아니라 범죄자를 발견하는 수사권과 재판권도 국가에 있다. 발생한 범죄의 행위자로 혐의를 받아 수사기관에 의해 수사 대상이 된 사람이 있다고 하자. 그에 대한 수사가 종결되면 검사는 마지막 결정을 한다. 결정은 오직 두 가지 중 하나를 선택하는 일인데, 기소와 불기소가 그것이다. 기소는 공소제기의 약칭으로, 혐의자를 법원에 넘겨 재판을 요구하는 처분이다. 반면 불기소는 정해진 사유에 따라 기소를 하지 않는 처분이다. 이 과정에서 기소를 기준으로, 기소 전의 단계에 있는 수사 대상자를 피의자라 하고, 기

　　　　　　　　　　　　제2장 국민의 권리와 의무

소된 이후 재판의 대상이 된 사람을 피고인이라 한다. 형사재판의 대상이 된 사람은 피고인이라고 하면서, 민사재판에서 원고로부터 소송을 당한 상대방은 피고라고 하여 서로 구분하는 것이 우리의 법률 용어다.

　수사는 경찰과 검사가 하는데, 최종 결정권은 검사에게만 있다. 즉 기소를 할 것이냐 불기소할 것이냐의 결정권이 검사에게만 있다는 말인데, 이를 기소독점주의라 한다. 불기소처분을 할 수 있는 사유는 〈검찰사건사무규칙〉에 정해져 있는데, 혐의 없음·죄가 안 됨·공소권 없음·기소유예 등이다.

　아예 범죄가 되지 않거나 증거가 없는 경우에는 혐의 없음 처분을 한다. 범죄 사실은 있지만 정당방위처럼 법에 정한 사유가 있어 범죄가 되지 않는 경우는 죄가 안 됨 처분을 한다. 법률에 의해서 공소권이 없는 경우에 하는 처분은 공소권 없음이다. 친고죄의 경우 고소가 없거나 고소를 취소한 때 해당한다. 기소유예는 기소할 수 있는 요건을 갖추었음에도 형사 정책적으로 용서하는 것이 낫다고 판단하여 기소를 하지 않는 처분이다. 검사의 판단으로 기소유예를 할 수 있도록 하는 제도를 기소편의주의라 한다. 그 밖에 피의자가 행방불명이거나 할 때 어쩔 수 없이 잠정적으로 수사를 중단하는 처분인 기소중지도 있다. 〈국가보안법〉의 공소보류는 기소유예와 같다. 수사기관에 접수한 공소장이 그 자체로 의미가 없을 때는 고소장을 각하하기도 한다. 이러한 기소유예, 공소보류, 고소장 각하도 불기소처분의 하나다.

　수사를 하면서 필요에 따라 사람의 신병을 구금하기도 한다. 구속, 체포, 유치 등 그 용어에 관계없이 수사 과정에서 신체의 자유를 제한하는 처분은 모두 구금이다. 그런데 구금을 당했던 사람이 무죄를 선고받았다면, 결국 영장을 청구한 수사기관이나 영장을 발부한 법관의 판단 잘못으로 피해를 입은 결과가 된다. 그 경우 국가가 배상해야 하는 건 당연하다. 다만 불기소처분을 받은 경우에는 사유가 다양하므로, 신청하면 심사하여 보상 여부를 결정한다.

수사기관이나 법원의 권력 남용이나 오판으로 재심에 의해 무죄가 선고되는 사례는 적지 않다. 심지어 이미 오래전에 무고하게 사형 집행을 당하여 이 세상에 존재하지 않는 사람에게 무죄가 선고되기도 한다. 이럴 때 〈형사소송법〉은 무죄판결이 확정된 피고인에게 일정한 형사보상을 청구할 권한을 부여하고 있다. 〈형사보상 및 명예회복에 관한 법률 및 그 시행령〉에 의하여 구금일수 1일당 보상청구의 원인이 발생한 해의 〈최저임금법〉에 따른 일급日給 최저임금액의 5배를 한도로 하는 형사보상금이 충분한 위로가 될 리 없다. 그럴 경우 형사보상과 별도로 손해배상 청구 소송을 제기할 수 있다.

억울하게 구금을 당한 사람들에게 보상을 하는 것은 당연한 일이다. 하지만 구금당하지 않고 불구속 상태에서 조사를 받더라도 개인이 받는 정신적·경제적인 피해는 크다. 강압적인 검찰 수사는 불구속 피의자를 거의 매일 소환하여 오랜 시간 동안 대기시켰다가 심야까지 괴롭히는 경우도 있다. 이런 경우엔 물론 손해배상 청구가 가능하지만, 무고함이 드러난 불구속 피의자에게도 국가가 스스로 사과하고 보상할 수 있도록 제도를 마련해야 옳을 것이다.

029

제29조
___
공무원의 불법행위와 배상책임

① 공무원의 직무상 불법행위로 손해를 받은 국민은 법률이 정하는 바에

　　의하여 국가 또는 공공단체에 정당한 배상을 청구할 수 있다. 이 경우

　　공무원 자신의 책임은 면제되지 아니한다.

② 군인·군무원·경찰공무원 기타 법률이 정하는 자가 전투·훈련등

　　직무집행과 관련하여 받은 손해에 대하여는 법률이 정하는 보상외에

　　국가 또는 공공단체에 공무원의 직무상 불법행위로 인한 배상은

　　청구할 수 없다.

제29조 ①항

　여기서 "불법행위"란 〈민법〉에서 손해배상 책임을 발생하게 하는 원인 행위를 말한다. 불법행위란 법질서를 깨뜨리는 행위이므로, 법률이 허용할 수 없는 것으로 평가하는 행위다. 다른 말로 표현하면, 타인에게 손해를 끼치는 위법한 행위다.

　누구든지 불법행위를 하면 손해배상 책임을 진다. 국가라고 예외가 될 수 없다. 이렇게 당연한 듯이 보이는 국가의 배상 책임을 헌법에 규정하게 된 데에는 역사적 배경이 있다. 과거 군주제 시절 국왕으로 상징되는 국가는 국민 위에 군림했다. 군주나 국가는 잘못을 저지르지 않는 존재로 인식되었다. 왕은 신으로부터 권한을 부여받은 유일한 주권자였기 때문이다. 그러므로 국가는 책임을 지지 않았다.

　전근대적 봉건 체제가 무너지면서 주권은 국민에게 돌아왔다. 그 역사적 의미를 헌법에 담지 않을 수 없었다. 그리하여 국가도 고의나 과실로

개인에게 손해를 입히는 잘못을 저지를 경우 배상 책임을 진다는 헌법 규정이 탄생했다.

우리나라의 국가배상에 대해서는 〈국가배상법〉이 자세히 정하고 있다. 국가의 책임은 실제로는 공무원의 불법행위로 발생한다. 국가배상제도에서 공무원이란 사실상 공적 업무에 종사하는 사람으로 넓게 해석한다. 국가공무원이나 지방공무원은 물론, 소집 중의 향토예비군, 미군부대 카투사, 시의 청소차 운전기사, 집행관, 통장도 모두 해당된다. 이런 공무를 담당하는 사람이 직무와 관련한 행위를 하다 손해를 발생하게 하면 국가가 배상 책임을 진다.

손해를 입은 사람은 배상심의회에 배상 신청을 할 수 있지만, 직접 법원에 손해배상 청구 소송을 제기할 수도 있다. 민사소송을 제기할 때 국가와 불법행위를 한 공무원에 대하여 동시에 책임을 물을 수 있다. 그러면 국가가 피해자에게 배상한 뒤 불법행위를 한 공무원에게 구상권을 행사할 수 있다. 현재는 해당 공무원에게 중과실이 있을 때 구상하는 것을 원칙으로 하고 있다.

제29조 ②항

이 조항은 특수한 신분의 공무원이 직무와 관련하여 손해를 입은 경우에는 법률이 따로 정한 보상을 받을 수 있을 뿐이고, 1항의 국가배상 청구를 할 수 없다는 규정이다. 흔히 이중배상 금지 규정이라 부른다.

군인은 전시든 평시든 군에 복무 중인 사람을 말한다. 군무원은 군인이 아니면서 군 업무에 종사하는 사람으로, 기술·연구·행정 업무를 맡는 일반군무원과 기능적 업무를 맡는 기능군무원이 있다. 군무원은 대통령, 국방부장관 또는 각 군의 참모총장이나 부대장이 임명한다. 경찰공무원은 〈경찰공무원법〉에 따라 임명된다.

　애당초 우리 헌법에 이 조항은 없었다. 1960년대 대한민국은 미국이 일으킨 베트남전쟁에 국군을 파견했다. 그 뒤 참전 용사들이 국가배상을 요구하는 소송이 급증하자, 국가의 재정 부담을 해소한다는 명목으로 〈국가배상법〉에 바로 이 조항을 신설했다. 군인이었던 사람들이 베트남전쟁의 전투 중에 입은 피해에 대해 국가가 정한 일정한 보상만 받고, 그 외 민사소송 등의 방식으로 다른 청구를 못하게 한 것이다. 그러자 그 조항의 위헌성이 크게 논란이 되었는데, 결국 대법원에서 판결로 위헌 선언을 하고 말았다. 박정희 정권은 1972년 유신헌법을 만들면서 위헌 판결을 받은 〈국가배상법〉 조항을 그대로 헌법에 규정해 위헌 시비를 근원적으로 봉쇄해 버렸다. 이런 조항을 계속 방치할 것인지 묻지 않을 수 없다.

범죄행위로 인한 피해구조

타인의 범죄행위로 인하여 생명 · 신체에 대한 피해를 받은 국민은 법률이

정하는 바에 의하여 국가로부터 구조를 받을 수 있다.

국가기관이 수사 과정에서 사람을 잘못 구금하여 피해를 준 때에는 형사보상 책임을 진다. 공무원이 직무를 수행하는 과정에서 책임 있는 사유로 국민에게 손해를 입혔을 때 국가나 공공단체 그리고 공무원은 손해배상 책임을 진다. 어떤 경우든 국가나 공무원이 고의나 과실로 잘못하면 보상이든 배상이든 책임을 지는 일은 당연하다. 그런데 일반 범죄행위는 개인에 의한 것이므로 국가에 책임이 있다고 하기는 힘들다. 그럼에도 불구하고 왜 이런 조항을 헌법에 두는 것일까?

범죄는 피해자의 개인적 이익을 침해할 뿐 아니라, 사회공동체의 질서를 깨뜨리는 반사회적 행위다. 범죄 발생의 원인에는 행위자의 성향과 사회 구조적 모순이 섞여 있다. 그렇기 때문에 국가에는 범죄 예방의 의무가 있다. 형벌권을 국가에 준 것도 그런 이유 때문이다. 나아가 범죄 예방으로 평화롭고 안정된 질서의 유지뿐 아니라 발생한 범죄 피해로 큰 상처

를 입은 시민을 보살피고 위로하는 일도 국가의 할 일이다. 이는 바로 국민의 인간다운 생활을 보장하는 노력이 된다.

그런 까닭에 개인에 의한 범죄라 하더라도 범죄로 인한 피해가 커서 개인의 삶이 파괴될 지경에 이른 경우에는 국가가 나서서 구조할 의무가 있다. 물론 가해자인 범죄자에게 모든 법적 책임을 물을 수 있으나, 범죄자에게 경제적 능력이 없는 경우에는 만족스러운 배상을 받을 가능성은 매우 낮다.

과거에는 범죄 피해자에게 국가가 보상하는 제도가 없었다. 이 제도는 1963년 뉴질랜드에서 처음 시행되었고, 우리 헌법에는 1987년 개정 때 이 조항이 신설되었다. 이 조항에 근거하여 〈범죄피해자구조법〉을 제정했다. 그리고 이 법은 2010년 5월 전면 개정된 〈범죄피해자보호법〉에 통합되었다. 헌법의 규정대로 생명이나 신체에 대해 범죄 피해를 입은 자나 그 유족은 일정한 구조금을 지급받는다. 현재 법률은 범죄행위로 사망한 사람의 유족이나, 장해 또는 중상해를 입은 사람만 구조 대상으로 하고 있다. 구조금을 받기 원하는 범죄 피해자나 유족은 그 주소지, 거주지 또는 범죄 발생지를 관할하는 지방검찰청의 범죄피해자구조심의회에 신청을 하면 된다.

모든 범죄의 피해자에게 국가가 구조금을 지급하기는 어려울 것이다. 그렇기 때문에 사망이나 장해, 중상해의 경우로 한정했다. 하지만 실생활에서 시민들이 느끼는 가장 큰 고통은 경제적 피해다. 더군다나 경제 범죄는 나날이 늘고 있다. 그러므로 사정만 허락한다면 범죄로 인하여 생존기반을 송두리째 상실할 정도로 격심한 경제적 피해를 입은 사람도 국가가 구조하는 것이 바람직하다. 그런 국가의 능력과 태도야말로 사회 안전망의 하나로 기능하며, 복지국가 실현에 일조하게 될 것이다.

시민이 원하는 범죄 피해의 구조는 그런 것인지 모른다. 그렇다면 구체적 시행은 사정에 따라 훗날로 미루더라도, 헌법에 그 가능성의 여지를 남겨두는 것이 좋겠다. 헌법에 규정된 내용이 아니더라도 법률로 피해 구조의 범위를 확대하는 일은 얼마든지 가능하다. 하지만 헌법에 직접 규정하거나 간접적이나마 여운을 남겨두면 법률에 의한 시행을 촉구할 수 있다. "생명·신체에 대한 피해"를 '생명·신체 등에 대한 피해'로 바꾸면 된다. 헌법에서 글자 한 자의 차이는 이다지도 크다.

제2장 국민의 권리와 의무

031

제31조
___
교육을 받을 권리 · 의무등

① 모든 국민은 능력에 따라 균등하게 교육을 받을 권리를 가진다.

② 모든 국민은 그 보호하는 자녀에게 적어도 초등교육과 법률이 정하는 교육을 받게 할 의무를 진다.

③ 의무교육은 무상으로 한다.

④ 교육의 자주성 · 전문성 · 정치적 중립성 및 대학의 자율성은 법률이 정하는 바에 의하여 보장된다.

⑤ 국가는 평생교육을 진흥하여야 한다.

⑥ 학교교육 및 평생교육을 포함한 교육제도와 그 운영, 교육재정 및 교원의 지위에 관한 기본적인 사항은 법률로 정한다.

제31조 ①항
___

인간에게는 삶 자체가 교육이다. 누구든지 태어나 사회 속에서 살아가는 가운데 필요한 것을 저절로 배운다. 하지만 여기서 말하는 교육은 그런 의미의 교육이 아니다. 목적과 방향이 어느 정도 정해져 있고, 의도적으로 체계화된 지식을 배우는 것이라고 이해해야 한다. 인간에게 교육이 필요한 것은 자기 자신과 사회공동체를 위해 유용하다고 판단하기 때문이다. 유용할 뿐 아니라, 자연적 인간이 사회적 인간으로 거듭나기 위한 필수적 기본 요소이기도 하다. 인간은 경험과 교육을 통해 자기 자신과 세상을 이해하고, 그 과정에서 자신의 잠재적 능력을 발휘하고, 그 효과로 사회공동체에 기여하게 된다.

교육을 받을 권리도 두 가지 측면에서 이해할 수 있다. 우선 교육을 받을 자유, 즉 교육을 받는 데 방해를 받지 않을 권리를 의미한다. 그리고 국가에 교육을 위한 일정한 시설과 환경을 배려해줄 것을 요구하는 권리를 포함한다. 혼자서는 배우고 싶어도 배울 수 없기 때문이다. 그런 이유로 헌법 이론가들은 교육받을 권리를 인간다운 생활을 할 권리, 노동의 권리, 보건권 등과 함께 '사회권적 기본권'이라 부르기도 한다.

"능력에 따라" 교육을 받는다는 것은 각자의 수학 능력이나 개성에 따라 교육의 기회가 다르게 제공될 수 있다는 의미다. 그래서 입학시험이 정당화되는 것이다. 경쟁 시험에 떨어져 그 학교에서 교육받을 기회를 얻지 못하였다고 교육받을 권리나 평등권을 침해당한 것은 아니라는 말이다.

"균등한 교육"이란 우선 교육의 기회를 차별 없이 보장한다는 의미다. 그리고 제도화된 학교 교육에서 각급 학교마다 교육 내용과 시설에 큰 차이가 없도록 배려한다는 뜻이 포함되어 있다. 균등한 교육을 위한 각종 기준은 〈교육기본법〉, 〈초·중등교육법〉, 〈교육공무원법〉 등에 정해져 있다.

그런데 현실에서는 사정이 다르다. 특정한 도시의 특정한 지역 혹은 특정 학교가 교육에 훨씬 유리하다는 생각이 팽배해 있다. 그 원인은 자녀를 둔 부모들이 교육을 대학입시를 위한 수단으로만 생각하는 데 있다. 헌법이 어찌할 수 없는 심각한 세태다.

제31조 ②③항

의무교육에 관한 규정이다. 우리는 초등학교 과정 6년과 중학교 과정 3년을 절대적 의무교육으로 하고 있다. 보호 중인 자녀가 만 6세가 되는 날이 속한 해의 다음 해 3월 1일에 초등학교에 입학시켜야 하는 것이 원칙이다. 의무교육인 만큼 이를 이행하지 않으면 〈초·중등교육법〉에 의하여 100만 원 이하의 과태료가 부과된다.

"초등교육"과 "법률이 정하는 교육"을 받게 할 의무라고 하였는데, 이

것은 무엇인가? 초등교육은 언제나 의무교육이다. 그리고 가능한 한 재정 형편을 봐서 중학교나 고등학교 교육도 의무교육으로 행하는 것이 가능해지면 그렇게 하겠다는 의지의 표현이 "법률이 정하는 교육"이다. 지금은 의무교육으로 하고 있지 못하지만, 훗날 사정이 허락하면 법률을 만들어 의무교육을 확대하겠다는 말이다. 그리하여 〈교육기본법〉 개정으로 중학교까지 의무교육이 확대되었다. 따라서 현재 초등학교는 헌법에 의한 의무교육, 중학교는 법률에 의한 의무교육이 되었다. 의무교육은 무상으로, 국가나 지방자치단체가 비용을 전액 부담한다. 하지만 중학교 과정은 재정 형편에 따라 무상교육을 점차적으로 시행하는 것으로 하였다.

2항은 부모가 자녀를 또는 부모를 대신하여 어린이를 보호하는 사람이 그 어린이를 학교에 보내 교육을 받게 할 의무를 규정하고 있다. 그런데 부모 또는 그에 준하는 보호자에게 그의 자녀에 대한 직접 교육을 할 권리가 있다는 말이 빠졌다는 지적도 있다. 예를 들면, "자녀의 양육과 교육은 부모의 자연적 권리다"라는 독일식의 규정을 신설해야 한다는 의견이 그것이다. 개정의 기회에 고려할 만하다. 그렇지만 그런 명시적 조항이 없더라도, 부모가 자식을 교육할 권리는 당연히 인정된다.

제31조 ④항

교육 주체가 교육의 내용과 방법 그리고 교육기관의 운영에 관하여 스스로 결정한다는 원칙이 자주적 교육이다. 국가가 감독권은 행사하되 구체적으로 간섭해서는 안 된다는 말이다. 교육 전문가들이 자율적으로 판단하고, 특정한 정치적 의견을 주입시키거나 홍보해서는 안 된다는 것으로, 자주성·정치적 중립성·자율성은 모두 일맥상통하는 의미를 지니고 있다.

2008년 대통령 이명박의 새 정부가 들어서자 교육과학부는 특정 국사 교과서의 내용이 편향적인 시각으로 쓰였다는 이유로 수정을 강요했다. 교과서 저자들은 학문의 자유를 침해하는 어이없는 지시일 뿐 아니라, 기본적 역사의식이 부재한 관리들의 발상이라며 요구를 거부했다. 그런데 중간에서 눈치를 보던 출판사가 저자들을 무시하고 교과서를 수정했다. 그러자 저자들은 동의 없이 수정한 교과서의 배포를 중지시켜달라는 소송을 제기했다. 2009년 9월 24일 서울중앙지법은 저자들이 옳다고 선고하면서 위자료까지 지급하라고 명령했다.

역사 교과서 파동은 거기서 끝나지 않았다. 역사 교과서는 1974년 박정희 정권이 국정화로 결정한 뒤 그 상태가 계속 유지되다가, 2007년에 와서야 교육과정을 개정해 2010년부터 전면 검정 체제로 전환되었다. 그에 따라 중학교 9종, 고등학교 8종의 한국사 교과서가 사용되었으나, 박근혜 정권에 들어서 다시 손을 대 큰 논란을 일으켰다. 교육의 다양성을 해치고 획일적 역사관을 주입한다는 비판에도 불구하고, 박근혜 정부는 2015년 11월 3일 중·고교 한국사 교과서 국정화 방침을 확정 고시했다.

이 조항에 굳이 대학의 자율성을 삽입한 것은 어떤 이유에서인지 얼른 납득이 되지 않는다. 대학의 자율성은 학문의 자유로 보장되기 때문이다.

제31조 ⑤항

"평생교육"이란 말은 사회구조가 다양해지고 세계화에 따라 시공간의 개념이 변화해 정보에 대한 개인의 인식이 달라지면서 생겨났다. 세상을 제대로 이해하고 적응하는 데에 더 많은 정보와 기술이 필요하다는 분위기가 팽배해진 것이다. 국내적으로나 국제적으로 경쟁력 강화를 공적 구호로 받아들이면서 지속적 교육이 필요조건처럼 등장했다. 그렇지만 가

제2장 국민의 권리와 의무

장 큰 이유 중의 하나는 수명의 연장이다. 사람들이 노후를 산책만 하면서 보낼 수는 없다는 생각에 이르게 된 것이다. 그런가 하면 노동의 양상도 많이 달라졌다. 하나의 직업을 정년까지 끌고 가는 경우도 드물어졌고, 실업은 만성적 사회문제로 정착했으며, 비정규직은 점점 늘어날 전망이다. 따라서 수시로 재취업을 위한 직업교육도 필요하게 되었다.

헌법이 예상한 평생교육은, 개인이 원할 경우 국가가 다양한 교육을 받을 기회를 지속적으로 제공하여, 사회 구성원들이 일생 동안 품격 있는 인간으로 자신을 완성시켜 나아갈 수 있게 만든다는 취지에서 규정한 것일 테다. 그래서 〈평생교육법〉에서는 평생교육을 "학교의 정규교육과정을 제외한 학력보완교육, 성인 문자해득교육, 직업능력 향상교육, 인문교양교육, 문화예술교육, 시민참여교육 등을 포함하는 모든 형태의 조직적인 교육활동"이라고 정의한다. 하지만 이제 이 조항을 삽입할 때와는 달리, 생존을 위한 최소한의 생활이라도 가능하게 하기 위한 배려적 정책 조항처럼 되고 만 느낌이다.

제31조 ⑥항

앞의 5개 조항을 종합한 결론과 같은 조항이라고 보면 된다. 그 구체적 실행을 위해서 〈교육기본법〉, 〈초·중등교육법〉, 〈고등교육법〉, 〈유아교육법〉, 〈영재교육 진흥법〉, 〈사립학교법〉, 〈독학에 의한 학위취득에 관한 법률〉, 〈재외국민의 교육지원 등에 관한 법률〉, 〈국외유학에 관한 규정〉, 〈평생교육법〉 등을 두고 있다. 교원에 관해서는 〈교육공무원법〉, 〈교원지위 향상을 위한 특별법〉, 〈교수자격 기준 등에 관한 규정〉이 있다.

제32조
근로할 권리 · 의무 등, 국가유공자의 기회 우선

① 모든 국민은 근로의 권리를 가진다. 국가는 사회적 · 경제적 방법으로

　근로자의 고용의 증진과 적정임금의 보장에 노력하여야 하며,

　법률이 정하는 바에 의하여 최저임금제를 시행하여야 한다.

② 모든 국민은 근로의 의무를 진다. 국가는 근로의 의무의 내용과 조건을

　민주주의원칙에 따라 법률로 정한다.

③ 근로조건의 기준은 인간의 존엄성을 보장하도록 법률로 정한다.

④ 여자의 근로는 특별한 보호를 받으며, 고용 · 임금 및 근로조건에 있어서

　부당한 차별을 받지 아니한다.

⑤ 연소자의 근로는 특별한 보호를 받는다.

⑥ 국가유공자 · 상이군경 및 전몰군경의 유가족은 법률이 정하는 바에 의하여

　우선적으로 근로의 기회를 부여받는다.

제32조 ①항

　사람은 일을 함으로써 자기를 계발하고 자아를 성취한다. 그리고 일을 통하여 사람들과 관계를 맺고 사회생활을 영위한다. 무엇보다 일에 대한 대가를 얻음으로써 경제적인 문제를 해결할 수 있다. 국가나 사회도 마찬가지다. 일하는 사람들이 있기 때문에 국가와 사회가 발전하고 유지될 수 있다. 이처럼 노동은 개인과 국가, 사회를 위하여 필수불가결한 요소다. 따라서 국가는 사람들에게 일할 기회를 제공해야 한다. 헌법 제32조 1항이 "모든 국민은 근로의 권리를 가진다"고 규정한 이유가 여기에 있다.

　노동의 권리는 1919년 바이마르헌법이 처음으로 헌법상 권리로 인정했다. 오스트리아의 법학자 안톤 멩거는 1896년에 "누구나 자기가 한 노

동의 이익을 받을 권리가 있다"고 주장했다. 멩거의 주장은 노동전수권勞動全收權이라 불리는데, 핵심만 요약하자면 '노동으로 생긴 이익은 전부 노동자의 것'이란 이론이다. 바이마르헌법은 이에 영향을 받아서 "모든 독일 국민에게는 경제적 노동에 의하여 생활 자료를 구할 수 있는 기회가 부여된다. 적정한 근로의 기회가 부여되지 아니하는 자에 대해서는 필요한 생계비를 지급한다"고 규정하고 있다. 대한민국도 건국 헌법에서부터 노동의 권리를 보장해왔다. 그러나 바이마르헌법과 달리 일을 하지 못하였을 때 생계비를 청구할 수 있는 권리는 인정하지 않고 있다.

우리 헌법상 노동의 권리는 일차적으로 일할 기회를 제공해달라고 국가에 요구할 수 있는 권리를 의미한다. 다만 노동의 권리는 사회적 기본권이기 때문에 국가는 노동의 권리를 실현할 수 있는 법령을 적극적으로 만들어야 한다. 〈고용정책 기본법〉, 〈직업안정법〉, 〈근로자직업능력 개발법〉 등이 그 예다. 또한 노동의 권리를 실효적으로 보장하기 위하여 국가는 사회적·경제적 방법으로 고용 증진에 노력해야 한다. 일자리를 만들고 실업률을 줄이는 것은 국가의 의무이며, 국가는 제공된 일자리로부터 노동자가 함부로 해고당하지 않도록 보호해야 한다. 사용자는 근로자를 정당한 이유 없이 해고할 수 없고, 경영상 이유로 해고를 하는 경우에도 긴박한 필요가 있는 경우에만 할 수 있도록 〈근로기준법〉에 규정한 것도 해고 제한에 관한 국가의 의무에 기인한다. 이러한 점에서 2007년에 제정된 〈기간제 및 단시간근로자 보호 등에 관한 법률〉은 문제가 많다. 이 법이 2년 이하 근무한 노동자에 대해서는 제한 없이 해고할 수 있는 가능성을 열어주었기 때문이다.

1998년에 제정된 〈파견근로자보호 등에 관한 법률〉도 마찬가지다. 〈근로기준법〉은 중간 착취를 금지하고, 〈직업안정법〉은 노동조합이 아니면 근로자공급사업을 할 수 없도록 해왔다. 노동력을 공급받고 활용하는 자가 사용자로서 책임을 져야 한다는 직접 고용의 원칙 때문이다. 그런데 〈파견 근로자보호 등에 관한 법률〉이 제정되면서 돈을 받고 노동자를 공급하는 파견사업이 합법화되었다. 이로 인해 사용자가 파견 사업주와 사용 사업주 둘로 나뉘고, 사용 사업주는 마음대로 파견 노동자를 해고할 수 있게 되었다.

일자리를 제공하고 함부로 해고를 하지 못하도록 막는 것만으로 국가의 의무가 끝나는 것은 아니다. 노동자는 자본과 생산수단을 가진 사용자에 비하여 열악한 지위에 있기 때문에, 임금, 근로 시간 등의 근로조건에서 부당한 대우를 받기 쉽다. 따라서 국가는 인간의 존엄성을 보장하도록 근로조건의 기준을 법률로 정함으로써 노동의 권리를 실효적으로 보장해야 한다. 헌법재판소도 1991년 7월 22일 "헌법의 근로기본권에 관한 규정은 계약 자유의 원칙을 그 바탕으로 하되, 근로자의 인간다운 존엄성을 보장할 수 있도록 계약 기준의 최저선을 법정하여 이를 지키도록 강제하는" 것이라고 했다. 근로조건의 기준을 정한 〈근로기준법〉도 제3조에 "이 법에서 정하는 근로조건은 최저기준이므로 근로관계 당사자는 이 기준을 이유로 근로조건을 낮출 수 없다"[19]고 규정하고 있다.

헌법에서는 노동의 권리의 주체를 모든 국민이라고 정했지만, 사용자와 노동자의 관계가 국민 간에만 성립하는 것은 아니다. 그래서 2007년 8월 헌법재판소는 "근로의 권리가 '일할 자리에 관한 권리'만이 아니라 '일할 환경에 관한 권리'도 함께 내포하고 있는바, 후자는 인간의 존엄성에 대한 침해를 방어하기 위한 자유권적 기본권의 성격도 갖고 있어 건강한 작업환경, 일에 대한 정당한 보수, 합리적인 근로조건의 보장 등을 요구할 수 있는 권리 등을 포함한다고 할 것이므로 외국인 근로자라고 하여 이 부분에까지 기본권 주체성을 부인할 수는 없다. 즉 근로의 권리의 구체적인 내용에 따라, 국가에 대하여 고용 증진을 위한 사회적·경제적 정책을 요구할 수 있는 권리는 사회권적 기본권으로서 국민에 대하여만 인정해야 하지만, 자본주의경제 질서하에서 근로자가 기본적 생활수단을 확보하고 인간의 존엄성을 보장받기 위하여 최소한의 근로조건을 요구할 수 있는 권리는 자유권적 기본권의 성격도 아울러 가지므로 이러한 경우 외국인 근로자에게도 그 기본권 주체성을 인정함이 타당하다"[20]고 하여 외국인에게도 노동의 권리 중 일부를 인정했다.

제32조 ②항

헌법은 "근로의 의무"에 대해서도 규정하고 있다. 즉 모든 국민은 근로의 의무를 지며, 국가는 근로의 의무의 내용과 조건을 법률로 정한다는 것이다. 그러나 사적 자치가 보장되는 자본주의사회에서 국가가 국민에게 노동을 강요할 수는 없다. 이는 헌법 제12조 1항 강제노역의 금지에 비추어 보았을 때에도 그러하다. 일할 능력이 있음에도 불구하고 일하지 아니하는 자를 윤리적, 도덕적으로 비난할 수 있다는 의미로 근로의 의무를 해석하는 이상 근로의 의무에 관한 헌법 규정은 없애는 것이 바람직하다.

같은 맥락에서 '근로'라는 용어는 '노동'으로 바뀌어야 한다. 근로는 말 그대로 부지런히 勤 일한다勞는 뜻인데, 모든 노동이 가치 있는 것이지 부지런히 일한 경우에만 보호받아야 하는 것은 아니기 때문이다.

제32조 ③항

근로조건 중 가장 중요한 요소는 임금이다. 이와 관련하여 국가는 적정임금이 보장될 수 있도록 노력해야 하며, 법률이 정하는 바에 의하여 최저임금제를 시행해야 한다. 적정임금은 인간의 존엄성에 상응하여 인간다운 생활을 하는 데 필요한 정도의 임금을, 최저임금은 최저한의 생활을 보장하는 데 필요한 임금을 말한다. 헌법은 적정 임금에 대해서는 보장될 수 있도록 노력해야 한다고 규정한 반면, 최저임금제는 반드시 시행하도록 하고 있다. 최저임금제를 시행하기 위하여 현재 〈최저임금법〉이 제정되어 있다.

적정 임금이 인간다운 생활을 영위하기 위하여 필요한 금원을 뜻하는 이상 노동자는 파업 등으로 노동을 제공하지 못하는 기간에도 생활을 유지하기 위하여 필요한 임금 부분을 지급받아야 한다. 그러나 대법원은 1995년 12월 21일, "우리 현행법상 임금을 사실상 근로를 제공한 데 대하여 지급받는 교환적 부분과 근로자로서의 지위에 기하여 받은 생활 보장적 부분으로 이분할 아무런 법적 근거도 없다"라며 '무노동 완전 무임금'에 입각한 판결을 선고했다.

제32조 ④항

헌법은 사회적 약자인 여성과 연소자에 대해서는 특별한 보호를 요구하고 있다. 특히 여성은 고용, 임금 및 근로조건에 있어서 부당한 차별을 받아서는 안 된다. 여성에 대한 부당한 차별을 없애기 위해 〈남녀고용평등과 일·가정 양립 지원에 관한 법률〉은 모집과 채용, 임금, 정년·퇴직 및 해고 등에 있어서 남녀 차별을 금지하고 있다.

제32조 ⑤항

연소자에 대해서는 〈근로기준법〉이 일할 수 있는 최저 연령, 근로 시간 및 휴일 근로 등에 보호 규정을 두고 있다.

제32조 ⑥항

이외에도 헌법은 국가유공자·상이군경 및 전몰군경의 유가족에 대하여 법률이 정하는 바에 따라 우선적으로 근로의 기회를 부여하도록 하고 있다. 이는 국가와 민족을 위하여 헌신한 자들에 대한 국가적 보상이라 하겠다.

근로자의 단결권등

033

① 근로자는 근로조건의 향상을 위하여 자주적인 단결권 · 단체교섭권 및
   단체행동권을 가진다.

② 공무원인 근로자는 법률이 정하는 자에 한하여 단결권 · 단체교섭권 및
   단체행동권을 가진다.

③ 법률이 정하는 주요방위산업체에 종사하는 근로자의 단체행동권은 법률이
   정하는 바에 의하여 이를 제한하거나 인정하지 아니할 수 있다.

제33조 ①항

노동자는 자신의 노동력을 사용자에게 제공하는 대가로 임금을 받아 생활하는 자를 말한다. 노동자에게 임금은 삶의 기반이 되고, 노동력은 유일한 생활 수단이다. 그러나 사용자에 비하여 노동자는 경제적으로 약한 지위에 있기 때문에 그냥 내버려두면 노동환경은 열악해질 수밖에 없다. 그래서 우리 헌법은 노동자로 하여금 사용자와 대등한 지위를 갖추도록 하기 위하여 단결하고 단체를 통하여 사용자와 교섭하며 단체 행동을 할 수 있는 노동3권을 부여하고 있다.

전 세계적으로 노동자들이 착취로부터 벗어나기 위해서 자주적으로 단결하고 한목소리를 낸 역사는 1800년대 초까지 거슬러 올라간다. 그러나 노동자들의 이러한 움직임은 거센 탄압을 받았다. 노동3권을 헌법상 권리로 인정한 것은 역시 1919년 바이마르헌법이 처음이다. 대한민국도 건국 헌법에서부터 노동3권을 헌법에 명시하였는데, 건국 헌법 당시

의 노동3권은 법률이 정하는 범위 안에서만 보장받았다. 그러다가 네 번의 개헌 과정을 거쳐 현행 헌법에 이르러 완전하게 보장받게 되었다. 다만 공무원과 주요 방위산업체에 종사하는 근로자에 대해서는 여전히 제한이 따른다.

하나씩 살펴보자. "단결권"이라 함은 사용자와 대등한 교섭권을 가지기 위한 단체를 구성할 수 있는 권리를 말한다. 쉽게 설명하면 노동조합을 만들 수 있는 권리다. 따라서 노동자라면 누구나 노동조합을 결성할 수 있고, 노동조합에 가입할 수 있다. 〈노동조합 및 노동관계조정법〉 역시 사용자가 노동조합을 만들거나 노동조합에 가입한 노동자에게 해고 등 불이익을 줄 경우 벌칙을 부과하는 방법으로 이를 금지하고 있다. 그러나 현실에서 노동조합을 만들거나 노동조합에 가입하기란 쉽지 않다. 특히 비정규직 노동자가 노동조합을 만들거나 노동조합에 가입하면 사용자는 근로계약을 해지하거나 갱신을 거절하는 방법으로 사실상 단결권을 침해하고 있다.

여기서 말하는 노동자는 반드시 지금 일을 하고 있는 사람일 필요는 없다. 〈노동조합 및 노동관계조정법〉은 해고되어 현재 중앙노동위원회의 재심 판정을 기다리는 사람도 노동자라 명시하고 있고, 대법원은 "〈노조법〉 제2조 제1호 및 제4호 (라)목 본문에서 말하는 '근로자'에는 특정한 사용자에게 고용되어 현실적으로 취업하고 있는 자뿐만 아니라, 일시적으로 실업 상태에 있는 자나 구직 중인 자도 노동3권을 보장할 필요성이 있는 한 그 범위에 포함"된다고 판결했다.

또한 주체가 '근로자'라고 명시되어 있는 만큼 외국인도 노동자인 이상 노동조합을 결성하고, 노동조합에 가입할 수 있다. 2015년 6월 25일 대법원은 "타인과의 사용종속관계하에서 근로를 제공하고 그 대가로 임금 등을 받아 생활하는 사람은 〈노동조합법〉상 근로자에 해당하고, 〈노동조합법〉상의 근로자성이 인정되는 한, 그러한 근로자가 외국인인지 여부나 취업 자격의 유무에 따라 〈노동조합법〉상 근로자의 범위에 포함되지 아니한다고 볼 수는 없다"고 했다.

그러나 법과 달리 현실에서 노동자는 노동조합을 만들거나 노동조합에 가입하기가 쉽지 않다. 〈노동조합 및 노동관계조정법〉은 사용자가 노동조합을 만들거나 노동조합에 가입한 노동자에게 해고 등 불이익을 줄 경우 벌칙을 부과하는 방법으로 이를 금지하고 있지만, 특히 비정규직 노동자가 노동조합을 만들거나 노동조합에 가입하면 사용자는 근로계약을 해지하거나 갱신을 거절하는 방법으로 사실상 단결권을 침해하고 있다. 그 결과 2016년 현재 대한민국의 노동조합 조직률은 10% 내외이고 비정규직 노동자의 노동조합 조직률은 2%에 불과하다.

"단체교섭권"은 노동자가 결성한 단체가 사용자와 자주적으로 교섭할 수 있는 권리다. 따라서 사용자는 노동조합이 단체교섭을 원할 경우 이에 응해야 하며, 단체교섭의 결과 나온 단체협약은 사용자를 구속하게 된다. 그렇다면 어떤 것들이 단체교섭의 대상이 될 수 있을까? 일단 임금, 노동시간, 휴가, 정년 등의 노동조건이 단체교섭의 대상이라는 데에는 아무런 이의가 없다. 그러나 근로조건과 관계없는 사항, 예컨대 구조조정이나 합병 등의 경영권, 인사권 그리고 정치적 사항이 단체교섭의 대상에 속하는지에 대해서는 논란이 있다.

"단체행동권"은 주장을 관철하기 위하여 파업, 태업과 같이 업무의 정상적인 운영을 저해할 수 있는 행위를 할 수 있는 권리다. 사용자가 교섭에 응하지 않거나 교섭 내용을 일방적으로 결정하려 할 때에 단체행동권을 행사함으로써 사용자를 압박하는 것이다. 대법원도 1992년 9월 22일 선고한 판결에서 쟁의행위에 대한 사용자의 수인 의무를 인정했다. 쟁의행위는 "적극적으로 그 주장을 관철하기 위하여 업무의 정상적인 운영을 저해하는 행위까지 포함하므로, 쟁의행위의 본질상 사용자의 정상 업무가 저해되는 경우가 있음은 부득이한 것으로서 사용자는 이를 수인할 의무가 있다"고 하였다.

그렇지만 법은 단체행동을 할 수 있는 요건을 엄격하게 정하고 있다. 〈노동조합 및 노동관계조정법〉은, 노동조합의 목적이 근로조건의 유지·개선뿐 아니라 "근로자의 경제적·사회적 지위의 향상을 도모함"에도 있다고 하면서도, "임금·근로시간·복지·해고 기타 대우 등 근로조건의 결정에 관한 주장의 불일치"가 있을 때만 노동쟁의를 할 수 있다고 정하고 있다. 대법원도 "정리 해고나 사업 조직의 통폐합 등 기업의 구조조정의 실시 여부는 경영 주체의 고도의 경영상 결단에 속하는 사항으로서 이는 원칙적으로 단체교섭의 대상이 될 수 없다"고 판시하고 있다. 또한 〈노동조합 및 노동관계조정법〉은 노동조합의 설립에서부터 단체교섭 및 쟁의행위의 요건, 방식 등 노동3권을 행사할 수 있는 절차와 요건을 복잡하고 까다롭게 정함으로써 사실상 노동3권을 제한하고 있다.

이처럼 노동자라면 누구나 단결권, 단체교섭권 그리고 단체행동권을 가진다. 따라서 식당에서 일하는 아주머니도, 외국인 노동자도, 건설 일용직 노동자도 모두 자신의 노동력을 사용자에게 제공하는 대가로 임금을 받아 생활하는 이상 노동조합을 만들고, 노동조합에 가입하여 사용자와 교섭을 하고 파업을 할 수 있다.

제33조 ②항

그렇다면 공무원은 어떨까? 공무원도 노동력을 제공하고 그 대가를 받아 생활하는 사람이니 노동3권을 행사할 수 있을까? 이에 대하여 우리 헌법은 "공무원인 근로자는 법률이 정하는 자에 한하여 노동3권을 가진다"고 규정하고 있으며, 공무원의 〈노동조합 설립 및 운영에 관한 법률〉은 노동조합에 가입할 수 있는 공무원의 범위를 제한하고, 쟁의행위는 일체 금지하고 있다. 공무원은 국민 전체의 봉사자이고 공무원의 직무는 공공성을 띠기 때문이다. 그러나 노동3권은 근로조건의 보장을 위하여 인정되는 것인 만큼 공무원도 예외일 수 없다. 따라서 "법률이 정하는 자에 한하여" 노동3권을 인정할 것이 아니라, 원칙적으로 모든 공무원에 대하여 노동3권을 인정하되, 고위 공직자처럼 직무의 공공성이 명확한 자에 대해서는 노동3권을 제한하는 것으로 개정해야 한다.

제33조 ③항

주요 방위산업체에 종사하는 근로자도 마찬가지다. 우리 헌법은 "주요 방위산업체에 종사하는 근로자의 단체행동권은 법률이 정하는 바에 의하여 이를 제한하거나 인정하지 아니할 수 있다"고 규정함으로써, 단체행동권이 전면 금지되도록 했다. 그러나 단체행동권은 단체교섭을 위하여 반드시 필요한 것이고, 단체행동권을 행사하는 데에는 파업 외에도 다양한 방법들이 있으므로 이를 전면 금지하는 것은 문제가 있다.

참고로 〈노동조합 및 노동관계 조정법〉은 "〈방위사업법〉에 의하여 지정된 주요 방위산업체에 종사하는 근로자 중 전력, 용수 및 주로 방산물자를 생산하는 업무에 종사하는 자는 쟁의행위를 할 수 없다"고 규정하고 있다. 헌법재판소는 1998년 2월 27일 주력 방위산업체 종사자의 단체행동권을 금지한 구 〈노동쟁의조정법〉 제12조 2항에 대하여 합헌 결정을 내린 바 있다.[21]

제2장 국민의 권리와 의무

034

사회보장등

① 모든 국민은 인간다운 생활을 할 권리를 가진다.

② 국가는 사회보장·사회복지의 증진에 노력할 의무를 진다.

③ 국가는 여자의 복지와 권익의 향상을 위하여 노력하여야 한다.

④ 국가는 노인과 청소년의 복지향상을 위한 정책을 실시할 의무를 진다.

⑤ 신체장애자 및 질병·노령 기타의 사유로 생활능력이 없는 국민은

   법률이 정하는 바에 의하여 국가의 보호를 받는다.

⑥ 국가는 재해를 예방하고 그 위험으로부터 국민을 보호하기 위하여

   노력하여야 한다.

제34조 ①항

인간다운 생활, 이 이상 무엇을 바라겠는가. 인간의 존엄과 가치를 실현하고 행복한 삶을 살아가는 것이 인간다운 생활이라면, 결국 모든 기본권의 정수가 모여 있는 핵심 조항이라 할 만하다.

그런데 한 가지 의문이 있다. 우리가 보통 생각하는 인간다운 생활과 헌법이 말하는 인간다운 생활은 동일한 것인가? 인간다운 생활이란 앞에서 본 대로 한 인간으로서 자유와 권리를 충분히 누리면서 행복하게 지내는 삶을 말하는가, 아니면 겨우 인간의 체면을 유지할 수 있을 정도의 삶을 의미하는가?

인간다운 생활이 후자, 즉 최저 생활 수준이나 그 선을 조금 넘어서서 굴욕감을 면할 정도의 상태를 말한다면, 헌법의 이 조항은 쓸데없는 장식이요 폐기해야 할 기만적 구호에 지나지 않는다. 굶주림을 면하고 온갖 고통을 겉으로 드러내지 않을 정도의 인내를 인간다운 생활이라고 한다

면 너무 과장된 표현이기 때문이다.

인간다운 생활을 전자, 즉 생존을 유지하는 모든 인간이 보편적으로 누릴 수 있는 최상 또는 최적의 상태라고 하더라도 헌법의 표현은 불만스럽다. 모든 사람이 그 정도 수준의 삶을 누린다는 건 애당초 불가능하기 때문이다. 아니면 빈부의 차이에 따라 각자의 인간다운 생활의 정도가 다르다고 할 수밖에 없는데, 그렇게 되면 경제 사정에 따라 인간과 삶의 질을 계급화하는 결과가 되어 헌법으로서는 체면이 서지 않는다.

인간다운 생활을 할 권리 자체가 너무 추상적이어서 불필요한 조항이라는 지적도 있다. 그래도 인간답다는 그 말 한마디에는 인간으로서의 자존심이 담겨 있다. 나도 인간답게 살 권리가 있다는 생각만으로도 자긍심을 가질 수 있다. 그렇기 때문에 이 조항을 사회권의 상징적 표현으로 여긴다. 자유권은 국가나 타인으로부터 무엇인가 방해받지 않을 권리인 반면, 사회권이란 인간으로 살아가는 데 필요한 최소한의 조건을 국가에 대해 요구할 수 있는 권리다. 물론 개인의 권리가 아니라 국가의 의무를 선언한 것일 뿐이라는 의견도 있다.

사회권은 사회적 기본권이라고 풀어서 말할 수도 있는데, 1919년 독일 바이마르헌법 제151조에서 비롯했다. "경제생활의 질서는 사람마다 인간다운 생활을 할 수 있도록 보장하는 것을 목적으로 하는 정의의 원칙에 합치해야 한다." 그 말은 다름 아닌 사회보장제도의 요구다.

제34조 ②항

자유는 개인의 발전을 위한 필수불가결한 전제조건이다. 개인의 발전을 통해 공동체의 발전도 기대할 수 있다. 국가나 지방자치단체는 공동체로서 그 자체의 조직과 발전을 하나의 목표로 삼지만, 무엇보다 주권자이자 구성원인 개인의 자유와 권리의 보장을 최우선 과제로 여겨야 한다.

사회 속의 인간은 자유를 배경으로 경쟁을 한다. 경쟁을 통해 자신의 권리를 최대화할 수 있기 때문이다. 하지만 경쟁 결과 모든 사람이 승자가 될 수는 없다. 승자는 더 많은 패자가 있음으로 탄생한다. 항상 승자보다는 패자가 문제다. 패자는 다음 경쟁에서 재기를 도모한다. 자유민주주의 국가에서는 기회도 많은 법이니까.

그렇지만 기회가 거의 봉쇄된 사람도 생기게 마련이다. 승자나 패자가 아니더라도 정상적인 생활을 하기 어려운 사람들이 존재할 수밖에 없는 세상이다. 자유경쟁을 미덕으로 삼는 자본주의 세계에서는 더하다. 그러므로 경쟁의 대열에 나란히 설 기회를 완전히 잃었거나 능력을 상실한 사람들은 공동체가 도와주어야 한다. 어떤 경우든 곤경에 처한 사람이 좌절하지 않도록 사회적 안전판을 많이 설치해야 한다. 그것이 바로 국가의 의무로서, 사회보장과 복지 정책으로 이행할 수 있다.

질병, 실업, 노령 등을 이유로 자기 혼자서 생활하기 힘든 사람들을 국가가 제도적으로 보장하는 것이 사회보장이다. 국민의 안정적인 생활과 전체적인 이익의 향상을 위해 펼치는 시책은 사회복지라고 한다. 사회보장과 사회복지를 위한 정책을 펴는 일은 당연히 국가의 의무다.

실패가 두렵지 않은 사회가 있다면 그 사회는 좋은 사회다. 어떤 일을 하더라도 과감하고 창의적으로 시작할 수 있으며, 만약 성공하지 못하더라도 개의치 않고 다른 일을 시도할 수 있기 때문이다. 반면 한번 실패하면 일어서기 힘든 사회는 불안한 사회다. 이 조항에는 모든 시민이 든든한 안전판을 느끼며 안정된 삶을 꾸려나갈 수 있게 국가가 배려해야 한다는 의미가 담겨 있다.

국가가 사회보장과 사회복지를 증진하는 정책을 실천에 옮기자면 넉

녁한 재원이 필요하다. 따라서 부의 적절한 재분배를 통해 재원도 마련하고 빈부의 격차도 조절하는 입법이 불가피하다. 그러나 그럴 때마다 가진 자와 가지지 못한 자 사이에 갈등이 일어난다. 대부분의 갈등은 오히려 가진 자들이 조세 정책 등에 대해 저항하는 데에서 비롯하는데, 그 바탕에는 언제나 사회주의에 대한 오해가 깔려 있다. 어쨌든 이 조항은 가진 자보다 가지지 못한 자의 편에 서서 분배 정책에 힘써야 한다는 뜻으로 새겨야 한다. 그럴 때 이 조항의 정신을 제대로 살릴 수 있다.

일부 학자들 사이에서는 오래전부터 연구되어오던 제도의 하나였던 기본소득이 2016년경부터 우리 정치권에서 논의되기 시작했다. 기본소득은 부자건 가난한 자이건 구분하지 않고 태어나는 순간부터 일정한 돈을 지급하는 제도다. 모든 소득은 반드시 노동과 연계되어야 한다는 사고의 소유자들은 이해할 수 없는 제도이지만, 대가 있는 노동 외의 활동도 일이라고 생각하면 이해가 쉽다. 기본적으로 품위를 유지할 수 있는 정도의 생활이 보장된다면, 개개인은 타인이나 사회를 위해서 더 나은 존재가 될 수 있다는 꿈을 가질 수 있다. 그나마 기본소득이라는 제도가 우리 사회에서 관심의 대상이 되고 있다는 사실만으로도 실낱 같은 희망을 감지한다.

제34조 ③항

여성, 노인, 청소년, 신체장애인과 같은 사회적 약자의 복지 향상을 강조한 조항들이다. 사회적 약자나 소수자의 권익을 보장하고 정상적 사회생활을 위한 복지가 실현된다면, 사회의 전체적인 수준은 저절로 높아질 것이다.

현재 이런 과제를 구체적으로 실행하기 위해 많은 법률이 제정되어 운

제2장 국민의 권리와 의무

영되고 있다. 〈양성평등기본법〉, 〈여성기업지원에 관한 법률〉이 있고, 여성에 대한 모든 형태의 차별 철폐에 관한 국제 협약에 가입하였다. 그런데 외국과 비교하면 우리 여성의 복지 수준은 어느 정도나 될까? 우리 사회 내에서 남성과 비교하여 어느 정도 평등한 지위에서 경쟁하며 복지를 누리고 있을까? 그에 관한 놀라운 결과가 하나 있다. 세계경제포럼WEF에서 2009년 10월에 발표한 '세계 성 격차 지수'를 보면 아이슬란드가 1위고, 대한민국은 조사 대상 134개국 중 거의 꼴찌나 다름없는 115위에 매달려 있다. 6년이 지난 2015년에는 145개국 중에서 115위를 차지했다. 남녀의 임금 격차는 캄보디아나 네팔보다 못한 125위였다. 여성의 경제 참여 기회, 정치적 힘, 교육 성취, 건강 등을 기준으로 지표를 만들어 순위를 매긴 결과다. 우리의 헌법과 우리의 현실 수준의 차이를 잘 알 수 있다.

제34조 ④항

〈노인복지법〉, 〈노인장기요양보험법〉, 〈청소년 기본법〉, 〈청소년 보호법〉, 〈청소년복지 지원법〉, 〈아동·청소년의 성보호에 관한 법률〉이 이에 해당한다. 청소년뿐 아니라, 헌법 조항에는 빠져 있지만 어린이도 당연히 특별한 관심과 보호의 대상이 된다. 〈아동복지법〉, 〈아동의 권리에 관한 협약〉이 그 정신의 반영이다.

제34조 ⑤항

장애인을 위해서는 〈장애인복지법〉, 〈장애인고용촉진 및 직업재활법〉, 〈장애인 등에 대한 특수교육법〉이 마련되어 있다.

헌법이 인간다운 생활을 할 권리를 규정하면서 신체장애인과 같은 사회적 약자의 보호를 명시적으로 밝히고 있는 것은 무엇을 의미하는가?

자신의 자유를 실질적으로 누릴 수 있도록 국가가 그 조건과 환경을 만들어야 한다는 의무를 강조하는 것이다.

2002년 1월 '장애인 이동권 쟁취를 위한 연대회의'라는 단체는 보건복지부장관을 상대로 장애인들이 쉽게 타고 내릴 수 있는 저상버스를 도입하라고 헌법소원을 제기했다. 저상버스란 바닥과 출입문의 턱이 낮아 휠체어가 쉽게 드나들 수 있는 버스를 말한다. 그러나 헌법재판소는 그 청구를 받아들이지 않았다. 헌법 제34조는 장애인도 인간다운 생활을 누릴 수 있는 정의로운 사회를 만들어야 할 국가의 일반적 의무를 말하고 있을 뿐이고, 그 조항으로부터 저상버스를 도입해야 할 의무가 직접 생기는 것은 아니라는 것이 그 이유였다.[22]

제34조 ⑥항

뜻밖의 재해는 구체적 개인의 책임으로 돌리기 힘들다. 그러므로 국가는 재난으로 곤경에 처한 사람들을 보호할 필요가 있다. 나아가 국가는 재해를 예방할 의무도 있다. 예측 가능한 재난을 제대로 예방하지 못했다면 그때는 국가에게 법적 책임까지 물을 수 있다. 재해를 제대로 예측하고, 효율적으로 예방하며, 발생한 결과를 신속하게 복구하는 능력과 노력 역시 안전하고 안정된 사회를 만드는 데 기여한다.

〈재난 및 안전관리 기본법〉, 〈재해구호법〉 등이 그런 목표를 달성하기 위해 만들어진 법률이다. 그러나 2014년 4월 16일 인천에서 출발해 제주로 가던 여객선 세월호가 진도군 병풍도 부근 해상에서 침몰해 304명이 사망 또는 실종했다. 그 사고에서 국가의 재난 관리 체계가 보여준 허망함은 수많은 국민에게 충격과 상처를 남겼다. 헌법의 이 조항이 유명무실하게 느껴질 수밖에 없는 참상이었다.

035

① 모든 국민은 건강하고 쾌적한 환경에서 생활할 권리를 가지며,
국가와 국민은 환경보전을 위하여 노력하여야 한다.

② 환경권의 내용과 행사에 관하여는 법률로 정한다.

③ 국가는 주택개발정책등을 통하여 모든 국민이 쾌적한 주거생활을
할 수 있도록 노력하여야 한다.

제35조 ①항

환경이란 단어는 원래 자연과학, 특히 생물학에서 사용하던 용어로서,
한 생명체나 그 군락이 생존을 위해서 필요로 하는 유기적·무기적 주변
세계를 뜻한다. 모든 생명체가 자신의 환경 속에서 그리고 환경과 교류하
면서 생존의 기본 욕구를 충족하고 생명 활동을 유지하듯이, 인간도 특정
한 자연적 조건이 마련될 때에만 생존과 번식을 할 수 있다. 다만 인간이
환경과 교류하는 방식은 '도구적 인간'이라는 표현에서 나타나듯이, 기
술을 통해 자신의 환경을 개척하고 자신에게 적대적인 환경을 유리하게
변화시킨다는 점에서 특별하다.

기술을 통해 자연적 조건을 극복함으로써 동굴 속 인간은 자연의 폭력
으로부터 해방되었지만, 자연과 맞선 끝에 얻은 승리는 인간 스스로의 종
말이라는 비극적 시나리오의 소재가 되기도 한다. 과학기술의 급격한 발
전과 이에 기초한 현대 산업의 무절제한 자연 지배와 자연 약탈은 인간의

유일한 거주처인 지구 환경을 변질시키고, 산업사회와는 다른 방식으로 삶을 영위하는 다른 거주자들과 이웃 생명체의 생존을 위협하는 지경에 이르도록 했다.

심지어 생명과학의 발전으로 인간 자신을 포함한 생명체의 유전형질의 변화가 가능해짐으로써, 새로운 생명체 또는 유전정보가 변질된 생명체가 자연환경에 출현하게 되기도 했다. 그리하여 인간은 지금까지는 알려지지 않았던 낯선 자연환경에 처하게 되거나, 스스로의 유전정보를 변화시켜 생명체로서의 근본 명령인 유전정보의 지속적 전달을 무용한 것으로 만들게 되었다.

"인간은 자연을 살해할 수 없다. 단지 우리 자신만이 멸종될 뿐이다." 생물학자인 린 마굴리스의 이 말은 환경문제 혹은 생태 위기 안에서 인간이 놓인 위치를 적절하게 표현한다. 즉 그의 말은 종말의 판타지나 예언자적 경고가 아니라, 부분과 전체의 상호작용에 대한 인식, 개별 생명체와 전체 생태계의 작용에 대한 과학적 인식에 기초하여 인간에 의해 이 균형이 깨질 경우 어떠한 결과를 빚게 될 것인지에 대한 걱정스러운 질문과 연관되어 있는 것이다.

환경에 대한 이러한 염려는 환경 보호에 대한 관심과 요구로 이어지고, 이에 상응하는 환경법 규범의 창출로 결실을 맺게 되었다. 즉 환경문제가 자연이 무한하리라는 믿음과 언제든 회복 가능하다는 잘못된 믿음에서 기인했다면, 환경법은 유한한 자연을 이용할 권리를 제한하고, 환경에 회복 불능의 부담을 과하지 않도록 행동을 제한하는 것을 주된 내용으로 한다. 이처럼 환경에 대한 새로운 의식과 법제화는 사람들이 자신들을 둘러싼 환경, 특히 자연환경에 무언가 심각한 문제가 있다는 인식에 따른 반작용인 셈이다.

　　　　　　　　　　　　　제2장 국민의 권리와 의무

그렇지만 과연 구체적으로 무엇을 어떻게, 그리고 누구를 위해 보호해야 하는가를 묻게 되면 대답하기가 썩 쉽지 않다. 아파트 건물이 빼곡히 들어선 회색 지대 속의 노송 한 그루를 자르지 않는 것이 환경보호인가? 동식물과 같은 자연환경 자체를 보호하는 것이 진정한 환경보호인가? 아니면 그 속에 살면서 온전한 환경의 혜택을 누리려는 우리 인간들 자신을 보호하려는 것을 궁극적 목적으로 해야 하는가? 또는 우리를 이을 다음 세대에 깨끗한 환경을 물려주기 위해 환경보호란 꼭 필요한 것인가? 어디서부터 어디까지가 환경인가라는 물음만큼이나 까다롭고 대답하기 궁색하게 만드는 물음들이 꼬리에 꼬리를 문다.

　이런 점에서 우리 헌법은 아주 속 편한 방법을 선택했다. 즉 모든 국민에게 "건강하고 쾌적한 환경 속에서 생활할 권리"를 가진다고 규정함으로써, 환경권을 지금 여기에 살고 있는 우리 국민들의 기본적 권리로 만든 것이다. 그러니까 건강하고 쾌적한 환경을 위협당하거나, 아직은 건강하고 쾌적한 환경 속에서 살지 못하고 있는 국민들은 자신들의 권리를 행사하여 건강하고 쾌적한 삶을 유지하고 확보할 수 있다는 뜻이 된다. 이것이 얼마나 비현실적인지에 대해서는 그리 긴 설명이 필요 없을 것이다.

　그것만으로도 부족해서 1항의 뒷부분에는 환경 보존이 국민과 국가의 의무에 속한다고 선언한다. 여기에는 약간의 모순이 있다. 만일 환경권을 기본권으로 규정하고 있는 앞부분이 정직한 표현이라면, 이와 관련해서는 국가만이 의무를 부담한다고 보는 것이 맞다. 그런데 한편에서는 환경권을 기본권으로 정해두고 다른 한편으로는 환경 보존을 국가 목적으로 삼아, 두 마리 토끼를 모두 잡으려고 한다. 얼핏 보기에는 그럴듯한 시도다. 하지만 실제로 할 수 없는 일임을 뻔히 알면서 선한 의도만을 과시하려는, 어쩌면 헌법 자체가 갖고 있는 상징적 속성을 지나치게 과시하는 것 같아 못마땅하다. 차라리 환경 보전을 위해 국가가 노력해야 한다고만 못박아두었더라면 국가의 입장에서 훨씬 더 나았을 것 같다. 특히 '녹색 성장'을 부르짖으면서 '녹색' 골프장 건설 허가를 더 쉽게 만들었던 정부 정책을 떠올리면 더더욱 그렇다.

물론 이러한 헌법 조항의 문제점과 환경보호의 중요성 사이에는 아무런 관련성이 없다는 점은 반드시 짚어둘 필요가 있다. 그건 환경권이나 환경보호가 헌법에 규정되어 있느냐 아니냐와는 별개의 문제이다.

제35조 ②항

현행법으로는 〈환경정책기본법〉, 〈환경분쟁 조정법〉, 〈환경영향평가법〉, 〈환경개선비용 부담법〉, 〈환경기술 및 환경산업 지원법〉, 〈환경범죄 등의 단속 및 가중처벌에 관한 법률〉, 〈환경오염피해 배상책임 및 구제에 관한 법률〉, 〈환경친화적 산업구조의 전환촉진에 관한 법률〉 등이 있다.

제35조 ③항

주택 개발 정책에 관한 3항은 앞의 1, 2항과는 상당히 동떨어진 내용이다. 주택 개발 정책은 경우에 따라서는 환경 보전과 완전히 배치된 것일 수도 있기 때문이다(친환경 주택 건설에 관한 조항이라면 이해할 수 있다). 차라리 다른 사회적 기본권 조항에 배치하여 집 없는 사람들의 설움을 헌법을 동원해서까지 어느 정도 달래주려는 헌법 제정자의 깊은 뜻을 과시했어야 할 일이다.

036

혼인과 가족생활, 모성보호, 국민보건

① 혼인과 가족생활은 개인의 존엄과 양성의 평등을 기초로 성립되고 유지되어야 하며, 국가는 이를 보장한다.

② 국가는 모성의 보호를 위하여 노력하여야 한다.

③ 모든 국민은 보건에 관하여 국가의 보호를 받는다.

제36조 ①항

혼인을 기초로 형성되는 가족제도를 보호한다는 것이 이 조문의 기본 정신이다. 기본권 조항 사이에 규정되어 있긴 하지만, 권리라기보다는 국가의 의무를 선언한 것이다. 그렇다고 권리의 성격이 전혀 없는 것은 아니다.

국가나 사회공동체의 최소 단위는 무엇일까? 개인이거나 가족일 것이다. 보통은 가족이겠지만, 현대사회에서 가족이 없거나 가족을 거부하는 개인도 사회 구성원의 최소 단위로 역할을 하고 있다. 개인이나 가족이 모여서 지역공동체 또는 직업공동체를 형성한다. 공간이나 성격에 따라 이루어진 다양한 형태의 사회가 모여 국가가 되는 건 당연하다.

가족은 개인과 다른 독특한 성격을 지니고 있기 때문에, 가족의 형성을 원하는 사람들을 위하여 가족제도를 보호할 필요가 있다. 그런데 가족은 혼인으로부터 시작된다. 혼인이라는 행위를 통해 두 사람이 함께 새 공동체를 만들고, 그와 동시에 부모와의 종전 가족 관계로부터 떨어져나와 독립한다. 그리고 부부가 함께 원하는 경우 자녀를 출산하여 세 사람 이상의 가족공동체가 형성된다.

두 사람 이상이 모여 이루는 공동체의 최소 단위는 혼인을 통해 탄생한다. 따라서 헌법은 혼인제도와 가족제도를 아울러 보호하는 규정을 둔다. 결혼제도는 오래된 고유문화의 하나이기 때문에, 헌법의 이 조항을 문화주의의 표현이라고 말하는 헌법학자들도 있다. 물론 결혼은 인류의 보편적 생활양식의 하나다. 그렇지만 혼인에 관한 과거의 풍속이나 제도를 그대로 답습하고 보존하기 위하여 헌법에 규정하는 것은 결코 아니다. 종래의 가부장적 혼인제도와 가족제도는 그 흔적까지 일소해야 할 폐습일 뿐이다.

이 조항은 이렇게 이해해야 옳다. 누구든지 혼인을 할 수도 있고 하지 않을 수도 있다. 혼인을 하기로 결정한 사람에게는 제도로써 혼인을 보장한다. 혼인제도를 보장한다는 배경에는 독신주의를 보장한다는 전제가 깔려 있어야 한다. 혼인 이후의 가족생활도 마찬가지다. 자녀를 낳을 것인지 낳지 않을 것인지, 몇 명을 낳을 것인지 혹은 입양할 것인지는 부부가 합의하여 결정할 문제다. 헌법은 그러한 가족제도를 보호한다는 것이다.

그런데 "개인의 존엄"은 이해가 되지만, "양성의 평등"을 기초로 혼인과 가족생활이 성립해야 한다는 말은 어떤가? 양성의 '평등'은 당연하다. 그렇지만 '양성'의 평등이라는 말은 문제가 있다. 양성이란 여성과 남성을 가리킨다. 가족 구성의 원인 행위가 되는 혼인은 반드시 남성과 여성, 즉 이성 사이에서만 이루어져야 한다는 말이기 때문이다. 하지만 동성 사이에서도 결혼은 가능하고 동성끼리도 정상적인 가족생활을 유지할 수 있다. 헌법은 동성 사이의 혼인과 가족생활도 당연히 보호해야 하며, 경

제2장 국민의 권리와 의무

우에 따라서는 사회적 소수자이므로 더 보호해야 한다. 현재 법률로는 동성의 부부가 혼인신고 할 방법이 없다 하더라도, 그들의 사실혼 관계는 존중받고 보호되어야 한다. 그리고 가능한 한 법률로써 혼인신고가 가능하도록 배려해야 마땅하다.

우리 사회에서는 동성애를 허용하느냐 또는 지지하느냐 여부로 논란이 일고 있다. 하지만 동성애는 지지나 허용 여부의 대상이 아니라 자연스러운 현상의 하나이므로 당연한 것으로 받아들여야 한다. 현재 동성 결혼을 제도화하고 있는 나라는 2022년부터 합법화하는 스위스를 포함하면 모두 30개국이다.

그런 면에서 지금의 헌법 조항은 시대에 뒤떨어져 있다. 개정하기 전까지 이 조항은 이렇게 해석하는 수밖에 없겠다. 동성 사이의 혼인도 당연히 인정되는 것을 전제하지만, 동성 사이에서는 성별이 다르다는 이유로 차별이 일어날 가능성은 없다. 따라서 이성 사이에 혼인한 경우에는 양성의 평등을 기초로 하여야 한다. 아니면 최소한 "양성"에서 '양'을 삭제하여 '성의 평등'이라고 해야 옳다.

양성 평등이란 헌법 정신은 2005년 2월 헌법재판소의 역사적 결정 하나로 그 의미가 크게 부각되었다. 오랫동안 신분 체계로 지속돼오던 호주제가 위헌 판결을 받아 폐지된 것이 바로 그것이다.

이 조항은 의외로 1948년 제헌헌법 때부터 있었다. 일반 의원들은 관심을 갖지 않았으나 기독교계 의원들이 집요하게 주장하여 조문화하는 데 성공했다. 당시 조문은 "혼인은 남녀동권을 기본으로 하며 혼인의 순결과 가족의 건강은 국가의 특별한 보호를 받는다"였다. 제안 이유는, 국가의 기본 구성 요소인 혼인과 가족을 보호하지 않으면 우리 자손의 영원한 행복과 안전을 보장할 수 없기 때문이라는 것이었다. 혼인의 순결이란 낡은 정조 관념을 전제한 표현이어서 오히려 불순하므로 오늘날 이 표현을 없앤 것은 마땅하다.

혼인과 가족을 국가의 기본 구성 요소로 보호해야 한다는 관념은 출산 장려뿐 아니라 이혼 억제 정책에까지 이르고 있다. 가족이 파괴되면 결국 사회와 국가가 파괴된다는 논리다. 하지만 그 같은 정책은 제도적 사회의 파괴만 염려하고 개인 심성의 파괴는 고려하지 않은 단견적 사상의 결과다. 혼인 관계가 일방의 정신을 피폐하게 만들 정도면 자유롭게 이혼하도록 배려해야 옳다.

제36조 ②항

모성이란 어머니로서 자식에 대하여 가지는 본능적 성격을 말한다. 모성이 존중되어야 하는 것은 너무나 당연하지만, 헌법의 이 위치에 규정한 까닭은 무엇일까?

국가를 형성하는 사회공동체의 최소 단위에 해당하는 가족은 생식 작용에 의해 유지된다. 따라서 혼인과 가족제도뿐 아니라, 출산을 전제로 한 모성도 특별히 보호할 필요가 있다.

물론 이 규정도 출산하지 않을 자유를 전제하고, 출산하는 경우 자녀에 대한 어머니의 모성을 존중하고 배려하기 위해서 최선의 조치를 다한다는 것이다. 그리하여 임신으로 인한 사회적 불이익이 없도록 하고, 출산휴가를 보장하며, 남편에게도 육아휴직을 인정하는 제도를 마련하고 있다.

그런데 이 조항을 반드시 출산에 한정하여 해석해서는 안 된다. 특히 인구 감소에 따른 출산 장려 운동의 당위성이나 정당성의 근거를 이 헌법 규정에서 끌어내는 것도 옳지 못하다. 세계화의 경쟁 양상과 양적 경제성장론의 단순한 도식에서 나온 인구론과 출산 장려 정책은 헌법 정신과는

제2장 국민의 권리와 의무

무관한 유치한 수준의 문화·정치적 감각의 표출일 뿐이다. 빈부의 격차를 줄이고 인간다운 실질적 삶을 보장하는 사회복지 구상이 전혀 구체화되어 있지 않은 정책이기 때문이다.

그뿐만이 아니다. 모성은 혼인과 출산에만 따르는 감성이 아니다. 우선 혼인하지 않아도 보호되어야 할 모성은 존재한다. 미혼모, 사실혼, 대리모 등과 관련한 모성도 혼인 관계에서의 모성과 동일한 위엄과 가치를 지닌다. 나아가, 출산하지 않아도 모자 관계는 생길 수 있다. 시험관아기나 입양에 의해 형성되는 모성도 마찬가지다.

36조 ③항

처음 헌법에는 "가족의 건강은 국가의 특별한 보호를 받는다"라고 하였으나, 1962년 개헌 때 이렇게 바꾸었다. 이 조항은 국민의 건강을 보호할 국가의 의무를 규정하고 있다. 그러면서 다른 한편으로는 국민 개인의 건강권 또는 보건권으로 해석하기도 한다.

보건권은 행복추구권, 인간다운 생활을 할 권리, 환경권 등과 아울러 건강하게 살 수 있도록 합리적인 요구를 할 권리를 말한다. 위생 상태가 의심스럽다거나 질병을 유발할 가능성이 높은 식품의 수입을 반대하는 행위도 보건권에 의해서 정당화된다.

국가가 시행하는 보건 정책은 광범위하다. 전염병 예방 대책, 마약 단속, 의약품과 의료 시술에 대한 관리 감독, 금연 대책 등이 일상의 흔한 예다.

국민의 자유와 권리 존중 · 제한

① 국민의 자유와 권리는 헌법에 열거되지 아니한 이유로 경시되지 아니한다.

② 국민의 모든 자유와 권리는 국가안전보장 · 질서유지 또는 공공복리를

위하여 필요한 경우에 한하여 법률로써 제한할 수 있으며, 제한하는

경우에도 자유와 권리의 본질적인 내용을 침해할 수 없다.

　

헌법 제2장의 제목은 "국민의 권리와 의무"다. 그중 "국민의 권리"가 우리가 일반적으로 말하는 기본권이다. 기본권적인 성격보다 헌법 원리 또는 제도적 선언의 성격을 가진 규정이 몇 개 포함되어 있긴 하지만, 제10조부터 제36조까지는 기본권에 관한 조항이다. 그리고 바로 이 37조가 마지막에 붙어 있다. 마치 기본권 조항의 결론처럼 마지막을 장식하고 있는 제37조는 보장하는 권리의 포괄성과 제한에 관한 규정이다.

제37조 ①항

헌법에 기본권 조항이 없더라도 기본권 또는 인권은 보장된다. 굳이 프랑스나 영국의 예를 들지 않더라도 당연한 일이다. 민주주의의 원리, 헌법의 이념에 기본권 보장은 전제되어 있기 때문이다. 그리고 문자로 쓰여진 성문헌법이 없더라도, 민주주의 국가 형성과 운영의 근거가 되는 원리

로서의 헌법은 당연히 존재하고, 주권자가 국민이란 사실을 바탕으로 국민의 자유와 권리는 헌법의 보호와 보장의 대상이 된다.

그래도 헌법에 명문화된 기본권 조항의 의미는 크다. 가능한 한 애매한 부분을 없애고, 자유와 권리의 내용과 범위를 보다 구체적으로 이해하고 확인할 수 있게 한다. 국가의 어떠한 행위가 위헌인지 합헌인지 판단 기준을 마련하는 데도 조금은 더 용이하다. 그래서 헌법마다 주권자가 국민임을 밝히고, 기본권 조항의 종류와 개수를 따지고, 표현 문구에 신경을 쓰는 것이다.

그럼에도 불구하고 헌법의 기본권 조항을 가장 간략하게 줄여야 한다면, 어떤 조항을 마지막까지 남겨두어야 할까? 인간의 존엄과 가치, 행복 추구권, 인간다운 생활을 할 권리 정도가 아닐까? 이 세 개의 권리 또는 그중 한 개의 조항만 남겨두어도 모든 자유와 권리를 포괄할 수 있다.

하지만 헌법은 국민의 권리 보호에 만전을 기하기 위해 수십 개의 개별 조항을 나열했다. 나름대로 빠뜨림 없이 열거하고자 한 결과다. 가능하면 현실에서 필요한 국민의 자유와 권리를 모두 규정하고, 그 내용도 상세하게 묘사하는 편이 나을 것 같다는 생각이 든다. 그렇지만 헌법전을 한 권의 책처럼 만들 수는 없다. 강조해야 할 권리가 새롭게 발견될 때마다 헌법을 개정하기도 곤란하다. 헌법의 기본권 조항을 선택하고 묘사하는 데도 경제 법칙이 요청된다.

그런 까닭에 마지막에 이 조항을 덧붙였다. 모든 권리를 포괄하고도 남음 직한 앞에 든 세 개의 조항 외에 수십 개의 개별 조항을 덧붙였지만, 그래도 혹시 빠뜨렸을지 모르는 권리를 위해 마련한 조항이다. 헌법의 기본권 조항에 들어 있지 않은 것처럼 보이는 자유와 권리를 발견하더라도, 헌법에 명시적으로 기재되어 있지 않다는 이유로 경시하지 않겠다고 한다. 새롭게 발견한 자유와 권리도 헌법적으로 보장해야 할 기본권으로서의 성격을 지니는 것이면 똑같은 가치를 부여하겠다는 의미다.

우리가 사는 세상은 매우 복잡하고 다양해서 모든 것을 한꺼번에 파악하는 일은 불가능해졌다. 그렇기 때문에 그 복잡성 속에서 우리가 예상하지 못한 사태를 만날 수 있고, 거기서 새로운 자유와 권리를 발견할 수도 있다. 그럴 때 기존의 헌법 조항을 잘 해석하여 문제를 해결할 수 있겠지만, 어떤 경우에도 헌법 조항의 문구에 얽매이지 말고 새롭게 발견한 자유나 권리의 성격과 가치를 판단해서 존중해야 한다. 이 조항은 그런 뜻으로 받아들이면 된다.

예를 들면 '볼 권리'라는 걸 생각할 수 있다. 폭력 행위와 불법 집회 가담 혐의로 체포된 학생이 경찰서 유치장에 갇혀 욕설을 퍼붓고 소리를 질러댔다. 경찰관은 규칙에 따라 자해의 우려가 있다는 이유로 학생이 쓴 안경을 강제로 회수했다. 금속으로 된 안경테를 흉기나 다른 도구로 사용할 수 있다는 판단에서였다. 하지만 시력이 0.1도 채 되지 않는 학생은 안경이 없으면 아무것도 제대로 볼 수 없었다. 다시 몇 번 소리를 지르다가 결국 국가인권위원회에 진정했다. 국가인권위원회는 경찰이 학생의 볼 권리를 침해했다고 판정했다. 볼 권리란 행복추구권의 하나로 인정되는 권리이기 때문이다.

자기 정보의 자기 결정권도 마찬가지다. 손가락의 지문도 자기 고유의 정보다. 누구나 그 정보를 어디에 어떻게 제공하고 이용할 것인가를 스스로 결정할 권리가 있다. 따라서 주민등록카드를 만들 때 열 손가락의 지문을 채취하여 관공서에서 보관하는 행위가 자기 정보의 자기 결정권을 침해한다고 주장할 수 있다. 하지만 다른 공공의 목적을 위해 제한이 가능하다는 것이 헌법재판소의 견해다.

도심의 아파트에서 한강의 풍광을 즐기겠다는 조망권도 환경권에서 파생한 새로운 권리다. 하지만 그러한 이기적 권리를 어느 정도까지 인정할 것인지는 현실의 문제다. 기본권이라 하여 시공을 초월한 절대적 권리를 의미하는 것이 아니라는 사실을 실감할 수 있는 한 예다.

인권이든 기본권이든 우리가 인간으로 존재하기 때문에 가지는 권리이긴 하지만, 그 형태와 내용은 애당초 고정되어 있는 것이 아니다. 시간과 공간에 따라 그리고 생활양식의 변천과 우리 생각의 변화에 따라 끊임없이 달라질 수 있다. 헌법 제37조 1항은 인권의 역동적 개념에 맞는 자유와 권리 보장을 위한 탄력적 조항이다.

제37조 ②항

인간은 태어나면서 자유인이다. 누구나 그렇게 알고 있고, 설사 현실이 그렇지 못하더라도 그렇게 돼야 한다고 믿고 있다. 그러면서 동시에 인간은 사회공동체의 구성원이다. 자유로운 개인과 공동체의 구성원이라는 이중적 지위에 서게 된다. 인간은 공동체의 질서 속에서 자신의 자유와 권리를 최대한 누려야 하는 존재다. 그렇다면 공동체는 인간에게 속박인가, 아니면 자신의 자유를 만끽하기 위한 무대 혹은 환경인가?

이율배반적인 면이 있다. 개인이 자기만의 자유와 권리를 최대화하려 들면 공동체의 조화가 쉽게 깨질 수 있다. 엔트로피 증가의 법칙처럼, 사회의 무질서도가 높아질 것이기 때문이다. 반면 공동체의 질서를 최대화하려면 개개인이 누리는 자유와 권리의 양이 감소한다. 어디서 그 균형점을 찾을 것인가가 핵심이다.

다시 처음으로 돌아와서 생각해보자. 자유로운 개인이 우선인가, 공동체의 질서와 유지가 우선인가? 개인이냐 국가냐 하는 문제와 마찬가지다. 개인의 자유와 권리를 어느 정도 안정적으로 누릴 수 있으려면 공동체의 질서가 필요한 것은 사실이다. 개인의 자유와 권리는 제한이 불가피하다. 자기가 원하는 대로 무제한의 자유와 권리는 허용되지 않기 때문이다. 먼저 개인의 자유와 권리끼리 서로 충돌하는 경우를 조정해야 한다. 그다음에 개인의 자유와 공동체의 전체 이익이 충돌하는 경우를 해결해야 한다. 제한은 불가피하고, 단지 어느 정도의 제한이 적정하느냐란 문제만 남을 뿐이다.

기본권을 제한하는 방식에는 두 가지가 있다. 헌법에 의한 제한과 법률에 의한 제한이다. 헌법에 의한 제한을 헌법 유보, 법률에 의한 제한을 법률 유보라고 한다.

헌법 유보의 예는 이렇다. 제8조에서 정당의 설립과 활동의 자유를 보장하면서, 민주적 기본 질서에 위배될 때는 해산할 수 있다고 한 것이 제한 규정이다. 그때 제한의 기준은 민주적 기본 질서다. 제21조도 마찬가지다. 언론·출판 등의 표현의 자유를 마음껏 누리되, 다른 사람의 명예를 훼손해서는 안 된다고 한다. 당연한 말이다. 재산권을 보장하는 제23조는 공공 필요에 따라 법률로 제한할 수 있다고 한다. 이런 식의 헌법 유보는 기본권을 제한한다는 문구가 헌법에 직접 표기되어 있다는 것일 뿐이지 다른 특별한 의미는 없다.

헌법에 기본권을 제한할 수 있다는 유보 규정이 없더라도 모든 기본권은 제한할 수 있다. 바로 제37조 2항에 의해서다. 그래서 이 조항을 일반 유보 조항이라 한다. 대신 기본권의 제한은 법률로써만 가능하다. 따라서 법률 유보 조항이라고도 한다.

기본권을 제한하더라도 목적이 분명해야 하는데, 반드시 국가안전보장, 질서유지, 공공복리를 위한 것이어야 한다. 모두 국가나 사회공동체

제2장 국민의 권리와 의무

를 위한 목적이다. 그러나 무엇이 국가안전보장, 질서유지, 공공복리를 위한 것인지 모호하기 짝이 없다. 기본권을 제한하는 구체적 법률을 잘 따지는 수밖에 없다.

세 가지 목적을 위한 것이라 하더라도, 그다음 단계에서 갖추어야 할 요건이 두 가지가 있다. 반드시 법률을 만들어 제한하되, "필요한 경우"에만 해야 한다는 것이다. 필요한 때란 말이 아주 편의적이고 자의적인 것 같지만, 그래도 기본권을 제한하려는 법률을 감시하고 따지는 데는 적절한 기능을 한다. 여기서 '필요한 때'란, 기본권을 제한함으로써 얻게 되는 공공의 이익이 아주 중요한 때라는 의미로 알면 된다. 아무리 국가안전보장이나 질서유지 또는 공공복리를 위한 것이라 하더라도, 그 핑계로 개인의 자유와 권리를 제한하여 얻는 공적 이익이 그다지 중요한 것이 아니면 제한해서는 안 된다는 뜻이다. 그만큼 기본권을 존중해야 한다는 정신이 담겨 있어서, 이 요건을 흔히 과잉 금지 원칙 또는 비례 원칙이라 부른다. 그런데 시민들이 느끼기에 국가는 공익을 위한 명분이 조금이라도 있으면 개인의 불편함은 크게 신경 쓰지 않고 기본권을 제한하고 있는 듯하다.

마지막으로 한 가지가 더 있다. 어떤 경우라 하더라도, 즉 아무리 기본권을 제한하는 것이 정당하고 꼭 필요한 경우라 하더라도, 그 "본질적인 내용"은 침해할 수 없다는 것이다. 모든 기본권에는 마치 핵심과 같은 부분이 있어, 그것만은 절대로 제한할 수 없다. 언뜻 생각하면 지극히 마땅하고 멋진 말이다. 하지만 개개의 기본권에서 도대체 어느 부분이 본질적인 내용이란 말인가?

아무도 본질적 내용이 무엇인지 자신 있고 명확하게 말하지 못할 것이다. 헌법학자들 사이에서도 본질적 내용이 있다·없다, 본질적 내용의 확인이 가능하다·불가능하다 식으로 의견이 나뉜다. 사실 현실의 현상에 민감하고 좀 깊이 있게 생각하는 사람이라면 선뜻 "이것이 본질적 내용이다"라고 나서지는 못할 것이다. 결국 기본권을 제한하는 법률은 구체적으로 따져 판단할 수밖에 없다. 그 법률이 정당하다고 생각되면 본질적 내용은 온전할 것이고, 부당하다고 생각되면 본질적 내용이 손상된 것이다. 결국 헌법의 이 조항은 훌륭한 장식이긴 하지만, 어쩐지 속임수 같다는 느낌도 든다. 빛 좋은 개살구란 바로 실효성 없는 이런 조항을 비웃기 위해 존재하는 말일 것이다.

원래 우리 헌법에 본질적 내용의 침해 금지 조항은 없었는데, 1960년 개정 헌법에 신설되었다. 그러다가 1972년 유신헌법 때 폐지되었다가, 1980년 개정 때 되살려졌다. 그 역사적 사정을 살펴보면 이런 조항도 전혀 쓸모없지만은 않은 것 같다. 적어도 기본권을 얕보는 무도한 권력에 맞서서 싸울 때 무기가 될 수 있는 것이다. "본질적 내용을 건드리지 말라"고 소리쳐 엄중히 경고할 수 있을 테니까.

038

제38조
___

납세의 의무

모든 국민은 법률이 정하는 바에 의하여 납세의 의무를 진다.

헌법의 기본권 편의 제목은 국민의 권리와 의무다. 권리가 있으면 의무도 부담하는 것이 당연하다. 그렇다고 권리에 해당하는 만큼 의무를 지우는 것은 너무 지나치다. 헌법에 국민의 의무를 잔뜩 나열하는 것은 국민을 국가의 부속품 정도로밖에 보지 않는다는 오해를 살 수도 있다. 그래서 헌법에는 기본권의 주체인 국민이 지켜야 할 가장 기초적 의무 두 가지만 규정하고 있다. 바로 납세와 국방의 의무다. 교육의 의무와 근로라고 표현한 노동의 의무도 있긴 하지만, 근본적 성격은 다르다.

세금을 내야 할 의무는 국가의 재원 확보를 위해 필수불가결하다. 가난한 국가는 국민을 위해 해줄 수 있는 것이 아무것도 없기 때문이다. 헌법은 납세의무의 대원칙만 말한다. 구체적인 세금의 종류와 세율 그리고 납부 방법은 법률로 정한다. 세금은 금전을 강제로 납부하게 하는 제도이므로 모든 내용을 엄격히 법률로 정해야 한다. 이것을 조세법률주의라 한다. 범죄의 내용과 형벌의 종류를 법률로 정하는 죄형법정주의와 비슷하다.

우리 세법의 세계는 〈국세기본법〉을 중심으로 구성되어 있다. 헌법의 의무는 그 나라 국적을 가진 국민에게만 부과되는 것이 원칙이다. 국민 개개인뿐 아니라 법인 등의 단체도 포함된다. 시민단체와 같은 NGO들도 예외가 될 수는 없다. 단 비영리를 목적으로 하는 단체는 일정한 요건에 따라 세금을 면제 또는 감경받을 수 있다.

세상에서 확실한 것은 죽음과 세금뿐이라는 말이 있다. 사람들은 대체로 죽음을 두려워하듯, 세금 내기를 싫어한다. 그래서 법률로 세금 징수를 강제할 수 있게 하였다. 쓸데없는 세금을 부과하는 것도 어리석은 일이지만, 공평하게 과세하지 못하는 것 역시 정의에 반한다. 국가 사회 내에서 굶는 사람이 있다는 사실은 그 위에서 세금을 자기 몫으로 챙기는 사람이 많다는 것을 증명할 뿐이다. 국민의 납세의무를 정의롭게 할 열쇠를 그런 현실에서 찾아야 할 것이다.

039

제39조
국방의 의무

① 모든 국민은 법률이 정하는 바에 의하여 국방의 의무를 진다.

② 누구든지 병역의무의 이행으로 인하여 불이익한 처우를 받지 아니한다.

제39조 ①항

국방이란 국토의 방위 또는 국가의 방비를 줄여 쓴 말이다. 국가의 방비는 국가를 보호하기 위한 수단으로서의 행위다. 여기서 국가란 국민, 영토, 주권 그리고 그 배경이 되는 기본 질서 모두를 포함한다. 국군은 이 국토방위를 책임지는 단체인데, 넓게는 국토방위뿐 아니라 국가의 안전을 보장하는 임무를 띠고 있다. 이는 헌법 제5조 2항에서 이미 확인한 바 있다. 그런데 국가는 조금만 소란스러워져도 질서가 무너진다고 염려하며, 질서가 바로잡히지 않으면 국가의 안전보장이 위태롭다고 불안해한다.

이 조항은 강제징집의 근거가 된다. 누구든 헌법이 규정한 국방의 의무를 지므로, 법률에 따라 병역을 이행해야 한다. 병역의무는 국민이면 누구에게나 예외 없이 부과된다. 하지만 현재 〈병역법〉은 남성에게만 병역의무를 지게 하고, 여성은 지원하는 사람 중에서 선발하여 복무할 수 있도록 한다. 이런 선택은 현재 우리의 상황 판단에 따른 결과라고 알면 된다.

국내외 사정에 따라 언제든 법률만 바꾸면 이스라엘처럼 여성의 병역도 의무제로 할 수 있다.

국방의 의무와 양심의 자유가 첨예하게 충돌하는 경우가 있는데, 바로 양심적 병역거부다. 여기서 양심이란 단순한 자신의 생각을 바탕으로 한 선택의 결과를 말하는 것이 아니다. 자신의 신념과 윤리적 토대 위에서 무엇과도 바꿀 수 없을 정도의 가치판단을 거쳐 내린 결단을 의미한다. 우리 하급심 법원 판결 중에는 양심적 병역거부 행위를 무죄로 선고한 예가 있기도 하다. 하지만 그것은 극히 이례적인 경우였고, 양심적 병역거부는 인정되지 않고 있다. 병역기피의 목적이 아닌 진지한 양심적 행동의 결과를 헌법 정신으로 보호할 수 있어야 인간의 개별성을 존중한 기본권 실현을 기대할 수 있을 것이다. 그런 판단의 고충을 피해가려면 대체복무 제도라도 빨리 확대하여 시행해야 한다.

침략적 전쟁을 부인하는 것은 우리 헌법 정신의 하나다. 국방의 의무도 국제평화주의를 위배하는 선에서는 허용되지 않는다. 따라서 복무 중인 병사가 침략적 전쟁 참여를 거부하는 행위는 헌법적으로 정당하다.

제39조 ②항

헌법재판소는, 헌법 제39조 2항을 "병역의무 이행을 직접적 이유로 차별적 불이익을 가하거나, 또는 병역의무를 이행한 것이 결과적, 간접적으로 그렇지 아니한 경우보다 오히려 불이익을 받는 결과를 초래하여서는 안 된다"고 구체화했다. 즉 병역의무 그 자체를 이행하느라 받는 불이익은 헌법 제39조 2항과 관련이 없다는 것이다. 그래서 군미필자의 응시 자격을 제한한 국가정보원 2005년 7급 제한 경쟁 시험 채용 공고는 현역군인 신분자에게 다른 직종의 시험 응시 기회를 제한하고 있으나, 이는 병역의무 그 자체를 이행하느라 받는 불이익으로서 병역의무 중에 입는 불이익에 해당될 뿐 병역의무의 이행을 이유로 한 불이익은 아니어서, 헌법 제39조 2항에서 금지하는 "불이익한 처우"라 볼 수 없다고 한다.[23]

병역의무를 마친 사람들이 국가공무원 채용 시험에 응시할 경우 가산점을 주던 제도가 있었다. 그러나 헌법재판소에 따르면, 헌법 제39조 2항은 병역의무를 이행한 사람에게 보상 조치를 취하거나 특혜를 부여할 의무를 국가에게 지우는 것이 아니라, 병역의무의 이행을 이유로 불이익한 처우를 금지하고 있을 뿐이므로, 이 조항이 제대군인가산점제도의 근거가 될 수 없다고 한다. 결국 제대군인이 공무원 채용 시험 등에 응시한 때에 과목별 득점에 과목별 만점의 5% 또는 3%를 가산하는 제대군인가산점 제도를 규정한 〈제대군인지원에 관한 법률〉 등의 관련 조항들은 1999년 12월 여성과 신체장애자 등의 평등권 및 공무담임권을 침해한다는 이유로 모두 위헌으로 선언되었다.[24]

이 조항과 직접 관계는 없지만, 군복무 중인 사람은 특별한 지위에 있기 때문에 일반인에 비해 헌법의 기본권을 부분적으로 제한당하는 경우가 있다. 함부로 복무 장소를 이탈할 수 없다든지, 단체 행동이 금지된다든지 하는 제한이 그 예다. 그렇지만 병역을 이행 중인 사람도 헌법과 법률이 정하는 국방의무의 목적을 벗어나지 않는 한 모든 기본권을 누릴 수 있어야 한다. 복무 중인 군인에게 독서 금지 목록을 강요한다든지, 군인으로서 받은 불이익한 처분으로부터 구제받기 위하여 정당한 절차에 따라 소송을 제기한 사람들을 징계한다든지 하는 행위는 허용되지 않는다.

국회

국민이 선출한 의원으로 구성하는 합의체의 입법기관을 국회라 한다. 합의체란 구성원들이 함께 모여 합의에 따라 결정하는 기관이라는 뜻이다. 한편 국회의원들이 국회의사당에 모여서 하는 회의를 국회라 부르기도 한다. 헌법 제3장의 제목은 전자, 그러니까 국가의 헌법기관으로서의 국회를 의미한다. 국회를 의회라고 하는 경우도 있다. 의회나 국회는 일반명사로서는 같은 의미의 용어다. 그렇지만 우리 헌법의 기구로서 국회는 대한민국 국회라는 고유명사적 성격을 띠고 있다.

　주권자인 국민이 직접 선출한 국회의원들이 국회를 구성하고, 그 국회가 국정을 담당하도록 한다는 원리가 의회주의다. 의회주의는 주권자인 국민의 의사를 잘 반영하고, 군주나 대통령의 권한을 견제하는 데 효율적이라고 생각되어 만들어낸 정치 원리다.

　우리의 국회제도는 당연히 서양의 의회제도를 수용한 것이다. 서양의 정치제도에 영향을 받아 의회 개설의 필요성을 처음으로 주장한 사람은 윤치호였다. 개혁을 주장하던 서재필이 친러 수구파에 의해 축출되자 윤치호가 나서 독립협회를 이끌었는데, 만민공동회라는 정치 단체를 중심으로 의회 개설 운동을 벌였다. 그는 1898년 4월 30일자 〈독립신문〉 사설에서 서구의 근대적 의회제도 도입을 역설하면서, 의정관과 행정관의 분리를 주장했다. 좋은 생각을 내어 의논하고 결정하는 일은 의정관에게 맡기고, 그 결정된 사항을 집행하는 행정은 행정관에게 맡겨야 한다는 취지였다.

우리나라의 헌법적 규범에서 최초로 등장하는 유사 의회제도는 1919년 4월에 공포한 대한민국임시헌장의 임시의정원일 것이다. 하지만 이때 임시의정원은 지금의 행정부에 더 가까운 통치기구였다. 거의 같은 때 만든 조선민국임시정부창립장정 朝鮮民國臨時政府創立章程에는 행정부 수반인 도령 都領 외에 입법기관을 따로 두고 있었으나, 제대로 된 명칭도 없었다. 역시 1919년 9월에 공포한 대한민국임시헌법에는 임시대통령과 임시의정원을 구분했다. 그러나 의정원 의원 선출 방식이나 임기에 관한 규정은 없었다. 광복 후 미군정에 의한 남조선과도정부에서는 의정원 대신 입법의원이란 표현을 사용했다. 그리고 의정원과 입법 의원에 이어 국회라는 용어가 최초로 나타난 것은 1946년 작성된 헌법 초안에서였다.

제40조

입법권

040

입법권은 국회에 속한다.

　입법권은 국가 작용 가운데 법을 만드는 권한이다. 입법권이 국회에 속한다라는 말은, 다른 한편 행정권은 정부에 그리고 사법권은 법원에 속한다는 의미를 포함하고 있다. 법을 만드는 권한, 법을 집행하는 권한, 법을 해석하고 적용하여 재판하는 권한을 나누어 각각 독립된 다른 기관에 맡겼다. 이것이 바로 삼권분립이다.

　전제왕권국가에서는 한때 권력의 분화가 이루어지지 않았다. 권력자의 명령이 법이었으며, 따라서 권력자의 판단대로 집행하면 되었고, 재판까지 권력자가 직접 하거나 간섭했다. 그러다가 재판권이 먼저 분화되었고, 나중에 입법권이 행정권으로부터 독립했다. 서양의 국왕은 재정 지출에 필요한 중요한 결정의 명분을 갖추기 위해 의회를 만들었으나 의회의 기능은 왕권을 견제하는 가운데 점점 강화되었고, 마침내 분화되기에 이르렀다. 이런 정치적 경험과 유산은 몽테스키외 등 사상가의 영향과 결합하여 공화국 헌법에서도 기본 원리로 채택되었다.

어떤 권력이든 한곳에 집중되는 것은 바람직하지 않다. "권력은 부패한다. 절대적 권력은 절대로 부패한다"라는 격언 때문만은 아니다. 부패하기 전이라도 집중된 권력은 강력한 반면 약점이 많다. 국정에 관련된 권한은 단계적이고 다층적이며 복잡하다. 만약 모든 권한이 한 사람이 장악한 하나의 권력에 집중된다면, 어느 한 단계에서 발생한 잘못은 다른 단계에서 고쳐지기는커녕 무시돼버릴 수 있다. 비효율적이며 부당한 결과를 초래할 가능성도 높다. 따라서 국가를 운영하는 권력을 크게 세 부분으로 나누어 독립시킴으로써, 서로 견제하여 균형을 이루게 하는 것이 합리적이며 정당하다는 것이다.

삼권이라 하여 입법권, 행정권, 사법권의 각 권한이 엄격하게 구분되어 있는 것은 아니다. 각 부마다 필요한 규칙은 스스로 만들고, 인사권과 예산편성권은 내부적으로 결정하고, 종국 재판에 이르기 전의 징계절차는 자체적으로 행사하는 것이 나을 수 있다.

아무리 견제와 균형을 위한 권력분립이라 하더라도, 정해진 권한에 따라 엄격하게 3분의 1씩 삼권을 나누어야 하는 것도 아니다. 대통령에게 국회해산권과 긴급명령권 같은 강력한 권한을 부여하여 국정을 주도하게 할 수 있다. 반대로 대통령의 주요한 권한 행사 때마다 국회의 동의를 얻게 하여 국회의 권한을 강화할 수도 있다. 또는 대부분의 정치적 분쟁을 사법 심사의 대상으로 삼아, 정치적 해결의 범위를 축소하고 사법권 우월주의를 선택하는 경우도 있다.

삼권분립을 고전적 의미에서 기계적으로 해석하고 적용하려는 시도는 현대국가에서 무의미하다. 각 나라의 정치적 전통과 문화에 따라 적절히 그 경계를 그으면 된다. 다만, 세 부의 경계가 국민의 의사를 기반으로 하

여 국정 운영에 가장 효율적이고 합리적이라고 판단되는 기준으로 확정
되어야 한다.

041

구성

① 국회는 국민의 보통 · 평등 · 직접 · 비밀선거에 의하여 선출된 국회의원으로 구성한다.

② 국회의원의 수는 법률로 정하되, 200인 이상으로 한다.

③ 국회의원의 선거구와 비례대표제 기타 선거에 관한 사항은 법률로 정한다.

제41조 ① 항

국회를 구성하는 국회의원은 국민이 직접 선출한다. 국회의원은 각자 주권자인 국민을 대표하기 때문이다. 그래서 국회를 국민의 대의기관이라고 한다. 대의란 많은 사람들 중 선출된 대표들이 모여서 논의하는 일을 일컫는다. 따라서 국회에 입법권을 부여한 의회제도를 대의제라고 한다.

대의제도는 민주주의의 핵심 제도 중 하나다. 민주주의란 구성원들 스스로 의논하고 결정하는 정치제도다. 직접민주주의는 민주주의의 원래 모습에 가장 가까운 것으로, 고대 그리스 도시국가에서 행해졌다. 하지만 그 제도도 엄격한 의미에서 직접민주주의라 할 수 없다. 하층민을 제외한 20세 이상의 남자들만 민회를 구성하여 안건을 토의하고 표결했기 때문이다. 또 매번 민회를 소집하는 게 어려워 따로 평의회를 구성해 운영했다. 평의회 역시 일종의 대의기관이었다.

민주주의 방식이라면 직접민주주의가 원칙이지만, 현실적으로 직접민주주의는 거의 불가능하다. 그래서 대표를 선출해 대신 일을 하게 하는 방법을 고안하지 않을 수 없었다. 그렇게 해서 국회의원들로 하여금 대표하여 정치를 맡게 했는데, 이런 형식의 대의제를 간접민주주의라 한다.

　대의제의 핵심은 대표를 선출하여 임기를 정해 국회로 보내는 것이다. 선출된 의원은 자기를 뽑아준 지역 주민들의 의사를 대변하고, 그들과 국가의 이익을 위하여 일할 의무를 진다. 그런데 대표자인 국회의원이 구체적 위임은 받지 아니한다. 그 말의 의미는 이렇다. 국회에서 쟁점이 생길 때마다 지역 대표인 국회의원이 매번 주권자인 지역민들에게 가서 다수 의사를 확인한 다음 표결해야 하는 것은 아니라는 말이다. 한번 대표로 선출되면 임기 동안에는 지역민의 자유와 권리를 최대한 보장하고 국가의 이익을 증진하는 방향으로 소신껏 일하면 된다. 구체적 위임의 금지, 그것이 바로 책임 정치다.

　유권자들은 자신이 속한 지역을 대표하는 국회의원이 제대로 정치를 하지 못했다고 판단할 경우 책임을 물을 수 있어야 한다. 가장 전형적인 방법은 꾹 참았다가 다음 선거 때 자신의 한 표를 누구에게 던질 것이냐로 책임을 묻는 것이다. 이것이 바로 대의제다. 국회의원을 선출하는 행위는 직접민주주의 방식이지만, 국회의원들이 국회에서 행하는 정치는 간접민주주의 형태다.

　대의제는 장점이 큰 반면 단점도 많이 드러냈다. 선거 때까지 참지 못하는 유권자들의 불만과 분노가 점점 커지자, 대의제를 보완할 대책을 생각하지 않을 수 없게 되었다. 가장 손쉽게 떠올릴 수 있는 방안은 직접민주주의를 조금 가미하는 것이다. 그다음은 바로 시민들이 행동으로 나서는 것이다. 바로 참여민주주의라고 부르는 새로운 형태의 정치다. 대안민주주의 또는 시민민주주의라고 부르기도 한다.

헌법 조문에서는 국회의원 선출의 방식을 보통·평등·직접·비밀선거라고 하였다. 흔히 말하는 투표의 4대 원칙이다. 보통선거란 법률에 의해 일정한 연령에 도달한 사람은 아무 제한 없이 선거권을 행사할 수 있다는 말이다. 신분이나 재산 또는 납세 실적에 따라 차별하지 않는다는 것으로, 평등한 선거권의 보장이라 생각하면 된다. 반면 이 조문에서 말하는 평등선거란 투표의 가치가 평등하다는 뜻이다. 누가 행사한 것이든 똑같은 한 표로 동일한 가치를 지닌다. 직접선거는 대리투표를 인정하지 않는다는 의미를 내포하고 있다. 비밀선거는 투표권 보장의 의미도 없지 않지만, 무엇보다 투표의 공정성을 확보하기 위한 방법의 하나로 필요하다. 투표 내용이 공개될 가능성이 있으면 소신대로 투표하기 힘들기 때문이다. 만약 투표장에서 자기가 기표한 투표용지를 공개하면 그 투표지는 〈공직선거법〉 제167조 3항에 따라 무효로 처리된다.

또한 헌법재판소는, 헌법에 명시되어 있지는 않지만, 자유선거의 원칙도 국민주권의 원리, 의회민주주의의 원리 및 참정권에 관한 규정을 근거로 인정할 수 있다고 한다.[25] 어떤 목적의 투표도 강제될 수는 없다. 투표나 기권이나 자유롭게 할 수 있어야 한다.

이 조항의 "선출된 국회의원으로 구성한다"라는 구절에서 단순히 '국회의원'이라고만 표현한 것은 단원제를 의미한다. 우리도 한때 양원제를 채택한 시절이 있었는데, 그때는 민의원과 참의원으로 구분했다.

제41조 ②항

국회의원의 정수는 〈공직선거법〉 제21조 1항에 정해져 있는데, 2016년 현재 지역구 국회의원과 비례대표 국회의원을 합쳐 모두 300명이다. 지역구 국회의원은 253명, 비례대표 국회의원은 47명이다.

제헌국회 당시 국회의원 정수는 200명이었고, 제6대 및 제7대 국회 때는 175명으로 가장 적었으나, 이후 점차 증가하여 300명이 되었다.

제41조 ③항

현재 우리나라 국회의원은 지역구 국회의원과 비례대표 국회의원으로 구성되어 있다. 임기는 모두 4년이지만, 선출 방법이 다르다.

지역구 국회의원은 자기가 입후보한 선거구에서 최다 득표하여 당선된 사람이다. 최다 득표자가 2인 이상일 때에는 연장자를 당선자로 한다. 지금 우리나라의 국회의원 선거구는 모두 253개다. 각 선거구에서 1명의 국회의원을 선출하는 소선거구제다. 253개의 선거구는 〈공직선거법〉 별표에 규정되어 있다.

비례대표 국회의원 선거는 지역구 국회의원 선거와 별도로 한다. 보통은 같은 날 같은 장소에서 동시에 실시하되, 투표용지만 다르게 사용한다. 비례대표 국회의원 선거는 정당에 대하여 투표하는 방식이다. 개표 결과 비례대표 국회의원 선거의 득표율의 유효 투표 총수의 3% 이상이 되는 정당이나, 지역구 국회의원 선거에서 5석 이상을 차지한 정당에 대해 비례대표 국회의원 의석을 배분한다. 배분의 기준은 비례대표 국회의원 선거의 득표 비율이다.

그 밖의 선거운동을 비롯한 선거에 관한 모든 내용은 〈공직선거법〉에 규정되어 있다.

042

의원의 임기

국회의원의 임기는 4년으로 한다.

국회의원과 같은 선출직 공무원에게 임기는 반드시 필요하다. 임기를 보장하여 적어도 그 기간에는 소신껏 일할 수 있도록 한다. 그리고 선출하는 권한을 가진 국민의 입장에서는 임기 종료를 즈음하여 정치적 심판을 할 기회를 갖는다. 긍정적 평가라면 다시 그에게 한 표를, 부정적 평가라면 다른 후보에게 한 표를 던질 것이다. 또 임기가 정해져 있어야 정치 신인에게도 기회가 생겨 국회의원의 교체가 가능하게 된다. 국회에도 신진대사가 필요한 법이다. 이런 여러 사정을 고루 참작하여 임기를 정할 필요가 있다.

국회의원의 임기는 거의 4년으로 굳어 있다. 하지만 양원제 시절에는 임기가 달랐다. 국민이 직접 선출하는 하원에 해당하는 민의원의원과 상원에 해당하는 참의원의원 모두 6년이었는데, 참의원은 2년마다 3분의 1씩 또는 3년마다 2분의 1씩 교체했다. 1972년 유신헌법 때에는 단원제였음에도 국회의원의 임기가 6년이었다. 그때도 국민이 선출한 의원은 6년이었지만, 통일주체국민회의*가 뽑은 의원은 3년이었다.

총선거에 의해 선출된 국회의원의 임기는 전임 국회의원들의 임기 종료일 다음 날부터 시작된다. 그렇지 않은 경우에는 당선이 결정된 날부터 임기가 시작된다. 1987년 개정한 현행 헌법의 부칙 제3조 1항에, 이 헌법에 의해 선출된 최초의 국회의원 임기는 첫 집회일부터 시작한다고 하였다. 이 헌법에 의해 처음으로 구성된 제13대 국회의원의 임기는 1988년 5월 30일에 시작되어 1992년 5월 29일에 만료되었다. 따라서 모든 국회의원의 임기는 4년을 주기로 5월 30일에 시작하여 5월 29일에 끝난다. 다만 보궐선거에서 당선된 지역구 국회의원이나 중간에 의원직을 승계한 비례대표 국회의원의 임기 개시일만 다를 뿐이다.

현재 국회의원의 임기 4년에 대해 특별한 이견은 없다. 다만 5년의 대통령 임기와 어긋나 이를 일치시킬 필요가 있다는 의견이 분분하다. 유럽의 전반적인 추세는 5년으로 늘어나는 경향이다. 3년인 나라가 있는가 하면, 9년인 나라도 있다.

---

* 1972년 12월 유신헌법에 의해 공포·조직된 헌법기관. 조국의 평화통일을 추진한다는 명목 하에 설치했다.

043

제43조

의원의 겸직제한

국회의원은 법률이 정하는 직을 겸할 수 없다.

국회의원이 동시에 다른 직업을 가질 수 없게 제한하는 이유는 직무에 충실하도록 하기 위해서다. 그리고 이해관계가 충돌하는 경우가 생기지 않도록 하여 직무의 공정성을 높이려는 이유도 있다.

국회의원의 겸직금지는 〈국회법〉 제29조에 규정되어 있다. 국회의원은 국무총리 또는 국무위원의 직 이외에는 원칙적으로 다른 직을 겸할 수 없도록 하되, 예외적으로 공익 목적의 명예직, 다른 법률에서 국회의원이 임명·위촉되도록 정한 직 및 〈정당법〉에 따른 정당의 직은 겸할 수 있도록 하고 있다.

또한 2013년 8월에는 〈국회법〉에 제29조의2를 신설하여, 국회의원은 원칙적으로 영리 업무에 종사할 수 없도록 하되, 국회의원 본인 소유의 토지·건물 등의 재산을 활용한 임대업 등 직무 수행에 지장이 없는 경우만을 예외적으로 허용하고 있다.

제44조
의원의 불체포특권

044

① 국회의원은 현행범인인 경우를 제외하고는 회기중 국회의 동의없이

체포 또는 구금되지 아니한다.

② 국회의원이 회기전에 체포 또는 구금된 때에는 현행범인이 아닌 한

국회의 요구가 있으면 회기중 석방된다.

제44조 ①항

국회의원은 범죄 혐의가 있다 하더라도 국회의 동의가 없으면 체포하거나 구속하지 못한다. 이를 불체포특권이라 한다. 정치적 보복으로 국회의원을 함부로 체포하거나 구속하지 못하게 하려는 의도가 담겨 있다. 회기 중에는 직무에 전념하도록 배려하는 의미도 포함되어 있다.

언제나 체포·구금에서 면제되는 것은 아니다. 현행범이 아니어야 하고, 회기 중이어야 하며, 국회의 체포 동의안이 통과하지 않은 상태여야 한다. 반대로 현행범이거나, 회기 중이 아니거나, 회기 중이라도 체포 동의안이 통과된 뒤라면 언제든 체포·구금할 수 있다.

준현행범도 현행범과 같이 취급하는데, 어떤 경우에 현행범 또는 준현행범인지는 〈형사소송법〉 제211조에 자세히 규정되어 있다. 국회의원이 현행범이라 하더라도 회의장 안에 있을 때에는 국회의장의 명령이 있어야 체포·구금할 수 있다. 이것은 불체포특권 때문이 아니라, 국회의 자율

권을 존중하는 의미에서 규정된 것이다.

국회의원에게만 인정되는 부당한 특권이라는 비판과 함께 불체포특권을 없애야 한다는 논의가 일기도 한다. 각 정당들이 자기 당의 의원을 일방적으로 두둔하기 위해서 불체포특권을 남용하기 때문이다. 하지만 불체포특권의 역사성과 본래적 가치를 고려하면, 함부로 폐지해서는 안 될 제도이다.

제44조 ②항

국회의 요구란 국회의 의결이 있는 경우를 말한다. 제1항의 체포 동의안이나 석방 요구안이나 모두 재적 의원 과반수의 출석과 출석 의원 과반수의 찬성으로 의결한다. 이때 회기 전에 체포·구금된 현행범이란, 체포·구금 순간에 현행범이었다는 말이다. 그렇다면 회기가 시작된 이후 계속 현행범의 상태에 있을 가능성은 전무하다. 따라서 회기 중에 국회 의결로 석방 요구가 있으면 석방해야 한다는 의미다. 석방이 됐다 하더라도, 회기가 끝나면 다시 체포·구금할 수 있다.

국회의원에게 불체포특권을 인정하는 것은 회기 중의 국회를 정상적으로 운영하기 위해서다. 하지만 범죄자까지 보호할 필요가 있느냐는 강한 의문이 드는 것을 숨길 수 없다. 수사기관의 소환에 무조건 불응하고, 기소되어도 재판을 연기하기만 하려는 국회의원들의 태도에 시민들은 자주 분노한다. 불체포특권의 존재에 심각한 의문이 자주 제기되게 된 이유도 스스로 품위를 지키지 못한 국회의원들 자신에게 있다.

발언 · 판결의 원외면책

045

국회의원은 국회에서 직무상 행한 발언과 표결에 관하여 국회외에서 책임을 지지 아니한다.

이것은 면책특권에 관한 조항이다. 책임을 지지 않는다고 할 때 책임은 법적 책임을 말한다. 법적 책임에는 형사책임과 민사책임이 있는데, 당연히 모두 면제된다는 의미다.

표결에 대해 책임지지 않는 것은 당연한 듯이 보인다. 면책특권의 특별한 효력이 발생하는 것은 발언에 대해서다. 국회의원이 회의장에서 어떤 사실을 폭로했다고 하자. 그의 폭로 발언으로 피해를 입은 사람은 폭로한 국회의원에게 명예훼손으로 인한 형사 처벌도 기대할 수 없고, 민사상 손해배상 청구도 할 수 없다.

국회에서 행한 발언이라고 하여 반드시 국회의사당 건물 안을 의미하는 것은 아니다. 본회의든 위원회든 회의석상이라면 어디든 상관없다. 직무상이란 국회의원으로서 행하는 의정 활동 또는 그에 부수하는 행위를 말한다. 그리고 발언이 면책되므로, 발언을 위한 준비 작업도 면책 대상

제3장 국회

이 된다. 예를 들면 대정부 질문을 하기 위한 자료를 서면으로 작성하여 다른 의원들에게 미리 배포하는 경우, 그 서면에 기재된 내용도 면책 대상이 된다. 국회 외에서 책임지지 않는다면, 국회 내에서는 책임진다는 말일까? 물론 아니다. 국회 내에서도 면책된다는 사실을 전제하고 표현한 것으로 해석해야 한다.

1986년 7월 제131회 정기국회 본회의장에서 일어난 사건은 믿지 못할 사태로 치달았다. 당시 야당이었던 신한민주당의 유성환 의원은 대정부 질문을 위한 원고를 작성하여 사전에 다른 의원과 출입 기자들에게 배포했다. 원고 내용 중에는 "이 나라의 국시는 반공이 아니라 통일이어야 한다", "통일이나 민족이라는 용어는 공산주의나 자본주의보다 그 위에 있어야 한다"는 문구가 들어 있었다. 여당 의원들은 유 의원의 원고 내용이 반국가단체인 북괴의 활동에 동조한 것이라고 몰아세웠다. 검찰은 〈국가보안법〉 위반 혐의를 뒤집어씌웠고, 여당인 민정당은 날치기로 구속 동의안을 통과시켰다. 유 의원은 국회에서 발언하기 위해 준비했던 원고의 일부 표현 때문에 구속되는 어처구니없는 일을 당했다. 훗날 대법원은 유 의원의 원고 배포 행위는 헌법이 보장하는 면책특권의 대상이 된다고 판결했다.

국회의원에게 면책특권을 인정하는 이유는 불체포특권과 비슷하다. 오히려 직무와의 관련성은 면책특권이 더 크다. 이 역시 서양의 의회주의 전통에서 유래한 제도다. 영국 의회에서 의원들이 왕권의 부당한 탄압에 대항하여 투쟁한 끝에 얻어낸 권리였다.

면책특권의 필요성은 이해된다. 하지만 이러한 특권을 잘 보전하고 지켜가야 할 의무는 국회의원들에게 있다. 저질스러운 인신공격 발언을 서슴지 않는 사례가 빈번히 일어나면, 면책특권도 없애자는 여론이 일어날 것이다.

면책특권은 발언이나 표결에 대해서만 인정된다. 국회의원들의 폭력은 면책특권의 울타리 너머에 있는 범죄행위일 뿐이다. 2013년 8월 〈국회법〉에 "누구든지 국회의 회의를 방해할 목적으로 회의장 또는 그 부근에서 폭력행위 등을 하여서는 아니 된다"라는 제165조를 신설하여, 국회의원이라도 이를 위반할 경우 형법상 폭행죄 또는 공무집행방해죄 등 보다 높은 형량으로 처벌하도록 하고 있다.

046

제46조
의원의 의무

① 국회의원은 청렴의 의무가 있다.

② 국회의원은 국가이익을 우선하여 양심에 따라 직무를 행한다.

③ 국회의원은 그 지위를 남용하여 국가 · 공공단체 또는 기업체와의

계약이나 그 처분에 의하여 재산상의 권리 · 이익 또는 직위를 취득하거나

타인을 위하여 그 취득을 알선할 수 없다.

제46조 ①항

국회의원은 청렴해야 해서 따로 직업 윤리적 의무를 규정하고 있다. 물론 국회의원뿐 아니라 모든 공무원이 청렴해야 한다. 국회의원이 부패하지 않도록 스스로 노력해야 하는 것은, 중요 정책에 관련된 의사 결정을 이권에 따라 왜곡할 수 있기 때문이다.

국회의원은 자칫 잘못하면 부패하기 쉬운 지위에 있다. 이해관계가 얽힌 공적 문제에 대한 정보를 많이 알고 있으며, 그 결정에 직접 관여하거나 간접적으로 영향력을 행사할 수 있기 때문이다. 그러면서 다른 한편으로는, 정치인으로서 많은 정치자금을 필요로 한다. 마음만 먹으면 부정한 행위로 부당 이익을 얻을 수 있는 지위에 있으므로, 항상 청렴하도록 애써야 한다.

어떻게 하면 청렴성을 유지할 수 있는가? 그다음 조항들이 몇 가지 방법을 일러준다.

제46조 ②항

국회의원은 국민을 대표하기 때문에 국가의 이익을 먼저 생각해야 한다. 국가의 이익에는 당연히 전체 국민의 이익도 포함된다. 지역구 국회의원이라도 자기 선거구의 이익만을 고집해서는 안 되고, 전체를 보아 국가의 이익이 증진하는 방향으로 직무를 수행해야 한다. 항상 국가 이익을 앞세우고 개인의 이익과 욕심을 버리면 저절로 청렴해질 것이다.

여기서 말하는 "양심"은 국회의원으로서의 직무상 양심이다. 어느 쪽이 국가의 이익에 부합하는 것인지 판단한 결과에 따라 직무를 수행하면 국회의원으로서 양심을 지키게 될 것이다.

여기서 '우선한다'는 무엇에 앞선다는 자동사다. 따라서 "국가 이익을 우선하여"라는 말은 어법에 맞지 않다. '국가 이익을 앞세워'라고 하든지, '국가 이익을 먼저 생각하여'라고 고쳐야 한다.

제46조 ③항

지위 남용의 금지를 규정한 항목이다. 지위를 남용하면 그 자체로 형사처벌이나 징계의 대상이 된다. 더군다나 재산상 권익이나 직위를 얻게 되면 역시 뇌물에 관련된 죄나 〈정치자금법〉 위반으로 처벌될 가능성이 높다. 알선 행위 역시 마찬가지다.

이 조문의 취지는 알겠으나, 문장은 아무래도 정리할 필요가 있다. "그 처분에 의하여"에서 '처분'이 무엇을 가리키는지 알 도리가 없다. 계약을 처분한다는 말인지, 국가나 기업체를 처분한다는 말인지 모호하기 짝이 없다.

047

제47조

정기회 · 임시회

① 국회의 정기회는 법률이 정하는 바에 의하여 매년 1회 집회되며,

　국회의 임시회는 대통령 또는 국회재적의원 4분의 1 이상의 요구에

　의하여 집회된다.

② 정기회의 회기는 100일을, 임시회의 회기는 30일을 초과할 수 없다.

③ 대통령이 임시회의 집회를 요구할 때에는 기간과 집회요구의 이유를

　명시하여야 한다.

제47조 ①항

　국회의원 의정 활동의 주된 무대는 국회에서 개최하는 회의다. 회의에는 1년에 한 번 여는 정기회와 요구에 따라 여는 임시회가 있다. 각각을 보통 정기국회, 임시국회라고 부른다. 물론 그 밖에 상임위원회와 상임위원회 소위원회도 있다.

　정기회는 매년 9월 1일에 연다고 〈국회법〉에서 규정하고 있다. 정기회는 100일을 초과하지 못한다. 임시회는 대통령이나 국회의원 중 재적 의원 4분의 1 이상의 요구에 따라 연다. 보통 2, 4, 6월의 첫날 임시회를 여는 것을 원칙으로 하고 있다. 임시회는 1회에 30일을 초과할 수 없다. 국회의원 총선거 후 최초의 임시회는 국회의원 임기가 개시된 뒤 7일째 되는 날 연다. 임시회 소집 공고는 국회의장이 3일 전에 하는 것이 원칙이지만, 아주 특별한 경우 하루 전에도 할 수 있다.

제47조 ②항

정기회와 임시회는 국회의원 전원이 참석하는 회의로, 이를 흔히 본회의라고도 한다. 위원회는 상임위원회와 특별위원회로 나뉜다. 위원회는 보통 20명 내외로 소수 국회의원으로 구성한 합의체기관이다. 위원회를 구성하여 운영하는 이유는, 본회의 전에 의안을 미리 검토하고 정리하여 본회의의 의안 심리를 원활하게 하려는 데 있다. 모든 안건의 심의를 국회의원 전원이 참석하는 본회의에서 하려면 시간이 많이 걸리고, 모든 국회의원이 내용에 대해 제대로 알지 못하여 비효율적이다. 따라서 실제 국회 운영은 상임위원회를 중심으로 이루어진다. 그래서 위원회를 소국회라고 부르기도 한다. 이런 현상을 위원회중심주의라고 한다.

국회의장을 제외한 모든 국회의원은 2개 이상의 상임위원회에서 활동할 수 있다. 상임위원회 위원으로서의 임기는 2년이므로, 국회의원 임기 중에 한 번씩 바뀌게 된다. 국회의원마다 2개 이상의 상임위원회에 소속될 수 있다고는 했지만, 상임위원회마다 위원 수를 정하고 있어 실제로는 각 정당별로 소속 국회의원들을 위원회에 적절히 배분한다. 상임위원회는 다시 그 안에 소위원회를 둘 수 있다. 현재 〈국회법〉이 정하고 있는 상임위원회의 종류와 국회상임위원회 위원 정수에 관한 규칙에 따른 수는 다음과 같다.

1. 국회운영위원회 28인

2. 법제사법위원회 17인

3. 정무위원회 24인

4. 기획재정위원회 26인

5. 미래창조과학방송통신위원회 24인

6. 교육문화체육관광위원회 29인

7. 외교통일위원회 22인

8. 국방위원회 17인

9. 안전행정위원회 22인

10. 농림축산식품해양수산위원회 19인

11. 산업통상자원위원회 30인

12. 보건복지위원회 22인

13. 환경노동위원회 16인

14. 국토교통위원회 31인

15. 정보위원회 12인

16. 여성가족위원회 17인

특별위원회는 특별한 안건을 다루기 위하여 설치하는 위원회다. 본회의에서 의결하여 설치하는 경우가 있고, 법률 규정에 따라 설치하는 경우도 있다. 인사청문회특별위원회가 대표적인 예다. 예산결산특별위원회와 윤리특별위원회는 특별위원회이긴 하지만 상설위원회다.

〈국회법〉에는 전원위원회란 것도 있다. 이는 국회의원 전원이 위원이 되는 위원회다. 따라서 구성은 본회의와 동일하다. 차이가 있다면 운영 방식이다. 전원위원회는 재적 의원 4분의 1 이상의 요구가 있으면 개최할 수 있고, 4분의 1 이상 출석한 가운데 출석 의원 과반수 찬성으로 의결한다.

〈국회법〉에는 교섭단체에 관한 규정도 있다. 교섭단체란 20명 이상의 국회의원으로 구성한 정파적 단체를 말한다. 교섭단체는 정당별로 인정한다. 20명 이상의 국회의원을 가진 정당은 〈국회법〉에 따라 교섭단체가 된다. 어느 교섭단체에도 속하지 않은 국회의원들끼리 모여 20명 이상이 되면 교섭단체를 구성할 수 있기도 하다.

교섭단체는 국회 운영을 원활히 하는 데 도움이 된다고 판단하여 만든 제도다. 예를 들면 국회의장이 필요한 경우 교섭단체의 대표들과 국회 운영에 관한 사항을 미리 논의한다. 따라서 교섭단체를 구성하지 못하는 정당은 국회 운영에 주도적으로 참여할 수 없게 된다. 각 교섭단체의 대표를 종전에는 원내총무라고 불렀는데, 2003년 열린우리당이 민주당에서 분당하면서 원내대표라는 명칭을 사용한 뒤로 모두 원내대표라고 한다.

048

제48조
의장·부의장

국회는 의장 1인과 부의장 2인을 선출한다.

국회의장은 국회를 대표하므로 입법부의 대표다. 내부적으로 국회의장은 국회 의사 진행에 관한 책임자다. 부의장은 의장이 없을 때 그 직무를 대행한다. 의장과 부의장 모두 임기는 2년이다. 의장과 부의장은 국회의원들이 무기명투표 방식으로 선출한다. 결선투표까지 하더라도 반드시 재적 의원 과반수의 득표를 해야 당선된다. 보통 최다 의석을 가진 정당의 후보자가 의장이 된다. 의장단 선거는 총선거 이후 최초의 집회일에 실시된다.

국회의장은 국회의원의 한 사람이고 거의 예외 없이 특정 정당에 소속되어 있지만, 행정부를 대표하는 대통령, 사법부를 대표하는 대법원장과 함께 3부의 대표자로서 국회를 공평무사하게 이끌어야 할 책임을 지고 있다. 그렇기 때문에 의장으로 당선되면 그다음 날부터 당적을 가질 수 없다. 다만 총선에 출마하기 위해서는 당적을 가질 수 있다.

의장이 없을 때는 의장이 지정한 부의장이 의장 직무를 대행한다. 직무 대행 부의장을 미리 지정하지 않은 경우에는 소속 의원의 수가 많은 교섭 단체 소속의 부의장이 대행자가 된다. 의장과 부의장이 모두 사고로 공석일 때에는 임시 의장을 선출한다. 임시 의장은 재적 의원 과반수가 출석한 투표에서 최다 득표를 한 사람으로 한다. 의장단 선거를 위한 임시회에서는 임시 의장을 선출하지 않고, 출석 의원 중 최다선 의원이 의장 직무를 맡는다. 최다선 의원이 2인 이상일 때에는 연장자가 대행한다. 회의 진행과 관계없는 집회 공고는 의장이나 부의장이 없을 때 국회 사무총장이 한다. 이런 복잡한 규정들은 모두 〈국회법〉에 있다.

049

제49조
___
의결정족수와 의결방법

국회는 헌법 또는 법률에 특별한 규정이 없는 한 재적의원 과반수의 출석과

출석의원 과반수의 찬성으로 의결한다. 가부동수인 때에는 부결된 것으로

본다.

국회는 합의체기관이라고 하였다. 국회에서는 해결해야 할 문제를 놓고 토의한 다음 표결로 정한다. 해결해야 할 문제를 안건, 의안 또는 의제라 한다. 안건에 대해 결정하는 일은 의결이라 한다. 의결정족수란 어떤 안건을 의결하는 데 필요한 최소한의 수를 말한다. 헌법이나 법률에 따로 의결 정족수를 정하지 않았으면, 재적 의원 과반수 출석과 출석 의원 과반수 찬성으로 의결한다. 이를 흔히 일반 정족수라 한다.

헌법이나 법률에 따로 정한 의결정족수는 특별 정족수라 일컫는다. 법률에 정한 특별 정족수의 예로는 국회의장이나 국회의 임시 의장 선출 방법을 들 수 있다. 재적 의원 과반수 찬성이나 출석 의원의 다수 득표로 당선자를 결정하기 때문에 일반 정족수와 다르다.

보통 국회의 특별 정족수라 하면 헌법에 정한 경우를 말한다. 헌법은 국회의 의결 사항 중 특별히 신중을 요한다고 판단하는 안건에 대해 일

반 정족수보다 까다로운 특별 정족수에 따라 의결하도록 정했다. 헌법의 특별 정족수에는 세 가지 유형이 있다. 재적 의원 과반수를 요하는 경우는 국무총리나 국무위원 해임 건의, 계엄의 해제 요구, 국무총리 등의 탄핵 소추를 의결할 때다. 재적 의원의 3분의 2 이상의 찬성을 필요로 하는 경우로는 헌법 개정안, 국회의원 제명, 대통령 탄핵 소추 의결을 할 때다. 재적 의원 과반수 출석에 출석 의원 3분의 2 이상의 찬성을 요하는 안건도 있는데, 대통령이 거부한 법률안을 재의결할 때다.

의결정족수 외에 의사정족수란 것도 있다. 이는 국회를 여는 데 필요한 최소 인원수를 말한다. 헌법에는 의사정족수 규정이 없으나, 〈국회법〉에는 재적 의원 5분의 1 이상의 출석으로 회의를 연다는 규정이 있다. 그러나 의사정족수 요건을 갖추었더라도 의결정족수에 미치지 못해 회의를 열어도 아무 의결을 할 수 없다. 이 때문에 의사정족수의 실효성이 의심된다.

요즘 국회에서는 전자 투표를 많이 한다. 각 의원의 책상 위에 설치된 개인용 컴퓨터의 모니터 화면을 손으로 만져 표결하는 방식이다. 따라서 실제 국회에서는 '재석 의원'이란 용어를 사용한다. 표결을 위해 자기 자리에 앉아 있는 의원 수라는 의미다. 지정된 좌석에 앉아 있지 않으면 아예 투표를 할 수가 없기 때문에 출석 의원 중에 재석 의원이 몇 명인가를 따진다. 만약 출석 의원보다 많지 않지만 재석 의원보다 많은 표가 나왔다면 대리투표가 있었다는 증거가 된다. 대리투표를 허용하는 규정은 헌법이나 법률 어디에도 없으므로, 그 경우는 당연히 무효다.

050

의사공개의 원칙

① 국회의 회의는 공개한다. 다만, 출석의원 과반수의 찬성이 있거나

  의장이 국가의 안전보장을 위하여 필요하다고 인정할 때에는 공개하지

  아니할 수 있다.

② 공개하지 아니한 회의내용의 공표에 관하여는 법률이 정하는 바에 의한다.

제50조 ①항

국회의 회의는 정기회, 임시회, 위원회, 소위원회 모두를 말한다. 공개한다는 것은 주권자인 국민이 보고 들을 수 있게 한다는 의미다. 공개의 방법에는 방청, 중계방송의 허용이 있다. 보도나 회의록 열람도 공개의 방식이긴 하지만 사후적이어서 완전한 공개라고 할 수는 없다.

공개해야 하는 이유는 단순히 국민의 알 권리 때문만은 아니다. 국민이 대표 기관인 국회의원들의 의정 활동을 직접 보고 평가할 수 있도록 한다는 취지가 담겨 있다. 나아가 국민이 국정의 흐름과 현재의 쟁점을 이해하고 여러 방법으로 참여할 수 있는 기회를 최대로 보장한다는 뜻도 포함되어 있다. 여야 국회의원들끼리 담합하여 의제를 부당하게 처리하는 밀행주의를 예방하는 효과도 있다.

국회의 회의 공개는 원칙일 뿐이다. 예외로 공개하지 않을 수도 있다는 말이다. 어떤 회의든 출석한 의원 과반수가 원하면 공개하지 않을 수 있

다. 이 조항은 아무 이유도 없이 비공개로 할 수 있다고 해석되어 공개주의 원칙을 무색하게 한다. 실제로 비공개 결정을 하려면 납득할 만한 이유를 내세워야 한다. 그렇지 않으면 정치적 비난 여론을 면할 수 없을 것이다. 회의 내용을 공개하면 국가 안전보장에 해를 끼칠 수 있다고 판단할 때 의장이 직권으로 비공개 결정을 할 수도 있다. 이때 의장은 국회의장을 말하는 것이고, 위원회나 소위원회 위원장은 해당되지 않는다.

헌법의 규정에도 불구하고 〈국회법〉은 특례를 두어 정보위원회 회의는 공개하지 않는 것을 원칙으로 정하고 있다. 정보위원회의 회의 내용은 항상 국가의 안전보장과 긴밀한 관련이 있다는 이유 때문이다. 예외 사유를 그때마다 판단하지 않고 법률로 아예 결정해버리는 형식이 헌법에 합치하는지 의문이다.

또 〈국회법〉은 위원장의 허가가 있어야 위원회 회의를 방청할 수 있도록 하고, 질서유지 목적으로 위원장이 방청인의 퇴장까지 명할 수 있게 했다. 이런 법률이 헌법에 위반하지 않는다고 주장하지만, 아무래도 헌법 정신에 맞는 것 같지는 않다. 소위원회는 공개를 원칙으로 하되, 소위원회 의결로 공개하지 않을 수 있다고 하여 헌법 규정을 피해가고 있다.

국회의원들이 회의를 진행하면서 의제를 다루는 방식, 절차에서 규칙을 준수하는 정도, 표현하는 언어의 구사 수준과 태도 등을 보면 자주 눈과 귀를 의심하게 된다. 그런 사정을 감안하면 국회의원들이 왜 회의 공개를 꺼리는지 이해가 되기도 한다.

제50조 ②항

공개하지 않은 회의 내용은 공표할 수 없다. 하지만 비공개 사유가 소멸하였다고 판단할 경우 본회의의 의결이나 의장의 결정으로 공표할 수 있다. 〈국회법〉 제118조에 규정되어 있다.

의안의 차기계속

051

국회에 제출된 법률안 기타의 의안은 회기중에 의결되지 못한 이유로

폐기되지 아니한다. 다만, 국회의원의 임기가 만료된 때에는 그러하지 아니하다.

　국회에 제출된 안건은 회기 중에 처리하는 것이 원칙이다. 그런데 이런저런 사정으로 처리하지 못한 경우에 어떻게 할 것인지가 문제다. 이에 관하여는 두 가지 원칙이 있다. '회기 계속의 원칙'과 '회기 불계속의 원칙'이다. 상정된 안건이 그 회기 동안 처리되지 않았을 경우 폐기되는 것으로 정하면 회기 불계속의 원칙이고, 폐기되지 않고 다음 회기에서 계속 다룰 수 있도록 하면 회기 계속의 원칙이다. 헌법의 이 조항은 회기 계속의 원칙을 말하고 있다.

　국회의 회의 중 정기회와 임시회를 본회의라 한다. 본회의가 아닌 회의로는 위원회가 있다. 정기회나 임시회를 열기 전, 또는 열고 난 직후 그 회의를 언제까지 할 것인지 정한다. 정기회는 100일을, 임시회는 30일을 넘지 못한다. 그때 회의를 시작하는 날부터 마치는 날까지를 회기라고 한다. 국회에서는 정기회와 임시회를 구분하지 않고 회의를 소집하는 순서

에 따라 횟수를 매겨, '제138회 국회(정기회 또는 임시회)'로 표시한다.

정기회나 임시회 기간 중에는 각 위원회가 열린다. 국회의원들의 의정 활동은 회기 중에 할 수 있다. 위원회는 '제284회 국회(정기회) 외교통상 통일위원회'라는 식으로 표기한다. 따라서 위원회에는 따로 회기라는 것 이 없다. 다만 정기회나 임시회 같은 본회의가 열리지 않는 폐회 기간 중 에도 위원회를 열 수 있다. 의안을 검토하거나 관련 국무위원의 의견을 들으며 필요한 준비를 한다. '제271회 국회(임시회·폐회 중) 남북관계 발전 특별위원회'와 같이 표기한다.

의회기 또는 입법기라는 용어도 있다. 총선거를 통해 국회가 구성된 때 부터 국회의원들의 임기 만료 등으로 국회가 해산할 때까지의 기간을 말 한다. 지금 우리 헌법 같은 회기 계속의 원칙 아래서는 처리하지 못한 의 안은 회기가 끝나도 의회기가 종료되지 않으면 폐기되지 않는다고 이해 하면 된다. 의회기가 끝나면 그때까지 처리되지 않고 남아 있던 의안은 모두 폐기된다.

우리는 한때 영국이나 미국처럼 회기 불계속의 원칙을 고수하다 1962년 헌법부터 회기 계속의 원칙으로 변경했다. 어떤 이유에서든 한 번 폐기된 의안을 되살리려면 다음 의회기에서 다시 상정하면 된다. 하지만 한 번 부결된 안건은 같은 회기 중에는 다시 제안하지 못한다. 이를 일사부재의 의 원칙이라 하며, 〈국회법〉 제92조에 명시되어 있다. 한 번 판결이 확정 된 사안에 대하여 다시 재판할 수 없다는 일사부재리의 원칙과 혼동하지 않아야 한다.

법률안제출권

052

국회의원과 정부는 법률안을 제출할 수 있다.

　국회의 가장 중요한 기능은 입법작용이다. 입법은 국가의 중요한 기능이기도 하다. 입법은 법의 제정, 개정, 폐지를 모두 포함한다. 법을 새로 만들거나, 고치거나, 없애는 국회의 일은 크게 네 단계로 나누어 말할 수 있다. 제안, 심사, 의결 그리고 공포다. 심사는 의결을 위한 절차이므로 제안, 심사와 의결, 공포의 세 단계로 나누어도 좋다. 어쨌든 이 과정을 무사히 거쳐야 하나의 입법 행위가 완성된다. 헌법은 이 조항과 다음 조항에서 법률안 제출과 공포에 관해서만 규정하고 있다. 의결에 대해서는 헌법 제49조의 규정이 그대로 적용되고, 심사에 관한 복잡한 절차는 〈국회법〉에 규정하고 있다.

　법률안 제출은 국회의원이나 정부가 한다. 〈국회법〉 제79조에 의하면, 국회의원은 10명 이상이 찬성해야 법률안을 발의할 수 있다. 또는 제51조에 따라 위원회도 그 소관에 속하는 사항에 관하여 법률안을 제출할 수 있다. 위원회가 제출할 때에는 국회의원 10명 이상의 찬성이 필요 없다.

헌법에는 '국회의원'이라고만 명시하여, 국회의원이면 누구나 법률안을 제출할 수 있게 되어 있다. 헌법보다 하위 법률인 〈국회법〉에서 10명이상 찬성하여 발의하도록 한 것은 헌법에 위반하는 것이 아닌가 의심이 들기도 한다. 그렇지만 국회의원 한 사람이 고안한 법률안을 제출하여, 국회 본회의에서 다루기 전에 발의할 수 있는 요건으로 최소 10명의 찬성을 규정한 것으로 알면 되겠다. 실제로 제안하는 자신을 포함하여 10명의 찬성도 얻지 못한다면 본회의에 상정해봐야 통과될 가능성은 거의 없다. 국회의원이라고 하여 정치 선전용으로 법률안 제출을 남용하는 현상을 막으려는 의도도 담겨 있다.

정부가 제출하는 법률안의 처리 과정은 대략 이렇다. 우선 어느 부처에서 입법 정책을 결정하고 담당 공무원들이 초안을 작성한다. 필요한 경우 관련된 다른 부처와 협의를 거치고, 여당과 당정 협의를 한다. 완성된 법률안은 입법 예고로 널리 알려 의견을 수렴한 다음 법제처의 심사를 받는다. 마지막으로 차관회의와 국무회의에서 심의를 거친 다음 대통령 결재를 받아 국회에 제출한다.

법률안이 국회에 제출되면 인쇄하여 국회의원들에게 배포하고 본회의에 보고하는 동시에, 그 법률안과 관련된 상임위원회에 회부한다. 법률안의 심사는 본회의가 아니라 상임위원회 또는 그 소위원회가 먼저 집중적으로 실시한다. 심사 대상인 법률안은 국회공보에 게재하는 방식으로 입법 예고할 수 있다. 심사가 끝나면 보통 법제사법위원회에 넘겨 법률로서의 체계와 자구字句에 대한 심사를 받는다. 모든 심사 과정을 거치고 나면 본회의에 상정하여 의결 절차를 밟게 한다.

법률안을 제출할 권한은 국회의원과 정부에만 있다. 국회가 유일한 입법기관이니 국회의원에게 법률안 제출권이 있는 것은 당연하다. 그런데 정부에도 제출권을 준 것은 무슨 까닭인가? 현대사회의 복잡하고 다양한 현상을 규율하는 법을 만드는 데에는 상당한 전문 지식과 기술이 필요하다. 국회의원들은 가능한 인력을 동원하여 입법을 위한 조사와 연구 활동을 펼치지만 역부족이다. 따라서 국가를 운영하는 데 필요한 세세한 법률과 하위 규범은 대체로 정부 공무원들이 맡아 한다. 이런 공무원들을 테크노크라트라고 부른다.

테크노크라시란 기술에 의한 지배란 뜻인데, 전문 지식이나 과학기술을 가진 사람이 사회를 지배하게 된다는 정치사상을 일컫는다. 1932년경 미국에서 진단한 현대사회의 미래 모습이라 할 수 있다. 그런 사회의 주역이 바로 테크노크라트들이다. 그들은 전문 지식과 첨단 과학기술로 무장한 엘리트 공무원으로서 정책 수립과 그 시행에 필요한 입법을 주도한다.

그리하여 국가 운영에 필요한 법률안은 정작 입법기관인 국회의 국회의원보다 정부가 제출하는 빈도수가 훨씬 높다. 국회는 대개 정부가 제출하는 법률안을 통과시키는 역할밖에 하지 못하는 경향이 심화되고 있는 것이다. 그래서 국회의원들이 표결할 때 찬성하기 위해 손이나 드는 일을 한다고 거수기, 국회가 법을 만드는 게 아니라 통과만 시킨다고 통법부라는 비아냥이 있기도 하다.

국회가 고유 입법 기능을 점점 상실하고 있는 현상을 우려하여 이를 대의제 위기의 한 측면으로 파악하기도 한다. 그 결과 국회의원들이 법률안 제안을 자기과시적 수단으로 남용해 빈축을 사기도 한다. 19대 국회에서 4년간(2012년 6월~2016년 5월) 제출된 법률안 1만 7822건 중 가결된 법률안은 7441건이다. 건수 자체는 제헌국회 이후 최고치를 경신했지만, 가결률(법안 반영률)은 41.8%에 불과하여 역대 최저였다. 1만 건이 넘는 법률안이 의회기 종료와 더불어 자동 폐기된 것이다. 국회의원들의 비정상적 과욕이 입법 기능을 희화화하지 않을까 우려될 지경이다. 법률안 제안이 국민의 대표자들이 그저 놀고먹지만은 않는다는 상징으로 전락한 것은 오늘날의 의회민주주의가 안고 있는 근본적인 문제에 해당한다.

제53조
법률 공포, 대통령의 재의요구, 법률안 확정 · 발효

053

① 국회에서 의결된 법률안은 정부에 이송되어 15일 이내에 대통령이

　 공포한다.

② 법률안에 이의가 있을 때에는 대통령은 제1항의 기간내에

　 이의서를 붙여 국회로 환부하고, 그 재의를 요구할 수 있다.

　 국회의 폐회중에도 또한 같다.

③ 대통령은 법률안의 일부에 대하여 또는 법률안을 수정하여 재의를

　 요구할 수 없다.

④ 재의의 요구가 있을 때에는 국회는 재의에 붙이고, 재적의원과반수의

　 출석과 출석의원 3분의 2 이상의 찬성으로 전과 같은 의결을 하면

　 그 법률안은 법률로서 확정된다.

⑤ 대통령이 제1항의 기간내에 공포나 재의의 요구를 하지 아니한 때에도

　 그 법률안은 법률로서 확정된다.

⑥ 대통령은 제4항과 제5항의 규정에 의하여 확정된 법률을 지체없이

　 공포하여야 한다. 제5항에 의하여 법률이 확정된 후 또는 제4항에 의한

　 확정법률이 정부에 이송된 후 5일 이내에 대통령이 공포하지

　 아니할 때에는 국회의장이 이를 공포한다.

⑦ 법률은 특별한 규정이 없는 한 공포한 날로부터 20일을 경과함으로써

　 효력을 발생한다.

제53조 ①항

　국회를 통과한 법률안은 마지막 단계에서 대통령이 공포하여 완성한
다. 공포는 법률의 효력 발생 요건이다. 공포를 하지 않으면 법률로서 효

271 　　　　　　　　　　　　　　　　　　　　　　　　　　　　제3장 국회

력을 일으키지 못한다. 실제로 공포는 법률 공포문을 관보에 게재하는 형식으로 한다. 보통 법률은 공포한 날로부터 며칠이 경과한 때부터 시행하는 것으로 한다. 따라서 법률 내용을 게재한 관보의 발행일을 공포일로 한다. 관보는 물론 종이로 제작한 것을 말한다. 아직은 인터넷을 이용한 전자 관보를 보조적인 수단으로만 이용한다. 법률의 공포에 대한 세세한 사항은 〈법령 등 공포에 관한 법률〉에 규정되어 있다.

제53조 ②항

국회가 의결한 법률안은 대통령이 공포해야 새 법률로 탄생한다. 하지만 대통령이 그 법률안에 불만이 있을 때 공포를 하지 않고 국회로 되돌려보낼 수 있다. 이를 대통령의 법률안 거부권 행사라고 한다.

대통령이 법률안을 거부하려면 그 법률안이 정부에 이송되어 온 날로부터 15일 이내에 이의서를 작성하여 국회로 보내야 한다. 재의를 요구한다는 것은 재의결을 요구한다는 말이다. 즉 다시 토론하여 의결하라는 강력한 정치적 요청이다.

대통령의 법률안 거부권은 국회의 입법작용에 대한 아주 강한 견제 장치다. 언뜻 생각하면 입법권에 대한 침해인 것처럼 느껴질 수 있을 정도다. 따라서 이 권한을 남용하면 대통령은 국회의 신임을 얻지 못할 것이다. 대신 꼭 필요한 경우에 행사하면, 정략적이고 무모하여 국민의 권익 신장과 편의에 아무 도움이 되지 않는 국회의 입법작용을 저지할 수 있다.

2016년 5월 19일 제19대 국회 마지막 본회의에서는 야당이 주도하고 여당 의원 일부가 가담하여 소위 상시청문회법으로 불리는 〈국회법〉 개정안을 통과시켰다. 그러자 국회의원 임기를 이틀 남겨둔 5월 29일 박근혜 대통령이 이 법률안에 대해 거부권을 행사했다. 그에 대해서 국회의 재의 기회가 없는 상태에서 행한 대통령의 거부권은 위헌이라는 논란이 일어났다.

제53조 ③항

대통령은 의결된 법률안을 그대로 받아들여 공포하든지, 아니면 그 전부를 국회로 환부해야 한다. 일부만 반대하거나 수정하여 재의를 요구할 수 없다. 국회를 견제하면서도 국회의 고유한 입법권을 최대한 보장하기 위한 조치라고 할 수 있다.

제53조 ④항

대통령이 법률안에 대해 거부권을 행사하면 국회는 다시 의결해야 한다. 보통의 법률안은 국회의 의결 정족수에 따라, 재적 의원 과반수 출석에 출석 의원 과반수 찬성으로 의결한다.

하지만 대통령이 거부에 대해 다시 의결하는 것인 만큼 요건을 더 까다롭게 하여, 재적 의원 과반수 출석에 출석 의원 3분의 2 이상이 찬성하면 대통령이 거부한 법률안을 유효하게 확정할 수 있게 하였다.

제53조 ⑤항

대통령이 15일 이내에 공포도 하지 않고 거부권 행사도 하지 않으면 법률안은 확정된 것으로 한다. 국회가 재의결한 법률안에 대해서는 대통령이 다시 거부할 수 없다.

국회가 폐회 중일 때라면 임시회를 소집해야 할 것이다. 만약 국회에서 재의결에 성공하지 못하면 그 법률안은 부결된 것으로 처리하여, 즉시 폐기한다.

제53조 ⑥항

국회에서 재의에 붙여 의결한 법률안이 확정되거나, 대통령이 15일 이내에 공포도 거부도 하지 않아 확정되거나, 일단 확정된 법률은 다시 대통령이 공포해야 한다. 이때도 대통령이 공포하지 않고 법률이 확정된 날로부터 5일이 경과하면 국회의장이 공포해야 한다.

대통령이나 국회의장이 공포한다는 행위는, 실제로는 법률 전문을 포함한 공포문에 서명과 날인을 하여 관보에 게재하는 것이다. 관보는 정부가 발행하는 공식 홍보 매체다. 그러므로 국회의장이 마음대로 이용할 수 없다. 국회의장이 법률을 공포할 때에는 관보 대신 서울특별시에서 발행되는 둘 이상의 일간신문에 게재하여 공포한다. 그때도 그 신문의 발행일이 공포일이 된다.

제53조 ⑦항

법률의 효력이 발생하는 시기를 발효일이라 할 수도 있지만, 보통 시행일이라고 표현한다. 어느 법률이 언제부터 효력이 발생하느냐는 아주 중요한 문제다. '1월 1일부터 시행한다'고 하면, 그날 0시부터 법률의 효력이 발생한다는 의미다.

법률은 공포한 날부터 시행할 수도 있고, 공포한 날로부터 몇 년이 경과한 뒤부터 시행할 수도 있다. 법률의 시행일에 관해서는 부칙에 밝히는 것이 보통이다. 본문이고 부칙이고 어디에도 시행일에 관한 규정이 없다면, 공포한 날로부터 20일이 지난 다음 날부터 시행하는 것으로 한다. 다만, 〈법령 등 공포에 관한 법률〉 제13조의2는, 국민의 권리 제한 또는 의무 부과와 직접 관련되는 법률은 특별한 사유가 없으면 공포한 날로부터 적어도 30일이 경과한 뒤 시행하도록 정하고 있다. 국민들 모두가 그 내용을 알고 마음의 준비를 할 수 있도록 시간을 준다는 의미다.

054 예산안 심의 · 확정, 의결기간 도과시의 조치

① 국회는 국가의 예산안을 심의 · 확정한다.

② 정부는 회계연도마다 예산안을 편성하여 회계연도 개시 90일전까지 국회에 제출하고, 국회는 회계연도 개시 30일전까지 이를 의결하여야 한다.

③ 새로운 회계연도가 개시될 때까지 예산안이 의결되지 못한 때에는 정부는 국회에서 예산안이 의결될 때까지 다음의 목적을 위한 경비는 전년도 예산에 준하여 집행할 수 있다.

1. 헌법이나 법률에 의하여 설치된 기관 또는 시설의 유지 · 운영

2. 법률상 지출의무의 이행

3. 이미 예산으로 승인된 사업의 계속

제54조 ①항

여기서 예산이란 회계연도 내에서 국가의 세입과 세출에 관한 계획이라고 이해하면 된다. 세입은 한 해의 총수입, 세출은 한 해의 총지출이다.

국회는 법률안 외에 예산안을 심의하고 의결하여 확정한다. 제1항은 예산안에 대한 심의권과 의결권이 국회의 권한임을 밝히고 있다. 그렇다면 예산이란 무엇일까? 단순한 계획에 불과한 것일까, 아니면 법률과 비슷한 것일까?

예산은 국가의 살림살이에 관한 재정 지출을 내용으로 한다. 국민주권주의 원리에 따를 때 당연히 국민을 대표하는 국회가 입법권과 동시에 재정권을 가져야 한다. 따라서 예산은 단순한 계획이 아니라 일종의 법규범이고, 법률과 마찬가지로 국회의 의결을 거쳐 제정된다. 다만 헌법재판소는, 예산은 법률과 달리 국가기관만을 구속할 뿐 일반 국민을 구속하지는

않는다고 한다.

실제로 예산을 법률과 동일한 것으로 여기는 국가도 있다. 미국은 예산안도 법률안처럼 의회에서 편성하여 제안하도록 하는데, 이를 예산법률주의라 한다. 반면 우리처럼 예산안 편성은 정부가 하고 국회는 의결하도록 한 제도를 예산의결주의라 한다.

제54조 ②항

회계연도는 회계의 편의에 따라 정해 놓은 한 해의 기간이다. 우리나라의 회계연도는 매년 1월 1일부터 12월 31일까지다. 이런 내용은 〈국가재정법〉, 〈국가회계법〉에 규정되어 있다.

우리나라에서 법률안은 정부와 국회가 제출할 수 있게 되어 있지만, 예산안은 정부가 편성하여 제출하고 국회가 의결하도록 되어 있다. 행정부의 각 장들이 매년 6월 30일까지 예산 요구서를 제출하면, 재정기획부장관은 그에 따라 예산안을 편성한다. 예산안은 국무회의 심의를 거쳐 대통령의 승인을 얻으면 국회에 제출한다.

제54조 ③항

다음 회계연도가 시작되기 전에 예산안 편성과 제출은 물론 의결까지 이루어져야 국가가 살림살이를 계속 꾸려갈 수 있다. 그러나 편성권자와 의결권자가 다르기 때문에 의견의 차이로 헌법에 정해놓은 기간 안에 의결하지 못하는 사태가 생긴다. 그때 예산집행을 완전히 중지해버린다면 국정 운영에 큰 차질을 빚게 될 것이다. 그런 경우 아주 시급한 항목에 대해서는 그 전해의 예산에 준하여 집행할 수 있게 했다. 임시적인 응급조치와 같은 이 조항의 예산을 준예산이라 부른다.

055

계속비·예비비

① 한 회계연도를 넘어 계속하여 지출할 필요가 있을 때에는 정부는 연한을 정하여 계속비로서 국회의 의결을 얻어야 한다.

② 예비비는 총액으로 국회의 의결을 얻어야 한다. 예비비의 지출은 차기국회의 승인을 얻어야 한다.

제55조 ①항

국가의 예산은 시간적으로 회계연도 내에서만 효력이 있다. 이를 예산 일년주의라 한다. 그런데 항목의 성격상 매년 예산을 편성하기에는 적합하지 않고, 한 회계연도를 넘어 계속 지출이 필요한 경우가 있다. 그런 경우 연한을 정하여 계속 지출할 수 있게 하는 예산을 계속비라 한다. 계속비는 예산일년주의의 예외가 된다. 〈국가재정법〉은 계속비 지출의 연한을 원칙적으로 5년 이내로 정하고, 더 연장하려면 국회의 의결을 얻도록 하고 있다.

제55조 ②항

예측할 수 없는 예산 외의 지출 또는 예산 초과 지출에 충당하기 위한 것이 예비비다. 〈국가재정법〉은 예비비에 관해 별도의 항목 없이 원칙적인 금액만 규정하고 있다. 어디에 사용하느냐는 전적으로 행정부 재량에 맡겨져 있다. 따라서 예비비는 지출하고 난 뒤에 열리는 국회에서 승인을 얻도록 한다. 승인을 얻지 못하더라도 이미 지출한 예비비가 무효화되지는 않는다. 다만 정치적 책임의 대상이 될 뿐이다.

056

제56조
추가경정예산

정부는 예산에 변경을 가할 필요가 있을 때에는 추가경정예산안을 편성하여
국회에 제출할 수 있다.

법률은 필요하면 절차에 따라 개정할 수 있다. 하지만 예산은 국회 의
결로 성립하면 변경할 수 없는 것이 원칙이다. 그럼에도 불구하고 전쟁이
나 대규모 재해, 경기 침체, 대량 실업, 남북 관계의 변화 등 이미 확정된
예산을 변경해야 할 불가피한 사정이 생기면 추가경정예산을 제출하여
국회의 의결을 얻어야 한다.

헌법 제76조에 대통령의 긴급재정경제 처분과 명령을 규정하여 대통
령이 그 권한을 행사해 아주 예외적으로 예산의 내용을 변경할 수 있도록
하고 있다. 그렇지만 통상의 경우 예산은 법률로써 변경할 수 없고, 마찬
가지로 법률을 예산으로 변경할 수도 없다.

지출예산각항 증액과 새 비목 설치금지

057

국회는 정부의 동의없이 정부가 제출한 지출예산각항의 금액을 증가하거나

새 비목을 설치할 수 없다.

예산은 모두 국민의 부담이다. 따라서 예산을 편성하고 결정하는 데 행정부나 입법부가 함부로 할 수 없게 서로 감시하고 견제할 수 있도록 해야 한다. 예산편성권을 정부에 주고, 의결권은 국회에 주어 두 권한을 나누어놓은 이유를 찾는다면 거기에 있다.

국회는 예산 중 지출 항목을 삭감할 수는 있어도 증액할 수 없다. 국민의 부담을 가중시키는 결과가 되기 때문이다. 증액하려면 정부의 동의를 얻어야 한다. 비목이란 비용을 용도에 따라 분류한 항목으로, 예컨대 인건비, 사업비, 교통비 등이다. 새 비목을 설치하는 것도 전체적으로 지출 금액을 증가하게 하므로 국회가 함부로 못하게 하였다.

058

국채모집 등에 대한 의결권

국채를 모집하거나 예산외에 국가의 부담이 될 계약을 체결하려 할 때에는

정부는 미리 국회의 의결을 얻어야 한다.

국가의 금고에도 돈이 부족할 때가 있다. 특히 세입, 다시 말하면 총수입에 부족한 부분이 생길 때 그렇다. 그런 경우 국가도 돈을 빌려야 한다. 바로 그러한 국가의 채무를 국채라 한다. 1907년의 국채 보상 운동은 국가의 빚을 국민들이 갚자고 나섰던 운동이다.

국채 모집이란 국가가 차용할 돈을 구하는 행위다. 국채를 유가증권의 형식으로 채권을 발행하여 모집하는 경우도 있는데, 그때 그 증권 자체를 국채라 하기도 한다. 예산 외에 국가의 부담이 될 계약에는 외국으로부터 차관을 도입하면서 정부가 지불보증을 하는 계약이라든지, 외국인을 고용하는 계약이나 임대료를 지불하는 임차계약 등이 있다.

모두 국가의 채무가 되고 그것이 결국 국민의 부담이 되기 때문에, 정부가 국채 모집이나 일정한 계약을 하기 위해서는 사전에 국회의 의결을 거치게 했다.

조세의 종목과 세율

059

조세의 종목과 세율은 법률로 정한다.

　이 세상에서 확실한 것이란 죽음과 세금뿐이라는 말이 있다. 세금은 죽음처럼 피할 도리가 없다는 의미를 담고 있다. 하지만 사람들이 가장 내기 싫어하는 것이 세금이다. 징수하는 길이 있으면 빠져나가는 길도 있다는 속담도 그래서 생긴 것이다.

　일상에서는 보통 세금이라 하지만, 법률에서는 조세라고 한다. 세는 조세의 준말이고, 조세로 납부하는 돈이 세금이다. 국가나 지방자치단체는 왜 조세라는 명목으로 금전을 강제로 징수하는가? 조세는 공동체의 유지에 필요하다. 따라서 납세는 공동체 구성원으로서의 의무이자 국가 구성원으로서의 의무이다. 바로 거기에 조세 부과의 정당성이 있다. 그렇기 때문에 조세의 강제징수는 개인의 사유재산권 침해가 아니다. 만약 조세가 정당성을 갖지 못할 경우엔, 납세 거부 운동이 정당화될 것이다. 헌법 제38조 납세의 의무를 다시 읽어볼 필요가 있다.

조세는 국가의 재원 확보를 위해 절대적으로 필요하다. 국가가 물리적으로 존재하기 위해서는 최소한의 경제력이 있어야 하기 때문이다. 조세의 기능은 거기에 그치지 않는다. 소득을 재분배하는 데에도 쓰인다. 팔의 굵기에 따라 피를 뽑는다고, 소득이 많은 사람으로부터 많은 세금을 거둬 재분배한다. 또 조세를 행정적 통제의 수단으로 삼기도 한다. 음주율을 낮추기 위해 주세를 올린다든지, 사치품의 소비를 억제하려는 의도로 관세를 인상하는 경우가 그렇다.

막상 세금을 내야 하는 납세자가 되는 순간 개인은 저항감을 느끼지만, 그 이전에 주권자로서 국가의 운영을 위해 돈이 필요하다는 것쯤은 인식하고 있다. 조세제도 역시 주권자의 의사를 바탕으로 해야 한다. 따라서 조세의 종목과 세율을 국민의 대의기관인 국회에 맡겼다.

이 조항의 내용을 흔히 조세법률주의라고 표현한다. 범죄와 형벌의 내용을 미리 법률로 명확히 할 것을 요구하는 죄형법정주의와 마찬가지다. 나아가 과세의 요건을 법으로 명확하고 상세히 정하고, 소급 과세를 금지해야 한다는 파생 원칙도 조세법률주의의 내용을 이룬다. 헌법재판소도, 과세 요건을 법률로 명확히 규정하여 국민의 재산권을 보장하고 국민 생활의 법적 안정성과 예측 가능성을 보장하는 이념으로 조세법률주의를 이해하고 있다. 이 헌법 조문을 근거로 〈국세기본법〉을 비롯한 수많은 법률이 세법의 세계를 형성하고 있다.

제60조
조약·선전포고등에 관한 동의

060

① 국회는 상호원조 또는 안전보장에 관한 조약, 중요한 국제조직에 관한

조약, 우호통상항해조약, 주권의 제약에 관한 조약, 강화조약, 국가나

국민에게 중대한 재정적 부담을 지우는 조약 또는 입법사항에 관한

조약의 체결·비준에 대한 동의권을 가진다.

② 국회는 선전포고, 국군의 외국에의 파견 또는 외국군대의 대한민국

영역안에서의 주류에 대한 동의권을 가진다.

제60조 ①항

조약은 가입하는 국가들 사이에 효력이 있는 국제법이다. 조약은 헌법 제6조 1항에 따라 국내법과 같은 효력을 가진다.

조약의 체결은 국가들 사이에 이루어지는 외교 행위이므로, 국가를 대표하는 대통령이 체결하고 공포한다. 국회가 아닌 대통령이 하지만 실질적으로 조약의 체결과 공포는 입법 행위이다. 그러므로 국제조약을 체결하기 전에 국회의 동의를 얻게 했다.

1항은 7개 유형의 조약을 열거하였다. 국제조직이란 국제기구를 말한다. 우호통상항해란 다른 나라 국민의 국내 입국, 거주, 무역, 항해 등에 관한 내용을 표현한 것이다. 강화조약은 전쟁하던 국가끼리 전쟁을 끝내면서 평화 유지, 포로 인도, 영토 할양, 배상금 지급 등의 문제를 처리하는 내용의 조약이다.

1항에서 나열하고 있는 7개 종류의 조약은 사실상 거의 모든 국제조약

을 포괄하는 것이나 다름없다. 헌법 규정을 엄격히 해석하여 7개 유형에 해당하면 국회 동의를 얻어야 하고, 그렇지 않으면 대통령이 자유롭게 체결해도 된다는 의견이 많다. 그런데 실제의 조약이 7개 유형에 해당하는지 아닌지 명확하지 않은 경우가 많다. 무엇이 "중요한 국제조직"인지, 주권을 제약하는지 않는지, 어떤 것이 "국민에게 '중대한' 재정적 부담을" 지우는 것인지 아무도 명확히 말할 수 없다. 그렇다면 차라리 모든 조약에 대해 국회 동의를 얻도록 하는 편이 나을 것이다.

제60조 ②항

대통령의 권한 중에서 전쟁과 평화에 관한 외교 행위에 대해서는 국회의 동의를 얻도록 한 조항이다. 아무래도 국가적으로 큰 부담이 되는 중요한 문제이므로, 대통령의 행정권을 입법부로 하여금 적절히 견제하도록 의도한 것이다.

주류란 군대가 어느 장소에 머무는 것을 말하는데, 주둔과 같은 의미이다. 외국 군대가 국내에 머무르거나 국군이 외국에 가서 체류하는 것은 그 성격에 따라 평화 유지 목적인지 아닌지 따져야 할 것이다.

그런데 선전포고는 어떤가? 선전포고란 특정한 상대 국가에 대하여 전쟁의 개시를 알리는 일방적 의사표시다. 아주 특별한 상황이 아니고서는 전쟁을 먼저 시작한다는 의미다. 먼저 전투를 시작하는 행위는 침략이다. 그렇다면 침략적 전쟁을 부인하고 국제평화주의를 선언한 헌법 제5조 1항과 어긋나는 규정이 되고 만다. 선전포고는 아예 해서는 안 되는 행위로 전제하고 이 조항에서 삭제하는 것이 옳지 않을까?

국정에 관한 감사 · 조사권

061

① 국회는 국정을 감사하거나 특정한 국정사안에 대하여 조사할 수 있으며,

이에 필요한 서류의 제출 또는 증인의 출석과 증언이나 의견의 진술을

요구할 수 있다.

② 국정감사 및 조사에 관한 절차 기타 필요한 사항은 법률로 정한다.

제61조 ①항

국회의 국정 통제 기능 중 가장 대표적인 것이 국정감사와 국정조사다. 두 제도 모두 입법부에 의한 행정부와 사법부의 통제다. 국정감사는 매년 정기적으로 국정 전반에 대하여 실시한다. 반면 국정조사는 특정한 국정사안에 대하여 실시하는 것이다.

제61조 ②항

국정감사와 국정조사를 위하여 제정한 법이 국정감사 및 조사에 관한 법률이다. 물론 〈국회법〉에도 기본적 조항들이 규정되어 있으며, 국회에서의 증언 · 감정 등에 관한 법률도 있다.

국정감사는 원래 매년 9월 10일부터 20일 동안 행하는 것을 원칙으로 하고 있다. 그러나 2012년 〈국정감사 및 조사에 관한 법률〉이 개정되어, 매년 정기회 집회일 이전에 감사 시작일부터 30일 이내의 기간을 정하여

감사를 실시하는 것을 원칙으로 하되, 본회의 의결로 정기회 기간 중에 실시할 수 있도록 바뀌었다. 국정감사가 정기회 기간 중에 실시되어 예산안과 법률안 등 중요 안건에 대한 심사 기간을 충분히 확보하기 어려운 점이 있었기 때문이다.

국정감사는 국정 전반에 관하여 상임위원회별로 진행한다. 감사 대상은 행정과 사법에 대한 업무 중 법률로 제한하는 부분을 제외한 나머지 전부라고 보면 된다. 현재 진행 중인 법원의 재판에 간섭하는 것은 금지된다. 마찬가지로 국정감사가 구체적 사건의 수사나 소추에 관여하는 결과가 되어서도 안 된다. 그 밖에 감사 행위가 지나치게 과장되거나 다른 기본권을 침해하는 결과가 발생하지 않도록 해야 한다.

국정조사는 매년 정기적으로 행하는 제도가 아니다. 특별한 일이 일어났을 때 국회가 나서서 진상을 조사하고, 책임 추궁과 함께 대책을 마련하기 위한 활동이다. 재적 의원 4분의 1 이상의 요구가 있을때 국정조사를 할 수 있으며, 조사 대상 사안과 관련 있는 상임위원회가 맡거나 특별위원회를 구성하여 맡게 한다.

국정조사제도는 근년에 들어 곧잘 특별검사 임명으로 이어지기도 했다. 국정감사는 연례행사로, 가을만 되면 모든 부처가 그 준비로 부산하다. 감사를 맡기 위한 준비에 투여하는 비용에 비하여 효과가 저조하다는 비난도 만만치 않다. 때로는 무엇을 위한 감사인지 목적을 의심하게할 때도 있다. 국회의 위원회에 증인, 감정인, 참고인으로 불려나가본 사람들은 안다. 대개 국회의원들은 회의록에 남기기 위해 주어진 시간을 장황한 연설이나 다름없는 질문으로 허비하고, 답변은 듣지도 않고 나가버린다. 국정감사로 인한 효과보다 부작용이 더 크다고 하여 1972년부터 1987년까지는 국정감사제도가 폐지되기도 했다.

하지만 그 형식적 통제 효과는 없다고는 할 수 없다. 다만 활동의 주체인 국회나 대상인 나머지 부처가 서로 효율적인 결과를 가져올 수 있도록 지혜롭게 협력할 필요가 있다. 국정감사를 바라보는 국민은 가끔 후련함을 느끼긴 하지만, 대부분 답답한 심정을 감출 수 없다.

062

제62조

국무총리 등의 출석요구

① 국무총리·국무위원 또는 정부위원은 국회나 그 위원회에 출석하여

국정처리상황을 보고하거나 의견을 진술하고 질문에 응답할 수 있다.

② 국회나 그 위원회의 요구가 있을 때에는 국무총리·국무위원 또는

정부위원은 출석·답변하여야 하며, 국무총리 또는 국무위원이

출석요구를 받은 때에는 국무위원 또는 정부위원으로 하여금

출석·답변하게 할 수 있다.

제62조 ①항

국무총리, 국무위원, 정부위원은 스스로 국회에 나가 말할 수 있다. 마찬가지로 국회의 요구가 있으면 나가서 대답해야 할 의무가 있다. 국회에 나가 보고하고, 의견을 개진하고, 의문에 답변하는 것은 국민에 대해 보고하고 말하고 답변하는 것이나 다름없기 때문이다.

제62조 ②항

국무위원은 국무총리가 제청하여 대통령이 임명하는 국무회의의 구성원이다. 대부분 각 부의 장관이라고 알아두면 된다. 국무위원은 헌법에 규정되어 있지만, 정부위원은 〈정부조직법〉에 규정되어 있다. 2016년 현재 국무조정실의 실장 및 차장, 부·처·청의 처장·차관·청장·차장·실장·국장 및 차관보와 국민안전처에 두는 본부장이 정부위원에 속한다.

국무총리·국무위원해임건의권

063

① 국회는 국무총리 또는 국무위원의 해임을 대통령에게 건의할 수 있다.

② 제1항의 해임건의는 국회재적의원 3분의 1 이상의 발의에 의하여

국회재적의원 과반수의 찬성이 있어야 한다.

제63조 ①항

국무총리와 국무위원의 해임을 건의하는 제도는 얼마든지 있을 수 있다. 특히 국민을 대표하는 국회가 국무총리와 국무위원의 임명권자인 대통령에 대해 건의하는 것은 중요한 의미를 갖는다. 즉 국무총리와 국무위원은 정부의 핵심 주체이므로 그들의 해임 건의를 의결하는 일은 입법권에 의한 행정권의 강력한 견제 수단이 된다.

이 제도는 우리 헌정의 경험에서 나온 것이기도 하다. 대통령은 자기 마음대로 국무총리와 장관을 임명할 수 있다. 그러다 보니 국정을 수행할 수 있는 능력보다 사사로운 이해관계에 따라 직책을 선물하듯 수여하는 경우도 있었다. 그렇게 임명된 국무위원들은 자신의 무능함을 그대로 드러내기도 했다. 그러나 주변의 눈총과 비웃음이 따가워도 대통령은 잘못된 인사를 바로잡으려 하지 않았다. 그래서 1962년 헌법에 처음 이 제도를 도입하게 되었다.

국민이나 국회 입장에서는 무능한 국무위원들보다 그런 인물을 임명한 대통령이 더 미울 때가 있을 것이다. 아니면 대통령의 능력이나 태도가 더 의심스러울 때도 있을 것이다. 그러나 그럴 경우 대통령에게 직접 정치적 책임을 물을 수 있는 길은 거의 없다. 따라서 대통령을 보좌하는 국무총리나 국무위원에 대해 책임을 추궁하면서 대통령을 간접적으로 견제하고자 할 때 이 권한을 사용하기도 한다.

제63조 ②항

그런데 해임의 건의란 무엇인가? 건의란 희망 사항을 조심스레 밝히는 정도의 의사표시에 불과하다. 그렇게 해서야 대통령이나 국무위원들에 대한 정치적 책임을 물을 수 있을까? 그건 그렇고, 해임 건의를 하면 도대체 어떻게 되는가? 대통령은 해당 국무위원을 해임해야 되는가? 하지 않으면 어떻게 되는가?

국회가 해임 건의안을 의결하더라도 대통령은 그 결정에 구속되지 않는다. 해임하지 않아도 그만이다. 다만 그로 인하여 국민이나 정치권으로부터 신임을 잃게 될 것이다. 이런 제도를 헌법에 두고 있는 바에야, 해임 건의가 있으면 대통령이 받아들이는 것이 국정 운영을 원활하게 하는 데 도움이 될 것이다. 하지만 이는 우선 다수당이 해임 건의안을 정략적으로 이용하지 않고 진지하게 다룰 것을 전제해야 할 것이다.

건의라는 애매한 표현 때문에 옛 헌법에는 "건의가 있을 때에는 대통령은 특별한 사유가 없는 한 이에 응하여야 한다"고 명시한 적도 있었다. 물론 그 경우에는 '특별한 사유'가 무엇이냐가 문제된다. '건의'는 거부해도 되지만, 헌법에 '요구'라고 표현해놓는다면 받아들여야 하지 않겠느냐는 견해도 있다. 하지만 요구라고 반드시 그렇게 해석해야 한다는 근거는 규범학에도 어문학에도 없다. 건의를 하건 요구를 하건, 대통령은 '해임해야 한다'는 규정이 없는 한 얼마든지 하지 않을 수 있다. 1980년 헌법은 "국무총리에 대한 해임 의결은 국회가 임명 동의를 한 후 1년 이내에는 할 수 없다"고 하였는데, 헌법 조문으로서는 구차한 구석이 있다.

064

제64조
___

국회의 자율권

① 국회는 법률에 저촉되지 아니하는 범위안에서 의사와 내부규율에 관한
   규칙을 제정할 수 있다.
② 국회는 의원의 자격을 심사하며, 의원을 징계할 수 있다.
③ 의원을 제명하려면 국회재적의원 3분의 2 이상의 찬성이 있어야 한다.
④ 제2항과 제3항의 처분에 대하여는 법원에 제소할 수 없다.

제64조 ①항

모든 기관은 헌법과 법률의 범위 안에서 직무를 수행하지만, 헌법과 법률을 위반하지 않는 한 자율적으로 처리할 수 있다. 자율적 직무 수행과 운영의 첫걸음은 규칙 제정이다.

헌법과 법률에 위반하지 않는 범위 내에서 필요한 규칙을 스스로 만들어 내부 규범으로 삼는 것은 너무나 당연한 일이다. 이것은 헌법으로 보장하고 있지만, 헌법 규정이 없더라도 인정된다.

규칙제정권은 국회뿐 아니라 대법원, 선거관리위원회, 지방자치단체에도 있다. 대통령과 국무총리 그리고 행정부의 각 부는 대통령령·국무총리령·부령으로 부르는 법규명령을 제정할 수 있다.

제64조 ②항

2항은 국회의원의 자격 심사에 관한 조항이다. 자격 심사는 징계와 다

르다. 국회의원이 될 자격이 있는지 없는지 판단하는 절차이며, 자격이 없다고 결론이 나면 해당자는 국회의원직을 상실한다. 자격 심사는 〈국회법〉에 따라 국회의원 30명 이상이 찬성하면 제기할 수 있다.

자격 심사란 당선무효 사유에 해당하거나 겸직금지 규정에 해당하는가를 살피는 것이다. 애당초 후보자 등록 자체가 무효라든지, 입후보할 자격을 갖추지 못한 채 선거에 나섰으나 당선된 경우가 이에 해당한다. 이때는 자격이 없는 사람이 국회의원에 당선된 경우이므로 그 지위를 박탈하여야 옳다. 보통은 상대방이 제기하는 당선무효 확인 소송에 의해서 가려지게 마련인데, 소송이 제기되지 않은 경우 국회가 직접 자격 심사를 할 수 있다. 국회의원 임기가 시작된 이후 금지된 다른 직책을 겸하게 되었을 때도 마찬가지다.

제64조 ③항

국회 스스로 국회의원에 대한 자격을 심사하여, 재적 의원의 3분의 2 이상이 찬성하면 자격 없음을 의결할 수 있다. 자격이 없다는 의결의 효과에 대해서는 헌법에도 〈국회법〉에도 아무런 언급이 없다. 하지만 무자격자이므로, 국회의원직을 상실하는 것으로 해석한다. 이에 대해 명시적 규정을 두는 것이 좋겠다.

국회의원으로서 능력이 있느냐, 언행이나 태도가 적절하냐는 등은 자격 심사의 대상은 아니지만 징계 사유가 될 수 있다. 국회의원에 대한 징계로는 경고, 사과, 30일 이내의 출석 정지, 제명의 네 가지가 있다. 징계 외에 국회 윤리특별위원회가 윤리 심사를 하여 확인한 위반 사실을 해당 국회의원에게 통고할 수 있다.

제64조 ④항

국회의원의 자격 심사나 징계처분 결과에 대해서는 부당하다는 이유로 법원에 소송을 제기하지 못한다. 국회에서 자율적으로 해결해야 할 일을 법정으로 끌고 가는 것은 바람직하지 않기 때문이다. 세상의 모든 다툼의 마지막 결정권을 사법부에 맡기는 것이 현명한 일은 아니다. 사안에 따라서는 법적 판단보다 정치적 해결이 훨씬 바람직할 수도 있다.

그럼에도 불구하고 부당한 것이 명백한 경우까지 사법 심사의 대상에서 제외하는 결과를 내버려둘 수 없다는 주장이 있다. 국회의원의 징계 사유에 해당하지 않는데도 불구하고 징계처분으로써 제명 처분을 받은 국회의원은 국회를 상대로 권한쟁의심판 등의 형태로 헌법재판소에 제소할 수 있다.

제65조
탄핵소추권과 그 결정의 효력

065

① 대통령·국무총리·국무위원·행정각부의 장·헌법재판소 재판관·법관·

중앙선거관리위원회 위원·감사원장·감사위원 기타 법률이 정한 공무원이

그 직무집행에 있어서 헌법이나 법률을 위배한 때에는 국회는

탄핵의 소추를 의결할 수 있다.

② 제1항의 탄핵소추는 국회재적의원 3분의 1 이상의 발의가 있어야 하며,

그 의결은 국회재적의원 과반수의 찬성이 있어야 한다.

다만, 대통령에 대한 탄핵소추는 국회재적의원 과반수의 발의와

국회재적의원 3분의 2 이상의 찬성이 있어야 한다.

③ 탄핵소추의 의결을 받은 자는 탄핵심판이 있을 때까지 그 권한행사가

정지된다.

④ 탄핵결정은 공직으로부터 파면함에 그친다. 그러나, 이에 의하여

민사상이나 형사상의 책임이 면제되지는 아니한다.

제65조 ①항

'탄彈'은 따진다는 말이고, '핵劾'은 캐묻거나 하여 죄상을 조사한다는 뜻이다. 보통 사전적 의미로 탄핵은 잘못을 조사하여 책임을 묻는 일이다. 거기에 바탕한 헌법적 의미의 탄핵이란, 공직으로부터의 추방이다. 조금 더 구체적으로 표현하면, 국민을 대표한 국회가 고급 공무원을 추방하는 제도가 탄핵이다. 고급 공무원에 한정하기에, 보통의 징계 절차와는 다르다.

각 나라마다 사정에 따라 탄핵제도의 내용은 조금씩 다르다. 대통령을 포함한 최고급 공무원들을 탄핵할 수 있는 권한의 근거는 이론상 두 가지

에서 찾는데, 민주주의와 법치주의가 그것이다. 고급 공무원에게 결정적 책임을 물을 일이 있으면 주권자인 국민에게 심판할 권한이 있다. 그런데 모든 국민이 책임을 묻는 투표를 할 수 없으므로, 대의기관인 국회에 맡긴다. 그것이 민주주의의 원리다. 그런가 하면 고급 공무원들은 솔선하여 헌법과 법률을 지켜야 한다. 그들이 중대한 위헌·위법 행위를 저지를 경우 엄정히 책임을 추궁할 필요가 있다. 그래야 헌법을 수호하고 법치주의를 실현할 수 있기 때문이다. 그런 경우엔 사법부에 그 심판을 맡길 수 있다.

우리 헌법의 탄핵제도는 세 단계로 이루어진다. 발의, 의결 그리고 심판이다. 발의와 의결은 국회가 하고, 심판은 헌법재판소가 한다. 민주주의와 법치주의의 원리가 융합되어 있다. 대통령만 다른 고급 공무원에 비해 특별히 요건을 까다롭게 하고 있다.

2004년 5월 14일 헌법재판소는 대통령 노무현에 대한 탄핵 심판의 결정을 선고하면서, 대통령의 경우에는 파면 결정의 효과가 지대하기 때문에 파면 결정을 하기 위해서는 이를 압도할 수 있는 중대한 법 위반이 존재해야 한다면서 그 판단 기준을 다음과 같이 제시했다.[26]

'대통령을 파면할 정도로 중대한 법 위반이 어떠한 것인지'에 관하여 일반적으로 규정하는 것은 매우 어려운 일이나 (……) 탄핵 심판 절차를 통하여 궁극적으로 보장하고자 하는 헌법 질서, 즉 '자유민주적 기본질서'의 본질적 내용은 법치국가 원리의 기본 요소인 '기본적 인권의 존중, 권력분립, 사법권의 독립'과 민주주의 원리의 기본 요소인 '의회제도, 복수정당제도, 선거제도' 등으로 구성되어 있다는 점에서, 대통령의 파면을 요청할 정도로 '헌법 수호의 관점에서 중대한 법 위반'이란, 자유민주적 기본 질서를 위협하는 행위로서 법치국가 원리와 민주국가 원리를 구성하는 기본 원칙에 대한 적극적인 위반 행위를 뜻하는 것이고, '국민의 신임을 배반한 행위'란 '헌법 수호의 관점에서 중대한 법 위반'에 해당하지 않는 그 외의 행위 유형까지도 모두 포괄하는 것으로서, 자유민주적 기본 질서를 위협하는 행위 외에도, 예컨대, 뇌물수수, 부정부패, 국가의 이익을 명백히 해하는 행위가 그 전형적인 예라 할 것이다.

따라서 예컨대, 대통령이 헌법상 부여받은 권한과 지위를 남용하여 뇌물수수, 공금의 횡령 등 부정부패 행위를 하는 경우, 공익 실현의 의무가 있는 대통령으로서 명백하게 국익을 해하는 활동을 하는 경우, 대통령이 권한을 남용하여 국회 등 다른 헌법기관의 권한을 침해하는 경우, 국가조직을 이용하여 국민을 탄압하는 등 국민의 기본권을 침해하는 경우, 선거의 영역에서 국가조직을 이용하여 부정 선거운동을 하거나 선거의 조작을 꾀하는 경우에는, 대통령이 자유민주적 기본 질서를 수호하고 국정을 성실하게 수행하리라는 믿음이 상실되었기 때문에 더 이상 그에게 국정을 맡길 수 없을 정도에 이르렀다고 보아야 한다.

탄핵 대상에는 헌법 제65조 1항에 예시된 고위 공무원 외에도 "기타 법률이 정한 공무원"으로 검사(〈검찰청법〉 제37조), 경찰청장(〈경찰법〉 제11조 16항), 방송통신위원회 위원장(〈방송통신위원회의 설치 및 운영에 관한 법률〉 제6조 5항) 등이 있다.

제65조 ②항

대통령에 대한 탄핵 소추의 요건만 더 엄격히 규정하였다. 1985년 10월 18일에 신민당 소속 국회의원 102명은 당시 대법원장 유태흥에 대한 탄핵 소추를 발의했으나, 10월 21일의 표결에서 재적 의원 247명 중 95명만 찬성해 재적 의원 과반수를 충족시키지 못했다. 반면 2004년 3월 12일

제246회 임시국회에서는 유용태, 홍사덕 의원 등 157명이 발의하여 상정한 대통령 노무현에 대한 탄핵 소추안은 재적 의원 271명 중 193명이 찬성해 의결정족수인 재적 의원 3분의 2 이상을 충족시켜 의결되었다. 박근혜전 대통령 탄핵 소추 건은 2016년 12월 3일 야 3당 원내 대표의 대표 발의로 재적 의원 300명 중 171명이 발의하였고, 2016년 12월 9일 재적 의원 300명 중 299명이 참석한 가운데 234명, 즉 국회 재적 의원 3분의 2 이상이 찬성하여 가결되었다. 2017년 3월 10일 헌법재판소는 박근혜 대통령의 파면을 선고했다.

제65조 ③항

탄핵 소추 대상자의 권한 행사가 정지되면, 그 기간에 권한 대행자가 업무를 수행한다. 노무현 대통령이 탄핵 소추 되었을 때는 국무총리 고건이 대통령 권한 대행자였고, 박근혜 대통령이 탄핵 소추 되었을 때는 국무총리 황교안이 대통령 권한 대행자였다.

제65조 ④항

탄핵의 심판은 헌법 제111조 1항 2호에 의해서 헌법재판소가 한다. 헌법재판소가 탄핵을 결정하면 그 대상자는 공직에서 파면될 뿐이다. 그 밖의 민형사상 책임은 그 이후의 절차에 따라 이루어질 수 있다.

04 장

정부

"정부가 아예 없는 것보다는 어떤 정부라도 있는 편이 낫다." 이 말은 《플루타르코스 영웅전》에 나오는 것으로, 정부에 대한 시민의 절망과 희망을 제대로 표현하고 있다. 정부는 국민에게 행복을 가져다주기 위해 존재한다고 알려져 있다. 그렇게 믿도록 해야 정부의 수립이 가능하기 때문이기도 하다. 정부를 구성하려는 야심에 찬 정치가들은 스스로 거짓말인 줄 알면서도 공약을 남발한다. 그 모양을 지켜보는 시민은 허망한 줄 알면서도 기대를 완전히 버리지 못한다.

보통 이런 식으로 이야기할 때 정부는 곧 국가를 의미한다. 헌법의 정신과 구조 면에서 보면 정부란 행정부를 가리킬 뿐인데도 그렇게 생각한다. 어쩌면 대통령제 국가에선 대통령이 포함된 행정부가 거대해 보여서 정부를 국가와 동일시하는 습관이 생겼는지도 모르겠다.

헌법은 제4장의 제목을 "행정부"가 아닌 "정부"라고 붙였다. 그러고 보면 제3장도 "입법부" 대신 "국회"라고 하였고, 제5장은 "사법부"가 아닌 "법원"이다. 제4장 "정부"는 다시 '대통령'과 '행정부'로 나뉜다.

정부 형태라는 말이 있다. 헌법 개정이 화제가 되면 가장 많이 거론되는 분야가 정부 형태다. 시민들은 헌법의 기본권 편에 관심이 더 많은데, 정치인들은 정부 형태에 관심을 치중한다. 기본권은 어차피 헌법 규정에 관계없이 원칙만 잘 지키면 되지만, 정부 형태는 헌법의 기본 골격을 어떻게 짜느냐에 따라 완전히 달라지기 때문이다. 이는 헌법에 대한 시민과 정치권의 근본적인 시각 차이를 보여준다.

정부 형태란 가장 단순하게 말하자면, 국가 권력을 입법부와 행정부에 어떻게 배분하느냐에 의해 결정된다. 대통령제와 의원내각제가 양극단이고, 이원정부제가 그 중간이다. 대통령제는 대통령중심제, 의원내각제는 내각책임제라 부르기도 한다. 마찬가지로 이원정부제를 혼합정부제, 준대통령제 또는 반대통령제라 하기도 한다.

대통령제 정부 형태의 특징은, 대통령이 국가원수인 동시에 행정부 수반으로서의 지위를 가진다는 점이다. 대외적으로 국가를 대표하고 대내적으로도 행정부의 우두머리로 실권을 장악하여, 대통령이 강력한 지배 체제를 구축하는 정부 형태다.

그에 비하여 의원내각제는 국가원수와 행정부의 수반이 분리된 정부 형태다. 행정부는 의회에 의해 구성하여 수상이 그 수반의 자리를 차지한다. 대통령이나 국왕은 상징적으로 국가의 대표자 지위에 있을 뿐이다. 대통령 대신 왕이 존재하는 영국이나 일본 같은 의원내각제 국가를 입헌 군주국이라 한다.

이원정부제는 대통령제와 의원내각제를 적당히 섞어놓은 형태라 할 수 있다. 흔히 이원집정부제 또는 이원집정제라고 하기도 한다. 대통령과 국회의원 모두 국민의 직접선거로 선출한다. 그리고 행정부의 권한을 대통령과 국회의원이 적당히 나누어가지는 정부 형태다.

이론상으로는 순수한 대통령제나 순수한 의원내각제를 구별할 수 있을지 모르지만, 실제로는 그렇지 않다. 어느 국가든 양쪽 형태의 요소가 적당히 섞여 있다. 각 나라마다 정치적 전통과 상황에 따라 고유한 형태를 형성하고 있다는 편이 정확하다. 그렇다고 모두 이원정부제에 가깝다고 할 수는 없다.

우리나라에서는 모든 정당 정치가 대통령 선거를 중심으로 이루어져 대통령제에 대한 비판이 거세어지고 있다. 대통령 선거에서 이기는 일을 '대권을 차지한다'고 표현하며 거기에 매달리기 때문이다. 그렇다 보니 모든 정치 현상은 대통령 선거에 쏠리고, 진정한 국민의 생활과 복지 문제는 뒷전인 듯한 인상을 준다. 대통령 선거 결과에 따라 승패가 결정되면, 그 즉시 승자는 권력 유지에 혈안이 되고 패자는 다음 대통령 선거까지 집권당 헐뜯기에 주력한다. 이런 구태의연한 정쟁은 대통령 임기를 주기로 반복된다. 그 근본 원인은 대통령의 권한이 막강한 대통령제에 있다는 지적이 많다. 그래서 개헌 논의는 주로 대통령제를 의원내각제로 바꾸는 데에 초점이 맞추어지곤 한다.

하지만 시민들이 관심을 가지고 있는 정부 형태는 그런 것이 아니다. 국민의 삶을 안정되고 인간답게 만드는 데 전력을 다하는 정부를 바라고 있을 뿐이다.

1948년 최초의 헌법 초안은 내각책임제에 양원제 국회의 구조였다. 고려대학교 교수 유진오가 그 초안을 작성했다. 당시 정부 수립의 추진 세력이었던 미군정청의 남조선과도정부, 이승만이 이끌던 독립촉성국민회, 김성수가 중심이 된 국내 최대 결집 세력인 한국민주당 모두 유진오에게 초안 작성을 맡겼던 터였고, 내각책임제안에는 전부 동의하는 분위기였다.

그런데 시간이 흐르면서 국회헌법기초위원회에서 단원제의 내각책임제로 바꾸더니, 헌법 초안 제2회독을 마친 상태에서 난데없이 이승만이 강력하게 대통령제를 주장하고 나섰다. 1948년 6월 21일 국회부의장 신익희를 대동하고 국회에 나타난 이승만은, 대통령제를 하지 않으면 자신은 어떠한 공직도 맡지 않고 국민운동이나 하겠다고 폭탄선언을 했다.

그날 밤 유진오는 윤길중, 허정과 함께 이승만을 찾아가 마지막 설득을 시도했다. 그들은 미국식 대통령제가 크게 문제없이 유지되는 나라는 오직 미국밖에 없다, 대통령제를 채택한 다른 국가들은 모두 정부와 의회가 대립하여 정국이 불안정하고 쿠데타가 빈발한다고 설명했다. 하지만 이승만의 고집은 요지부동이었고, 유진오가 손을 뗀 상태에서 헌법안의 조문이 대통령제로 급하게 수정되었다. 그리고 대통령제는 이승만, 박정희 그리고 전두환에 이르기까지 독재의 도구가 되었다.

제1절 대통령

지금 우리 헌법은 대통령제의 정부를 채택하고 있다. 삼권분립이 상징하는 권력 사이의 균형과 견제의 원리는 작동하지만, 비교적 대통령의 권한이 크다고 할 수 있다. 따라서 대통령에게는 그에 맞는 권한이 부여되어 있는데, 간혹 '제왕적 대통령제'라는 비판이 쏟아질 정도다.

대통령이라는 용어는 미국 연방헌법의 프레지던트president를 번역한 것이다. 프레지던트는 미합중국이 탄생하기 전 준비 단계였던 1774년 9월의 필라델피아 대륙회의에서 처음 사용되었다. 당시 미국 동부의 주정부들이 모여 연방국가 건설을 계획하는 회의를 열었는데, 회의를 주재할 의장격의 대표를 선출하면서 그 사람을 프레지던트라고 부른 것으로, 회의를 진행한다는 프리자이드preside에서 만들어낸 말이다. 그러다가 그 용어는 점점 주정부에서 주된 영향력을 행사하는 권력자의 의미로 사용되게되었다. 당시 식민지였던 동부의 사람들이 영국의 왕을 연상시키는 강력한 지배자를 싫어했기 때문에, 전체를 이끌어가는 회의 진행자라는 의미를 부여한 프레지던트가 더 친밀하게 느껴졌을 것이다. 그러다가 미합중국이 세워지고, 그 대통령도 프레지던트라고 불렀다.

1844년 청나라에서는 프레지던트를 음을 따라 백리이천덕伯理璽天德이라고 표기했다. 조선도 1882년 공식 문서에서 백리이천덕이라는 한자어를 사용했다. 프레지던트를 지금처럼 대통령이라 번역한 것은 일본이었다. 미쓰쿠리 린쇼는 1873년 《프랑스헌법》이라는 책을 출간했는데, 거기서 프랑스의 1852년 헌법에 등장하는 프레지던트를 대통령이라 번역했다. 우리나라에서도 백리이천덕을 사용하던 가운데 1883년 홍영식이 미국을 다녀와 고종과 문답하면서 대통령이라는 한자어를 구사했다. 중국에서는 신해혁명이 일어난 1911년 프레지던트를 대통령으로 번역하기 시작했다. 대만 헌법에는 대통령 대신 총통이라는 용어를 채택했는데, 총통 역시 프레지던트의 번역어이다.

제66조

대통령의 지위 · 책무 · 행정권

066

① 대통령은 국가의 원수이며, 외국에 대하여 국가를 대표한다.

② 대통령은 국가의 독립 · 영토의 보전 · 국가의 계속성과 헌법을 수호할 책무를 진다.

③ 대통령은 조국의 평화적 통일을 위한 성실한 의무를 진다.

④ 행정권은 대통령을 수반으로 하는 정부에 속한다.

제66조 ①항

헌법의 기본권 편의 중심에 국민이 있다면, 통치구조 편의 정점에는 대통령이 있다. 입법권과 사법권, 거기에 헌법재판권을 따로 논하며 행정권과 나란히 비교하지만, 우리 헌법과 같은 대통령제 정부 형태에서는 대통령이 최고 권력자다.

헌법 제66조는 국가의 원수라는 표현으로 대통령에 대한 서술을 시작한다. 여기서 원수元首란 한 국가의 최고 통치자 또는 국제법상 외국에 대하여 그 나라를 대표하는 최고 기관을 의미한다. 군인의 가장 높은 계급으로 오성장군을 지칭하는 원수元帥와는 다르다.

제66조 ②항

국가의 독립 · 영토의 보전 · 국가의 계속성을 유지해야 하는 것을 대통령의 책무로 규정했는데, 이는 실제의 책무이기도 하지만 상징적이기도 하다. 그것들은 사실 모든 국민과 모든 국가기관의 의무이자 책임일 터이기 때문이다.

헌법을 수호한다는 것도 마찬가지다. 국정의 최고 책임자로서 국민의 기본권 실현에서부터 국가기관의 원활한 작용에 이르기까지 대표 책임자로서의 상징적 책무를 부과한 것이다. 그러나 대통령은 이러한 헌법의 책임과 의무를 영광스럽게만 받아들일 것이 아니라, 구체적이고 현실적인 의무로 느껴야 할 것이다.

제66조 ③항

평화통일의 의무는 남북 분단의 특수한 상황에 따른 대한민국 대통령에게만 해당하는 고유의 부담이다. 북한을 어떻게 이해하고 북한에 대한 정책적 태도를 어떻게 가지느냐에 따라 이 의무의 이행 정도가 평가될 수 있을 것이다.

제66조 ④항

4항에서 말하는 행정권은 넓은 의미에서 집행권이라고 이해하면 된다. 대통령의 권한 외에 행정부만의 권한을 따로 떼내면 좁은 의미의 행정권이 되기도 한다. 삼권분립에서 행정권이 대통령을 우두머리로 하는 정부에 속한다는 뜻이다.

067

대통령의 선거 · 피선거권

① 대통령은 국민의 보통 · 평등 · 직접 · 비밀선거에 의하여 선출한다.

② 제1항의 선거에 있어서 최고 득표자가 2인 이상인 때에는 국회의 재적

　의원 과반수가 출석한 공개회의에서 다수표를 얻은 자를 당선자로 한다.

③ 대통령후보자가 1인일 때에는 그 득표수가 선거권자 총수의

　3분의 1 이상이 아니면 대통령으로 당선될 수 없다.

④ 대통령으로 선거될 수 있는 자는 국회의원의 피선거권이 있고

　선거일 현재 40세에 달하여야 한다.

⑤ 대통령의 선거에 관한 사항은 법률로 정한다.

제67조 ①항

　대통령은 국민의 보통·평등·직접·비밀 선거에 의하여 선출한다. 따라서 만 18세 이상의 국민이라면 결격 사유가 없는 한 누구나 자유롭게 직접 대통령을 선출할 수 있다. 국가의 대표이자 원수를 국민이 직접 선출하는 것은 어찌 보면 당연하다. 한 연구 결과에 의하면, 대통령제 국가인 99개국 중 83개국이 대통령 직선제를 운용하고 있다. 그러나 비용이나 효율성 등의 문제 때문에 대통령 선거인단을 별도로 구성하고, 선거인단의 구성원이 대통령을 선출하는 이른바 간선제 국가들도 16개국에 이른다. 대표적인 예가 미국이다. 그러나 간선제 방식을 채택한 국가들도 선거인단 구성에 국민이 관여하게 함으로써 직선제처럼 제도를 운영하고 있다. 결국 어떤 식으로든 대통령을 선출하는 데 국민의 의사가 반영되도록 하고 있는 것이다.

　대한민국은 어떨까. 지금은 국민이 직접 대통령을 선출하지만, 대통령

제를 받아들인 이후로 줄곧 국민이 직접 대통령을 선출했던 것은 아니다. 제4공화국 당시 박정희, 최규하 그리고 전두환은 통일주체국민회의에서 선출되었다. 이후 전두환은 대통령 선거인단에서 다시 한 번 선출되었다. 박정희는 1972년 유신헌법을 통해 대통령 직선제를 "통일주체국민회의에서 토론 없이 무기명투표로 선출"하는 것으로 바꿨다. 전두환은 1980년 12월 27일 헌법 개정을 통해 "대통령은 대통령선거인단에서 무기명투표로 선출"하도록 했다. 대통령 직선제가 부활한 것은 1987년 6월 항쟁의 산물로서 1987년 10월 29일 헌법 개정이 이루어지면서이다.

제67조 ②항

대통령을 선출하는 데 국민의 의사가 제대로 반영되지 않는다면, 대통령의 민주적 정당성은 취약할 수밖에 없다. 쉽게 말하면 대통령을 믿고 따라줄 국민이 적기 때문에 대통령이 추진하는 업무마다 제동이 걸리고, 임기 내내 혼란이 발생하거나 국민적 저항이 커지기 쉽다. 간선제로 선출된 지난 대통령들만 봐도 알 수 있다. 그런 이유로 국민의 의사가 제대로 반영되는 대통령 선거제도를 마련해야 한다는 데에는 특별히 이견이 없는 듯하다.

그런 의미에서 우리 헌법상 대통령 선거제도의 문제점을 지적하는 의견들이 많다. 대통령 선거에 있어서 최고 득표자가 2인 이상인 경우, 예컨대 A, B, C, D 후보 중 A, B 후보가 똑같이 1000만 표를 얻고, C, D 후보가 그보다 적은 표를 얻었을 때에는 국회에서 A, B 후보 중 한 명을 대통령으로 선출한다. 헌법 제67조 2항이 그렇게 정하고 있기 때문이다. 이러한 결정 방식은 직선제 원칙에 벗어난 것이라는 비판이 있다. 반면 직선제 원칙을 고수하기 위해 다시 대통령을 선출하려면 시간과 비용이 많이 들 것이므로 이미 민주적 정당성을 인정받은 국회의원들로 하여금 대통령을 선출해도 무방하다는 견해도 있다.

제67조 ③항

대통령 후보자가 1인일 때에는 그 득표수가 선거권자 총수의 3분의 1 이상이 아니면 대통령에 당선될 수 없다. 2007년 17대 대통령 선거 당시 선거권자 수가 3,765만 3,518명이었으므로 만약 다른 후보들 없이 이명박 혼자서 대통령 선거에 출마했다면 1255만 1172표를 얻어야만 대통령이 된다는 말이다. 이것 역시 대통령의 민주적 정당성을 높이기 위함이다. 참고로 당시 이명박은 1149만 2389표를 얻었다. 혼자 출마해서 이런 결과가 나왔다면 대통령에 당선될 수 없었겠지만, 11명의 후보자들이 더 있었으므로 현행 헌법상 아무런 문제가 없다.

이러한 점을 문제 삼는 의견들도 많다. 즉 현행 헌법하에서는 득표율에 상관없이 최고 득표만 하면 대통령이 될 수 있으므로(소위 상대다수선거제), 후보자들이 난립하면 소수의 득표만으로 대통령에 당선될 가능성이 높다. 그렇게 선출된 대통령은 지지 기반이 약하고 민주적 정당성이 부족할 수밖에 없다. 그래서 과반수 득표를 한 후보자가 없을 경우 득표 순위 1, 2위인 후보자들을 상대로 결선투표를 하여 과반수 득표를 한 자를 대통령으로 해야 한다는 견해도 있다.

제67조 ④항

한편 대통령으로 선거될 수 있는 자는 국회의원의 피선거권이 있고 선거일 현재 40세에 달하여야 한다. 국회의원이나 지방자치단체의 장의 경우, 피선거권자의 연령을 〈공직선거법〉에서 정하고 있는 것과 달리 대통령의 경우 헌법에서 직접 명시하고 있다.

제67조 ⑤항

한편 〈공직선거법〉 제16조 1항에서는 대통령으로 선거될 수 있는 자는 선거일 현재 5년 이상 국내에 거주하고 있어야 한다고 정하고 있다. 기타 대통령의 선거에 관한 사항은 〈공직선거법〉에서 자세히 정하고 있다.

제68조

대통령선거의 시기 · 보궐

068

① 대통령의 임기가 만료되는 때에는 임기만료 70일 내지 40일전에

후임자를 선거한다.

② 대통령이 궐위된 때 또는 대통령 당선자가 사망하거나 판결 기타의

사유로 그 자격을 상실한 때에는 60일 이내에 후임자를 선거한다.

제68조 ①항

대통령 임기가 만료될 즈음이면 후임 대통령 선거를 해야 한다. 임기 만료 전에 다음 대통령에 취임할 당선자가 결정되어 있어야 대통령직의 공백을 없앨 수 있다. 또한 그 사이에 일정한 기간의 여유가 있어야 신임 대통령 당선자를 중심으로 한 새 정부가 정권 인수를 할 수 있다. 그래서 임기 만료 70일 전부터 늦어도 40일 전까지 대통령 선거를 하도록 정했다.

〈공직선거법〉 제34조 1항 1호에서는 대통령 선거일을 그 임기 만료일 전 70일 이후 첫 번째 수요일로 정하고 있다.

제68조 ②항

대통령이 궐위된 때나 임기 중 사망한 때는 새 대통령 선출을 위한 선거를 실시하는데, 그 사유가 생긴 날로부터 60일 이내에 해야 한다.

판결 기타 사유로 자격을 상실한 경우는 두 가지로 나눌 수 있다. 임기

제4장 정부

중에 탄핵 심판의 결정으로 그만두는 경우와 대통령 선거 자체가 무효로 확정된 경우다. 전자의 경우엔 다시 대통령 선거를 실시해야 하고, 후자의 경우엔 재선거를 한다.

대통령의 취임선서

069

대통령은 취임에 즈음하여 다음의 선서를 한다.

"나는 헌법을 준수하고 국가를 보위하며 조국의 평화적 통일과

국민의 자유와 복리의 증진 및 민족문화의 창달에 노력하여 대통령으로서의

직책을 성실히 수행할 것을 국민 앞에 엄숙히 선서합니다."

　　헌법 제69조는 대통령의 취임 선서 의무를 규정한다. 여기에서 나아가 헌법재판소는 헌법 제69조의 내용을 헌법 제66조 2항 및 3항의 관계 속에서 이해한다. 즉 "헌법은 제66조 2항에서 대통령에게 '국가의 독립 · 영토의 보전 · 국가의 계속성과 헌법을 수호할 책무'를 부과하고, 같은 조 3항에서 '조국의 평화적 통일을 위한 성실한 의무'를 지우면서, 제69조에서 이에 상응하는 내용의 취임 선서를 하도록 규정하고 있다. 헌법 제69조는 단순히 대통령의 취임 선서 의무만을 규정한 것이 아니라, 헌법 제66조 2항 및 3항에 규정된 대통령의 헌법적 책무를 구체화하고 강조하는 실체적 내용을 지닌 규정이다."

　　눈여겨볼 만한 점은, 헌법 제69조의 말미에 명시된 대통령의 '성실한 직책 수행 의무'에 대한 헌법재판소의 해석이다. 헌법재판소는 이 의무는 헌법적 의무에 해당하나, '헌법을 수호해야 할 의무'와는 달리, 규범적

으로 그 이행이 관철될 수 있는 성격의 의무가 아니므로, 원칙적으로 사법적 판단의 대상이 될 수 없다고 한다. 즉 대통령이 임기 중 성실하게 의무를 이행했는지의 여부는 다음 선거에서 국민의 심판의 대상이 될 수 있겠지만, 대통령 단임제를 채택한 현행 헌법하에서는 대통령은 법적으로뿐 아니라 정치적으로도 국민에 대하여 직접적으로는 책임을 질 방법이 없고, 다만 대통령의 성실한 직책 수행의 여부가 간접적으로 그가 소속된 여당에 대하여 정치적인 반사이익 또는 불이익을 가져다줄 수 있을 뿐이라는 것이다.[27]

대통령의 임기

070

대통령의 임기는 5년으로 하며, 중임할 수 없다.

임기 5년의 단임제는 1987년 헌법에서 개정한 내용의 하나다. 그 이전의 대통령 임기를 보면 4년→4년→4년→5년→5년→4년→4년→6년→7년이었다. 초대 대통령 이승만은 세 번째로 대통령을 하기 위하여 헌법을 억지로 뜯어고쳤으며, 박정희는 끝내 종신까지 가능하도록 연임이고 중임이고 제한을 없애버렸다.

대통령 임기는 헌법 개정이 논의될 때마다 빠지지 않고 도마 위에 오르는 사안이다. 임기 4년의 국회의원 선거와 엇갈리는 문제, 정책의 연속성 문제 등을 이유로 임기 4년에 1회 연임이 가능하도록 하는 제도가 가장 많이 거론된다.

다른 논의도 있다. 현행 헌법이 1988년 2월 25일부터 시행되었기 때문에, 전임 대통령의 임기가 만료되고 새 대통령이 취임할 경우 새 대통령의 임기는 헌법 부칙 제2조 2항, 민법 제159조, 공직선거법 제14조 1항 등에 따라 2월 25일 0시부터 시작되어 왔다. 대통령 노태우, 김영삼, 김대중, 노무현, 이명박, 박근혜 모두 2월 25일 0시부터 임기를 시작했던 이유가 바로 여기에 있다. 그러나 제18대 대통령 박근혜는 임기를 채우지 못한 채 대통령직에서 파면되었는데, 이런 경우에는 공직선거법 제14조 1항 단서가 적용되어 새 대통령의 당선이 결정된 때부터 임기가 시작된다. 즉 제19대 대통령 문재인의 임기는 2017년 5월 9일 실시된 대통령 선거 이후 당선이 결정된 5월 10일 오전 8시 9분부터 시작되었다. 이에 따라 대통령 문재인의 임기는 5년 뒤인 2022년 5월 9일 24시로 만료되고, 새 대통령의 임기는 2022년 5월 10일 0시부터 시작된다. 이에 대해 신구 대통령의 이취임 시간이 자정이어서 현실적이지 못하다는 지적이 있다. 오전 10시경으로 해야 한다는 주장이다. 그럴듯해 보이기는 하지만, 그런 세세한 부분까지 헌법이 신경 써야 하는가 하는 의문도 든다. 미국 연방 헌법은 대통령 임기의 만료와 시작 시간을 정오로 규정하고 있다. 수정 헌법 제20조에 대통령은 임기 만료가 되는 해의 1월 20일 정오, 상원의원과 하원의원은 1월 2일 정오에 임기가 끝난다고 자세히 적혀 있다. 참고할 만하다.

대통령의 권한대행

071

대통령이 궐위되거나 사고로 인하여 직무를 수행할 수 없을 때에는

국무총리, 법률이 정한 국무위원의 순서로 그 권한을 대행한다.

궐위란 자리가 비어 있다는 의미로, 대통령이 임기 만료 전에 사망하거나 탄핵으로 물러난 뒤 후임 대통령을 선출하지 못한 경우에 일어날 수 있다. 대통령 직무를 대행하는 순서는 국무총리가 첫 번째고, 다음으로 〈정부조직법〉에서 정하는 행정 각 부의 장관인 국무위원의 순위에 따른다. 순위는 제96조의 해설 부분에 자세히 나와 있다.

지금까지 우리나라에서 대통령의 직무를 대행한 사례는 다섯 차례 있었다. 1960년 4·19 혁명으로 대통령 이승만이 물러나자 국무총리 허정이, 1961년 5·16 군사쿠데타가 일어나 1962년 대통령 윤보선이 사임하면서 국가재건최고회의 의장 박정희가, 1979년 10·26 사태로 대통령 박정희가 피살당하자 국무총리 최규하가, 1980년 전두환 군부의 압력으로 대통령 최규하가 사임하자 국무총리 서리 박충훈이 대통령 직무를 대행하여 수행했다. 그리고 2004년 대통령 노무현에 대한 국회의 탄핵 소추

안이 의결되어 직무가 정지되자 헌법재판소의 결정이 있을 때까지 국무총리 고건이 대통령 권한대행이 되었고, 2016년 박근혜 전 대통령이 탄핵 소추 되었을 때는 국무총리 황교안이 대통령 권한 대행이 되었다.

주요정책 국민투표

대통령은 필요하다고 인정할 때에는 외교 · 국방 · 통일 기타 국가안위에 관한

중요정책을 국민투표에 붙일 수 있다.

국민투표는 힘, 바로 주권의 힘의 표현이다. 국민투표는 주권을 드러내
는 유일하고도 전형적인 방식이다. 또한 대의제 민주주의에서 직접 민주
주의가 실현되는 역동적 순간이기도 하다. 하지만 헌법재판소는 국민투
표의 가능성이 국민주권주의나 민주주의 원칙과 같은 일반적인 헌법 원
칙에 근거하여 인정될 수 없으며, 헌법에 명문으로 규정되지 않는 한 허
용되지 않는다고 한다.[28]

여기서 말하는 국민투표는 선거와 다르다. 선거는 어떤 직책을 놓고 나
선 후보자들 중에서 임명할 사람을 선출하는 제도다. 그에 비하여 제72조
의 국민투표는 중요한 사안을 두고 거기에 대한 주권자의 의견을 묻는 제
도다.

물론 선거도 투표의 방식으로 진행한다. 모든 유권자가 참여하기 때문
에 국민투표나 마찬가지다. 그렇지만 지역구 국회의원 선거는 선거구마

다 따로 투표를 행하므로 국민투표와 다르다. 대통령 선거는 대통령을 선출한다는 하나의 정치적 목표를 향해 모든 유권자가 동시에 참여하므로 국민투표와 유사하다. 대통령 선거는 투표의 결과가 당선자를 법률상 확정한다. 국민투표는 보통 어떤 정책이나 중요한 문제에 대해 찬반의 의사를 표시한다. 따라서 그 결과가 반드시 법적 구속력을 낳지는 않는다. 그러나 강력한 정치적 힘을 발휘할 수 있어, 국민투표의 결과에 정치인들이 사실상 승복하지 않을 수 없을 것이다.

제72조는 선거가 아닌 국민투표를 말한다. 국민투표를 실시할 것인가 여부는 대통령만이 정할 수 있다. 대통령은 외교, 국방, 통일 기타 국가 안위에 관한 중요 정책에 대한 사항을 국민투표에 붙일 수 있다. 그러나 많은 비용과 정치적 힘의 소모를 필요로 하므로 함부로 결행하지는 못한다.

플레비시트plebiscite를 할 수 있느냐는 국민투표와 관련한 주요 쟁점이 되곤 했다. 플레비시트란 일반적으로 국민투표를 의미하지만 그 용어는 대통령의 신임을 묻는 국민투표에 한정하여 사용되어왔다. 정치적 위기를 맞은 대통령이 정치생명을 걸고 국민에게 신임을 묻는 것이다. 그러나 이런 플레비시트는 현행 헌법의 국민투표 요건에 해당하지 않는다. 그리고 단순히 대통령의 신임을 묻는 것이 아니라 국가의 중요 정책과 연계하여 국민투표에 붙일 것이므로, 특별히 따로 떼어내어 가능 여부를 논할 이유는 없다. 그렇지만 헌법재판소는 대통령의 신임을 국민투표로 묻는 것은 허용되지 않는다고 선언한 바 있다. 그리고 사실상의 신임 투표 결과 반대표가 더 많더라도, 국민투표 결과가 법적 구속력을 가지지 않으므로 대통령이 사임하지 않아도 그만이다. 하지만 정치적 압력을 견딜 수는 없을 것이다.

이 조문 외에도 국민투표를 규정하고 있는 헌법 조항이 있다. 헌법을 개정할 때 개정안이 국회를 통과하면, 마지막으로 국민투표에 붙여 확정하게 된다. 이 결과는 헌법적 구속력을 가진다.

　박정희 정권 시절에 유신헌법에 대한 찬반을 묻는 국민투표가 있었다. 당시 선거기간에 선거관리위원회에선 주권자인 국민들의 투표를 독려하는 방송을 끊임없이 내보냈는데, 그 열성이 과하여 선거관리위원회가 내세운 표어 중에는 '기권은 반대보다 나쁘다'라는 것도 있었다. 지나간 시대의 정치 희극의 한 장면이다.

073

제73조
___
외교 · 선전강화권

___

대통령은 조약을 체결 · 비준하고, 외교사절을 신임 · 접수 또는 파견하며,

선전포고와 강화를 한다.

___

대통령이 국가를 대표하여 다른 국가와의 사이에서 행하는 권한이자 국가원수로서 수행하는 업무를 규정하고 있다. 조약의 체결, 비준, 외교 사절의 신임 · 접수 · 파견은 평상시의 권한이며, 선전포고와 강화는 전쟁 상황에서 행사하는 권한이다.

조약은 국가들 사이에서 규범적 효력을 내는 국제법이다. 조약은 체결하고 비준함으로써 국내법적 효력을 발한다. 체결은 그 조약에 당사국으로 가입하겠다는 의사표시로 정부 대표가 서명하여 이루어진다. 비준은 체결된 조약에 대해 필요한 국회 동의를 얻고 최종으로 확인하는 절차다. 자세한 내용은 헌법 제6조 1항의 설명을 참고하면 된다.

신임장이란 외국으로 파견될 외교관이 정당한 자격을 가졌다는 사실을 증명하는 외교문서로, 보내는 나라의 국가원수가 주재할 나라의 국가원수에게 보내는 허락 요청서다. 그에 대응한 해당 신임장에 대한 동의와

표시를 아그레망_{agrément}이라 한다. 이 조문에서 신임이란 대통령이 우리 외교사절을 위해 신임장을 작성하여 보내는 업무를, 접수는 외국의 외교사절을 받아들이는 일을 말한다.

선전포고는 상대국에 대해 전쟁의 개시를 알리는 행위이고, 강화는 휴전협정을 의미한다. 침략적 전쟁을 부인한다는 헌법 제5조 1항의 의미를 제대로 살린다면, 선전포고라는 어휘는 아예 없애버려야 옳다. 상대국이 먼저 침략을 감행한 상황에서는 즉시 응전하면 되는 것이지, 반드시 선전포고가 필요할까? 미국처럼 위험 상태를 사전에 제거한다는 구실로 일방적 선제공격을 할 때나 필요한 구절일 뿐이다.

제74조
———
국군통수권등

① 대통령은 헌법과 법률이 정하는 바에 의하여 국군을 통수한다.

② 국군의 조직과 편성은 법률로 정한다.

제74조 ①항

군대를 지휘하고 통솔하는 권한을 통수권이라 한다. 대통령에게 국군 통수권을 부여하여 국가원수로서 그리고 행정부의 수반으로서 역할을 해 낼 수 있도록 보장한다. 실제로 구체적인 통수 업무는 국방부장관을 통해서 행한다. 대통령의 국군통수권은 평시와 전시를 가리지 않는다. 전시에는 전쟁수행권이 통수권의 주된 내용이 된다.

제74조 ②항

국군의 조직과 편성에 관한 법률은 〈국군조직법〉이다. 국군은 육군·해군·공군의 3군으로 조직하는데, 해병대는 해군에 둔다. 각 군에는 참모총장이 있고, 국방부에 합동참모본부가 설치되어 합동참모총장의 지휘 아래 연합작전 수행을 맡는다.

대통령은 법률에서 구체적으로 범위를 정하여 위임받은 사항과 법률을

집행하기 위하여 필요한 사항에 관하여 대통령령을 발할 수 있다.

헌법 제75조에 의해 대통령도 국회처럼 입법을 할 수 있다. 대통령이 만드는 것은 법률이 아니라 명령인데, 법률의 범위 내에서 규범적 효력이 있기 때문에 법규명령이라 한다. 대통령은 행정부의 수반이므로 이러한 법 제정을 넓게 보아 행정입법이라 부른다. 이 조문에서 보듯 대통령령을 제정하는 데는 크게 두 가지 이유가 있다. 이에 따라 "법률에서 구체적으로 범위를 정하여 위임받은 사항"에 관한 대통령령은 법학에서는 '위임명령'(보충명령)이라 부르고, "법률을 집행하기 위하여 필요한 사항"에 관한 대통령령은 '집행명령'(시행세칙)이라 부른다. 예를 들어 국회에서 〈주택임대차보호법〉을 만들면, 대통령은 "〈주택임대차보호법〉에서 위임된 사항과 그 시행에 관하여 필요한 사항을 정함을 목적으로"(〈주택임대차보호법 시행령〉 제1조) 대통령령을 만드는 것이다. 또는 〈정부조직법〉의 규율 대상 가운데 하나인 '국무회의'의 운영에 필요한 사항을 규정하기 위하여

국무회의 규정이라는 대통령령을 발한 것도 좋은 예이다.

다시 말하면, 법규명령에는 위임명령과 집행명령이 있다. 위임명령이든 집행명령이든, 대통령령은 법률을 전제로 제정되는 것이다. 따라서 대통령령은 법률보다 하위의 효력을 갖는다. 상위 법률의 개정이나 폐지에 따라 대통령령도 영향을 받는다는 뜻이다. 자세한 내용은 총리령과 부령에 관한 헌법 제95조 부분을 보면 된다.

긴급처분 · 명령권

① 대통령은 내우 · 외환 · 천재 · 지변 또는 중대한 재정 · 경제상의 위기에 있어서 국가의 안전보장 또는 공공의 안녕질서를 유지하기 위하여 긴급한 조치가 필요하고 국회의 집회를 기다릴 여유가 없을 때에 한하여 최소한으로 필요한 재정 · 경제상의 처분을 하거나 이에 관하여 법률의 효력을 가지는 명령을 발할 수 있다.

② 대통령은 국가의 안위에 관계되는 중대한 교전상태에 있어서 국가를 보위하기 위하여 긴급한 조치가 필요하고 국회의 집회가 불가능한 때에 한하여 법률의 효력을 가지는 명령을 발할 수 있다.

③ 대통령은 제1항과 제2항의 처분 또는 명령을 한 때에는 지체없이 국회에 보고하여 그 승인을 얻어야 한다.

④ 제3항의 승인을 얻지 못한 때에는 그 처분 또는 명령은 그때부터 효력을 상실한다. 이 경우 그 명령에 의하여 개정 또는 폐지되었던 법률은 그 명령이 승인을 얻지 못한 때부터 당연히 효력을 회복한다.

⑤ 대통령은 제3항과 제4항의 사유를 지체없이 공포하여야 한다.

제76조 ①항

대통령의 긴급처분과 긴급명령에 관한 조항이다. 국가의 중요한 일은 법률에 의해야 하고, 그 법률은 국회가 만든다. 이 원칙에는 예외가 없는 것처럼 보인다. 적어도 정상의 상황에서는 그렇다. 하지만 예외는 있다. 아주 비상한 상황에서 대통령은 법률의 효력을 가지는 조치를 할 수 있다. 이 조항은 그처럼 아주 특별한 사태를 맞아 극히 예외적으로 대통령에게 절대적 권한이 부여되는 상황에 대한 것이다. 이런 대통령의 권한을 다음에 나오는 계엄선포권과 함께 헌법 수호를 위한 권한이라고 한다. 그 권한에는 긴급재정처분, 긴급경제처분, 긴급재정명령, 긴급경제명령 등이 있다.

제76조 ②항

1항이 긴급처분권에 관한 규정이라면, 2항은 일반적인 긴급명령의 발동에 관한 규정이다. 특별한 상황에서 대통령에게 입법권을 수여하는 것이다. 대통령의 긴급명령은 법률과 동일한 효력을 가지므로 헌법 제75조의 법규명령과는 전혀 그 성격이 다르다. 긴급명령은 아주 특별한 경우에 신중하게 행사되어야 한다.

제76조 ③항

요약하면 이렇다. 아주 특별한 사태가 발생했는데 국회를 소집할 겨를이 없을 경우, 대통령이 나서 법률의 근거가 없는 처분을 하거나 법률과 같은 효력이 있는 명령을 발할 수 있다. 대통령의 명령이 곧 법률이 되므로 옛날 왕의 시대를 연상하게 한다. 하지만 대통령은 그러한 조치에 대해 사후에 국회의 승인을 얻어야 한다.

제76조 ④항

승인을 얻지 못하면 그 처분은 즉시 효력을 잃는다. 승인을 얻었다 하더라도, 그 위급한 상황이 종료되면 즉시 해제해야 한다.

제76조 ⑤항

특별한 설명이 필요 없다.

계엄선포등

① 대통령은 전시 · 사변 또는 이에 준하는 국가비상사태에 있어서 병력으로써 군사상의 필요에 응하거나 공공의 안녕질서를 유지할 필요가 있을 때에는 법률이 정하는 바에 의하여 계엄을 선포할 수 있다.

② 계엄은 비상계엄과 경비계엄으로 한다.

③ 비상계엄이 선포된 때에는 법률이 정하는 바에 의하여 영장제도, 언론 · 출판 · 집회 · 결사의 자유, 정부나 법원의 권한에 관하여 특별한 조치를 할 수 있다.

④ 계엄을 선포한 때에는 대통령은 지체없이 국회에 통고하여야 한다.

⑤ 국회가 재적의원 과반수의 찬성으로 계엄의 해제를 요구한 때에는 대통령은 이를 해제하여야 한다.

제77조 ①항

요약하면 이렇다. 아주 특별한 사태가 발생했는데 국회를 소집할 겨를이 없을 경우, 대통령이 나서서 법률의 근거가 없는 처분을 하거나 법률계엄 선포를 할 수 있음을 규정한 조항이다. 계엄은 앞의 긴급처분이나 긴급명령처럼 국가적 위기 상황에서 발동하는 점에서는 같다. 하지만 계엄은 병력을 동원하고 국민의 중요한 기본권을 직접 제한할 수 있다는 점에서 다르다. 계엄에 관한 내용은 〈계엄법〉과 〈계엄법 시행령〉에 상세히 규정되어 있다.

제77조 ②항

계엄에는 비상계엄과 경비계엄 두 종류가 있다. 계엄에 관한 사항을 규정하고 있는 〈계엄법〉을 보면 두 가지 계엄에 대한 설명이 있다. 비상계엄은 전시·사변 또는 이에 준하는 국가비상사태에서 적과 교전 상태에 있거나 사회질서가 극도로 교란되어 행정 및 사법 기능의 수행이 현저히 곤란한 경우에 군사상의 필요에 응하거나 공공의 안녕질서를 유지하기 위해 선포한다. 경비계엄은 전시·사변 또는 이에 준하는 국가비상사태에서 사회질서가 교란되어 일반 행정기관만으로는 치안을 확보할 수 없는 경우에 선포한다.

제77조 ③항

경비계엄은 치안 유지에 그 목적이 있다. 그에 비하여 비상계엄은 행정·사법 기능에 대한 조치를 목적으로 한다. 비상계엄이 선포되면 영장주의와 표현의 자유를 직접 제한할 수 있다. 뿐만 아니라 중요한 범죄에 대해서는 일반 법원이 아닌 군사법원에서 재판할 수 있다. 사법권에 대한 중대한 조치다.

제77조 ④항

그렇지만 계엄으로 국회의 권한까지 정지시킬 수는 없다. 계엄을 선포하고 나면 대통령은 즉시 국회에 그 사실을 알려야 한다.

제77조 ⑤항

그리고 언제든지 국회 재적 의원 과반수의 찬성으로 계엄 해제 요구가 있으면, 대통령은 즉시 해제해야 한다.

공무원임면권

078

대통령은 헌법과 법률이 정하는 바에 의하여 공무원을 임면한다.

대통령은 헌법과 법률이 정하는 범위 내에서 공무원에 대한 임면권을 가진다. 따라서 사실상 행정부 공무원들에 대한 독점적 인사권을 행사한다.

그러나 대통령이라고 모든 공무원에 대한 인사권을 주도적으로 행사할 수 있는 것은 아니다. 법률로 대통령의 공무원 인사권을 얼마든지 조정할 수 있기 때문이다. 대통령의 공무원 임면권은 특별한 규정이 없는한 하부 기관에 위임할 수도 있다.

임면권이란 임명과 파면에 대한 권한을 말한다. 하지만 대통령의 공무원 임면권에는 임명과 파면 외에 보직, 전직, 휴직, 징계처분까지 포함된다. 〈국가공무원법〉에 따라 행정기관 소속 5급 이상 공무원 및 고위 공무원단에 속하는 일반직 공무원은 소속 장관의 제청으로 인사혁신처장과 협의를 거친 후에 국무총리를 거쳐 대통령이 임용한다.

① 대통령은 법률이 정하는 바에 의하여 사면·감형 또는 복권을
명할 수 있다.

② 일반사면을 명하려면 국회의 동의를 얻어야 한다.

③ 사면·감형 및 복권에 관한 사항은 법률로 정한다.

제79조 ①항
———

사면이란 형벌을 면제하는 조치다. 감형은 형량을 낮추는 것이고, 복권은 전과로 인하여 상실하였거나 제한 당한 자격을 회복하는 일이다. 대통령이 사면·감형·복권의 권한을 행사하는 것은 형식적으로 사법권을 침해하는 결과를 초래한다. 그럼에도 불구하고 왜 이런 제도를 두고 있는가? 명분은 사회적 분위기를 파악하여 적절한 때에 대통령이 사면권을 단행하여 국민 대화합을 도모한다는 것이다. 그러나 매년 몇 차례 사면이 있어왔지만, 그 효과를 본 기억은 없다. 당사자들만 좋았을 것이다.

사면·감형·복권은 사법부가 고유의 권한을 발동하여 행한 결과를 대통령이 행정권으로 뒤집는 것이다. 이 같은 권한은 초권력적 대통령제, 다른 말로 제왕적 대통령제의 단면이라 할 수 있다. 과거 절대군주제 시절에 행사하던, 박물관에나 전시되어 있어야 할 권한이 여전히 대통령의 호주머니 속에 들어 있는 것이다. 오늘날까지 사면제도가 남아 있는 이유

는 오직 정치적 관행 때문이다. 누구든 밖에 있을 땐 비판하지만, 막상 대통령이 되면 놓치고 싶지 않은 권한이다.

제79조 ②항

사면, 감형, 복권에 관한 내용은 〈사면법〉이 정하고 있다. 일반사면은 어떤 특정한 범죄를 저지른 모든 사람의 형을 면제하는 것이다. 형을 선고받은 사람은 형의 집행이 면제되고, 수사 중이거나 재판을 받고 있는 사람에 대해서는 공소권을 상실시킨다. 이 일반사면만 국회 동의를 얻어야 한다. 특별사면은 이미 형의 선고를 받은 사람 중에서 특별히 선별하여 집행을 면제하는 조치다. 감형과 복권에도 일반감형, 특별감형, 일반복권, 특별복권이 있다.

사면, 감형, 복권을 거부할 수 있는가? 예컨대 자신의 결백을 끝까지 밝힐 의도로, 또는 다른 정치적 이유로 거부할 수 있는가? 거부할 수 있다는 견해가 많다. 하지만 일반사면, 일반감형, 일반복권의 경우 거부자를 제외할 수 있는지 의문이다.

제79조 ③항

지금의 〈사면법〉은 1948년 제정된 이래로 2007년에 한 차례 개정되었다. 사면심사위원회를 신설하는 규정 때문이었는데, 개정 후에도 옛날에 사용하던 용어를 그대로 방치했다. '선고'를 '언도'라고 하는 등 시대에 맞지 않는 표현이 그대로 남았다. 그러다가 2012년에야 전면 개정을 단행해 어색한 표현 등을 정비했다.

080

제80조

영전수여권

대통령은 법률이 정하는 바에 의하여 훈장 기타의 영전을 수여한다.

영전이란 영예의 표시로 국가에서 주는 훈장이나 포장을 말한다. 국가의 훈장이나 포장 기타 영전은 대통령이 수여한다. 다만, 국무회의 심의를 거쳐야 한다(헌법 제89조 8호 참고).

관련된 법으로 〈상훈법〉이 있다. 헌법 제11조 3항 '영전의 효력'에서 자세한 설명을 했다.

국회에 대한 의사표시

081

대통령은 국회에 출석하여 발언하거나 서한으로 의견을 표시할 수 있다.

국정 운영을 하면서 필요한 경우 대통령은 언제나 국회에 나가 발언하거나 서한을 보낼 수 있다. 이 조항을 근거로 신년 벽두에 국회에서 국정연설을 하기도 하고, 연두교서를 전달하기도 한다. 재량 행위이므로 국회연설이나 서한 전달을 하지 않아도 상관없다. 국무총리나 국무위원처럼 국회에 출석해야 할 의무도 없다.

대통령은 5년의 임기 동안 신년 연두교서 발표와 예산안 시정연설 등 10회 이상 국회에서 연설할 기회가 있다. 하지만 대부분의 대통령들은 국회 연설을 즐기지 않는 것으로 나타났다. 박정희는 16년 동안 7회, 전두환은 7년 동안 5회 국회에서 연설했다. 임기 5년의 대통령들의 국회 연설 횟수는 더 적어 노태우 4회, 김영삼 3회, 김대중 1회, 노무현 4회, 이명박 3회였다.

대통령이 국회에 나가기를 꺼리는 것은 연설 도중에 있을지 모르는 야유나 소란 때문으로 추측된다. 그래서 대부분 국무총리를 보내 대독하게 한다. 대통령의 국회 연설을 긍정적으로 보는 견해도 있다. 국회에 대한 존중과 국민과의 소통을 표현하는 노력으로 보일 수 있으며, 무엇보다 국정에 관한 국회의 협조를 구하기가 쉬워진다는 것이다.

국법상 행위의 요건

082

대통령의 국법상 행위는 문서로써 하며, 이 문서에는 국무총리와

관계 국무위원이 부서한다. 군사에 관한 것도 또한 같다.

　"국법상 행위"라는 표현이 생소하다. 국법이란 나라의 모든 법규를 통틀어 이르는 말이므로, 국법상 행위란 대통령의 업무를 의미한다. 대통령의 직무 수행은 자기 마음대로가 아니라 법에 정한 대로 하기 때문이다. 그러나 법에 근거를 두되 독자적으로 판단해 할 때도 있고, 헌법에 따라 국무회의의 심의를 거치거나 국회의 동의를 얻어야 하는 경우도 있다. 그것도 역시 법치주의의 한 부분이다. 다시 말하면, 이 조항은 대통령의 권한 행사 방식을 규정하고 있다.

　국정 운영에 관한 대통령의 권한 행사 방식을 요약하면 문서주의와 부서제도다. 모든 권한 행사는 문서로 하도록 규정했다. 문서로 하면 그 내용이 명확해 효력의 범위가 분명해진다. 그리고 책임 소재도 정확히 밝힐 수 있다.

　대통령은 작성한 문서에 서명함으로써 권한 행사를 한다. 대통령의 서

명에 이어서 하는 서명을 부서副署라 한다. 대통령의 권한 행사와 관련한 모든 문서에는 국무총리와 업무상 관련 있는 국무위원이 부서한다. 만약 부서가 없는 문서의 효력은 어떻게 되는가? 그래도 효력이 있다는 주장과 무효라는 주장이 맞서고 있다. 헌법 규정의 취지를 살린다면, 부서가 없는 문서의 효력은 인정하지 않아야 한다.

　마지막 문장은 무엇인가? 군사에 관한 업무도 마찬가지라는 의미다. 그런데 왜 이런 사족을 붙였을까? 마치 군사 업무는 항상 예외로, 헌법으로도 특별 취급의 대상인 것처럼 오해할 소지가 있다. 삭제하는 편이 훨씬 깔끔하겠다.

제83조

겸직금지

083

> 대통령은 국무총리·국무위원·행정각부의 장 기타 법률이 정하는 공사의 직을
> 겸할 수 없다.

대통령이 국가기관의 다른 중요한 직책을 겸하면 왜 안 되는가? 이론 상의 이유는 권력이 집중되기 때문이다. 하지만 실제로 그런 일이 일어날 까? 왜 대통령이 다른 직책까지 욕심을 내겠는가. 불필요한 조항이라는 생각이 들 수도 있다.

하지만 역사적으로 사례가 없는 것은 아니다. 독재자들은 대체로 직책 에 대한 과도한 욕심을 보인다. 가장 대표적 인물이 독일의 아돌프 히틀 러다. 히틀러는 수상으로 있던 1934년 8월, 대통령 힌덴부르크가 사망하 자 그 자리까지 차지해 총통 및 수상이 되었다. 박정희도 비록 겸직은 하 지 않았지만 권력 장악 과정에서 주요한 직책을 만들고 스스로 그 자리에 앉았다. 1961년 군사혁명위원회를 발족시켜 부위원장이 되었다가, 국가 재건최고회의로 명칭을 바꾸어 최고 통치기관으로 만들었다. 그리고 결 국 의장이 되었고, 군으로 복귀하겠다던 공약을 어기고 대통령이 되었다.

전두환도 유사하다. 이런 사례를 떠올리면, 이 조문은 그대로 두고 싶어진다.

형사상 특권

084

대통령은 내란 또는 외환의 죄를 범한 경우를 제외하고는 재직중

형사상의 소추를 받지 아니한다.

내란죄와 외환죄는 형법에 규정된 범죄의 종류다. 내란죄는 국토를 참절하거나 국헌을 문란하게 할 목적으로 폭동을 일으키는 범죄로, 국토 일부를 분리하여 처분하거나 국가의 헌법 질서를 침해하는 폭동을 말한다. 외환죄는 외국과 모의하여 대한민국 내에 환란을 불러일으키는 범죄다. 내란죄와 외환죄 모두 대한민국의 헌법 질서를 부정한다는 점에서 공통된다.

형사상의 소추란 기소하는 행위를 말한다. 따라서 내란죄나 외환죄를 제외한 범죄행위로는 재직 중에 재판에 회부되지 않는다는 말이다. 살인을 저질렀다 해도 마찬가지다. 왜 그럴까? 헌법재판소는 이렇게 말한다. 대통령의 재직 중 불소추특권은 결코 대통령 개인에게 부여한 특권이 아니다. 단지 국가원수로서 외국에 대하여 국가를 대표하는 지위에 있기 때문에, 직책을 수행하면서 권위를 확보해 국가의 체면을 유지해야 할 실제

상의 필요 때문이다.[29]

하지만 재직 중에만 그 특권을 누릴 수 있다. 퇴임과 동시에 체포되어 법정에 끌려갈 수 있다는 말이다. 재직 중의 기간에 공소시효는 정지된다. 재직 중이라도 형사상 소추만 받지 않을 뿐이다. 탄핵 심판의 대상은 된다(헌법 제65조 참고).

전직대통령의 신분과 예우

085

전직대통령의 신분과 예우에 관하여는 법률로 정한다.

국가원수인 만큼 대통령은 퇴임 이후에도 일정한 예우를 받는다. 〈전직 대통령 예우에 관한 법률〉에는 원래 보수의 95%에 해당하는 연금 지급, 3명의 비서관과 1명의 운전기사 지원, 기념사업 지원 등을 규정하고 있다. 사망하고 나면 유족에게 원래 보수의 70% 정도의 연금을 계속 지급한다.

시행령에는 더 자세한 내용도 있다. 연금은 매월 20일에 지급하며, 전직 대통령은 물론 그 배우자까지도 국·공립병원에서 무료로 진료를 받고, 혹 민간 의료기관에서의 진료를 받을 경우 국가가 그 치료 비용을 부담한다. 물론 탄핵으로 퇴임하거나 형사 처벌을 받는 경우엔 일부 예우가 취소된다.

제2절 행정부

입법부와 사법부에 대응해 국가 3부의 한 자리를 차지하고 있는 것이 행정부다. 성격상 대통령도 행정부에 속한다고 할 수 있지만, 대통령의 대표성과 상징성 그리고 3부를 통할하는 권리 때문에 헌법에서는 분리해 규정하고 있다.

행정부의 작용은 그야말로 국민을 위한 정책의 집행과 실현이요, 국가의 운영 그 자체다. 행정이란 너무 다양하고 복잡해서 한마디로 정의하거나 묘사하기가 극히 힘들다. 따라서 일부 학자들은 이렇게 말하기도 한다. 행정작용이란 국가 작용 중에서 입법작용과 사법작용을 제외한 나머지 전부다.

제1관 국무총리와 국무위원

헌법의 제2절 "행정부"는 다시 네 가지 항목으로 나누어 규정하고 있다. 국무총리와 국무위원, 국무회의, 행정 각 부 그리고 감사원이다.

그런데 제1관이란 무슨 말인가? 관款이란 여기서는 법률의 조문 따위를 분류하는 구분 단위로 쓰이고 있다. 보통 문서를 작성할 때 내용을 순서에 따라 분류하여 구분하는 단위로 장章, 절節, 항項을 사용한다. 그런가 하면 예산서나 결산서에서는 구분하여 세는 단위로 관, 항목目, 절의 순서로 정하고 있다. 우리 헌법은 장, 절, 관으로 구분하고 있다.

국무총리와 국무위원은 국무회의의 구성원이다.

국무총리

086

① 국무총리는 국회의 동의를 얻어 대통령이 임명한다.

② 국무총리는 대통령을 보좌하며, 행정에 관하여 대통령의 명을 받아

행정각부를 통할한다.

③ 군인은 현역을 면한 후가 아니면 국무총리로 임명될 수 없다.

제86조 ①항

국무총리를 임명하려면 사전에 국회의 동의를 얻어야 한다. 이는 국회로 하여금 행정부를 견제하도록 한 장치다. 헌법의 문언대로라면 대통령이 국무총리 후보자를 지명하고, 인사청문회를 거쳐, 국회의 동의를 얻은 다음에 비로소 정식으로 임명할 수 있다.

제86조 ②항

국무총리는 행정부의 2인자다. 대통령을 보좌하면서 행정 각 부를 통할한다. 대통령과 장관 사이에 놓여 있다는 말이다.

국무총리는 원래 내각책임제 정부 형태에서 행정부의 수반을 지칭한다. 대통령제에서는 국무총리가 아니라 부통령을 두는 것이 보통이다. 우리나라는 잠깐 내각책임제를 채택한 때가 있긴 했지만, 줄곧 대통령중심제를 유지해오고 있다. 한때 지금의 국무총리와는 다른 행정부 수반으로

서 국무총리제를 둔 적도 있었고, 부통령제를 도입한 때도 있었다. 지금은 대통령제 정부 형태이면서 부통령 대신 국무총리를 두고 있다.

한때 국무총리 서리署理란 말이 있었다. 서리란 결원이 된 어떤 직위의 직무를 대신하는 일이나 대신하는 사람을 가리킨다. 대통령이 국무총리 후보자를 지명한 뒤 아직 국회의 동의를 얻기 전까지의 기간에 그 후보자로 하여금 국무총리 업무를 맡게 하고는 국무총리 서리라고 불렀다. 하지만 국무총리 서리는 그 자체로 헌법위반이다. 우리 헌법에서는 국무총리 서리를 규정한 적이 없다. 새 국무총리 후보가 국회 동의를 얻을 때까지 종전 국무총리가 계속 업무를 수행해야 한다. 만약 종전 국무총리가 이미 사임했거나 기타 사유로 업무를 할 수 없다면, 〈정부조직법〉에 따라 직무 대행자가 맡아야 한다.

제86조 ③항

제3항은 도대체 어떤 의미인가? 국무총리는 군직을 겸임할 수 없다는 금지 규정이다. 이를 흔히 문민 통제라 해석한다. 문민이란 군인이 아닌 일반인을 지칭한다. 문민 통제는 군인의 정치를 문민정치로 막는다는 의미다. 군인은 왜 정치를 하면 안 되는가? 군인 본연의 의무를 다하기 위해서는 정치적 중립을 지켜야 한다. 헌법 제5조 2항에서 이미 확인한 사실이다. 군인이 정파에 가담하게 되면 특유의 무기인 병력을 동원할 위험이 있기 때문이다. 그리고 무엇보다 우리의 과거 군사독재정권의 쓰라린 경험 때문이기도 하다.

그렇지만 군인이 정치를 할 땐 당연히 군복을 벗고 한다. 따라서 이 조항은 과거사에 대한 경계의 의미 외에 특별한 가치를 지니지 못한다. 계속 유지해야 할 필요가 없다.

제87조
국무위원

087

① 국무위원은 국무총리의 제청으로 대통령이 임명한다.

② 국무위원은 국정에 관하여 대통령을 보좌하며, 국무회의의 구성원으로서 국정을 심의한다.

③ 국무총리는 국무위원의 해임을 대통령에게 건의할 수 있다.

④ 군인은 현역을 면한 후가 아니면 국무위원으로 임명될 수 없다.

제87조 ①항

제청이란 제시하여 임명을 청구한다는 의미로, 임명직 공무원에 적합한 인물을 천거한다는 뜻이다. 국무위원은 국무총리가 추천할 수 있겠지만, 실제로는 대통령이 마음에 드는 사람을 임명한다. 우리나라의 경우 거의 청와대 인사 검증 및 추천 팀에서 열거하는 인물 중에서 대통령이 지명하고, 형식상 국무총리의 제청을 거친다.

제87조 ②항

국무위원은 보통 장관으로 알려져 있다. 하지만 헌법상 국무위원은 장관과 다르다. 장관은 모두 국무위원이지만, 국무위원 중에는 장관이 아닌 사람도 있다. 국무위원은 국무총리와 마찬가지로 국회의원을 겸직할 수 있다. 국무위원은 국무회의의 구성원이다.

제87조 ③항

국무총리는 적합한 인물을 국무위원으로 제청하고, 또 부적당한 국무위원을 해임하라고 건의할 권한이 있다. 국무총리의 위상이 대통령과 국무위원 사이에 자리 잡고 있다는 사실을 알 수 있다.

제87조 ④항

현역 군인은 국무위원이 될 수 없기에, 장군은 국방부장관으로 취임하기 전에 군복을 벗는다. 이 조항도 낡은 유물처럼 지금은 쓸모없어 보인다.

제2관 국무회의

국무회의는 국정을 논의하는 기구다. 바로 정부 그 자체라 할 수 있다. 국무회의의 소집과 주재는 대통령이 하지만, 국무위원들은 의안을 제출하고 회의의 소집을 요구할 수 있다. 국무회의 운영에 관한 사항은 대통령령으로 정한다.

대통령령인 국무회의 규정에 의하면, 정례 국무회의는 매주 1회, 임시 국무회의는 필요에 따라 그때그때 소집한다.

088

제88조
권한, 구성

① 국무회의는 정부의 권한에 속하는 중요한 정책을 심의한다.

② 국무회의는 대통령·국무총리와 15인 이상 30인 이하의 국무위원으로
구성한다.

③ 대통령은 국무회의의 의장이 되고, 국무총리는 부의장이 된다.

제88조 ①항

국무회의가 심의할 주요 국정의 내용은 다음 제89조에 상세히 나열되어 있다.

제88조 ②항

국무위원 중에서 장관을 임명하므로, 국무위원의 수는 최소한 행정 각부의 수보다는 많아야 한다. 15명 이상 30명 이하의 범위에서 대통령이 임명할 수 있다.

제88조 ③항

국무회의 의장은 대통령, 부의장은 국무총리다. 따라서 대통령, 국무총리, 국무위원이 국무회의의 구성원이다. 국무회의는 매주 정례 회의를 하지만, 필요한 경우 국무위원 누구든지 소집을 요구할 수 있다. 국무회의

규정에 의하면, 국무회의는 구성원 과반수 출석으로 회의를 시작하고, 출석 구성원 3분의 2 이상 찬성으로 의결한다. 의장이 없을 때는 부의장인 국무총리가, 의장과 부의장 모두 직무를 수행할 수 없을 땐 〈정부조직법〉이 정한 장관의 서열 순으로 의장직을 대행한다.

국무위원이 출석하지 못하는 경우 각 부의 차관이 대리 출석하여 발언할 수는 있지만, 표결에 참여하지는 못한다. 국무위원이 아니더라도 대통령 비서실장, 국가안보실장, 국무조정실장, 인사혁신처장, 법제처장, 국가보훈처장, 식품의약품안전처장, 공정거래위원장, 금융위원회위원장, 중소기업청장 및 서울특별시장은 국무회의에 배석하여 발언할 수 있다.

089

심의사항

다음 사항은 국무회의의 심의를 거쳐야 한다.

1. 국정의 기본계획과 정부의 일반정책

2. 선전·강화 기타 중요한 대외정책

3. 헌법개정안·국민투표안·조약안·법률안 및 대통령령안

4. 예산안·결산·국유재산처분의 기본계획·국가의 부담이 될 계약

   기타 재정에 관한 중요사항

5. 대통령의 긴급명령·긴급재정경제처분 및 명령 또는 계엄과 그 해제

6. 군사에 관한 중요사항

7. 국회의 임시회 집회의 요구

8. 영전수여

9. 사면·감형과 복권

10. 행정각부간의 권한의 획정

11. 정부안의 권한의 위임 또는 배정에 관한 기본계획

12. 국정처리상황의 평가·분석

13. 행정각부의 중요한 정책의 수립과 조정

14. 정당해산의 제소

15. 정부에 제출 또는 회부된 정부의 정책에 관계되는 청원의 심사

16. 검찰총장·합동참모의장·각군참모총장·국립대학교총장·대사

    기타 법률이 정한 공무원과 국영기업체관리자의 임명

17. 기타 대통령·국무총리 또는 국무위원이 제출한 사항

특별한 설명을 필요로 하지 않는다. 행정부의 권한에 속하는 거의 대부분의 사항은 심의를 거쳐야 한다고 보면 된다.

국무회의 규정에 따르면 심의 대상인 의안은 제출되기 전에 먼저 차관회의의 심의를 거쳐야 한다. 물론 긴급한 의안은 그렇지 않다.

헌법은 위에 열거한 사항은 "국무회의의 심의를 거쳐야 한다"라고 규정했다. 심의란 안건의 내용을 상세히 따져보는 일이다. 그러나 심의한 결과가 대통령의 의사 결정을 구속하지는 않는다. 심의 내용과 관계없이 대통령은 자기 마음대로 결정할 수 있다. 그렇다면 심의를 거치지 않고 결정하는 경우에는 어떻게 되는가? 헌법 조문을 엄격히 해석한다면 당연히 무효가 된다. 사실 엄격하게가 아니라 헌법에 쓰인 그대로 해석하더라도, 심의를 거쳐야 할 사항을 그냥 결정하면 당연히 헌법위반이 된다.

실제로 심의를 생략하고 결정하더라도 특별한 문제가 생기지는 않을 것이다. 하지만 그런 사실이 드러나게 되면 대통령은 책임을 면하기 어려울 것이다.

제4장 정부

090

제90조
___
국가원로회의

① 국정의 중요한 사항에 관한 대통령의 자문에 응하기 위하여 국가원로로

　　구성되는 국가원로자문회의를 둘 수 있다.

② 국가원로자문회의의 의장은 직전대통령이 된다.

　　다만, 직전대통령이 없을 때에는 대통령이 지명한다.

③ 국가원로자문회의의 조직 · 직무범위 기타 필요한 사항은 법률로 정한다.

제90조 ①항
___

전직 대통령을 비롯한 국가 원로들의 모임을 회의체로 구성할 수 있다
는 규정이다. 설치 목적은 대통령이 국가의 중요한 일을 맞아 원로의 지
혜에 기대어 도움을 얻게 한다는 것이다. 하지만 실효성은 의문이다. 국
가 원로들에 대한 예우의 의미가 더 강하게 느껴지는 항목이다.

"둘 수 있다"라고 규정하고 있어 원로회의는 헌법상 대통령의 자문에
응하는 기구이긴 하나, 임의 기구다. 없어도 그만이라는 말이다.

제90조 ②항
___

애당초 〈전직 대통령 예우에 관한 법률〉에 "직전 대통령은 국가원로자
문회의의 의장이 되고, 그 외의 전직 대통령은 대통령이 위촉하는 경우
국가원로자문회의의 원로위원이 된다"는 규정이 있었으나, 1995년 개정
때 삭제했다.

제90조 ③항

1988년 〈국가원로자문회의법〉에 따라 회의 기구를 설치하였으나, 다음 해인 1989년 3월 폐지하여 지금은 존재하지 않는다.

091

국가안전보장회의

① 국가안전보장에 관련되는 대외정책 · 군사정책과 국내정책의 수립에

　 관하여 국무회의의 심의에 앞서 대통령의 자문에 응하기 위하여

　 국가안전보장회의를 둔다.

② 국가안전보장회의는 대통령이 주재한다.

③ 국가안전보장회의의 조직 · 직무범위 기타 필요한 사항은 법률로 정한다.

제91조 ①항

국가안전보장회의는 임의 기구가 아니라 헌법상 당연히 설치해야 하는 기구다. 국가안전보장회의는 국가원로회의, 민주평화통일자문회의, 국민경제자문회의와 달리 헌법상 유일한 필수적 자문기관이다. 다만 국가안전보장회의의 자문을 구하지 않고 대통령이 국무회의에 상정하더라도 위헌은 아니다.

제91조 ②항

〈국가안전보장회의법〉에 의하면 국가안전보장회의는 의장인 대통령 외에 국무총리, 외교통상부장관, 통일부장관, 국방부장관, 국가정보원장으로 구성한다. 필요하면 대통령령으로 위원을 더 둘 수 있다.

제91조 ③항

〈국가안전보장회의법〉은 1963년에 제정되어 가장 최근에는 2014년에
부분 개정했다.

092

제92조
민주평화통일자문위원

① 평화통일정책의 수립에 관한 대통령의 자문에 응하기 위하여 민주평화통일자문회의를 둘 수 있다.

② 민주평화통일자문회의의 조직·직무범위 기타 필요한 사항은 법률로 정한다.

제92조 ①항

국가원로자문회의와 마찬가지로 임의 기관이다. 통일에 관한 국내외의 여론 수렴, 통일에 대한 국민적 합의 도출, 국민적 통일 역량 결집을 목표로 하고 있다. 하지만 실제로는 국가의 통일 정책을 홍보하는 수준에 그치고 있다.

제92조 ②항

현재 〈민주평화통일자문회의법〉에 따라 설치하여 운영하고 있다. 법에 따르면 전국에 걸쳐 7,000명 이상의 자문위원을 임명하여 구성한다. 의장은 대통령이며, 20명 이내의 부의장 중에서 의장이 수석부의장을 지명한다.

제93조

국민경제대책회의

093

① 국민경제의 발전을 위한 중요정책의 수립에 관하여 대통령의 자문에

　응하기 위하여 국민경제자문회의를 둘 수 있다.

② 국민경제자문회의의 조직 · 직무범위 기타 필요한 사항은 법률로 정한다.

제93조 ①항

임의 기관이다.

제93조 ②항

〈국민경제자문회의법〉을 제정해 시행 중에 있다. 의장은 대통령이며, 당연직 위원, 위촉 위원, 지명 위원으로 구성한다. 기획재정부장관과 대통령실의 경제 업무를 보좌하는 정무직 비서관 등이 당연직 위원이다.

제3관 행정각부

헌법에서 말하는 행정 각 부는 국가 행정사무를 수행하기 위한 중앙행정기관이다. 국가의 행정사무를 체계적이고 능률적으로 수행하기 위하여 업무에 따라 여러 부로 나누고 있다. 행정 각 부는 행정부에 속하는 행정권을 실제로 집행하는 실무 기관이다.

중앙행정기관 중에 처와 청이 있다. 처와 청은 행정 각 부가 아닌 중앙행정기관이다.

각부의 장

094

행정각부의 장은 국무위원 중에서 국무총리의 제청으로 대통령이 임명한다.

행정 각 부의 장은 장관이다. 장관은 국무위원 중에서 국무총리의 제청으로 대통령이 임명한다. 그런데 국무위원 역시 국무총리의 제청으로 대통령이 임명한다. 같은 절차에 따라 국무위원을 먼저 임명하고, 다시 그 중에서 장관을 임명하는 것처럼 되어 있다. 그렇지만 실제로는 국무위원이자 장관은 동시에 하나의 절차에 따라 임명된다.

헌법에 의하면 행정 각 부의 장이 아닌 국무위원이 있을 수 있다. 현재 〈정부조직법〉에 따르면 행정 각 부의 장 외에 따로 국무위원을 두는 예로는 국민안전처장관이 있다. 2014년 11월 〈정부조직법〉 개정으로, 안전 및 재난에 관한 정책의 수립·운영 및 총괄·조정, 비상 대비, 민방위, 방재, 소방, 해양에서의 경비·안전·오염 방제 및 해상에서 발생한 사건의 수사에 관한 사무를 관장하기 위하여 국무총리 소속으로 국민안전처를 두면서, 국민안전처장관을 국무위원으로 정했다.

행정 각 부의 장은 〈정부조직법〉이 정하고 있는 담당 업무를 통할하고 지휘한다. 한편 행정 각 부의 장관은 대통령과 국무총리의 지시에 따라야 한다.

총리령, 부령

095

국무총리 또는 행정각부의 장은 소관사무에 관하여 법률이나

대통령령의 위임 또는 직권으로 총리령 또는 부령을 발할 수 있다.

규범의 체계를 다시 간략히 정리하면, 헌법 아래 법률, 명령, 규칙이 있다고 생각하면 된다. 반드시 이렇게 도식적으로 설명할 수는 없지만, 세부적인 문제를 고려하지 않으면 우선 이렇게 이해해도 좋다. 법에도 상하의 단계별 순위가 있는데, 헌법 > 법률 > 명령 > 규칙이라고 알아두면 된다는 말이다. 또한 헌법 > 법률 > 시행령 > 시행규칙의 순서도 있다. 실제 명칭에 따른 등급이라 할 수 있는데, 그 차이는 잠시 후에 살펴보기로 한다. 이때 하위에 있는 규범은 상위 규범의 내용에 어긋나면 안 된다. 만약 어긋나는 내용이 있으면 그 부분은 무효다.

명령은 보통 법규명령이라 한다. 명령이라 하면 상위 행정청이나 상급자가 하위 행정청이나 하급자에게 하는 지시를 말한다. 그런데 그 지시가 당사자들 사이에서뿐 아니라 일반 국민에게도 효력을 미치는 일반 규범으로서의 성질을 지니고 있기 때문에 법규명령이라 하는 것이다.

법규명령은 다시 위임명령과 집행명령으로 나뉜다. 집행명령은 직권명령이라고도 한다. 위 조문에서 말하고 있듯이, 법률이나 대통령령의 위임을 받아 만든 것은 위임명령이다. 반면 행정 집행을 위해 직권으로 만든 것을 집행명령이라 한다. 어쨌든 법규명령도 우리가 보통 법이라고 할 때 그 개념에 포함된다. 강행력이 있는 규범인 것이다. 법규명령의 종류에 바로 대통령령, 총리령, 부령이 있다. 대통령령은 총리령과 부령보다 상위 규범이다. 그러나 총리령과 부령 사이에는 상하 관계가 있다는 주장과 없다는 주장이 맞선다. 실제로는 총리령과 부령이 부딪치는 경우가 거의 없으므로 우열을 따질 필요가 없다.

법률은 그 법률 고유의 이름 뒤에 '법'자를 붙인다. 〈민법〉, 〈국어기본법〉, 〈먹는물관리법〉과 같은 식이다. 그다음 단계인 대통령령은 대개 시행령이다. 〈도로교통법 시행령〉, 〈약사법 시행령〉이 그 예다. 시행령의 다음 단계는 시행규칙이라는 이름을 붙이는데, 대개 부령이다. 〈특허법 시행규칙〉, 〈국세징수법 시행규칙〉 따위가 그에 해당한다.

법률 외에 굳이 그 아래에 시행령이나 시행규칙 같은 대통령령, 총리령, 부령이라는 이름의 법규명령을 두는 이유는 무엇일까? 법률에 필요한 모든 것을 담을 수 없기 때문이다. 법률에는 기본적인 원칙 규정을 두고, 그보다 더 상세한 내용은 시행령에, 다시 더 구체적인 세목은 시행규칙에 맡기는 형식이다.

법규명령 아래에 행정규칙이란 것이 있다. 헌법과 법률과 대통령령과 총리령에 부령까지 동원해도 부족한 때가 있는 법이다. 그때 실무 행정 부처에서 행정규칙이란 것을 만든다. 보통 고시, 훈령 같은 명칭으로 부른다. 하지만 행정규칙은 법규명령처럼 법의 한 종류라고는 할 수 없다.

대법원, 헌법재판소, 중앙선거관리위원회는 독자적으로 규칙을 제정할 수 있다(헌법 제108조, 제113조 2항, 제114조 6항). 〈형사소송규칙〉은 대법원 규칙의 대표적 예다. 이런 규칙은 그 내용과 성격에 따라 법규명령인 경우도 있고, 행정규칙에 불과한 경우도 있다.

대통령령, 총리령, 부령은 헌법 개정안이나 조약 그리고 법률과 마찬가지로 일정한 절차를 거쳐 관보에 게재하는 방식으로 공포한다.

096

제96조
___
각부의 조직 · 직무

행정각부의 설치 · 조직과 직무범위는 법률로 정한다.

___

행정 각 부의 설치, 조직, 직무 범위에 관한 상세한 내용은 〈정부조직법〉에 있다. 각 부에는 국무위원인 장관과 정무직인 차관을 1명씩 둔다. 다만, 기획재정부, 미래창조과학부, 외교부, 문화체육관광부, 산업통상자원부, 국토교통부에는 차관을 2명씩 둔다.

2022년 현재 행정 각 부는 모두 18개다. 서열대로 나열하면 다음과 같다. 이때 서열이란, 대통령과 국무총리가 공석일 때 국무회의 의장 직무를 대행할 순서를 말한다.

1. 기획재정부

2. 교육부

3. 과학기술정보통신부

4. 외교부

5. 통일부

6. 법무부

7. 국방부

8. 행정안전부

9. 문화체육관광부

10. 농림축산식품부

11. 산업통상자원부

12. 보건복지부

13. 환경부

14. 고용노동부

15. 여성가족부

16. 국토교통부

17. 해양수산부

18. 중소벤처기업부

제4관 감사원

역사 문헌을 보면 감사제도는 신라시대부터 존재했던 것으로 드러난다. 당시 중앙관청이었던 사정부司正府는 모든 벼슬아치의 비리를 규찰했다. 고려시대에는 어사대御史臺가, 조선시대에는 사헌부司憲府, 사간원司諫院 및 홍문관弘文館이 벼슬아치의 비리 감찰 및 회계검사 역할을 했다. 특히 조선시대에는 비밀리에 지방 관사를 감찰하는 암행어사까지 존재했다.

대한민국 정부도 이와 유사하다. 건국 헌법과 제2공화국 헌법은 회계검사를 심계원에서 담당한다고 규정했고, 당시 〈정부조직법〉은 감찰위원회가 직무 감찰을 한다고 규정하고 있었다. 그런데 제3공화국 헌법이 이를 통합해 감사원이 회계검사와 직무 감찰 모두를 담당하는 것으로 하였고, 이것이 현행 헌법까지 그대로 이어지고 있다. 감사원監査院이라는 명칭은 감찰監察의 앞 글자와 검사檢査의 뒷 글자를 따서 만든 것이다.

감사 기구의 소속은 국가마다 다르다. 미국이나 영국의 감사 기구는 입법부에 소속되어 입법부를 지원하는 역할을 한다. 이에 반해 독일, 프랑스 및 일본의 감사 기구는 입법부·행정부·사법부 어디에도 속하지 않는 독립된 기관이다. 한편 행정부 내에 감사 기구를 두는 나라도 있다. 스위스가 여기에 해당하는데, 소속은 제각각이지만 기능적 측면에서 본다면 감사 대상 기관으로부터 독립하여 감사 업무를 한다. 감사 기구의 기능상 독립성을 보장하기 위해 각국의 헌법은 다양한 장치를 마련하고 있다.

그렇다면 대한민국의 감사원은 어디에 속할까. 이를 확인하기 위한 쉬운 방법은 목차를 보는 것이다. 헌법 제4장 〈정부〉는 크게 제1절 "대통령"과 제2절 "행정부"로 나뉜다. 그리고 제2절 "행정부"는 다시 제1관 '국무총리와 국무위원', 제2관 '국무회의', 제3관 '행정각부'와 제4관 '감사원'으로 나뉜다. 헌법의 체계만 보더라도 감사원은 정부 산하 기관임을 알 수 있다. 헌법 제97조는 대통령 소속 하에 감사원을 둔다고 하여 이를 분명히 하고 있다.

제4장 정부

097

직무와 소속

국가의 세입 · 세출의 결산, 국가 및 법률이 정한 단체의 회계검사와

행정기관 및 공무원의 직무에 관한 감찰을 하기 위하여 대통령 소속하에

감사원을 둔다.

감사원은 매년 국가의 모든 수입과 지출을 마감하여 계산하고(국가의 세입·세출의 결산), 국가 및 법률이 정한 단체가 기준에 맞게 돈을 관리하고 사용했는지 검사하며(국가 및 법률이 정한 단체의 회계검사), 행정기관 및 공무원이 비리 없이 직무를 제대로 처리하는지 감시 · 감독하는(행정기관 및 공무원의 직무에 관한 감찰) 기관이다. 국가의 세입 · 세출의 결산도 크게는 회계검사에 포함되므로 결국 헌법과 법률이 정하는 대상에 대한 회계검사와 직무 감찰을 하는 곳이 감사원이다.

제98조

구성

① 감사원은 원장을 포함한 5인 이상 11인 이하의 감사위원으로 구성한다.

② 원장은 국회의 동의를 얻어 대통령이 임명하고, 그 임기는 4년으로 하며,

1차에 한하여 중임할 수 있다.

③ 감사위원은 원장의 제청으로 대통령이 임명하고, 그 임기는 4년으로 하며,

1차에 한하여 중임할 수 있다.

제98조 ①항

감사원은 세입·세출의 결산 결과를 대통령뿐 아니라 국회에 보고해야 하므로 입법부를 지원하는 역할도 한다. 그런데 조직상 대통령 직속 기관이다 보니 대통령으로부터 간섭이나 압력을 받을 우려가 있다. 그래서 헌법은 외압에 휘둘리는 것을 방지하기 위한 대책으로 감사원의 설치를 법률이 아닌 헌법에 명시하는 한편, 감사원장 및 감사위원의 구성 방법을 분명히 하고 이들의 임기를 보장하고 있다.

감사원은 감사원장 및 감사원장을 포함한 5인 이상 11인 이하의 감사위원으로 구성한다고 되어 있는데, 〈감사원법〉 제3조에 따르면 현재 감사원은 감사원장을 포함한 7인의 감사위원으로 구성한다.

제98조 ②항

감사원장은 국회의 동의를 얻어야 대통령이 임명할 수 있다. 중임이란

연임과 달라서 한 차례 연임할 수도 있지만, 통틀어 두 차례까지만 직책을 맡을 수 있다는 의미다.

제98조 ③항

감사위원은 감사원장의 제청 또는 절차를 밟아 대통령이 임명한다. 역시 1차에 한해서 중임할 수 있도록 규정했는데, 감사원장이나 감사위원 모두 3회 이상 역임하게 될 경우 직무의 청렴성을 유지하기 힘들다는 판단이 전제되어 있기 때문이다.

제99조
검사와 보고

099

감사원은 세입 · 세출의 결산을 매년 검사하여 대통령과 차년도 국회에

그 결과를 보고하여야 한다.

　국가의 세입 · 세출에 관한 예산편성은 정부가 하고, 그 예산안의 심의
와 의결은 국회가 한다. 회계연도가 지난 뒤 국가 재정의 운용이 적절했
는지를 판단하는 회계의 검사는 감사원이 맡는다. 세입 · 세출의 결산을
대통령과 그 회계연도가 지난 다음의 국회에 보고하는 일은 감사원의 헌
법상 의무다. 그리고 이는 감사원만 행할 수 있는 헌법상의 권한이기도
하다.

100

제100조
조직 · 직무범위등

감사원의 조직 · 직무범위 · 감사위원의 자격 · 감사대상공무원의 범위

기타 필요한 사항은 법률로 정한다.

감사원의 조직 · 직무 범위 · 감사위원의 자격 · 감사 대상 공무원의 범위 등 세부적인 사항은 법률로 정하는데, 〈감사원법〉이 이를 직접 정하고 있다.

그러나 이것만으로는 감사원의 기능상 독립성을 보장하기에 미흡하다. 〈감사원법〉 제2조는 "① 감사원은 대통령에 소속하되 직무에 관하여는 독립의 지위를 가진다. ② 감사원 소속 공무원의 임면, 조직 및 예산의 편성에 있어서는 감사원의 독립성이 최대한 존중되어야 한다"고 규정하고 있는데, 이를 헌법에 명시할 필요가 있다. 또한 현행 헌법대로라면 감사원장 및 감사위원의 임기가 대통령의 임기보다 짧기 때문에 대통령이 자신의 임기 중에 감사원의 구성원을 바꾸기가 쉽다. 이를 방지하기 위하여 감사원장 및 감사위원의 임기를 대통령의 임기 5년보다 늘릴 필요가 있다. 참고로 헌법 제105조는 대법원장 및 대법관의 임기를 6년으로 규정하고 있다. 다른 나라의 경우 감사원장의 임기를 미국은 15년, 독일은

12년, 일본은 7년으로 하고 있다.

기타 감사원에 감사원의 예산안 편성권을 부여하는 방법, 감사위원의 임명에도 의회의 동의를 얻도록 하는 방법 등을 고려해볼 수 있다. 그러나 감사원을 외부 영향력으로부터 보호하는 가장 근본적인 방법은 감사원을 어디에도 속하지 않는 기관으로 두는 것이다.

법원

입법부와 행정부에 대응하여 사법부를 법원이라고 하였다. 사법부라고 하면 그 자체에 정치적이고 행정적인 느낌도 좀 들어 있는 듯하다. 반면 법원이라 하면 순수한 재판 기능만 떠올리게 한다. 그러나 그것이 이유는 아니다. 사법부라고 해버리면 헌법재판소가 이상해진다. 헌법재판소도 사법부이기 때문에 법원에 속해 편입시켜놓을 수 없는 노릇이다. 따라서 제5장은 법원이라 하고, 제6장은 헌법재판소로 하였다.

법원은 항상 마지막에 떠올리게 된다. 법원은 재판하는 곳이고, 재판은 문제 해결을 위한 마지막 수단으로 여겨지기 때문이다. 민주주의가 있고 헌법과 수많은 법률이 거미줄처럼 얽혀 있는데 왜 분쟁은 끊이지 않는 것일까? 법을 모르기 때문일까, 아니면 법이 세상을 모르기 때문일까? 법원에 분쟁의 해결을 기대하는 이유는 법을 신뢰하기 때문이다. 모두가 법대로 해결되기를 바라기 때문이다. 그렇다고 법원이 법의 창고에서 필요한 법을 찾아와 확인하고 읽어주는 기관은 아니다. 법을 제대로 해석하여 구체적 상황과 연결하는 작업을 하는 곳이다. 그렇기 때문에 법원은 진지한 건물이기도 하다.

하지만 법원이 진정 권리 보호를 위한 최후의 보루일까? 요즘엔 그런 말을 사용하는 사람이 드문데, 아마도 그 극단적 상징의 수사학 때문일 것이다. 법원의 신뢰도는 자주 추락한다. 사람들은 점점 법원을 불신한다. 그러다가 현실의 이해관계에 얽혀들면 법원으로 달려간다. 개인의 애정 문제에서부터 고도의 정치투쟁까지 법정으로 몰고 간다. 그리고 이기면 만족해하고, 패하면 승복하지 않는다. 오늘날 법원의 딜레마가 그것이다. 헌법 속에서 탈출의 실마리를 찾을 수 있을까?

그러나 헌법의 법원 편은 법원의 전통과 권위를 위해 만들어진 것이 아니다. 법원은 국민의 인권과 권리를 위해 설치된 기관이다. 너무나 분명한 그 원칙에서 다시 시작하는 길이 가장 현명하다.

제101조
사법권 · 법원 조직 · 법관의 자격

101

① 사법권은 법관으로 구성된 법원에 속한다.

② 법원은 최고법원인 대법원과 각급법원으로 조직된다.

③ 법관의 자격은 법률로 정한다.

제101조①항

헌법 제27조 1항은 국민이 재판을 요구할 권리를 기본권으로 인정하고 있고, 이러한 기본권을 실현하기 위해 국가는 재판제도를 확립·운영할 의무를 부담한다. 재판이란 기본적으로 국민과 국민 사이 그리고 국가와 국민 사이에 발생하는 갈등을 심판하는 제도로서, 갈등 당사자간에 어느 쪽이 옳고 어느 쪽이 그른지를 결정하는 제도이다. 따라서 결정을 내린다는 사실 자체보다도 누가 어떠한 절차에 따라 어떻게 결정을 내리는지를 미리 확실하게 정해두어야만 재판이 정의롭게 이루어지리라고 기대할 수 있다.

절대주의국가에서처럼 국왕이 순간의 기분에 따라 담당 법관을 정하거나, 이미 재판을 진행하고 있는 법관이 마음에 들지 않는다고 다른 사람으로 바꾸어버리거나, 심지어 사건을 자신이 직접 결정할 때에는 재판의 공정성과 중립성을 보장할 수 없다. 그래서 프랑스혁명 이후의 모든

제5장 법원

근대 헌법은 입법권과 행정권과는 별도로 갈등에 대한 결정만을 전담하는 사법권에 대한 규정을 담게 되었다.

우리 헌법 역시 사법권은 "법관으로 구성된" 법원에 속한다는, 얼핏 듣기에는 당연한 규정을 사법권에 관한 맨 첫 번째 조문의 첫 번째 조항으로 규정하고 있다. 일단 "법관으로" 구성된다는 표현은 법관이 아닌 사람이 재판을 담당할 수 없다는 사실을 못박아둔 것이다. 동시에 3항에서 법관의 자격은 법률로 정하게 하여, 재판의 당사자들이 사전에 자신들의 사건을 자격이 없는 사람이나 권력자의 구미에 맞는 사람이 담당하지 않으리라는 신뢰를 가질 수 있도록 하고 있다.

따라서 어떤 하나의 사건만을 재판하기 위해 예외 법원을 설치하는 것은 금지된다. 더 나아가 재판을 요구하는 국민이 자신의 사건이 어떤 법원의 어떤 법관에 의해 처리될 것인지를 미리 알 수 있도록 해야 한다. 물론 구체적으로 김 아무개 법관이 내 사건을 담당하리라는 것을 사전에 알 수 있도록 하는 것이 아니라, 어느 법원이 관할 법원이고, 어떤 규칙에 따라 사건이 배당되는지 미리 확정되어 있어야 한다는 뜻이다. 그래야만 순간의 결정에 따라 담당 판사가 바뀌는 것을 방지할 수 있다. 단순히 형식적인 내용 같지만 이는 사법제도와 관련하여 중요한 의미가 있다. 예를 들어 사건 배당을 단순히 법원 내 예규로 규정한 나머지, 2008년의 촛불 시위 사건을 담당한 서울지방법원 재판부가 법원장이 개입할 수 있는 여지를 남긴 사례는 사법권을 법원에 독점시킨 헌법 정신에 위배된다.

제101조 ②항

2항은 법원이 대법원을 정점으로 하는 각급 법원으로 나뉜다고 규정하고 있는데, 이 역시 단순한 조직 규정만은 아니다. 오히려 재판이 단 한

번의 결정으로 이루어질 경우 오류가 발생할 가능성이 있으므로, 상급 법원이 다시 한 번 사건을 검토하여 그러한 오류를 수정할 수 있도록 함으로써 국민의 사법 기본권을 보장하기 위한 것이다. 이 밖에도 사법권 역시 국가권력이어서 속성상 남용될 수 있어 사법권 내부의 권력을 분산시키는 의미도 있다. 그 목적은 역시 기본권 보호와 보장에 있다.

〈법원조직법〉은 대법원, 고등법원, 특허법원, 지방법원, 가정법원, 행정법원 등 6종류의 법원을 설치하고 있다. 그리고 지방법원과 가정법원의 업무를 나누어 처리하도록 지원, 가정지원, 시법원, 군법원, 등기소를 둔다. 그 밖의 특별법원으로는 군사법원이 있다.

〈법원조직법〉에 따르면 우리나라는 지구 상의 대다수 나라가 그렇듯이 삼심제를 취하고 있다. 삼권분립과 삼심제 등 모두 '3'이라는 숫자를 선택한 것은 단순한 우연이 아니다. 피타고라스도 그랬지만 서양의 문화적 전통에서 '3'은 완전성과 안정감을 뜻한다고 한다. 4총사보다는 3총사가 훨씬 편안하게 들리는 이유도 같은 문화적 맥락으로 설명된다. 그러한 전통적이고 문화적인 감각이 우리에게 약간의 만족감을 주는 것은 사실이지만, 만사가 그렇듯 결코 절대적인 것은 아니다.

제101조 ③항

법관의 종류와 자격은 〈법원조직법〉이 정하고 있다. 현재 우리나라의 법관은 대법관과 대법관이 아닌 법관이 있다. 대법관이 아닌 법관은 판사라고 한다. 현재 법률상 법관은 대법관 이외에는 판사밖에 없다. 지방법원 부장판사 또는 고등법원 부장판사는 〈법원조직법〉에 의한 사무 분장에 따른 보직일 뿐 직급은 아니다. 그러나 형식상 직급은 아님에도, 사실상 직급인 점은 부인할 수 없다.

기존에는 사법시험을 통과하고 사법연수원을 수료한 젊은 법조인을 판사로 임용해 법원 내에서 경력을 쌓아가도록 하는, 이른바 '경력법관제'로 판사를 충원해왔다. 그러나 이제 판사를 법학전문대학원 졸업자를 중심으로 일정 경력의 변호사 자격자 중에서 선발하는 '법조일원화'가 점진적으로 확대되고 있다. 이에 따라 2013년 1월 1일부터 2017년 12월 31일까지 판사를 임용하는 경우에는 변호사 자격자 중 경력이 3년 이상, 2018년 1월 1일부터 2021년 12월 31일까지는 5년 이상, 2022년 1월 1일부터 2025년 12월 31일까지는 7년 이상된 사람을 판사로 임용할 수 있게 된 것이다.

제102조
대법원

102

① 대법원에 부를 둘 수 있다.

② 대법원에 대법관을 둔다. 다만, 법률이 정하는 바에 의하여 대법관이 아닌

   법관을 둘 수 있다.

③ 대법원과 각급법원의 조직은 법률로 정한다.

제102조 ①항

매우 형식적인 규정이다. 헌법기관인 의회와 대통령에 대한 상세한 규정에 비해 사법부의 최상위 기관인 대법원에 대한 규정이 상대적으로 적다는 점을 의식한 것 같다. "대법원과 각급법원의 조직은 법률로 정한다"는 3항만을 조문 내용으로 하거나, 이 조항을 제101조의 4항으로 규정했어도 충분했다. 3항은 이미 1, 2항의 내용을 포괄하기 때문이다.

제102조 ②항

현재 대법관은 대법원장을 포함하여 모두 14명인데, 그중 법원 행정처장은 재판 업무에서 제외된다. 재판 업무를 담당하는 13명의 대법관 전원이 참여하는 재판을 전원합의체라 한다. 대법원의 부는 4명의 대법관으로 구성한다.

2항의 단서가 구체적으로 무슨 뜻이지는 불분명하다. 현재 대법원에

제5장 법원

는 대법관의 업무를 보조하는 재판 연구관들이 있다. 그들이 대부분 판사이긴 하지만 모두 판사인 것도 아니고, 설령 법관일지라도 2항에서 의미하는 "대법관이 아닌 법관"에 해당하지는 않는다. 또한 대법관이 아닌 사람이 법원 행정처장을 담당할지라도, 그 법관이 대법원의 재판에 참여하지 않는 이상 〈법원조직법〉의 문제이지 헌법에 따라 규정할 이유가 없다. 2항의 단서에서 말하는 "대법관이 아닌 법관"은 대법원의 재판에 직접 참여하는 법관을 말한다. 이 조항은 애당초 그럴 필요를 예상하여 삽입한 규정으로 추정할 수밖에 없다. 지금은 재판 연구관이나 여러 행정 및 연구 업무를 담당하는 대법관 아닌 판사들이 대법원에 소속되어 있고 이러한 현실의 근거로 2항을 끌어들이긴 하지만, 원래 헌법의 취지와는 다르다. 1980년 전두환 장군의 지시로 만들어진 5공화국 헌법에서부터 등장하는 이 정체불명의 단서 조항은 헌법의 추상적이고 일반적인 성격을 감안한다면, 헌법 조문으로서는 전혀 어울리지 않는다.

제102조 ③항

〈법원조직법〉은 바로 이 조항을 헌법적 근거로 삼고 있는 법률이다.

법관의 독립

103

법관은 헌법과 법률에 의하여 그 양심에 따라 독립하여 심판한다.

 무엇인가를 결정할 때에는 자유가 전제되어야 한다. 남의 눈치를 봐야 하는 상태에서 내려진 결정은 진정한 의미의 결정이 아니다. 법관의 판결 역시 하나의 제도적 틀에서 내려지는 결정이기 때문에, 법관이 남의 지시를 받거나 무엇인가에 구속된 상태에서는 공정한 재판을 기대할 수 없다. 더욱이 법관은 법률이 불명확하거나 사건이 까다롭다는 이유로 재판을 거부할 수 없다. 어떤 식으로든 결정을 내려야 하는데, 강자의 지시나 사건의 당사자에게 구속된다면 재판은 일종의 가면극으로 전락한다. 그래서 법관의 독립은 사법권과 관련된 헌법 조항들 중에서 핵심적인 의미를 갖는다.

 법관의 독립 또한 헌법 자체가 그렇듯이 정치권력을 순화하고 억제하기 위한 투쟁을 통해 쟁취된 것이고, 정치를 법에 정해진 테두리 속에 가두어놓기 위해 부단히 노력한 오랜 역사적 진화를 통해 달성된 성과물이다. 물론 법관들이 그 투쟁의 전선에 나선 과거의 예는 드물다. 예나 지금이나 법관 또는 법률가 집단은 보수적이어서 역사의 새로운 장을 펼치기 위해 힘쓴 경우는 거의 없다. 따라서 법관의 독립은 그저 법관의 자유를 보장하기 위한 것이 아니라, 사법부라는 헌법제도를 이용하는 국민의 권리를 보장하기 위한 것이다.

무턱대고 법관에게 자유만을 허용할 수는 없다. 국민의 기본권을 보장하기 위해서는 법관을 다시 붙들어 매어둘 말뚝이 필요하다. 재판을 한다는 것 또한 국가권력을 행사하는 것이고, 권력은 구속하지 않으면 무모하고 어리석은 짓을 감행하는 속성이 있기 때문이다. 따라서 헌법은 독립성을 통해 자유를 보장받은 법관이 다시 법과 법률에 구속되도록 규정하고 있다. 자유와 구속의 변증법인 셈이다. 역설적으로 표현하면 구속을 통한 자유라고 말해도 좋다. 즉 법관은 재판과 관련해 어느 누구의 지시도 받지 않고 자유를 구가하지만, 오직 법률에 엄격히 구속된다. 그리고 그 법률은 주권자를 대표하는 국회에서 제정한 것이다. 법관으로 구성된 사법부는 국민이 직접선거를 통해 선출하지는 않지만, 이런 연결 고리를 통해 간접적으로나마 민주적 정당성을 확보하게 된다. 그렇기 때문에 법관의 법률 구속 원칙은 법관의 독립과 함께 헌법적 의미의 사법권을 구성하는 두 기둥이라고 할 수 있다.

하지만 현실 속에서 법률 구속 원칙을 완전히 실현하는 일은 매우 어렵다. 일단 언어라는 도구를 빌려 표현된 법률은 모호한 경우가 많고, 일상의 대화에서는 자연스럽게 이해되는 단어도 섬세한 판단을 필요로 하는 재판에서는 그 의미가 불명확한 때가 잦다. 예를 들어, 야간에 행한 범행에 대해서는 특별히 형량을 높이는 경우가 있는데, 도대체 몇 시 몇 분부터 야간이라고 해야 할까? 더욱이 법률을 심의하여 제정하는 국회의원들의 무능과 게으름으로 여러 가지 해석의 가능성을 열어놓은 법이 제정되었다면, 그럼에도 결정을 내려야 하는 법관으로서는 상당한 재량을 가질 수밖에 없다. 그런 이유로, 의회가 만든 법률에 법관이 엄격히 구속되어야 한다는 근대 헌법국가의 원칙은 오늘날 상당 부분 퇴색한 것이 사실이다.

또한, 법률이 개입하는 영역이 갈수록 많아지면서 법률의 양이 갈수록 늘어나고, 그럴수록 법의 불명확성도 커지는 것도 한 이유다. 국가의 중요한 사항에 대해 규정하고 있는 법률이 있는가 하면, 판매 등급을 나누기 위해 사과의 지름을 정해놓은 법률도 있다. 이렇게 법률 구속이 느슨해지면서, 이제는 법관들에게 어떠한 이유에서 어떠한 법률 해석을 거쳐 특정한 판결을 하게 되었는가에 대한 근거를 밝힐 의무를 부과하는데, 이를 법관의 논증 의무라고 부른다. 신이 내린 최후의 심판에 대해 그 근거를 묻는 것은 어리석은 일이지만, 현세의 법관이 내린 결정에 대해서 그 근거를 밝히도록 하는 일은 주권자인 국민이 재판의 당사자라는 점에서 당연한 일이다.

하지만 우리 법관들이 이러한 헌법적 의미에 충실하게 결정을 하고, 그에 대한 근거를 제시하는지는 의문이다. 판결문이라는 걸 한번쯤 읽어본 사람은 알겠지만, 법관들이 구사하는 문장은 정상적인 우리말 능력을 갖고 있는 사람이 이해할 수 있는 것이 아닌 경우가 많다. 아무리 전문성을 앞세운다고 하지만, 판결문을 더욱 쉽고 이해할 수 있도록 쓰는 문화가 정착되도록 노력하는 것 역시 사법부가 맡아야 할 몫이다.

법관의 독립에 관한 이런 원리적인 측면을 설명하다 보면, 법관의 독립을 침해한 과거와 현재의 무수한 사례들이 머리에 맴돈다. 일단 정치권력은 자신들의 구미에 맞게 재판의 결과가 나오기를 강요하는 경우가 많고, 그래서 재판을 그저 형식적인 의식으로 만들려고 한다. 독재 치하의 잔혹한 경험들은 이 점을 잘 보여준다.

사법부는 특히 과거 독재 정권하에서 행해진 수많은 왜곡과 조작이 전적으로 권력의 억압 때문이었다고 말할 것이다. 하지만 역사상 어떠한 독재 정권도 한 사람의 독재자와 그 주변의 몇몇 신하들만으로 체제를 유지한 적은 없었다. 그러한 불법 국가를 떠받치고, 독재자보다 더 끔찍한 일을 스스럼없이 자행하는 광범한 집단이 없이 독재는 불가능하다. 그렇지 않다면 독재 정권은 거의 모든 사람들 뒤에 한 사람씩 감시자를 두어야 할 것이고, 감시자를 감시하는 감시자를 또 붙여놓아야 한다. 그건 논리적으로나 물리적으로나 불가능하다.

2003년 노무현 정부의 출범과 함께 대법원은 인혁당 사건과 같은 과거의 대표적 오판 사건에 대해 재심으로 희생자들의 명예 회복을 도모했다. 그러나 잘못된 과거를 진정으로 청산할 의지가 있다면, 정치권력의 압박이라는 말로 도망갈 것이 아니라 사법부 역시 독재 정권을 지탱한 한 축이었음을 시인하는 것이 훨씬 더 빠른 길이다. 과거에 대해 깊이 사과하고 처리하지 않는 자는 그 과거를 꼭 반복하기 때문이다.

정치권력뿐 아니라, 현대사회의 다른 사회적 권력인 경제권력 또한 법관의 독립을 침해하는 아주 위험한 요인이다. 유전무죄, 고무줄 형량이라는 비판이 공연히 나온 것이 아니다. 언론 역시 각 매체의 정치적 성향에 따라 구체적인 재판 과정까지 문제 삼으며 법관의 독립을 휴지조각으로 만들어버리곤 한다.

법관의 독립이 비판으로부터의 독립을 의미하지는 않기 때문에, 민주적 헌법국가에서 사법부라고 해서 언론을 통한 비판의 예외로 남겨두어야 할 필요는 없다. 문제는 특정한 재판 결과에 대한 비판이 아니라, 진행 중인 재판의 담당 판사 개인에 대해서 이런저런 얘기를 늘어놓는 것으로,

이는 분명 법관의 독립에 대한 침해에 속한다. 더욱이 그러한 여론의 흐름에 과도하게 집착함으로써 재판의 결과가 여론 재판의 그것과 별로 달라지지 않게 됨으로써, 법관의 독립을 법관 스스로 포기하는 경우도 많다.

이처럼 사법부 외부에서 법관의 독립을 침해하는 요소들이 있는가 하면, 그 내부에서 독립성을 침해하는 위험 요인도 많다. 무엇보다 사법부도 하나의 조직이기 때문에, 설령 법관의 독립성을 보장하는 공식적 장치가 마련되어 있더라도 조직의 비공식적 측면에서 압력이 행사되는 일이 자주 있다. 승진 속도, 근무지 등 규칙만으로는 포착할 수 없는 미세한 영역에서 독립성이 흔들리고는 한다. 오죽했으면 핀란드 같은 나라는 법관들이 부장판사 또는 법원장 등으로 승진하게 되면 월급이 더 줄어들도록 해서, 법원 내부의 비공식적 관계 속에서 발생할 독립성의 침해를 예방하려는 상상력을 발휘했을까?

이처럼 법관의 독립은 이래저래 풍전등화 신세여서, 법관의 독립이 완전히 실현된 적은 없고 또한 앞으로도 그럴 것이라고 학자들은 말한다. 그러나 실현 불가능하다고 해서 노력할 필요가 없다는 뜻은 아니다. 더욱 완전하게 독립성을 보장하는 헌법 문화와 사법 문화를 가꾸어나가는 것은 헌법국가 구성원 전체의 몫이다. 그래서 사법에 대한 비판과 감시는 더욱더 필요하다.

법관의 독립과 관련된 이 헌법 조항에서 눈에 뜨이는 단어는 양심이다. 헌법과 법률은 얼마든지 객관적으로 설명할 수 있지만, 양심은 그 개념 정의가 몹시 어렵다. 양심을 그저 주관적으로만 이해하면, 공식 제도인 재판을 담당하는 판사에게 훌륭한 결정을 기대할 수 없다. 늘 인간이 타락할 가능성이 있음을 전제하고 제도를 마련하는 것이 헌법국가와 법치국가이기 때문이다. 그렇다고 양심을 전부 객관적인 내용으로 채우게 되면 그것은 과연 양심일까? 이런 의문은 접어두더라도, 헌법과 법률이라는 잣대 이외에 따로 양심을 재판의 한 기준으로 삼아야 할 이유를 설명할 순 없다. 명백히 오판을 범했는데도 양심에 따라 재판했다고 강변하는 법관을 상상해보면 이 문제는 더욱 분명해진다.

이런 어려움 탓인지 제2차 세계대전 이후 독일의 헌법위원회에서는 새로운 민주적 헌법을 제정하면서 법관의 독립에 대한 규정을 "법률과 양심에 따라"라고 표현했다가, "법과 법률에 따라"로 바꾸었다. 어쨌든, 법관의 독립을 양심에 연결시키는 이 헌법 조항은 썩 적절하지 않으며, 제도의 취지와 목적에 비추어 볼 때에도, "헌법과 법률에 의해"만으로도 충분하다.

물론 올바른 재판을 위해 법관의 양심과 양식이 필요한 경우는 많다. 결정은 그저 법률의 자구 속에 들어 있는 것을 찾아내기만 하면 되는 일이 아니라, 재판에 관여하는 사람과 사회 전체에 대한 통찰에 비추어 법률의 의미를 곱씹어보는 작업이기 때문에, 결정에 대해 진지하게 고민하는 법관의 양심은 필수적 전제일지도 모른다. 하지만 양심은 그저 타고난 것이거나 어느 순간에 획득되는 것이 아니라, 학습 과정을 통해 형성되는 그 무엇이다.

그러한 양심의 형성에 결정적 영향을 미치는 것은 법학 교육이나 법률가 양성제도이다. 그러나 현재의 법학 교육은 대개는 전공 바보를 양산하는 체제인데다, 사법연수원이라는 시스템 역시 양심 또는 양식의 형성에 기여하는 부분이 거의 없는 것 같다. 새로 도입된 법학전문대학원마저 지금까지의 법학 교육의 틀을 벗어나지 못하고 있을 뿐 아니라, 기존의 문제점을 더욱 심화시키고 있는 실정이다. 이런 교육의 문제점들이 그저 법률가들의 문제로만 남는다면 좋겠지만, 결국 그 피해자는 국민이라는 사실에 더 큰 문제가 있다. "그저 법률가일 뿐인 법률가, 참으로 불쌍한 것!"이라는 루터의 조롱은 오늘날에도 통용될 수 있을 듯하다.

104

대법원장 · 대법관 임명

① 대법원장은 국회의 동의를 얻어 대통령이 임명한다.

② 대법관은 대법원장의 제청으로 국회의 동의를 얻어 대통령이 임명한다.

③ 대법원장과 대법관이 아닌 법관은 대법관회의의 동의를 얻어 대법원장이

임명한다.

제104조 ①항

제103조의 설명에서 짧게 언급했듯이, 헌법국가를 구성하는 세 가지 핵심 권력 가운데 사법부는 국민의 뜻이 담긴 선거를 통해 민주적 정당성을 확보할 수 없기 때문에 다른 두 권력의 매개를 거쳐야 한다. 사법부의 정점에 해당하는 대법원장은 나머지 두 권력인 국회와 대통령 모두가 개입하는 형식을 취하고 있다.

1항부터 3항까지는 수직적 연결 관계를 잘 보여준다. 임명권자는 모두 대통령이지만 대법원장은 국회의 동의를 거쳐, 대법관은 대법원장의 제청과 국회의 동의를 거쳐 임명하도록 규정하고 있다. 결국 행정권과 입법권이 최고법원인 대법원의 구성에 결정적인 영향을 미치는 셈이다.

이를 두고 굳이 삼권분립이 훼손되었다고 말할 수는 없다. 분립은 완전히 별개여야 한다는 뜻이 아니라, 일단은 서로 분리되어 있고 그 상호작용이 일정한 원칙에 따라 이루어진다는 것을 의미하기 때문이다. 그래서

견제와 균형이라는 용어가 더 적절한 표현이다. 완전히 별개의 것이라면 견제도 균형도 불가능하다.

제104조 ②항

문제는 오히려 다른 곳에 도사리고 있다. 대통령이 속한 정당과 의회의 다수당이 같을 경우에 여당이 소수 야당의 의견을 묵살하고 자기 정당과 비슷한 정치적 성향의 법관을 대법관으로 임명하는 일이 잦아질 수밖에 없는데, 그러면 사법부의 정치적 성향이 완전히 바뀔 수 있다. 이를 방지하기 위해 국회의 동의를 국회의원 3분의 2 이상 동의로 바꾸어 다수당과 소수당이 모두 찬성하는 비교적 중립적인 사람들이 대법관이 되도록 할 수도 있다. 하지만 현재의 헌법이나 정치적 관행으로는 이를 관철하기 어려울 것 같다. 사소하게 보일지 모르지만, 헌법이 얼마만큼 헌법 정신을 구현할 수 있는 문화에 의존하는지를 잘 보여주는 보기라 할 수 있다.

제104조 ③항

3항의 문구에 대해서는 한마디 하지 않을 수 없다. 1항에서 3항에 이르는 수직적 연결 고리에 비추어 볼 때, 3항이 의도하는 내용은 대법원장도 대법관도 아닌 일반 판사는 임명권자가 대법원장이고, 대법관회의는 동의를 하는 기관이라는 점을 짐작할 수 있다. 그런데도 "대법원장과"로 시작하는 문장이 "대법원장이 임명한다"로 끝나기에 대법원장이 대법원장을 임명한다는 것처럼 읽힐 수도 있다. 최대한 정확성을 기한다는 것이 오히려 오해의 여지를 남긴 것이다. '일반 법관은 대법관회의의 동의를 얻어 대법원장이 임명한다'라고 규정하는 것만으로도 충분하고, 오해의 여지도 없이 말끔하다. 굳이 지금 형식대로 문장을 유지하려면 '대법원장

도 대법관도 아닌 법관은'으로 고치든지 해야 한다. 사소한 자구 하나로
도 헌법 논쟁이 생길 수 있음을 감안하면 더욱 그렇다.

대법관회의의 구성과 의결 방법은 〈법원조직법〉에 규정되어 있다.

105

제105조
법관의 임기 · 연임 · 정년

① 대법원장의 임기는 6년으로 하며, 중임할 수 없다.

② 대법관의 임기는 6년으로 하며, 법률이 정하는 바에 의하여 연임할 수 있다.

③ 대법원장과 대법관이 아닌 법관의 임기는 10년으로 하며, 법률이 정하는

　바에 의하여 연임할 수 있다.

④ 법관의 정년은 법률로 정한다.

제105조 ①항

최고법원의 법관 임기를 아예 정하지 않고 종신직으로 하는 나라들도 있지만 우리 헌법은 임기제를 택하고 있다. 특히 대법원장의 임기는 6년이면서 단임으로 되어 있는데, 대법원장이 정치권력의 눈치를 보지 않고 직무를 수행할 수 있도록 하려는 의도에서였던 것 같다. 종신제냐 임기제 및 정년제냐를 두고 종신제가 사법부의 독립을 더 잘 지킬 수 있다든가, 임기제와 정년제는 정치적 · 사회적 변화에 사법부가 더 잘 적응하게 할 수 있다는 등의 논란은 별 소득이 없다. 헌법 문화, 정치 문화, 법 문화의 소산일 뿐, 어느 쪽을 선택하든 선택한 방법의 내용을 헌법 정신에 맞게 잘 채워나가는 일이 훨씬 더 중요하다.

제105조 ②항

대법원장 이외의 대법관은 연임이 가능하다. 다시 자구를 물고 늘어지

면, '연임'과 '중임'의 차이를 물을 수 있다. 연임은 횟수에 관계없이 얼마든지 계속해서 맡을 수 있다는 것이고, 중임은 한 번 더 맡는다는 뜻이다. 따라서 '연임할 수 없다'고 하면, 한 번 하고 연달아 할 수는 없지만, 중간에 한 번 이상 쉬고 다시 할 수는 있다는 의미가 된다. 하지만 '중임할 수 없다'고 하면, 어쨌든 단 한 번만 할 수 있다는 말이다. 그렇지만 다른 언어 감각을 가진 사람은 그 반대로 이해할지도 모른다. 법률에 사용된 언어가 반드시 고정불변의 의미를 가져야 하는 것은 아니지만, 모호하거나 모호하게 이해될 수 있는 여지를 최소화해야 하는 것은 기본이다. 그도 아니면 헌법을 전문적으로 다루는 학자들이 이런 문제들에 대해서도 관심을 가지고 어느 정도 공통된 의견이 존재할 수 있도록 해야 한다. 당연한 내용이라고 그냥 넘어가기에는 헌법의 무게가 너무 크다. 당연한 것을 당연한 것으로 밝히는 일 또한 학문이 맡아야 할 일이다.

제105조 ③항

대법원장도 아니고 대법관도 아닌 법관의 명칭은 〈법원조직법〉에 따르면 판사다. 일반 법관의 임기를 10년으로 제한하고, 연임 가능성을 열어두고 있는 3항의 조항은 법관의 독립과 관련해 양날의 칼이 될 수도 있다. 연임 때문에 지나치게 자기 검열에 조바심을 갖는 경우가 얼마든지 생길 수 있고, 그러면 법관의 양심은 흔들린다. 몇 년간의 비정규직 예비 판사 기간이 지나고 정규직 판사가 되면, 헌법과 전체 법질서에 위반되는 행위를 하지 않는 한 정년 때까지 신분을 보장하는 것이 법관의 독립을 위해 더 바람직하다. 하지만 10년마다 재임용하는 제도가 무능한 판사를 제외시키는 역할을 한다는 평가도 있다.

제105조 ④항

현행 〈법원조직법〉 제45조에 따르면, 대법원장과 대법관의 정년은 각각 70세, 판사의 정년은 65세이다.

106

제106조

법관의 신분보장

① 법관은 탄핵 또는 금고 이상의 형의 선고에 의하지 아니하고는 파면되지 아니하며, 징계처분에 의하지 아니하고는 정직 · 감봉 기타 불리한 처분을 받지 아니한다.

② 법관이 중대한 심신상의 장해로 직무를 수행할 수 없을 때에는 법률이 정하는 바에 의하여 퇴직하게 할 수 있다.

제106조 ①항

제103조에 규정된 법관의 독립을 구체화하고 있는 조항이다. 흔히 법관의 독립은 법관의 판결 활동과 관련된 독립과 법관의 조직 내에서의 신분과 관련된 독립으로 나눈다. 앞의 것을 물적 독립이라 하고, 뒤의 것을 인적 독립이라고 부르는데, 이 제106조는 인적 독립에 해당한다.

다른 공무원에 비해 법관은 더 높은 수준의 신분보장을 받으며, 이는 사법권 독립을 강화하려는 의도이다.

제106조 ②항

2항은 강제로 해직할 수 있는 유일한 예외로 "심신상의 장해"가 있는 경우를 들고 있지만, 구체적으로 심신상의 장해가 무엇인지에 대해서는 하위 법령인 〈법원조직법〉에도 아무런 내용을 찾아볼 수 없다. 이와 관련된 〈법원조직법〉 제47조는 헌법 규정을 거의 그대로 베껴놓으면서, 법관이 중대한 신체상 또는 정신상의 장해로 직무를 수행할 수 없을 때에는, 대법관인 경우에는 대법원장의 제청으로 대통령이 퇴직을 명할 수 있고, 판사인 경우에는 인사위원회의 심의를 거쳐 대법원장이 퇴직을 명할 수 있다고만 하고 있다. 최소한 법률의 차원에서라도 조항에 대한 설명을 구체화해야 한다. 예를 들어 심신상의 장해가 있는지를 판단하는 절차나 판단을 내리는 기관에 대해 규정할 필요가 있다. 현실에서는 거의 발생하지 않는 일이지만, 오남용의 가능성이 얼마든지 있다.

107

제107조

법률 등 위헌제청 · 심사권 · 행정심판

① 법률이 헌법에 위반되는 여부가 재판의 전제가 된 경우에는 법원은
헌법재판소에 제청하여 그 심판에 의하여 재판한다.

② 명령 · 규칙 또는 처분이 헌법이나 법률에 위반되는 여부가 재판의
전제가 된 경우에는 대법원은 이를 최종적으로 심사할 권한을 가진다.

③ 재판의 전심절차로서 행정심판을 할 수 있다. 행정심판의 절차는
법률로 정하되, 사법절차가 준용되어야 한다.

제107조 ①항

재판의 기준은 일차적으로 법률이지만, 기준이 되어야 할 법률 자체가
헌법에 위반될 소지가 있다고 보일 때에는 재판을 하는 법관이 직접 그
위헌 여부를 판단하는 것이 아니라 헌법재판소에 위헌 여부를 판단해달
라고 제청해야 한다. 헌법-법률-명령-규칙-처분으로 이어지는 법질서
의 단계적 피라미드 구조에 비추어 볼 때, 당연한 얘기이지만 아주 오랜
역사적 배경을 갖고 있다.

근대적 의미의 헌법이 탄생하기 이전에도 법률은 있었고, 법률을 제정
하는 권력자는 원래 자신의 명령으로 제정한 법률에 대해 해석을 하거나
의문을 제기하는 것을 허용하지 않았다. 그렇지만 현실적으로 법률에 의
문이 발생할 수 있기 때문에, 그런 경우에는 반드시 국왕 또는 국왕이 별
도로 만들어놓은 심사기관에 법률에 대한 의문을 해소해줄 것을 제청하
도록 했다. 흔히 말하는 유권해석을 구하는 것이다. 근대 계몽기에 접어

들면서 법률의 제정자가 국왕에서 의회로 바뀌게 되자 이러한 전통은 무너지고, 정반대로 설령 법률에 의문이 있을지라도 법관은 어떤 식으로든 결정을 내려야 한다는 재판 거부 금지의 전통이 확립된다. 하지만 입법자가 제정한 법률이 헌법에 위배될 수 있는 가능성은 언제나 있기 때문에, 과연 사법부 특히 최고법원이 법률의 위헌 여부를 심사할 권한이 있는지를 둘러싸고 커다란 권력투쟁을 거듭하게 되었다.

법원의 법률심사권을 인정하게 되면, 민주적 정당성을 갖는 의회를 그렇지 못한 사법부가 통제하는 역설에 부딪힐 뿐 아니라, 사법부의 권력이 지나치게 비대해져 법치국가가 법관국가로 전락할 수 있다. 그런가 하면 다른 한쪽의 입장에서 보자면 설령 민주적 정당성을 가질지 모르지만 의회는 결코 오류를 범하지 않는 완전무결한 집단이 아닐뿐더러, 역시 헌법의 테두리에서만 입법을 할 권한이 있다. 법률을 둘러싼 이 같은 투쟁은 나라마다 다른 방식의 해결책으로 종식되었지만, 우리나라는 오스트리아와 독일의 모델을 받아들여 일반 법원과는 구별되는 또 다른 법원인 헌법재판소를 통해 해결하도록 하고 있다. 즉 헌법재판소가 법률의 위헌 여부를 판단하고, 일반 법원의 법관은 위헌 여부 심사 제청권만을 가질 뿐, 나머지는 헌법재판소의 판단에 구속된다.

제107조 ②항

2항과 3항 역시 1항과 비슷한 역사적 배경이 있다. 헌법이라는 제도가 탄생하기 이전이든 그 이후이든, 행정은 오랜 세월 동안 사법 심판의 대상이 아니었다. 행정부의 행위나 결정을 법적 통제의 대상으로 삼는 데에는 기나긴 투쟁이 필요했다. 이러한 투쟁의 결과 오늘날에는 행정작용 역시 당연히 사법적 심사의 대상이고, 구체적 사건에서 문제가 될 때에는 행정부가 제정한 명령이나 규칙 등이 법률에 위배되는지 법관이 직접 판단할 수 있게 되었다. 이로써 사법부가 행정부보다 더 우위에 서게 되었다고 말할 수는 없다. 재판은 늘 구체적 사건을 두고 이루어지는 일회적인 사건이다. 따라서 판결할 사건이 없는데도, 사법부가 특정한 명령이나 규칙이 법률에 반한다고 선언할 수는 없다. 단지 삼권분립에 따른 견제의 원리로 이해하면 된다.

제107조 ③항

행정소송은 법원에서 담당한다. 그러한 행정소송의 단계로 접어들기 전에 전심 절차로 행정심판 절차를 둘 수 있다. 〈행정소송법〉 외에 〈행정심판법〉이 제정되어 행정심판을 규율한다.

제108조
대법원의 규칙제정권

108

대법원은 법률에 저촉되지 아니하는 범위안에서 소송에 관한 절차,

법원의 내부규율과 사무처리에 관한 규칙을 제정할 수 있다.

대법원은 고등법원을 비롯한 그 아래의 모든 법원을 아우르는 거대한 조직이기 때문에 규칙제정권을 갖는 것은 당연하다. 다만 조문에 표현된 대로 그러한 규칙이 법률에 저촉되어서는 안 되며, 규칙의 대상이 소송절차나 법원행정에 국한되어야 한다. 문제는 이러한 규칙제정권이 단순히 사법작용 수행을 위한 기술적 차원에 머무르지 않고, 의회의 입법권한을 대체 또는 제한하는 경우를 발생시킬 수 있다는 것인데, 이는 실제로도 발생한다. 구체적 예를 살펴보기로 하자.

우리 대법원은, 어렸을 때부터 자신의 성적 정체성을 남성으로 여기며 살아왔고 성인이 된 이후에 성전환 수술을 해서 생물학적으로도 남성이 된 사람이 호적상으로도 자신의 성별을 여성에서 남성으로 정정해 줄 것을 신청하자, 신청을 받아들이는 결정을 했다. 아직도 생물학적 사실에만 국한시켜 성별을 이해하거나 성전환자를 특별한 존재로 부각시키는 사회

전체의 보수적 분위기를 감안한다면 이 결정은 상당히 진보적이라 볼 수 있다.

하지만 대법원은 이 구체적 사건에 국한하지 않고, '성전환자의 성별 정정허가신청 사건 등 사무처리지침'이라는 긴 이름의 호적 예규를 제정하여, 결정을 내린 사건과 동일한 사건에 대한 일반적 원칙을 정립했다. 얼핏 보면 올바르게 문제 해결을 한 것처럼 보이지만, 일회적이고 구체적인 사건에 대해서만 판결을 한다는 사법작용 본래의 의미에서 크게 벗어난다. 즉 호적 정정에 관한 사무 처리를 어떻게 한다는 내용에 그치지 않고, 성별허가신청을 할 수 있는 사람이 갖추어야 할 요건과 같이 국회에서 제정해야 할 일반적·추상적 내용까지 규정한 것이다. 이렇게 되면 법을 만드는 것(입법)과 법의 적용을 맡는 것(사법) 사이의 경계가 불확실해지고, 삼권분립의 기본 정신도 훼손된다.

비단 이 사건뿐 아니라, 대법원은 정책 법원을 표방 또는 지향하며 새로운 의욕을 보이기도 한다. 헌법재판소가 없다면 대법원이 정책 법원화하는 방향이 바람직할 수도 있다. 물론 헌법재판소가 있더라도 대법원까지 정책 법원화할 수도 있다. 하지만 정치와 법의 경계에서 무엇이 옳은지는 항상 판단하기 어렵기 마련이다.

원칙적으로는 정책 또는 정치는 분명 법체계 바깥에 있어야 한다. 그렇지 않으면 법과 정치를 구별할 수 없고, 법과 정치의 연결 고리인 헌법의 의미도 퇴색한다. 누군가 제 할 일을 다하지 않는 국회를 대신해서 사법부라도 그런 일에 나서야 한다고 말한다면, "사법도 권력이고, 따라서 사법 또한 의심과 감시의 대상이다"라고 대답할 수 있을 뿐이다. 더욱이 사법이 정치화하면, 그 부메랑은 결국 사법부의 머리를 향한다는 점을 깨달아야 한다. 어느 쪽 편을 드는 일이 아니라, 민주주의원리를 주춧돌로 삼고 있는 헌법에 따른 얘기일 뿐이다.

헌법의 문장은 공포와 동시에 그 자체의 고유성을 지닌다. 따라서 어휘의 사용이나 맞춤법에 오류가 있어도 그대로 표기된다. 이 조문에서는 "범위안에서"가 그러하다. 당연히 '범위 안에서'라고 띄어 써야 한다. 제113조, 제114조, 제117조에서도 동일한 잘못이 반복되고 있다.

109

재판공개 원칙

재판의 심리와 판결은 공개한다. 다만, 심리는 국가의 안전보장 또는

안녕질서를 방해하거나 선량한 풍속을 해할 염려가 있을 때에는

법원의 결정으로 공개하지 아니할 수 있다.

재판 공개에 관하여는 제27조 3항에서 이미 원칙의 의미를 살펴보았다. 여기서는 예외에 대해서만 생각해본다.

예외를 규정한 단서 조항은 예외의 속성 자체가 그렇듯이 왜 원칙으로부터 벗어나는지, 그리고 구체적인 경우가 그러한 예외에 해당하는지에 대해 충분히 근거를 제시해야 한다. 국가의 안전보장·안녕질서·선량한 풍속 모두 귀에 걸면 귀걸이 코에 걸면 코걸이로 해석될 여지가 많기 때문에, 그 내용을 어느 정도 구체화하여 국민이 사전에 어떤 경우에 비공개주의가 적용되는지를 어느 정도는 예측할 수 있게 해야 한다.

대개 이 역할은 학문이 담당해야 한다. 즉 기존에 내려진 결정과 하위 법률을 기초로 일정한 사례 집단으로 나누어 비공개주의가 적용되는 경우를 개관할 수 있도록 해야 한다. "심리는 국가의(…)"라고 규정했기 때문에 심리는 공개하지 않을 수 있지만 판결은 반드시 공개해야 한다거나,

〈법원조직법〉의 관련 규정을 열거하는 데 그치는 대다수 헌법 교과서의 서술은 많은 아쉬움을 남긴다. 다른 법률들과는 달리 헌법에서는 이에 대한 해석이 곧 헌법의 실천이기 때문이다.

110

① 군사재판을 관할하기 위하여 특별법원으로서 군사법원을 둘 수 있다.

② 군사법원의 상고심은 대법원에서 관할한다.

③ 군사법원의 조직 · 권한 및 재판관의 자격은 법률로 정한다.

④ 비상계엄하의 군사재판은 군인 · 군무원의 범죄나 군사에 관한 간첩죄의

　경우와 초병 · 초소 · 유독음식물공급 · 포로에 관한 죄중 법률이 정한 경우에

　한하여 단심으로 할 수 있다. 다만, 사형을 선고한 경우에는 그러하지

　아니하다.

제110조 ①항

　군사법원은 우리 헌법상 유일한 특별법원이다. 군대라는 조직의 특수한 성격을 감안하여 예외적으로 군사재판에 대해서는 군사법원이 관할권을 갖는다.

제110조 ②항

　군사법원에는 고등군사법원과 보통군사법원이 있다. 보통군사법원은 1심을, 고등군사법원은 2심을 담당하는데, 상고심은 항상 대법원에서 재판한다.

제110조 ③항

　〈군사법원법〉이 군사법원의 조직과 관할에 대해 규정하고 있다.

제110조 ④항

비상계엄시의 군사재판에 관한 4항은 군인이 아닌 일반 국민의 특정한 행위에 대해 군사법원이 관할을 가질 뿐 아니라, 단심제가 가능하도록 규정하고 있다. 이는 국민의 재판청구권을 크게 제한하는 것이기 때문에 위헌의 소지가 많다. 비상계엄이 권력자의 도구로 남용된 과거사에 비추어 보면 더욱 그렇다. 일반 국민은 어떠한 경우에도 군사법원 재판정에 피고로 들어가지 못하도록 하는 것이 헌법의 정신에 맞다.

비슷한 내용이 제27조 2항에도 규정되어 있다.

06장

헌법재판소

아직 헌법이 존재하지 않았던 시대에는 국왕의 통치행위에 대하여 사법 심사를 감행한다는 것은 상상할 수도 없고, 논리적으로도 불가능한 것으로 여겼다. 최고 권력자로서의 국왕은 법률로부터 벗어나 있는 존재이기 때문에, 국왕의 통치를 법의 테두리에 가두어 설명하거나 심사하는 것은 모순이라 생각했기 때문이다. 그러다 왕권이 퇴색하여 의회 권력과 타협을 하게 되었고, 민주적 헌법이 일반화되면서 의회를 통제하는 방법으로 사법부가 왕 또는 의회가 제정한 법률이 헌법 질서에 부합하는지를 심사하는 제도를 고안해냈다.

그러한 사법 심사권을 일반 법원의 최고법원에 맡길 것인지 아니면 별도의 법원을 설치할 것인지는 각 나라의 헌법 문화 전통에 따라 달라진다. 별도의 법원을 만드는 경우에도, 의회가 제정한 법률의 합헌성 여부나 국가기관 상호간의 분쟁에 대한 심판만을 담당하는 법원을 설치하는

제6장 헌법재판소

방법과 국민의 기본권을 포함해 헌법 질서 전체의 수호와 그에 대한 감독을 담당하는 포괄적 권한을 갖는 법원을 설치하는 방법으로 나뉠 수 있다. 앞의 방법에 따른 법원을 일반적으로 국사법원이라고 부르고, 뒤의 방법은 헌법법원 또는 헌법재판소라고 부른다. 미국처럼 헌법 문제의 심판을 위해 별도의 법원을 설치하지 않거나 국사법원을 설치한 나라는 민주주의가 단절되지 않고 꾸준하게 발전한 전통을 갖고 있는 경우가 대부분이다. 이에 반해 헌법재판소제도를 선택하는 나라들은 보통 새롭게 민주주의 시대를 열었거나 과거에 뼈아픈 독재의 경험이 있는 경우가 대부분이다.

이렇게 보면 헌법재판소제도가 헌법으로부터 논리 필연적으로 도출되는 제도가 아닌 것은 분명하다. 특히 법원은 국회나 대통령처럼 국민이 직접 선출한 대표자가 아니기 때문에 민주적 정당성이 약하다. 그렇기 때문에 국회가 제정한 법률의 합헌성 여부를 법원이 심판한다는 것은 곧 민주주의 원리에 반한다는 비판이 가능하다. 또한 "문지기는 누가 지키는가?"라는 의문에서 나타나듯 과연 헌법재판소라는 옥상옥屋上屋이 반드시 헌법 질서의 수호자가 될 것인지도 장담할 수 없다. 우리나라처럼 대통령제를 취하는 나라에서는 헌법재판소가 대통령이나 국회 어느 한쪽과 결탁해 헌법의 수호자가 아니라 권력기관으로 변질할 위험도 얼마든지 있다.

헌법은 법과 정치의 경계에 있기 때문에, 헌법재판소는 이미 그 출발점부터 정치적일 수밖에 없다. 헌법재판소를 통한 정치의 사법화는 역으로 사법의 정치화를 불러일으킨다. 이 밖에도 헌법재판소가 법률의 합헌성에 대한 최종 심판자가 되면 결국 소수의 법관으로 구성된 헌법재판소가 한 사회의 초자아의 역할을 하게 하는 셈이어서, 국민의 다양한 가치관과 정치적 의사가 투쟁하는 헌법공동체나 그 대의기관에 대한 도덕적 후견

자가 되는 격인데, 이는 결코 다원적인 민주주의에 부합할 수 없다는 비판도 있다.

다만, 이러한 비판들에 대한 반론도 마련되어 있다. 헌법재판소도 역시 사법기관이기 때문에, 사건이 법원에 제기된 때 그 일회적 사건에 대해서만 재판을 하는 수동적 입장을 가진다. 그러므로 비교적 헌법재판소가 권력화와 정치화할 위험은 높지 않다. 지구 상의 어떠한 민주주의도 완벽하지 않기 때문에, 설령 민주적 정당성을 갖춘 헌법기관일지라도 헌법에 반하는 행위를 할 때에는 이를 제재할 필요가 있다. 어쨌든 헌법재판제도를 둘러싼 모든 논쟁은 민주주의에 대한 논쟁과 맞물린다. 민주주의의 이념과 실천이 문화의 문제이듯이, 헌법재판소의 이념과 실천 역시 민주주의 문화의 한 축에 해당한다.

현대적 의미에서 최초의 헌법재판으로 꼽을 수 있는 사건은 미국 연방대법원에서 1803년 판결한 마베리 대 매디슨 사건이다. 1801년 미국 대통령 선거에서 공화파의 제퍼슨이 당선됐다. 그러자 선거에서 패한 연방파는 새 대통령 취임 전에 사법부를 자기 파벌의 사람들로 장악하게 하려고 공석이던 대법원장에 국무장관이던 마셜을 급히 앉히고, 〈법원조직법〉을 개정하여 대통령 임기를 일주일 남기고 수십 명의 판사를 임명했다. 그러나 제퍼슨은 3월 초 취임하자 바로 반격을 개시했다. 〈법원조직법〉을 폐지하고 법관들을 탄핵한 것이다. 그중에는 애덤스 대통령이 임기 막판에 서둘러 임명한 마베리도 끼여 있었는데, 그는 전 대통령으로부터 아직 임명장을 받지 못한 상태였다. 새 대통령은 전달되지 못한 임명장을 무효로 처리해버렸다. 그러자 마베리는 새 국무장관 매디슨을 상대로 임명장을 교부하라는 집행 영장 청구 소송을 제기했다. 그 재판에서 대법원장 마셜은 고민에 빠졌다. 청구를 인용해보았자 나중에 행정부가 무시해버릴 게 분명하므로 결국 연방대법원의 권위만 떨어뜨리게 될 판이었다. 그렇다고 청구를 기각하면 상대파에 굴복하는 꼴이 될 지경이었다. 고민 끝에 내린 결론은 이것이었다. 원고에게는 자기가 침해당한 권리를 구제받을 이익이 있다고 먼저 인정한 뒤에, 그러나 원고가 주장하는 〈법원조직법〉의 근거 조항이 연방헌법과 배치하여 청구를 기각할 수밖에 없다고 한 것이다. 결과적으로 그는 자기파를 희생하였으나, 연방대법원이 법률의 위헌 여부를 심사할 수 있는 길을 열어 사법부가 입법부나 행정부에 비해 우월한 지위에 서게 만들었다. 이것이 헌법재판의 시작을 알리는 사건이 되었다.

우리나라는 제2공화국 헌법에서 처음으로 헌법재판제도를 도입했지만, 재판소 자체를 설치하지 못하는 미완의 혁명에 그치고 말았다. 그 뒤에는 명목뿐인 헌법위원회를 설치하거나, 위헌법률심사를 대법원이 담당하도록 했다. 유신헌법과 전두환 정권 하의 헌법위원회는 단 한 건도 위헌법률심판을 한 적이 없다. 자칭 원로들이 모여 바둑이나 두는 곳이었을 뿐이다. 그러다가 1987년 개헌 때 정치적 타협의 산물로 독자적인 헌법재판소를 설치한 이후, 어언 30년 동안 헌법재판제도를 경험하게 되었다. 비교적 짧은 역사이지만, 헌법재판소는 보이지 않는 권력으로 불리는 일반 법원과는 달리, 정치적으로 비중이 큰 사건들을 다루기 때문에 일반 국민들의 인지도가 매우 높은 법원이다.

관장과 구성등

111

① 헌법재판소는 다음 사항을 관장한다.

　1. 법원의 제청에 의한 법률의 위헌여부 심판

　2. 탄핵의 심판

　3. 정당의 해산 심판

　4. 국가기관 상호간, 국가기관과 지방자치단체간 및 지방자치단체

　　상호간의 권한쟁의에 관한 심판

　5. 법률이 정하는 헌법소원에 관한 심판

② 헌법재판소는 법관의 자격을 가진 9인의 재판관으로 구성하며,

　재판관은 대통령이 임명한다.

③ 제2항의 재판관중 3인은 국회에서 선출하는 자를, 3인은 대법원장이

　지명하는 자를 임명한다.

④ 헌법재판소의 장은 국회의 동의를 얻어 재판관중에서 대통령이 임명한다.

제111조 ①항

　헌법재판소가 관할하는 대상은 법원의 제청에 의한 법률의 위헌성 여부에 대한 심판, 탄핵, 정당 해산, 국가기관들 사이의 분쟁 그리고 헌법소원 사건이다. 국가기관 사이의 분쟁을 권한쟁의 또는 기관쟁송이라 한다. 특히 헌법소원은 국민이 국가권력에 의해 자신의 기본권이 침해되었다고 생각할 때 헌법재판소에 심판을 요구할 수 있는 제도이다. 그러나 앞부분의 "법률이 정하는"이라는 수식어에 따라, 법률이 정하는 헌법소원만을 인정한다. 이에 대해서는 〈헌법재판소법〉이 규정하고 있는데, 예를 들어 국민은 법원의 최종 판결이 자신의 기본권을 침해했다는 헌법소원을 제

기할 수는 없다. 헌법재판제도를 기본권의 보호와 신장에 비중을 두었더라면 당연히 헌법소원의 대상에 포함시켜야 했겠지만, 대법원과의 관계를 고려해 재판에 대한 헌법소원은 인정하지 않은 것이다.

헌법재판의 결과는 '합헌' 아니면 '위헌'이다. 합헌은 어떤 법률이나 처분이 헌법에 합치하여 유효하다는 의미이며, 위헌은 헌법에 어긋나 무효라는 말이다. 보통은 어떤 쟁점의 대상이 위헌은 아닌가라는 의문을 제기하면서 헌법재판이 시작된다. 따라서 9명의 헌법재판관 중에서 6명 이상이 위헌이라고 판단하면 위헌이 되고, 거기서 한 표만 모자라도 합헌이 된다. 9명 중 5명이나 위헌이라 하더라도 결국 합헌이 되고 만다.

그런데 실제의 헌법재판에서는 합헌도 위헌도 아닌 결정을 많이 내린다. 합헌도 위헌도 아닌 결정에는 '각하'와 '변형 결정'이 있다. 각하란 아예 처음부터 헌법재판의 대상이 아닌 것으로 판단해 실제 재판에 들어가지 않는 결정이다. 변형 결정이란 합헌이라 하더라도 위헌이라 하기에도 곤란한 사정이 있는 경우에 절충적으로 하는 결정이다. 변형 결정에는 한정합헌 결정, 한정위헌 결정 그리고 헌법불합치 결정 등이 있다. 한정합헌이나 한정위헌은 특정 법률을 일정한 조건 아래서 일정한 방식으로 해석하는 한도에서 합헌이거나 위헌이라는 말이다. 헌법불합치 결정은 어떤 법률이 위헌이기는 하지만 바로 그 법을 무효로 할 경우 생길 수 있는 혼란 등을 고려하여 일정한 기간 효력을 유지시키는 결정이다. 따라서 헌법불합치 결정이 나면, 입법부는 일정 기간 내에 그 법을 고쳐야 한다.

제111조 ②항

헌법재판소 재판관의 임명권자는 대통령이고, 재판관은 헌법재판소장을 포함해 모두 9명이다.

제111조 ③항

9명의 재판관 가운데 3명은 국회가, 다른 3명은 대법원장이 지명한다. 사실상 대통령, 국회, 대법원장이 각 3분의 1씩 지명한다고 보면 된다.

문제는 대법원과 헌법재판소의 관계이다. 대법원장이 3명의 헌법재판관 지명권을 갖고 있다는 것은 헌법재판소가 대법원의 하위에 있다는 것과 같다. 그렇다면 헌법재판소는 이 제도를 최초로 만든 오스트리아나 이 제도를 정착시켜 세계 각국으로 수출한 독일의 경우처럼 사법부의 정점에 있지 않다. 굳이 원조를 따질 필요는 없겠지만, 재판관의 선출만이라도 국회가 전담하고, 임명권자를 대통령으로 하는 것이 바람직하다. 어차피 정치성을 갖는 것이 헌법재판소라면, 재판관의 임명도 국회라는 정치의 투쟁에 맡기는 것이 정도이기 때문이다.

헌법재판관 임명과 관련하여 가장 큰 논란이 되고 있는 부분의 하나는 헌법재판관의 자격이다. 2항에서 보다시피 법관 자격이 있는 법률가만 헌법재판관이 될 수 있도록 하였다. 하지만 정치적 판단이 대부분인 헌법재판을 법률가들에게만 맡기는 것은 바람직하지 않다. 국민의 기본권과 국정의 기초가 되는 다양한 지식과 세계관을 가진 여러 분야의 전문가가 참여하는 헌법재판이 필요한 것이다. 현재로서는 철학자, 사회학자, 정치학자, 경제학자, 여성학자 등의 사람들이 헌법재판에 관여할 수 있는 길이 완전히 봉쇄되어 있다. 헌법재판관의 자격을 법률가로 한정하고 있는 이 조항은 개정되어야 한다.

제111조 ④항

헌법재판소 소장 임명에 관한 이 간단한 조항은 2006년 전효숙 재판관을 헌법재판소장으로 임명하면서 커다란 헌법 논쟁을 불러일으킨 적이

제6장 헌법재판소

있다. 새로 임명할 헌법재판소장의 임기 6년을 보장하기 위해 전 재판관이 일단 사직을 하게 한 뒤, 신임으로 헌법재판소 재판관 임명과 동시에 소장으로 지명하는 방식을 취한 것이다.

당시 야당은 "재판관 중에서"라는 표현을 이유로, 전 재판관이 여기에 속하지 않는다고 반박하면서 동의를 거부했다. 과거와 달리 헌법을 진지하고 심각하게 고려한 것이라 여길 수도 있었겠지만, 정작 이 조항의 해석과 관련된 논의는 뒷전으로 밀린 채 결국 정치적 충돌만 있었을 뿐, 이 일은 확고한 헌법 해석의 전통을 확립하거나 의문의 여지를 남기지 않도록 조항을 개정하는 것과 같은 사후 작업이 뒤따르지 않은 채 일회성 사건으로 끝나고 말았다. 이 조항과 관련해서 재판관 중 재판소장을 임명할 때, 신임 재판소장의 임기는 자신의 재판관 잔여 임기 동안인가 아니면 처음부터 6년의 임기가 시작되는가 하는 문제는 여전히 의문으로 남아 있다.

그 사건의 교훈은 이것이다. 헌법을 헌법에 맞게 해석하는 일 역시 헌법 행위의 하나다. 헌법의 자구 하나를 꼬투리 잡아 헌법이 보장하는 대통령의 헌법재판소장 임명을 방해하는 정치적 행태는 헌법의 영역 밖에서나 가능한 싸움판을 연상시킬 뿐이다. 헌법적 쟁점이 드러났을 때, 정치인과 법률가와 학자들이 국민 앞에서 무엇을 보여줄 수 있어야 하는가? 문제를 신중하게 제기하고, 치열하게 토론해서, 이윽고 본론에 이르는 과정에 어떤 헌법적 기운이 감돌게 해야 하지 않을까.

재판관의 임기와 정치관여금지 · 신분보장

112

① 헌법재판소 재판관의 임기는 6년으로 하며, 법률이 정하는 바에 의하여 연임할 수 있다.

② 헌법재판소 재판관은 정당에 가입하거나 정치에 관여할 수 없다.

③ 헌법재판소 재판관은 탄핵 또는 금고 이상의 형의 선고에 의하지 아니하고는 파면되지 아니한다.

제112조 ①항

임기를 6년으로 한 것은 대법관의 임기와 맞춘 것 같다. 하지만 헌법재판소의 위상을 고려하여, 대법관의 임기와는 다르게 규정해야 했다.

제112조 ②항

2항은 헌법재판소 재판관의 정당 가입을 금지하고 있지만, 이 역시 절대적인 원칙이라 보기 어렵다. 헌법재판소가 갖는 정치적 속성에 비추어 볼 때, 정당 가입을 굳이 금지할 이유는 없다. 어차피 임명되는 재판관들의 정치적 성향은 널리 알려지게 될 뿐 아니라, 재판관이 되기 위해 탈당을 하는 모습 또한 어색하다. 정당 가입 여부보다는 재판에 임하는 직업 윤리가 더 중요하고, 이 윤리를 뒷받침하는 법률 논리를 더욱 섬세하게 만드는 일, 그리고 헌법재판소가 정치 문화 속에 정착하도록 하는 일이 훨씬 더 중요하다.

제6장 헌법재판소

제112조 ③항

재판관의 신분 보장에 관한 조항이다.

결정정족수 · 조직운영

113

① 헌법재판소에서 법률의 위헌결정, 탄핵의 결정, 정당해산의 결정 또는
헌법소원에 관한 인용결정을 할 때에는 재판관 6인 이상의 찬성이
있어야 한다.
② 헌법재판소는 법률에 저촉되지 아니하는 범위안에서 심판에 관한 절차,
내부규율과 사무처리에 관한 규칙을 제정할 수 있다.
③ 헌법재판소의 조직과 운영 기타 필요한 사항은 법률로 정한다.

제113조 ①항

헌법재판소의 심판 절차에 관해서는 〈헌법재판소법〉에 자세하게 규정
되어 있다. 헌법재판은 재판관 7명 이상이 출석하여 과반수가 찬성하는
쪽으로 결정하게 되어 있지만, 1항에 규정하고 있는 사건에서는 6명 이
상의 찬성을 필요로 하기 때문에 단순 다수결 원칙의 예외에 속한다. 사
안의 중대성을 감안한 것이다. 〈헌법재판소법〉 제23조에 의하면 "종전에
헌법재판소가 판시한 헌법 또는 법률의 해석 적용에 관한 의견을 변경하
는 경우"에도 재판관 6명 이상의 찬성이 필요하다.

제113조 ②항

대법원과 마찬가지로 헌법재판소도 심판 절차, 내부 규율 그리고 사무
처리 등에 대한 규칙제정권을 갖추고 있다. 헌법재판소의 행정을 위해 불
가피한 것이지만, 그 한계를 분명하게 설정할 필요가 있다. 더욱이 대법

원과는 달리 법률의 위헌성 여부를 심사하기 때문에 입법을 대체할 위험
이 커서, 헌법재판소의 규칙제정권이 남용될 가능성은 더욱 크다.

제113조 ③항

이에 관한 사항은 모두 〈헌법재판소법〉에 규정되어 있다.

07장

선거관리

투표는 민주주의의 의식이요 축제라는 말이 있다. 국민이 스스로 주권자라고 실감하는 순간이 투표할 때이기 때문이다. 종이로 된 기표 용지에 정해진 표시를 한 뒤 한두 번 접어서 투표함에 밀어넣는 행위는 민주주의의 꽃이자 상징이기도 하지만, 다른 한편 그림자이기도 하다. 공정하고 투명하게 치러지면 민주주의를 실현하게 되지만, 그렇지 못한 경우엔 자신이 낳은 자식을 잡아먹는 크로노스처럼 민주주의를 파괴하기 때문이다. 그렇기 때문에 투표 관리가 필요하다.

투표는 그 내용에 따라 크게 두 가지로 나뉜다. 우리 헌법의 표현대로 하면 국민투표와 선거다. 선거는 목적에 맞는 누군가를 투표로 선출하는 행위다. 반면 국민투표는 중요한 사안에 대한 찬반 의견을 묻는 절차다. 어느 것이든 주권자의 권리를 행사하는 의사표시이며, 그 결과는 국가에 큰 영향을 미친다. 그러므로 어떤 투표든 공정하게 관리해야 한다.

그런데 헌법 제7장의 제목은 투표 관리가 아니라 "선거관리"다. 아마도 선거는 자주 치르고 국민투표는 극히 드물게 경험하기 때문일 것이다. 하지만 국민투표 역시 선거와 함께 선거관리위원회의 업무로 하고 있다.

선거관리위원회

① 선거와 국민투표의 공정한 관리 및 정당에 관한 사무를 처리하기 위하여
선거관리위원회를 둔다.

② 중앙선거관리위원회는 대통령이 임명하는 3인, 국회에서 선출하는 3인과
대법원장이 지명하는 3인의 위원으로 구성한다. 위원장은 위원중에서
호선한다.

③ 위원의 임기는 6년으로 한다.

④ 위원은 정당에 가입하거나 정치에 관여할 수 없다.

⑤ 위원은 탄핵 또는 금고 이상의 형의 선고에 의하지 아니하고는
파면되지 아니한다.

⑥ 중앙선거관리위원회는 법령의 범위안에서 선거관리 · 국민투표관리 또는
정당사무에 관한 규칙을 제정할 수 있으며, 법률에 저촉되지 아니하는
범위안에서 내부규율에 관한 규칙을 제정할 수 있다.

⑦ 각급 선거관리위원회의 조직 · 직무범위 기타 필요한 사항은 법률로 정한다.

제114조 ①항

이름은 선거 관리지만, 선거뿐 아니라 국민투표까지 포함한다. 선거에
는 대통령과 국회의원은 물론 지방의회 의원과 지방자치단체장의 선출까
지 모두 포함한다. 마찬가지로 헌법에 따른 국민투표뿐 아니라 〈지방자치
법〉에 의한 주민투표도 관리의 대상이다.

제114조 ②항

중앙선거관리위원회의 구성에 삼부가 고루 참여하도록 하였다. 어느

한쪽의 이해관계에 치우치지 않게 균형을 유지하기 위한 고안처럼 보이지만, 헌법의 주요 기구를 구성하는 관행뿐일 수도 있다.

제114조 ③항

위원의 임기는 대법관, 헌법재판관과 같은 6년이다.

제114조 ④항

업무의 성격상 정치적 중립성과 독립성이 필요하기 때문에 둔 당연한 규정이다.

제114조 ⑤항

다른 고급 공무원과 같이 신분을 보장한다.

제114조 ⑥항

다른 헌법기구와 마찬가지로 운영에 필요한 규칙제정권이 있다. 여기서 정당 사무란 특정 정당의 내부 업무에 대한 감독이나 지시 따위를 말하는 것이 아니라 〈정당법〉에 의한 정당의 설립, 활동, 등록, 등록 취소, 해산에 관한 사무를 일컫는다.

제114조 ⑦항

〈선거관리위원회법〉이 필요한 모든 내용을 규정하고 있다. 중앙선거관리위원회 외에 특별시·광역시·도 선거관리위원회가 있으며, 구·시·군 선거관리위원회도 있다. 위원의 수는 모두 9명씩이다. 읍·면·동 선거관리위원회도 있는데, 위원은 모두 7명씩이다.

선거관리위원회의 대행정기관지시권

115

① 각급 선거관리위원회는 선거인명부의 작성등 선거사무와 국민투표사무에

관하여 관계 행정기관에 필요한 지시를 할 수 있다.

② 제1항의 지시를 받은 당해 행정기관은 이에 응하여야 한다.

제115조 ①항

국민투표나 선거가 시작되면 전국을 대상 지역으로 준비 작업에 들어가야 한다. 인력은 물론 시설도 절대적으로 부족하다. 투표 장소로 사용할 공간만 하더라도 동네마다 상설 투표소를 설치할 수 없는 노릇이다. 따라서 투표가 실시되면 타 행정기관의 협력이 필요하다.

국민투표나 선거를 위해 필요한 경우 선거관리위원회는 다른 행정기관에 협력을 요청하는 게 아니라 지시할 수 있게 규정했다.

주로 지시하는 내용은 선거인 명부 작성 사무, 투표와 개표 때 필요한 장소 제공, 개표에 필요한 인력 지원 등이다.

제115조 ②항

지시에 응하지 않으면 바로 헌법위반 행위가 되도록 조치했다. 선거관리위원회의 헌법상 권한이다.

제7장 선거관리

116

선거운동 · 선거경비

① 선거운동은 각급 선거관리위원회의 관리하에 법률이 정하는 범위안에서

하되, 균등한 기회가 보장되어야 한다.

② 선거에 관한 경비는 법률이 정하는 경우를 제외하고는 정당 또는

후보자에게 부담시킬 수 없다.

제116조 ①항

선거는 입후보한 사람이 선거운동을 함으로써 시작된다. 선거운동은 입후보자가 유권자를 향해 자신을 알리고 한 표를 던져 줄 것을 호소하는 정치 행위다. 후보자에게 선거운동이란 헌법이 보장하는 공무담임권, 표현의 자유, 신체의 자유, 양심의 자유, 행복추구권 등을 종합적으로 실현하는 계기가 된다. 그렇다면 선거운동은 아무런 제한 없이 자유롭게 할 수 있어야 한다. 그것이 원칙이다.

그런데 원칙은 어디까지나 원칙일 뿐이다. 경험으로서나 논리적 예측으로나 무제한의 선거운동은 혼란과 무질서를 초래할 것이 명백하다. 민주주의의 향연이 아니라 혼탁한 이전투구의 경기장이 될 것이 뻔하다. 그런 사태는 민주주의제도나 그 제도를 믿고 사는 개인에게 쓰라린 상처가될 뿐이다.

그리하여 선거법이란 걸 만들어 선거운동을 철저히 관리한다. 지금 우

리의 선거법 이름은 〈공직선거법〉이다. 〈공직선거법〉은 아주 까다롭게 선거운동을 규제하고 있다. 만약 위반하면 행위자는 처벌받고, 후보자는 당선이 되더라도 법원에서 취소 또는 무효 판정을 받을 수 있다.

선거운동을 선거 전부터 잘 관리하고, 모든 후보자에게 고르게 기회를 보장하는 일은 당연하다. 그렇지만 선거 전반에 관한 방향을 제시하고 진정한 민주주의 실현을 위한 발전적 계기를 만들고자 하는 노력이 선거법에 의해 제지당하는 경우가 있다. 시민운동 단체의 선거 운동이 그렇다. 시민 단체의 선거운동이 특정인을 위한 편파적 행위가 아닌 한 그 공익적 의도를 잘 배려하여 살릴 필요가 있다.

제116조 ②항

선거에는 많은 비용이 든다. 투표를 위한 절차와 시설 마련에도 돈이 들지만, 선거운동에도 경비가 든다. 이런 모든 경비를 후보자들에게 부담시킨다면, 재력에 따라 유리하거나 불리해질 우려가 있다. 그렇다면 다른 방법은, 비용을 모두 국가가 부담하는 것이다. 어차피 선거는 민주주의 실현의 수단이자 목적의 일부기도 하기 때문이다.

우리는 선거에 필요한 경비를 국가가 부담하는 것을 원칙으로 하고 있다. 이런 제도를 공영선거라 한다. 하지만 모든 경비를 전적으로 국가가 부담할 경우 후보자가 난립할 수 있다. 그럴 경우에는 비합리적이고 부당하게 국민이 그 비용을 감당하는 결과가 되고 만다. 따라서 일정한 부분은 후보자가 부담하도록 하며, 〈공직선거법〉과 〈정치자금법〉 등으로 당사자가 자기 돈으로 직접 사용하는 선거 비용을 철저히 제한하고 감시한다.

선거운동의 규제에는 선거 비용의 단속도 포함된다. 금품을 뿌려 표를 사는 부패한 선거운동을 방지하기 위해 여러 규정을 두고 있다. 선거 자

금을 제대로 규제하지 않으면 후보자에게 고른 기회를 보장할 수도 없게
된다.

민주주의 세계에서 투표는 총알보다 강하다. 유권자 자신의 한 표를 다
른 사람에게 던짐으로써 정치인을 쓰러뜨릴 수 있다. 대신 그 총기를 공
정하게 다루도록 해야 한다. 선거에 지는 데도 막대한 돈이 필요하다는
말이 나와서는 안 될 것이다.

08장

지방자치

지방자치란 행정구역으로 나눈 단위의 공동체 업무를 그 지방이 자율적으로 처리하는 형태를 말한다.

지방자치의 단위는 크고 작은 여러 형태가 있을 수 있지만, 중앙정부의 간섭 없이 독립하여 작은 국가처럼 공동체를 운영한다는 점은 모두 같다. 지방자치의 모습은 각 나라마다 다르다. 지방이 독립국가처럼 입법, 행정, 사법의 모든 영역에서 자치적 권한을 갖는 경우도 있다. 그때 지방이 모인 전체를 연방국가라 일컫는다. 그렇지 않은 경우에는 중앙정부의 권한 중 지방자치에 적합한 일부를 넘겨받아 행사하면서, 그에 필요한 규범을 조례라는 형식으로 제정하는 형태가 있다. 우리에게 친숙한 지방자치다. 우리나라나 일본에서 연방과 지방이란 개념은 미국이나 유럽의 일부 국가와 달리 익숙하지 않다. 그 대신 주민자치 또는 단체자치라는 용어를 많이 사용하고 있다.

지방자치는 아무래도 중앙 정부에 비해 규모가 훨씬 작으므로 지역 구성원들의 관심 집중이 가능하다. 따라서 지역사회 주민으로서의 참여를 통해 국민으로서의 주권 실현을 쉽게 할 수 있다. 지방자치는 중앙정부의 눈치를 보지 않고 고유한 환경에 따른 업무를 스스로 해결할 수 있다는 장점이 있다. 지방자치제도가 활성화하면 민주주의도 그만큼 더 생기를 띠게 된다.

우리는 1948년 헌법 제정 당시 지방자치 규정을 두었고, 1952년 처음으로 지방의회가 구성되었다. 하지만 박정희 정권에 의해 지방의회가 해산당하고 모든 것이 중단되었다. 1972년 유신헌법 부칙에 "지방의회의 구성을 조국의 통일시까지 유예한다"고 규정하여, 명목만 남겨둔 채 완전히 잠재워버렸다. 그러다가 1987년 헌법에서 그 부칙을 삭제하여 가사 상태에 있던 지방자치의 규정을 되살렸다.

그렇지만 아직도 우리나 일본의 지방자치단체는 중앙정부의 하청 단체에 지나지 않는다. 지방자치단체의 재정 자립도에 따라서 실제 사정도 천차만별이다. 재정 자립도가 높은 지방자치단체는 중앙정부의 견제를 받고, 재정 자립도가 낮은 지방자치단체는 중앙정부에 의존하려는 경향도 있다. 최근에는 여러 지방자치단체가 서로 합병하려는 움직임도 있다. 이는 여러 면에서 경쟁력을 키울 수 있다는 장점이 기대되지만, 다른 한편으로 업무의 고유성에 기초한 자치 권한과 능력을 미리 포기하여 주민의사에 근거를 두는 풀뿌리 민주주의와 거리가 멀어진다는 단점도 있다.

지방자치가 성공하려면 무엇보다 지방 시민들이 스스로 참여 의식을 적극적으로 가져야 한다. 비대한 수도나 큰 도시를 부러워할 것이 아니라, 스스로 살기 좋은 작은 도시를 건설할 수 있다는 의욕과 자신감을 가져야 하는 것이다.

자치권, 자치단체의 종류

117

① 지방자치단체는 주민의 복리에 관한 사무를 처리하고 재산을 관리하며,

　법령의 범위안에서 자치에 관한 규정을 제정할 수 있다.

② 지방자치단체의 종류는 법률로 정한다.

제117조 ①항

　지방자치의 단위를 지방자치단체라고 한다. 헌법 질서 내에서 공식적 공동체는 국가와 지방자치단체가 된다. 개인은 대한민국이라는 국가에 속하면서, 동시에 특정 지방자치단체에 속한다. 헌법은 국적을 기준으로 국가에 소속된 개인을 국민이라 하고, 주민등록을 기준으로 지방자치단체에 소속된 개인을 주민이라 부른다. 하지만 그런 것은 법률적이고 형식적인 이름이다. 국적이나 주민등록에 관계없이 이 땅에 살아가면서 개인과 사회공동체에 대한 의식을 가진 사람이면 누구나 시민이다.

제117조 ②항

　지방자치단체의 종류를 정하고 있는 법률은 〈지방자치법〉이다. 현재 〈지방자치법〉은 광역자치단체와 기초자치단체로 나누고 있다. 광역자치단체에는 특별시, 광역시, 도가 있다. 나머지 시, 군, 구는 기초자치단체다.

"주민의 복리에 관한 사무"는 그 지방자치단체의 고유사무이다. 법령에 의해 지방자치단체의 사무로 정한 것은 단체위임사무라고 하여 역시 고유사무와 같이 간주한다. 그 밖에 법령에 의해 지방자치단체가 아니라 그 단체의 장에게 위임한 사무가 있다. 이는 기관위임사무라고 하는데, 고유사무와는 다르다.

지방자치단체는 고유사무와 기관위임사무를 처리하는 독자적 행정 기능을 갖는다. 뿐만 아니라 고유사무에 대해서는 조례를 제정할 수 있다. 조례 제정권은 지방자치단체의 입법권에 해당한다. 조례는 그 지방자치단체 고유의 법률이기 때문이다.

일본의 일부 지역에서는 지방자치단체의 헌법 제정 운동이 일어나고 있다. 헌법을 기본법이라 부르기도 하듯이, 지방자치단체의 헌법으로 자치 기본 조례라는 것을 만들어 시행 중이다. 비록 법률의 근거는 없어도, 자치적으로 기본 조례를 제정하는 일이 위법하다고 생각하지 않는다. 자치 기본 조례의 제정, 개정 또는 폐지는 반드시 주민투표에 의하도록 하고 있기 때문에 최고 규범성을 스스로 획득하고 있다고 볼 수 있다. 지방자치의 가능성을 엿볼 수 있는 사례다.

지방자치단체는 스스로 재산을 소유하며 관리한다. 그에 따라 지방세를 과세하고 재정권을 행사한다. 그러나 이 모든 권한은 중앙의 국회가 제정하는 법률의 범위 안에서만 행사가 가능하다.

제118조

자치단체의 조직 · 운영

118

① 지방자치단체에 의회를 둔다.

② 지방의회의 조직 · 권한 · 의원선거와 지방자치단체의 장의 선임방법

기타 지방자치단체의 조직과 운영에 관한 사항은 법률로 정한다.

제118조 ①항

지방자치단체를 이끌어가는 기구에는 지방의회와 지방자치단체의 장이 있는데, 입법부와 행정부에 해당한다. 지방자치단체의 사법권은 인정되지 않고 있는데, 지금의 시 · 군 법원을 독립시키거나 새로운 치안판사 제도를 신설하여 지방자치단체의 사법부를 구성하는 방안도 생각해볼 수 있다. 그때 지방자치단체의 법관은 주민의 선거로 뽑을 수 있다.

제118조 ②항

지방의회는 각 지방자치단체마다 주민의 선거로 구성한다. 지방의회 의원의 임기는 4년이다. 지방자치단체의 장에는 특별시장, 광역시장, 도지사, 시장, 군수, 구청장이 있다. 모두 주민의 선거로 선출되며 임기도 4년씩이다.

09장

경제

경제 조항을 독립한 장으로 편재하였다. 누구에게나 경제가 가장 현실적 문제이기 때문일까? 그렇기 때문이기도 하지만, 헌법 제9장의 존재 이유가 보다 제도적인 데에 그 까닭이 있다.

헌법의 제9장에서는 경제 영역의 국가 목표를 명시하고 있다. 균형 있는 국민경제의 성장과 안정, 적정한 소득의 분배, 시장의 지배와 경제력 남용의 방지, 경제 주체 사이의 조화를 통한 경제의 민주화, 균형 있는 지역 경제의 육성, 중소기업의 보호 육성, 소비자 보호 등이 그것들이다. 한마디로 대단한 목표다. 그렇게 함으로써 사유재산제도를 바탕으로 자유경쟁을 원리로 삼는 시장경제 질서를 기본으로 하면서도, 그에 따르는 부작용과 모순을 없애고자 한다. 그래야 사회복지와 정의를 실현할 수 있기 때문이다. 헌법의 정신과 규정에 따를 때, 적어도 우리 경제 질서는 사회적 시장경제 체제라고 할 수밖에 없다. 그 점이 핵심임을 잊지 말아야 한다.

119

제119조
경제질서의 기본 · 경제의 규제 · 조정

① 대한민국의 경제질서는 개인과 기업의 경제상의 자유와 창의를 존중함을
기본으로 한다.

② 국가는 균형있는 국민경제의 성장 및 안정과 적정한 소득의 분배를
유지하고, 시장의 지배와 경제력의 남용을 방지하며, 경제주체간의 조화를
통한 경제의 민주화를 위하여 경제에 관한 규제와 조정을 할 수 있다.

많은 사람들이 대한민국은 자본주의국가이므로 빈부 현상은 어쩔 수
없는 것이며 개인 스스로가 경쟁에서 살아남기 위해 최선을 다해야 한다
고 말한다. 또한 북한과 비교하며 대한민국은 자본주의에 기반을 두고 탄
생했다고 말한다. 결론부터 말하자면 반은 맞고 반은 틀리다.

반이 맞다는 것은 대한민국의 경제 질서가 자본주의에 토대를 두고 있
다는 말이고, 반이 틀리다는 것은 그럼에도 불구하고 국가는 경제적 평등
과 정의를 위하여 경제 질서에 개입해 규제와 조정을 할 수 있다는 말이
다. 그래서 많은 헌법학자들이 대한민국의 경제 질서를 가리켜 '수정자본
주의', 이러한 대한민국을 가리켜 '사회국가'라 일컫는다.

오히려 제헌헌법 제84조는 "대한민국의 경제 질서는 모든 국민에게 생
활의 기본적 수요를 충족할 수 있게 하는 사회정의의 실현과 국민경제의
발전을 기함을 기본으로 삼는다. 각인의 경제상 자유는 이 한계 내에서

보장된다"고 하여 경제적 평등이 인정되는 토대 위에서 경제적 자유를 실현하도록 했다.

헌법재판소도 "우리 헌법의 경제 질서는 사유재산제를 바탕으로 하고 자유경쟁을 존중하는 자유시장경제 질서를 기본으로 하면서도 이에 수반되는 갖가지 모순을 제거하고 사회복지·사회정의를 실현하기 위하여 국가적 규제와 조정을 용인하는 사회적 시장경제 질서로서의 성격을 띠고 있다"고 했다.

물론 한 나라의 경제 질서를 딱 잘라서 정의하기는 쉽지 않다. 자본주의, 공산주의, 사회주의국가, 사회국가, 복지국가라는 용어는 명확하지 않고, 어느 한 사회의 경제 질서를 경제 용어나 개념에 맞추는 것도 우스운 일이다. 결국 그 나라의 경제 질서를 이해하기 위해서는 관련된 법령의 내용을 토대로 할 수밖에 없는데, 대한민국 경제 질서의 경우 헌법 제119조가 이에 대한 실마리를 제공해주고 있다.

제119조 ①항

말 그대로다. 대한민국 경제 질서는 경제 질서의 주체인 개인과 기업이 경제상의 자유를 누리고 자신의 생각과 판단에 따라서 이익 활동을 하는 것에 기반을 두고 있다. 따라서 경제주체의 활동은 일차적으로 그들의 자유와 자율성에 입각하여 보장되어야 한다. 국가의 주도 및 계획하에 경제를 운영하는 것이 아니라, 시장의 원리에 기반을 두고 경제 질서가 유지되어야 하는 것이다.

헌법 제119조 1항은 헌법 제23조 1항 "모든 국민의 재산권은 보장된다. 그 내용과 한계는 법률로 정한다"와 더불어 대한민국이 시장경제 체제를 헌법적 질서로 규정하고 있음을 분명히 한다고 하겠다. '사적 자치'와

'사유재산의 보장', 그것이야말로 시장경제의 가장 큰 축이기 때문이다.

제119조 ②항

예를 들어보자. 박 씨는 급하게 돈 500만 원이 필요했다. 은행에서 돈을 빌리는 것도 쉬운 일이 아니어서 사채업자를 찾아갔다. 사채업자는 박 씨의 신용이 낮기 때문에 이자로 매달 50만 원을 내라고 요구했다. 박 씨는 이자가 너무 많다고 생각했지만 마땅히 다른 곳에서 돈을 구하기도 어려운 형편이었기 때문에 그렇게 하겠다고 약속하고 500만 원을 빌렸다.

자, 여기서 질문을 하나 던져본다. 박 씨는 사채업자에게 매달 50만 원의 이자를 지급해야 하는 것일까? 앞서 본 것처럼 시장경제하에서는 사적 자치가 중요한 근간이고, 계약의 자유는 사적 자치에서 연유하는 것이므로, 시장경제 질서를 기반으로 하는 대한민국에서 박 씨는 계약 내용대로 매월 50만 원의 이자를 지급해야 한다고 생각할 수 있다. 그러나 정답은 '아니오'다. 〈이자제한법 및 이자제한법 시행령〉에 따르면 금전대차에 관한 계약상의 최고 이자율은 연 25%를 넘을 수 없기 때문에, 박 씨는 계약 내용에 상관없이 매달 약 10만 4,200원의 이자만 지급하면 된다. 왜 이런 결과가 나오는 걸까. 법률로써 계약의 자유를 제한할 수 있는 근거는 무엇일까.

다른 예를 들어보자. 대형 유통업체들이 공격적으로 점포(기업형 슈퍼마켓, SSM)를 확장한다는 기사가 화제가 된 적이 있다. 그리고 그에 맞서 재래시장 상인들이 대항하여 눈길을 끌었다. 자신이 원하는 곳에서 자유롭게 장사를 하는 것이 시장경제의 원리라고 이해할 경우 재래시장 상인들의 태도는 선뜻 이해하기 어려울 수도 있다. 그러나 재래시장 상인들은 법적으로 대형 유통업체에 대항할 권리가 있다. 〈대·중소기업 상생협력 촉진법〉에 따르면 대기업의 진출로 피해가 예상되는 지방 업체들은 입점을 연기해달라는 사업 조정을 신청할 수 있다. 그렇다면 법률로써 직업의 자유를 제한할 수 있는 근거는 무엇일까.

근거는 헌법에 있다. 헌법 제119조 2항은 "국가는 균형있는 국민경제의 성장 및 안정과 적정한 소득의 분배를 유지하고, 시장의 지배와 경제력의 남용을 방지하며, 경제주체간의 조화를 통한 경제의 민주화를 위하여 경제에 관한 규제와 조정을 할 수 있다"고 규정한다. 1항에서 자유로운 시장경제의 원칙을 밝혔다면 2항은 자유로운 시장경제에서 나타날 폐단을 막기 위해 이를 제한할 수 있는 근거를 제시하고 있다.

절대적 개인주의·자유주의에 근간을 둔 자본주의사회에서는 계약 자유의 미명 아래 있는 자, 가진 자의 착취에 의해 경제적 지배 종속 관계가 성립하고 경쟁이 왜곡되게 되어 결국에는 빈부의 격차가 현격해지고, 사회계층 간의 분화와 대립 갈등이 첨예화되는 사태에 이르게 된다. 그렇기 때문에 이를 대폭 수정하여 실질적인 자유와 공정을 확인할 필요성이 생겼는데, 헌법 제119조 2항이 그러한 역할을 담당하는 것이다.

제119조 2항에 따르면, 첫째 국가는 국민경제가 어느 한 계급이나 계층에 치우침 없이 골고루 균형 있게 성장하고 안정을 유지하도록, 둘째 빈부 격차를 해소하고 소득이 적정하게 골고루 분배될 수 있도록, 셋째 특정 경제주체가 시장을 지배하고 경제력을 함부로 휘두르는 일을 막고 모든 경제주체가 제 목소리를 내면서 조화롭게 경제활동을 할 수 있도록 경제에 관한 규제와 조정을 할 수 있다.

앞서 본 예에서 박 씨는 사채업자에 비하여, 재래시장 상인들은 대형 유통업체에 비하여 경제적 약자의 지위에 있다. 박 씨와 사채업자 사이에서 자유로운 계약은 허울에 불과하고, 대형 유통업체와 재래시장 상인들 사이에서 자유로운 경쟁은 불가능한 것일 가능성이 크다. 박 씨와 사채업자 간에 소득을 골고루 분배하고 대형 유통업체가 시장을 지배하면서 재래시장 상인들에게 경제력을 휘두르는 일이 없도록 오히려 국가가 개입해서 〈이자제한법〉, 〈대·중소기업 상생협력촉진법〉과 같은 법률을 제정·시행하는 것, 그것이 헌법 제119조 2항이 추구하는 바다.

그렇게 하면 현실적으로도 자유로운 계약이 성립되고, 자유로운 경쟁이 가능하게 되어 궁극적으로 제119조 1항에서 말하는 경제상의 자유와 창의가 존중될 수 있는 것이다. 헌법 전문에서 "경제의 영역에 있어서 각인의 기회를 균등히 하고, 능력을 최고도로 발휘하게 하며, 국민생활의 균등한 향상을 기한다"고 명시한 것도 이와 일맥상통한다.

요컨대 헌법 제119조는, 헌법이 이미 많은 문제점과 모순을 노정한 자유방임적 시장경제를 지향하지 않음과 동시에 전체주의국가의 계획통제경제도 지양하면서, 국민 모두가 호혜 공영하는 실질적인 사회정의가 보장되는 국가, 환언하면 자본주의적 생산양식이라든가 시장 메커니즘의 자동 조절 기능이라는 골격은 유지하면서 국민의 최소한의 인간다운 생활을 보장하기 위하여 소득의 재분배, 투자의 유도·조정, 실업자 구제 내지 완전고용, 광범한 사회보장을 책임 있게 시행하는 국가, 즉 민주복지국가의 이상을 추구하고 있음을 의미하는 것이다.

2항에 "균형있는"이란 표현이 거슬린다. '균형있다'라는 독립한 형용사가 존재하지 않으므로, '균형 있는'이라고 띄어 써야 한다. 그런데 엄밀히 따지면 그것도 좀 어색하다. '균형이 있다'는 표현은 '균형을 이루고 있다', 즉 '균형이 잡혀 있는 상태'라는 의미이다. 그렇다면 '균형 있는'보다 '균형 잡힌'이 더 나을 것이다. 제120조, 제122조, 제123조에서 똑같은 오류가 되풀이되고 있다. 그 밖에도 띄어쓰기에 관한 명백한 잘못은 더 발견할 수 있는데, 헌법의 체면이 말이 아니다.

천연자원 채취 · 개발 특허 · 보호

① 광물 기타 중요한 지하자원 · 수산자원 수력과 경제상 이용할 수 있는
자연력은 법률이 정하는 바에 의하여 일정한 기간 그 채취 · 개발 또는
이용을 특허할 수 있다.

② 국토와 자원은 국가의 보호를 받으며, 국가는 그 균형있는 개발과 이용을
위하여 필요한 계획을 수립한다.

자원 고갈과 자연환경 파괴는 인류의 공동 관심사이자 국가가 나서서
해결해야 할 숙제다. 1만 평방미터의 아마존 우림이 18초마다 무분별한
벌목으로 사라진다는 주장이 있다. 사기업들의 영리를 목적으로 한 열대
우림 파괴를 브라질 정부가 방치하고 있다는 비판이 거세다. 유가가 급등
하면 세계 각국의 경제는 거대한 소용돌이에 휘말린다. 공급량 감소가 가
장 큰 이유겠지만 투기 세력이 의도적으로 유가를 조정하고 있다는 분석
도 있다. 그런가 하면 캐나다 정부의 하프바다표범 포획 허용 아래 사냥
꾼들은 그간 무차별적인 바다표범 사냥을 해왔다. 캐나다 정부는 하프바
다표범의 과도한 번식으로 어획량이 줄어 지역 경제가 어려워졌다며 허
용 이유를 밝혔지만, 국제 패션시장에서 바다표범 가죽 수요가 크게 늘어
가죽 가격이 상승한 것도 원인 중 하나다.

자원과 자연환경을 개인의 자유에 맡길 수 없는 이유가 여기에 있다.

한번 훼손하면 다시 회복할 수 없는 것이 자원과 자연환경이라는 점, 영리를 목적으로 한 무분별한 채취와 파괴로 지구가 멸망할 수 있다는 점 때문에 자원과 자연환경은 국가가 소유하며 관리해야 한다. 여기에는 자유시장경제, 계획경제 같은 경제 논리가 침투할 수 없다. 자본주의국가에서도 자원이나 자연환경만큼은 국가의 주도하에 국가 소유로 관리하고 있다. 대한민국의 제헌헌법 역시 "광물 기타 중요한 지하자원·수산자원·수력과 경제상 이용할 수 있는 자연력은 국유로 한다. 공공 필요에 의하여 일정한 기간 그 개발 또는 이용을 특허하거나 또는 특허를 취소함은 법률의 정하는 바에 의하여 행한다"고 하여 자원과 자연력이 국유임을 명시하였으며, 현행 헌법은 '국유로 한다'는 점을 명시하고 있지 아니하나 이를 전제로 특허에 관해 규율한다.

제120조 ①항

광물은 대표적인 지하자원이다. 지하자원에는 철·구리·납·아연·우라늄 등의 금속광물, 석회석·고령토·형석 등의 비금속광물, 석탄·석유·천연가스 등의 에너지자원 등이 포함되며, 넓게는 토양·지하수·온천 등도 포함된다. 수산자원은 쉽게 말해서 물속 자원이다. 고래 자원·멸치 자원·오징어 자원 등이 그것이다. 그리고 사육 또는 양식의 대상이 되는 김·굴 같은 양식 생물 역시 이에 포함된다. 경제적으로 이용할 수 있는 자연력의 대표적인 예로 태양과 바람을 들 수 있다. 그러나 이에만 한정되는 것은 아니다. 자연력, 즉 자연의 힘 중에서도 지금은 잠재되어 있지만 기술의 발전에 따라서 경제적으로 이용할 수 있는 것들은 얼마든지 나올 수 있다. 이런 모든 것들을 경제상 이용할 수 있는 자연력이라 부른다.

위와 같은 지하자원, 수산자원, 수력과 경제상 이용할 수 있는 자연력은 국가가 소유한다. 국가가 이를 소유하면서 채취·개발 또는 이용을 필요로 하는 자에게 특별히 그 권리를 허용한다. 이를 "특허"라 한다. 따라서 이를 채취·개발 또는 이용하려는 자는 국가로부터 미리 특허를 받아야 한다. 예컨대 바다에서 물고기를 잡기 위해서는 〈수산업법〉에 따라 미리 허가를 받아야 하고, 산에서 나무를 채취하려는 경우에는 〈산림기본법〉과 〈산림자원의 조성 및 관리에 관한 법률〉에 따라 미리 벌채 허가를 받아야 한다. 수력발전, 원자력발전, 화력발전 역시 국가의 특허 및 관리하에 이루어진다.

이러한 경우 국가의 권력 남용을 경계하지 않을 수 없다. 국가에 이러한 막대한 권한을 부여하는 것은 앞서 언급한 것처럼 자원 고갈과 자연환경 보호를 위해서이지, 국가의 자의적인 권력 행사를 위한 것이 아니다. 따라서 국가는 법률이 정하는 목적, 요건 및 절차 등에 따라서만 이를 특허할 수 있으며, 국가가 직접 자원 등을 개발·채취·이용하는 경우에도 법률을 준수해야 한다.

제120조 ②항

국토 역시 넓게는 지하자원에 포함된다. 또한 한정되어 있으며 한번 훼손되면 되돌리기 어렵다는 점에서 자원과 공통점을 가진다. 그러나 국토는 모든 국민의 삶의 터전이고 삶에 미치는 영향력이 직접적이라는 점에서 다른 자원보다도 국가의 관리와 이용의 필요성이 크다. 그러나 자원과 달리 사유재산의 대상이기 때문에 국가의 권한 행사 범위에 제한이 따를 수밖에 없다. 1항이 국토를 포함하지 않으면서도, 2항이 국토를 포함하고 있는 이유가 여기에 있다.

국토와 자원은 국가의 보호를 받으며, 국가는 국토와 자원의 균형 있는 개발과 이용을 위하여 필요한 계획을 수립한다. 따라서 국가는 국토와 자원을 지역 특성에 따라 개성 있게, 그러면서도 수도권과 비수도권, 도시와 농어촌, 대도시와 중소도시 간에 차별이 없도록 개발하고 이용할 수 있도록 해야 한다.

"국토의 균형있는 개발과 이용"에 관해서는 제122조도 규정하고 있다. 즉 제122조는 "국가는 국민 모두의 생산 및 생활의 기반이 되는 국토의 효율적이고 균형있는 이용·개발과 보전을 위하여 법률이 정하는 바에 의하여 그에 관한 필요한 제한과 의무를 과할 수 있다"고 규정한다. 국토의 균형 있는 개발과 이용에 필요한 제한과 의무는 제122조가, 계획의 수립은 제120조 2항이 정하고 있는 것이다.

그런데 위 두 조문에는 큰 차이가 있다. 제122조는 법률이 정하는 바에 의하여 제한의 의무를 과할 수 있다고 규정한 반면, 제120조 2항에는 그러한 내용이 없다. 계획을 수립함에 있어서도 법률이 정하는 바에 의해야 한다. 법률이 정하는 바에 의한다는 것은 국민이 선출한 입법부의 견제와 감시를 통해 행정부 주도의 무리한 권한 남용을 막겠다는 것이다.

이명박 정부 시절 논란이 되었던 4대 강 살리기 사업을 생각해보자. 4대 강 살리기 사업은 국토의 개발과 이용을 위해 필요한 계획이라는 점에서 그 헌법적 근거는 제120조 2항이다. 4대 강 살리기 사업의 중요성, 효과는 차치하고라도 이처럼 중요한 사업이 별도의 법률 없이 행정부의 주도하에 이루어지다 보니 끊임없이 논란이 일었다. 그 논란의 핵심은 국민적 합의에 근거했는지 여부다. 법률이 정하는 바에 의해 계획을 수립하는 것이 얼마나 중요한지 알 수 있는 대목이다.

제120조 2항은 '국토와 자원은 국가의 보호를 받으며, 국가는 법률이 정하는 바에 의하여 그 균형 있는 개발과 이용을 위하여 필요한 계획을 수립한다'로 수정되어야 한다.

제121조
소작농 금지 · 임대차 · 위탁경영

121

① 국가는 농지에 관하여 경자유전의 원칙이 달성될 수 있도록 노력하여야
   하며, 농지의 소작제도는 금지된다.
② 농업생산성의 제고와 농지의 합리적인 이용을 위하거나 불가피한
   사정으로 발생하는 농지의 임대차와 위탁경영은 법률이 정하는 바에
   의하여 인정된다.

제121조 ①항

1항 "국가는 농지에 관하여 경자유전의 원칙이 달성될 수 있도록 노력
하여야 한다"에서 '경자유전耕者有田'이란 농사를 짓는 자가 농토를 소유
하는 것을 의미한다. 따라서 국가는 농사를 짓는 자만이 농토를 소유하고
농사를 짓지 않는 자는 농토를 소유할 수 없도록 노력할 의무를 부담한
다. 주택이나 상가를 빌려주고 돈을 받는 임대업이 법적으로 인정되는 것
과는 대조적으로 농토는 누군가에게 빌려줄 수 없다. 같은 의미에서 농토
를 소유하지 못한 농민이 남의 토지를 빌려 농사를 짓는 일, 즉 농지의 소
작제도 역시 우리 헌법에서는 금지되어 있다. 그렇다면 우리 헌법이 경자
유전의 원칙을 천명하고 농지의 소작제도를 금지한 이유는 무엇일까?

일제강점기 일본은 우리나라에 동양척식회사를 설립하고, 전국적인
토지조사사업을 벌여 장부에 소유자가 등재되어 있지 않거나 토지 신고
를 하지 않은 토지를 우리 정부로부터 강제로 불하받거나 매입했다. 그

결과 1920년 말에는 전 국토 경작지의 3분의 1이 동양척식회사의 소유가 되었다. 동양척식회사는 이렇게 소유한 토지를 소작농에게 빌려주고 추수한 곡물의 50퍼센트 이상을 대가로 회수했다. 결국 농민의 80퍼센트가 소작인으로 전락했고, 1926년까지 소작인 약 29만 9,000명이 토지를 상실하고 경제적 곤궁을 견디지 못해 북간도 등지로 이주했다.

비단 우리나라뿐 아니라 어느 나라나 할 것 없이 소작농들은 비슷한 역사를 걸어왔다. 물론 일제강점기 이전에도 소작제는 존재했다. 또한 소작농이라고 해서 가난하리라는 법은 없다. 그러나 절대 다수의 사람들이 농사로 삶을 영위하던 시절, 동양척식회사와 같은 소수의 지주가 농토를 소유한 상황에서는 소작농들에게 선택권이 없었으므로 지주들의 부당한 요구를 속수무책으로 받아들일 수밖에 없었다. 자연스럽게 소작농은 가난한 자, 핍박받는 자라는 등식이 성립한 것이다.

해방 후 이러한 농민들의 불만 및 불평등에 따른 사회적 불안이 고조되자 제헌헌법은 "농지는 농민에게 분배"한다고 규정하고 〈농지개혁법〉을 제정해 불완전하게나마 소작농들에게 농지를 분배했다. 1962년에 이르러 제헌헌법의 위 조항 대신 "농지의 소작제도는 법률이 정하는 바에 의하여 금지된다"는 규정이 신설되었다가, 1987년 헌법에 이르러 현재의 규정으로 변화했다.

제121조 ②항

시대가 변함에 따라 농자천하지대본, 즉 농사는 천하의 근본이라는 말이 더 이상 통용되지 않는다고 하더라도 여전히 농사는 식량 생산, 농촌 사회의 유지, 환경보호, 국토 보존이라는 다원적 기능을 가지고 있다. 농지가 투기의 목적으로 이용되는 것을 방지하고 안정적이며 효율적인 생산 기반으로 이용될 수 있도록 하기 위해서도 경자유전의 원칙 및 소작제 금지는 고수되어야 한다.

그러나 농촌인구가 도시로 이탈하는 현상이 심화되고 농업의 비중이 점점 줄어들면서 농사에 이용되지 않는 농지들 역시 늘어나고 있다. 또한 경자유전의 원칙을 강조하다 보면 영세농민에 대한 보호는 이루어질지 몰라도 대규모 기업농은 발전시킬 수 없다는 점을 지적하는 의견들도 있다. 그래서 우리 헌법은 1980년 헌법 개정 때부터 "농업 생산성의 제고와 농지의 합리적인 이용을 위하거나 불가피한 사정으로 발생하는 농지의 임대차와 위탁경영은 법률이 정하는 바에 의하여 인정된다"는 조항을 마련하고 있다.

122

국토 이용 · 개발과 보전

국가는 국민 모두의 생산 및 생활의 기반이 되는 국토의 효율적이고 균형있는

이용 · 개발과 보전을 위하여 법률이 정하는 바에 의하여 그에 관한 필요한

제한과 의무를 과할 수 있다.

토지는 우리 모두의 일터이고 삶의 터전이다. 그런데 안타깝게도 토지는 생산이나 대체가 불가능해 공급이 제한되어 있다. 특히 우리나라의 경우 실제 이용할 수 있는 토지의 면적은 인구에 비해 절대적으로 부족하다. 따라서 한정된 토지를 합리적으로 이용하고 효과적으로 개발하기 위한 방안이 필요하다. 한편 토지, 그중에서도 산림이나 농지는 한번 훼손되면 원상태로 되돌리기가 매우 어렵다. 그렇기 때문에 토지를 보전하고 토지의 훼손을 막는 방법이 필요하다. 헌법 제122조의 존재 이유가 여기에 있다.

국가는 "국민 모두의 생산 및 생활의 기반이 되는 국토의 효율적이고 균형있는 이용 · 개발과 보전을 위하여" 필요한 제한과 의무를 과할 수 있다. 이처럼 국가에 광범위한 입법 형성권이 부여되어 있으므로 반대로 국민의 토지 재산권, 즉 개인의 경제적 자유는 제한될 수밖에 없다. 물론 헌

지금 다시, 헌법   470

법 제23조 2항과 3항은 재산권의 행사가 공공복리에 적합해야 하고, 공공 필요에 의해 재산권을 수용·사용 또는 제한할 수 있다고 규정하고 있으므로, 국민의 토지 재산권은 제23조 2항과 3항에 의해서도 제한될 수 있다.

그러나 토지는 그 사회적 기능에서나 국민경제의 측면에서 다른 재산권과 같게 다룰 수 있는 성질의 것이 아니며 공동체의 이익이 보다 강하게 관철되어야 하기 때문에, 헌법은 제23조와는 별도로 제122조를 두고 토지의 소유와 처분이 공공의 이익을 위해 적절히 제한될 수 있다는 개념, 즉 토지 공개념을 분명히 하고 있다.

헌법재판소도 1998년 12월, 그린벨트 구역 내의 개발 행위를 제한한 구 〈도시계획법〉 제21조의 위헌 소원 사건에서 "헌법상의 재산권은 토지 소유자가 이용 가능한 모든 용도로 토지를 자유로이 최대한 사용할 권리나 가장 경제적 또는 효율적으로 사용할 수 있는 권리를 보장하는 것을 의미하지는 않는다. 입법자는 중요한 공익상의 이유와 앞에서 본 토지가 가진 특성에 따라 토지를 일정 용도로 사용하는 권리를 제한할 수 있기 때문이다. 따라서 토지의 개발이나 건축은 합헌적 법률로 정한 재산권의 내용과 한계 내에서만 가능한 것일 뿐만 아니라 토지 재산권의 강한 사회성 내지는 공공성으로 말미암아 이에 대하여는 다른 재산권에 비하여 보다 강한 제한과 의무가 부과될 수 있다"[30]고 하였다.

토지의 중요성과 한정성이 대한민국에만 국한된 것은 아니다. 대만, 이탈리아, 스페인, 터키 등은 대한민국처럼 헌법에 토지 공개념을 명시하고 있고, 영국, 프랑스, 독일, 일본 등은 토지공개념을 헌법에 명시하지는 않았으나 강력한 토지관리 정책을 실시하고 있다. 예컨대 위 국가들은 대부분 토지의 용도를 제한하고, 토지에 개발 지구 또는 재개발 지구를 지정하며, 유휴지 등에 대해 중과세를 규정하고 있다.

특히 영국은 토지 소유권에서 개발권을 분리해 공유화하고, 도시의 건설 행위 또는 토지나 건물의 용도에 실질적 변경을 가하는 행위 등 모든 개발 행위에 행정관청의 허가를 받도록 하며, 시가지의 팽창을 제한하고 전원의 쾌적성을 보호하기 위하여 일정한 지역을 그린벨트로 지정해 개발을 엄격히 제한하고 있다. 이는 우리의 개발제한구역과 매우 유사한 제도다.

토지 중에서도 특히 도시 지역의 토지는 이용·개발의 필요성이 높으면서도 훼손을 방지하기 위한 보전의 필요성 역시 매우 높다. 이 때문에 헌법 제122조에 따라 제정된 〈개발제한구역의 지정 및 관리에 관한 특별조치법〉 제3조는 "국토해양부장관은 도시의 무질서한 확산을 방지하고 도시 주변의 자연환경을 보전하여 도시민의 건전한 생활환경을 확보하기 위하여 도시의 개발을 제한할 필요가 있거나 국방부장관의 요청으로 보안상 도시의 개발을 제한할 필요가 있다고 인정되면 개발제한구역의 지정 및 해제를 도시관리 계획으로 결정할 수 있다"고 하여 개발제한구역을 지정하도록 하고 있다. 이외에도 〈국토의 계획 및 이용에 관한 법률〉, 〈농지의 보전 및 이용에 관한 법률〉, 〈자연공원법〉, 〈산림기본법〉 등이 제정·시행되고 있다.

농 · 어촌종합개발과 중소기업보호 · 육성

① 국가는 농업 및 어업을 보호 · 육성하기 위하여 농 · 어촌종합개발과

그 지원등 필요한 계획을 수립 · 시행하여야 한다.

② 국가는 지역간의 균형있는 발전을 위하여 지역경제를 육성할 의무를 진다.

③ 국가는 중소기업을 보호 · 육성하여야 한다.

④ 국가는 농수산물의 수급균형과 유통구조의 개선에 노력하여 가격안정을

도모함으로써 농 · 어민의 이익을 보호한다.

⑤ 국가는 농 · 어민과 중소기업의 자조조직을 육성하여야 하며, 그 자율적

활동과 발전을 보장한다.

우리 헌법은 경제에 관하여 비교적 상세한 규정을 두고 있다. 미국, 영
국 헌법은 경제에 관해 직접 규정하고 있지 아니하며, 독일이나 일본 헌
법의 경제 조항은 매우 간단하다. 비교적 자유주의 시장경제 질서에 가까
운 나라일수록 헌법에 경제에 관한 조항이 적은 편이다. 경제 질서를 시장
에 맡기고 국가는 적게 관여하겠다는 의지로 해석할 수 있겠다. 반면 경제
질서를 시장에 맡기면 정상적인 발전과 안정을 얻을 수 없기 때문에 국가가
나설 수밖에 없는 경우에는 그만큼 경제 관련 헌법 조항이 많다고도 볼 수
있다. "농업 및 어업을 보호 · 육성", "지역간의 균형있는 발전", "중소기
업 보호 · 육성", "농수산물의 수급균형과 유통구조의 개선", "농 · 어민의
이익 보호" 등 미사여구로만 구성된 제123조를 읽으면서도 마음이 무거
워지는 이유가 여기에 있다.

제헌헌법에는 제123조에 해당하는 조항이 없었다. 농민 · 어민과 중소

기업의 보호에 관해 처음 규정한 것은 1962년 헌법이다. 1962년 헌법 제115조는 "국가는 농민·어민과 중소기업자의 자조를 기반으로 하는 협동조합을 육성하고 그 정치적 중립성을 보장한다"는 단 하나의 조문만 두고 있었다. 표현에서도 알 수 있듯이 국가는 농민, 어민과 중소기업자의 경제문제에 직접 나서는 것이 아니라, 이들이 만든 조합을 뒤에서 지원하는 역할만 담당했다.

그러나 1960년대 이래 우리의 경제 정책은 수출의 견인차 역할을 하는 공업과 이를 담당하는 소수의 재벌 대기업만을 강조하고 이에 모든 지원을 집중했다. 물가를 안정시키고 기업의 경쟁력을 높이기 위한 방편으로써 생산 단가를 낮추기 위해 농산물의 가격을 의도적으로 낮게 유지했다. 또한 금융, 조세 등의 특혜가 수출 지향적 재벌 기업에게 집중적으로 제공되었다. 그 결과 농민의 수입 및 생산성의 감소, 식량자급률의 하락, 농촌인구의 도시로의 이주, 농촌과 도시의 경제적 불평등, 재벌 기업의 독과점화, 중소기업의 경쟁력 약화가 심화되었다. 그리고 어느 순간 농·어업과 공산업, 도시와 농촌, 대기업과 중소기업 사이의 경제적 차이를 더 이상 국가가 방관할 수 없는 상황에 이르게 된 것이다.

성장 위주의 경제 발전 정책에 대한 반성과 위기의식에서 탄생한 조문이 바로 제123조다.

제123조 ①항

1항, 4항 및 5항은 농·어업의 보호·육성에 관한 규정이다. 1987년 헌법이 개정되기 전에는 농·어민의 자조 조직을 육성하는데 그쳤으나, 1987년 헌법이 개정되면서 국가는 농업 및 어업을 보호하기 위한 적극적이고 포괄적인 지원의 의지를 밝히고 있다. 1항이 농업 및 어업의 보호·육성에 관한 포괄적인 의지의 표현이라면 4항은 그 구체적인 방법에 관한 것이다. 그리고 5항은 기존 헌법의 규정을 그대로 따른 것이다.

구체적으로 살펴보기 전에 먼저 짚고 넘어가야 할 부분이 있다. '농업과 어업이라고만 규정하였으니 축산업은 해당되지 않는 건가'라는 의문이 들 수 있다. 축산업만 제외될 이유는 없다. 공산업 위주의 경제 발전으로 인해 축산업도 낙후되었고, 그 지원이 필요하기는 마찬가지며, 농업의 넓은 의미에는 축산업과 임업도 포함되기 때문이다. 〈농수산물유통 및 가격안정에 관한 법률〉도 "농수산물이라 함은 농산물·축산물 및 수산물과 임산물 중 농림수산식품부령이 정하는 것"이라고 규정하고 있다.

국가는 농업 및 어업을 보호하고 육성하기 위해 계획을 세우고 계획대로 실행해야 한다. 계획에는 농·어촌을 개발하고 농업 및 어업의 지원에 관한 사항이 포함되어 있어야 하는데, 반드시 이에 국한되는 것은 아니다. 농업 및 어업을 보호하고 육성하기 위해 필요한 내용이라면 모두 포함될 수 있다. 〈농어촌발전특별조치법〉, 〈농어업인 삶의 질 향상 및 농어촌지역 개발촉진에 관한 특별법〉, 〈농촌진흥법〉, 〈낙농진흥법〉 등이 이에 해당된다.

제123조 ②항

지역이라고 하면 농촌과 도시 모두 포함되는 말이나, 여기서 "지역"이라 함은 특히 도시와 대비되는 곳으로서 농어촌 지역을 말한다. 농업과 수산업에 의존하는 지역이 지역적 경제구조에 있어서 심한 불균형을 보이기 때문이다. 이를 위해 국가는 낙후된 지역에 세제 혜택을 주고, 교통망 같은 기간산업을 확충하는 등의 적극적인 노력을 해야 한다. 이와 관련하여 현재 〈지역균형개발 및 지방중소기업 육성에 관한 법률〉 등이 제정·시행되고 있다.

제123조 ③항

중소기업은 생산과 고용의 증대에 기여하고, 대기업보다 경기의 영향을 적게 받으며, 수요의 변화에 적절히 대처하고 새로운 기술의 개발을 기대하게 하고, 사회적 분업과 기업 간의 경쟁을 촉진함으로써 전 국민경제에 크게 기여하고 있다.

그러나 중소기업은 대기업에 비해 자금력, 기술 수준, 경영 능력 등에서 열세하기 때문에 자력으로는 경영의 합리화와 경쟁력의 향상을 도모할 수 없는 경우가 많다. 따라서 국가는 중소기업을 보호·육성하고 중소기업의 자조 조직을 육성하며, 그 자조 조직이 자율적으로 활동하고 발전할 수 있도록 지원해야 한다. 이를 위해 현재 〈중소기업진흥에 관한 법률〉, 〈중소기업협동조합법〉 등이 제정·시행되고 있다.

제123조 ④항

국가는 농어민의 이익을 보호하기 위하여 농수산물 수급의 균형을 유지하도록 하고 유통 구조를 개선함으로써 가격 안정을 도모해야 한다. 농어민의 이익을 위해서는 이들이 손해 보는 일이 없도록 농수산물 가격을 적절하게 유지하는 것이 필요하기 때문이다. 특히 지난 경제 발전 과정에서 농수산물의 가격을 의도적으로 낮게 형성함으로써 농어민을 경제적 약자로 만들었다는 점을 상기하면 더더욱 그렇다. 가격을 적절하게 유지하기 위해서는 유통 구조의 개선이 시급하다. 도시의 시장에서는 비싼 값에 팔리는 농수산물들이 산지에서는 생산 원가에도 못 미치는 가격으로 도매되고 있는 것이 현실이다. 또한 농수산물의 공급량과 소비량은 가격으로 직결되므로 공급량과 소비량, 즉 수급량을 적절히 맞추는 것도 필요하다. 한 가지 지적할 것은 4항은 가격 "안정"을 도모한다고 정하고 있으나, "안정"은 '바뀌어 달라지지 아니하고 일정한 상태를 유지'한다는 뜻이므로 '적정'으로 바꿔 표현하는 것이 바람직하다.

제123조 ⑤항

국가는 농어민이 스스로 발전하기 위하여 만든 조직을 육성하고, 그 조직이 자율적으로 활동하고 발전할 수 있도록 보호해야 한다. 농·어민의 자조 조직에는 농업협동조합, 수산업협동조합, 산림조합 등이 있으며, 이에만 국한되지 않는다. 현재 이들 조직을 육성하고 보호하기 위해 〈농업협동조합법〉, 〈수산업협동조합법〉, 〈산림조합법〉 등이 제정·시행되고 있다. 예전에는 〈축산업협동조합법〉도 있었으나, 〈농업협동조합법〉 하나로 합쳐지면서 2000년 7월 1일 폐지되었다.

124

소비자보호

국가는 소비행위를 계도하고 생산품의 품질향상을 촉구하기 위한

소비자보호운동을 법률이 정하는 바에 의하여 보장한다.

　　자유시장경제 질서에서는 원칙적으로 상품 생산과 용역 공급에 대한 통제가 이루어지지 않는다. 그 결과 공급자들은 불량하거나 유해한 상품을 만들어 시장에 내다 팔고, 상품이나 용역에 대한 정보를 제대로 알리지 않으며, 소비자들에게 불리한 약관이나 계약 조건을 강요할 가능성이 크다. 결국 소비자는 생산자에 비해서 구조적으로 열악한 지위에 놓이게 된다. 그 결과가 어떠한지는 불 보듯 뻔하다. 소비자가 공급자와 대등한 지위에서 상품과 용역의 종류, 품질을 결정하고 더 나아가 자원의 효율적인 배분에 관여할 권리—소비자주권 혹은 소비자의 권리—가 강조되는 이유가 여기에 있다.

　　1980년 개정 헌법에 제124조 "국가는 건전한 소비행위를 계도하고 생산품의 품질향상을 촉구하기 위한 소비자보호운동을 법률이 정하는 바에 의하여 보장한다"가 신설된 것은 바로 이러한 취지에서다. 그리고 이에

발맞추어 같은 해에 〈소비자보호법〉이 제정되었다. 〈소비자보호법〉은 안전할 권리, 알 권리, 선택할 권리, 의견을 반영시킬 권리, 피해 보상을 받을 권리, 소비자교육을 받을 권리, 단체를 조직하고 활동할 권리, 안전하고 쾌적한 소비생활 환경에서 소비할 권리를 소비자의 권리로 규정하고 있다.

그러나 제124조는 여느 기본권과는 달리 소비자의 권리라는 용어를 사용하고 있지 않다. 다만 국가는 국민들이 건전하게 소비 행위를 할 수 있도록 깨치어 이끌어주고, 생산품의 품질 향상을 촉구하는 내용의 소비자 보호 운동을 보장한다고만 규정하고 있을 뿐이다.

이를 두고 해석이 분분하다. 제124조는 제2장(국민의 권리와 의무)이 아니라 제9장(경제)에 위치해 있고 문장 어디에도 소비자의 권리라는 말은 없으므로, 국가에 소비자 보호 정책을 시행할 권한을 부여하는 조항일 뿐 소비자의 권리는 행복추구권에서나 도출된다고 보는 견해가 하나다. 그런가 하면, 소비자 보호 운동은 소비자의 권리를 보호받기 위한 가장 기본적인 수단이므로 제124조가 바로 소비자의 권리를 보호하는 조항이라고 보는 견해도 있다. 어쨌든 소비자의 권리가 헌법상 권리라는 점에서 두 견해는 일치한다.

헌법재판소는 1996년 12월, "소주 도매업자로 하여금 그 영업장소 소재지에서 생산되는 자도 소주를 의무적으로 총 구입액의 100분의 50 이상을 구입하도록 하는 자도 소주구입명령제도는 (…) 소비자의 행복추구권에서 파생된 자기 결정권을 지나치게 침해하는 위헌적인 규정이다"라고 해서, 소비자의 권리를 인정하되 행복추구권에서 소비자의 권리가 도출된다고 보았다.

엄밀히 따지면 제124조는 소비자 보호 운동, 그것도 소비자 보호 운동이 국민들이 건전하게 소비 행위를 할 수 있도록 깨치어 이끌어주고, 생산품의 품질 향상을 촉구하는 내용인 경우에만 "법률이 정하는 바에 따라" 국가의 보장 의무가 발생하는 것으로 규정한다고 보아야 한다. 그러나 자유시장경제 질서에서 소비자의 권리를 아무리 강조해도 지나치지 않는다는 점을 고려한다면, 제124조를 제2장으로 옮기고 '모든 국민은 자유롭고 안전하게 소비할 권리를 가진다. 국가는 소비자 보호 정책을 실시할 의무를 진다'로 개정하는 것이 바람직하다.

비단 필요한 것은 개정만이 아니다. 현행 헌법 조항에 따르더라도 국가는 소비자 보호 운동을 보장해야 할 의무가 있는데, 그 의무를 잘 지키고 있는지 따져볼 일이다. 언론 소비자주권을 외치며 모인 사람들이 특정 언론을 겨냥하여 광고 불매 운동을 펼쳤다. 언론사가 만들어낸 기사도 상품에 속하는 만큼 왜곡되거나 과장된 기사에 대한 소비자 보호 운동도 당연히 가능하다. 그런데 정부는 생산자에 대한 업무방해라는 명목으로 광고 불매 운동을 압박했다.

인체에 유해한 식품을 생산한 A라는 회사가 있고, A 회사에 원재료를 공급하는 B라는 회사가 있다고 가정하자. A, B회사가 생산한 제품에 대해 불매 운동을 펼치는 것이 A, B 회사의 업무를 방해하는 것일까? 곰곰이 생각해볼 일이다.

제125조
무역 육성

125

국가는 대외무역을 육성하며, 이를 규제·조정할 수 있다.

　대외무역은 물품이나 서비스 등의 거래가 국경을 넘어 이루어지는 것을 말한다. 국제무역, 해외무역, 외국무역 모두 같은 의미다. 무역의 사전적 의미에는 "나라와 나라 사이에 서로 물품을 사고파는 일"도 담겨 있으니 그냥 무역이라고 해도 괜찮다. 어쨌든 국경을 넘어 이루어진다는 점만 빼고는 대외무역도 국내에서 이루어지는 일반적인 거래와 다를 바 없다. 거래를 하는 당사자 역시 개인이나 회사로 국가는 제3자에 불과하다. 그런데 우리 헌법은 일반적인 거래의 경우와 달리 대외무역에 관해서는 국가가 나서서 관여할 기회를 제공하고 있다.

　국가가 대외무역에 나서는 것은 어찌 보면 당연하다. 국민경제를 위해 국가가 나서서 해외로 시장을 확대할 필요가 있는 것이다. 우리 헌법이 "국가는 대외무역을 육성한다"고 규정함으로써 수출뿐 아니라 수입도 키우게 한 것은 결국 시장을 확대한다는 의미다.

시장을 확대하려는 노력은 대부분의 나라에서 이루어지고 있다. 그러나 정작 헌법에 대외무역에 관한 조항을 두고 있는 나라는 그리 많지 않다. 미국, 영국, 프랑스, 독일, 일본 헌법에는 무역이라는 말이 등장하지 않는다. 예상 외로 북한 헌법은 무역에 관한 조항을 두고 있다. 북한 헌법 제36조는 "조선민주주의인민공화국에서 대외무역은 국가 또는 사회협동단체가 한다. 국가는 완전한 평등과 호혜의 원칙에서 대외무역을 발전시킨다"라고 규정하고 있다.

그렇다면 왜 다른 나라의 헌법과 달리 우리 헌법은 대외무역에 관한 조항을 두고 있을까? 이를 이해하기 위해서는 대외무역에 관한 조문이 헌법에 들어오게 된 계기를 먼저 살펴볼 필요가 있다. 제헌헌법 제87조 2항은 "대외무역은 국가의 통제하에 둔다"라고 규정하고 있다. 이에 관해 유진오는 《헌법해의憲法解義》에서 "대외무역을 국가의 통제하에 둔다는 것은, 대외무역에 관하여 국가가 일정한 계획을 수립하고 그 계획의 범위 내에서 사인의 활동을 허용하는 것"이라고 설명했다.

여기에는 두 가지 의미가 포함되어 있다. 첫째 국가 주도하에 해외로 시장을 확대해야 한다는 것이고, 둘째 무역으로 인한 경제적 대외 종속 우려를 방지해야 한다는 것이다. 해방 이후 국민경제가 취약하고 국가의 기틀이 마련되지 않은 상태에서 강대국들에 경제적으로 종속되는 것을 막을 필요성이 더 컸다는 점에서 두 번째 의미가 보다 강조되었다고 할 것이다.

현행 헌법이 "국가는 대외무역을 규제·조정할 수 있다"고 한 것도 같은 맥락에서 이해할 수 있다. 국가는 단지 해외로 시장을 확대하는 것뿐 아니라 그 과정에서 외국에 경제적으로 종속되는 일이 없도록 규제하고 조정해야 한다. 즉 국가는 무역 상대국과 대등한 지위에서 국민들이 무역을 할 수 있도록 조치해야 한다. 비록 우리 헌법이 대외무역의 "육성"은 당연히 이루어져야 하는 것으로, "규제·조정"은 해도 되고 안 해도 되는 것처럼 규정하고 있을지라도, 경제적 대외 종속이 일어나서는 안 된다는 점을 고려한다면 경제적 대외 종속을 막기 위한 규제·조정은 국가의 의무로 파악되어야 한다.

126

사기업 국·공유화와 통제등 금지

국방상 또는 국민경제상 긴절한 필요로 인하여 법률이 정하는 경우를 제외하고는, 사영기업을 국유 또는 공유로 이전하거나 그 경영을 통제 또는 관리할 수 없다.

1947년 '왕자표' 고무신 생산으로 출발한 국제그룹은 1980년대 중반 연합철강, 국제종합건설, 국제통운, 동서증권 등 21개 계열사를 거느린 재계 7위의 그룹이 되었다. 그러나 당시 대통령이었던 전두환의 지시로 1985년 2월 7일 국제그룹 해체 방침이 정해졌고, 그로부터 2주일 후에 국제그룹은 해체되었다.

전두환 정권이 교체된 후, 국제그룹 회장 양정모는 공권력 행사로 인한 재산권 침해에 대하여 헌법소원을 제기했다. 1993년 7월 29일 헌법재판소는 "재무부장관이 대통령의 지시를 받아 재벌 기업인 국제그룹을 해체키로 기본 방침을 정하고 그 후속 조치로서 한 일련의 공권력의 행사가 위헌"이라고 결정했다. 결정문에는 이렇게 명시되어 있다. "법률적 근거 없이 사영 기업의 경영권에 개입하여 그 힘으로 이를 제3자에게 이전시키기 위한 공권력의 행사였다는 점에서 헌법 제119조 1항, 제126조 소정의 개인 기업의 자유와 경영권 불간섭의 원칙을 직접적으로 위반한 것이다."[31]

개인의 자유롭고 창의로운 경제활동을 보장하면서도 사회정의, 경제 민주화, 사회복지를 위하여 국가의 간섭을 인정하는 사회국가 원리는 헌법 제126조에도 그대로 묻어난다. 국가는 원칙적으로 사기업을 소유하거나 사기업의 경영에 관여―이를 일컬어 사회화라 한다―할 수 없다. 그러나 사기업을 사회화하지 않고서는 도저히 국방의 목적을 달성할 수 없거나 국민경제의 정상적인 운영이 불가능하게 될 경우, 즉 국방상 또는 국민경제상 매우 필요하고 절실한 경우에는 예외가 인정된다.

여기서 중요한 것은 법률이 정하는 바에 따라야 한다는 것이다. 법률이 정하는 바에 따르도록 한 것은 법률을 만드는 국회의 통제를 받도록 함으로써 행정부의 전횡을 막고, 법치주의 원칙을 관철하기 위함이다. 따라서 국방상 또는 국민경제상 사기업을 사회화할 필요성이 인정된다고 하더라도 법률로 정하지 않은 때에는 불가능하다.

만약 그 필요성도 인정되고 법률로도 정한 경우에는 사기업을 사회화할 수 있는데, 그 방법은 두 가지다. 첫째 사기업을 소유한 자의 재산권을 박탈하여 사기업을 국유 또는 공유로 만드는 것이고, 둘째 사기업을 소유한 자의 재산권은 그대로 두되 통제나 관리의 방법으로 그 경영에만 관여하는 것이다.

독일 바이마르헌법 제156조 1항에서 그러한 예를 찾아볼 수 있다. "독일제국은 법률에 의한 공용수용을 유추 적용하여 사회화Vergesellschartung에 적합한 사경제 기업은 보상을 지급하고 사회적 공공 소유로 이전할 수 있다. 란트 또는 시·읍·면은 경제 기업 및 경제 연합체의 관리에 참가하고, 또는 그 밖의 방법으로 그 관리에 결정적인 영향력을 확보할 수 있다."

제헌헌법 제88조는 "국방상 또는 국민생활상 긴절한 필요에 의하여 사영 기업을 국유 또는 공유로 이전하거나 또는 그 경영을 통제관리함은 법률이 정하는 바에 의하여 행한다"라고 규정했다. 그러다가 한국전쟁 이후 경제 질서에도 자유화 바람이 불어 1954년 1월 23일 제2차 헌법 개정이 이루어지면서, "국방상 또는 국민생활상 긴절한 필요로 인하여 법률로써 특히 규정한 경우를 제외하고 사영기업을 국유 또는 공유로 이전하거나 그 경영을 통제 또는 관리할 수 없다"로 바뀌었다.

이를 두고 문장의 형식만 바뀌었을 뿐 실질적 내용은 변한 게 없다고 보는 견해도 있고, 사기업의 사회화를 원칙에서 예외로 수정하였다는 점에서 경제적 자유를 확대한 것이라고 보는 견해도 있다. 어쨌든 사기업을 사회화하기 위해서는 국방상 또는 국민경제상 매우 필요하고 절실한 목적이 있어야 하고, 특히 법치주의 원칙에 따라 법률이 정하는 절차를 거쳐야 한다는 점에서는 예나 지금이나 변함이 없다.

제127조
과학기술 발전과 국가표준제도

127

① 국가는 과학기술의 혁신과 정보 및 인력의 개발을 통하여 국민경제의
발전에 노력하여야 한다.

② 국가는 국가표준제도를 확립한다.

③ 대통령은 제1항의 목적을 달성하기 위하여 필요한 자문기구를 둘 수 있다.

제127조 ①항

박정희 군사정권이 들어서면서 대한민국은 경제 발전에 강한 의지를
보였다. 1961년 대한민국의 3대 국가 지표 중 두 개는 '공업화 발전'과
'수출 산업 육성'이었으며, 나머지 하나는 '자주 국방력 강화'였다. 그리
고 같은 해 '국가경제개발5개년계획'이 수립되어 1962년부터 본격적으
로 시행되었다. 말하자면 경제 발전과 공업화, 그리고 이의 전제가 되는
과학기술의 발전에 대한민국 정부가 의지를 불태운 것이다.

그러한 의지가 헌법에도 반영되어 1962년 헌법 개정 때 "① 국민경제
의 발전과 이를 위한 과학진흥에 관련되는 중요한 정책수립에 관하여 국
무회의의 심의에 앞서 대통령의 자문에 응하기 위하여 경제 · 과학심의회
의를 둔다. ② 경제 · 과학심의회의는 대통령이 주재한다. ③ 경제 · 과학심
의회의의 조직 · 직무범위 기타 필요한 사항은 법률로 정한다"라는 내용
의 제118조를 신설했다. 이후 약간의 내용과 자구 수정을 거쳐 지금의 헌

법 제127조로 자리매김하였다.

1962년 헌법에 따라 설립된 경제과학심의회의는 지금까지도 그 명맥을 유지하고 있다. 한편 정보화 시대에는 과학기술, 정보 그리고 사람이 경제 발전에 중요한 역할을 하는 만큼 1항은 과학기술을 혁신하고 정보와 인력을 개발함으로써 국민경제의 발전에 국가가 노력할 것을 규정하고 있다.

제127조 ②항

국가표준제도의 사전적 의미는 '국가가 과학기술 분야에 대하여 용어, 규격, 검사 방법 따위의 표준이 되는 기준을 정하여 공정한 통일을 꾀하는 제도'다. 예컨대 도량형제도, 즉 길이에는 미터를, 넓이에는 평방미터를, 무게에는 킬로그램을 사용하도록 하는 것이 이에 해당한다. 예전에는 넓이의 단위로 평坪도 사용하였는데, 현재는 〈계량에 관한 법률〉에서 이를 금지하고 있다.

미국의 수정헌법이나 독일의 연방헌법은 '도량형' 표준을 정한다고 규정하고 있다. 그러나 국가표준제도는 이러한 도량형제도보다는 좀 더 전문적이면서도 넓은 의미를 가지고 있다. 여기서 말하는 국가 표준은 과학기술계의 표준을 의미한다. 전자공학, 생명·우주과학, 산업기술, 방위산업 등에서 정확한 측정 결과를 얻고, 이를 기반으로 정보들을 개발·보급하기 위해서는 측정 단위, 즉 표준을 마련하는 것이 기본이며 중요하다.

제127조 ③항

〈국가과학기술자문회의법〉에 따라 대통령 직속 국가과학기술자문회의를 설치하여 운영하고 있다.

10장

헌법개정

헌법은 우리의 삶 속에서 살아 숨쉬는 규범이다. 헌법은 정치, 경제, 사회, 문화 등 국가의 모든 생활 영역을 규율하면서 국민의 일상생활에 의하여 실현되는 규범이다. 따라서 시대가 변함에 따라 역사적인 상황이 바뀌면 헌법도 현실과의 괴리를 좁히기 위해 변경이 필요하다. 대한민국 헌법이 특별히 헌법 개정에 대해 규정하고 있는 것은 바로 이런 이유 때문이다. 헌법 개정이란 헌법의 기본적 동일성을 유지하면서 헌법의 어느 조항을 수정·삭제하거나 헌법에 새로운 조항을 추가하는 것을 말한다.

　그런데 헌법은 국가의 최고 규범이며 모든 규범의 기본이기 때문에 흔들림이 없어야 한다. 특히 새로 들어선 정권이나 정치적 주도 세력이 정략적으로 악용하기 위하여 헌법을 개정하는 일은 없어야 한다. 예컨대 대통령에게 국회해산권, 긴급조치권 등 막강한 권력을 부여했던 1972년의 제7차 개헌은 개악의 대표적 예다.

　　　　　　　　　　　　　제10장 헌법개정

헌법 개정의 절차를 까다롭게 해야 할 필요성이 여기에 있다. 대한민국 헌법은 개헌안을 의회에서 먼저 심의·의결한 후 국민투표에 의하여 확정하도록 규정하고 있다. 그런데 제7차 개헌에 따라 성립된 유신헌법은 국회의 심의·의결을 거치지 않고 헌법을 개정할 수 있는 길을 열어놓았다. 국민투표를 거치지 않고 국회의 결의만으로 헌법을 개정할 수 있도록 한 국가들도 있다. 독일 기본법이 그러하다. 우리의 건국 헌법도 국회 재적 의원 3분의 2 이상의 찬성으로 헌법을 개정할 수 있도록 규정했다. 스위스나 노르웨이는 헌법 개정을 위해 특별히 헌법회의를 소집하는 방법을 채택하고 있다. 일본은 1947년 만든 헌법을 지금까지 글자 한 자 고치지 않았다. 이처럼 헌법을 개정하는 방법은 각 나라와 시대에 따라 다양하다. 그러나 모두 일반 법규보다 신중하게 개정하도록 규율하고 있다는 점에서 공통된다.

그동안 우리나라는 모두 9회에 걸쳐 헌법을 개정했다. 헌법 개정의 역사를 간략히 살펴보면 다음 도표와 같다.

일자	주요 내용	비고
제정(1948.7.17.)	• 국회가 대통령 선출 • 대통령 임기 4년 • 단원제 국회 • 부통령제 채택 • 헌법위원회와 탄핵재판소 설치	정부 수립
제1차 개헌(1952.7.7.)	• 대통령과 부통령 직선제 • 국회 양원제(민의원, 참의원)	
제2차 개헌(1954.11.29.)	• 국무총리제 폐지 • 초대 대통령에 대한 중임 제한 철폐	이승만 정권 장기 집권 시도
제3차 개헌(1960.6.15.)	• 자유권에 대한 유보 조항 삭제 • 헌법재판소 신설 • 선거 연령 21세에서 20세로 낮춤 • 의원내각제	4.19 혁명
제4차 개헌(1960.11.29)	• 부정 선거와 부정 축재 관련자 처벌 위한 　소급 입법 근거 • 특별재판소, 특별검찰부 설치	자유당 부패 세력 단죄 의도
제5차 개헌(1962.12.26.)	• 대통령제로 환원 • 국회 단원제로 환원 • 헌법재판소 폐지 • 헌법 전문 개정 • 인간의 존엄성 규정	5.16 군사쿠데타 박정희 정권
제6차 개헌(1969.10.21.)	• 대통령 3선 허용	3선 개헌
제7차 개헌(1972.12.27.)	• 대통령 임기 6년 • 대통령 긴급조치권 • 통일주체국민회의에서 대통령 선출 • 헌법위원회 설치	유신헌법
제8차 개헌(1980.10.27.)	• 대통령 선거인단이 대통령 선출 • 대통령 임기 7년	전두환 정권
제9차 개헌(1987.10.29.)	• 대통령 직선제 • 대통령 임기 5년 • 헌법재판소 부활	직선제 개헌 노태우 정권

128

개정제안권

① 헌법개정은 국회재적의원 과반수 또는 대통령의 발의로 제안된다.

② 대통령의 임기연장 또는 중임변경을 위한 헌법개정은 그 헌법개정

　제안 당시의 대통령에 대하여는 효력이 없다.

제128조 ①항

구체적으로 헌법의 개정 절차를 살펴보자. 이해를 돕기 위해 현재도 이슈가 되고 있는 내각제 개헌안을 예로 들어본다. 내각제로 개헌하기 위해서는 국민의 보통·평등·직접·비밀 선거에 의하여 대통령을 선출하도록 한 헌법 제67조를 삭제하고 국회에서 대통령을 선출하도록 개정해야 한다. 또한 국회가 대통령을 비롯해 행정부를 교체할 수 있도록 헌법에 그 권한을 명시해야 한다. 이러한 내용의 헌법 개정안은 국회 재적 의원 과반수 또는 대통령이 제안할 수 있다. 이를 "발의"라 한다.

일반 법률안의 제안과 마찬가지로, 헌법 개정안의 제안권도 국회와 대통령에게 있다. 다만 그 요건이 좀 까다로워져 국회는 재적 의원 과반수가 동의해야 가능하며, 정부에서는 대표자인 대통령만 할 수 있다.

제128조 ②항

2항은 과거 자신의 임기를 마음대로 연장하려고 시도했던 독재자들의 행적 때문에 둔 규정이다. 전 대통령들 중에서 이승만과 박정희가 임기 연장 또는 영구 집권을 노리고 개헌한 사실이 있다. 하지만 지금도 논리 적으로는 이 헌법 조항 자체를 폐기하는 개헌을 통해 얼마든지 임기 연장 을 시도할 수 있다. 하지만 국민적 저항 때문에 실제로 가능하지는 않을 것이다.

129

개정안 공고기간

제안된 헌법개정안은 대통령이 20일 이상의 기간 이를 공고하여야 한다.

헌법 개정안이 발의되면 대통령은 국민들이 구체적인 내용을 알 수 있도록 헌법 개정안을 20일 이상 공고해야 한다. 이러한 절차는 국민적 합의를 형성하기 위해 필수적이므로 단축하거나 생략할 수 없다.

개정안 의결과 확정 · 공포

130

① 국회는 헌법개정안이 공고된 날로부터 60일 이내에 의결하여야 하며,

　국회의 의결은 재적의원 3분의 2 이상의 찬성을 얻어야 한다.

② 헌법개정안은 국회가 의결한 후 30일 이내에 국민투표에 붙여

　국회의원선거권자 과반수의 투표와 투표자 과반수의 찬성을 얻어야 한다.

③ 헌법개정안이 제2항의 찬성을 얻은 때에는 헌법개정은 확정되며,

　대통령은 즉시 이를 공포하여야 한다.

제130조 ①항

공고한 날로부터 60일 이내에 국회에서는 헌법 개정안에 대해 논의하고 이를 표결에 부쳐야 한다. 만약 국회 재적 의원의 3분의 2 이상이 찬성하지 않는 경우에는 국민투표를 거칠 필요 없이 헌법 개정 논의는 그것으로 종결된다.

제130조 ②항

그러나 국회 재적 의원의 3분의 2 이상이 찬성하는 경우에는, 대통령은 표결일로부터 30일 이내에 헌법 개정 여부를 확정하기 위한 국민투표를 실시해야 한다. 국회의원 선거권자 과반수가 국민투표에 참여하고, 투표자의 과반수가 헌법 개정에 찬성하면 헌법 개정안은 확정된다.

제130조 ③항

국민투표 결과 헌법 개정안이 확정되면 대통령은 즉시 이를 공포해야 한다.

현행 헌법도 이러한 절차를 거쳐 개정되었다. 1987년 6월 항쟁을 계기로 1987년 9월 18일 대통령 직선제를 포함하는 헌법 개정안이 여야 공동으로 발의되었고, 9월 21일 공고를 거쳐 10월 12일 찬성 254표, 반대 4표로 국회에서 통과되었으며, 10월 27일에 실시된 국민투표에 78.2%의 유권자가 참여하여 93.1%의 찬성으로 헌법 개정안이 확정되었다. 확정된 개헌안은 10월 29일 대통령이 공포하였고, 부칙 제1조의 규정에 따라 1988년 2월 25일부터 시행되고 있다.

이처럼 현행 헌법은 국회, 대통령, 국민 모두가 헌법 개정에 참여할 수 있는 길을 마련하고 있다. 그러나 공고는 헌법 개정안을 국민들에게 알리고 자유로운 비판과 의견 교환을 위한 중요한 절차라는 점에서 그 기간을 늘릴 필요가 있다. 또한 대통령에게 헌법 개정의 발의권을 부여한 것은 지나친 권력 집중이라는 견해도 강력하게 주장되고 있다. 이에 반하여 국민들도 직접 헌법 개정안을 발의할 수 있도록 해야 한다는 견해도 있다. 예컨대 제2, 3공화국 헌법은 국회의원(민의원) 선거권자 50만 명 이상의 찬성을 얻어 국민들이 직접 헌법 개정안을 제안할 수 있도록 규정했다.

그렇다면 이러한 절차만 거치면 어떠한 헌법 규정이라도 개정할 수 있을까? 대한민국은 민주공화국이고 모든 권력은 국민으로부터 나온다고 명시한 헌법 제1조도 헌법 개정 절차만 거치면 수정할 수 있을까? 모든 국민은 인간으로서의 존엄과 가치를 가지고 행복을 추구할 권리를 가진다고 선언한 헌법 제9조도 삭제할 수 있을까? 군인이 전투·훈련과 관련해 받은 손해에 대하여는 법률이 정하는 보상 외에 국가 또는 공공단체에 공무원의 직무상 불법행위로 인한 배상은 청구할 수 없다고 규정한 헌법 제29조 2항은 어떤가? 어떤 조항은 개정할 수 있고 어떤 조항은 개정할 수 없다면, 그렇게 구분하는 기준은 무엇일까? 그 기준은 누가 만드는 것일까? 그 기준을 만드는 사람이 국민이라고 가정할 경우, 국민 모두가 원한다면 인간으로서의 존엄과 가치를 선언한 헌법 조항도 폐기할 수 있는 것이 아닐까? 그러한 기준이 존재하기는 하는 걸까?

헌법 개정에 한계가 존재하는지에 관한 문제다. 헌법 개정의 한계에 대한 논쟁은 헌법의 역사와 궤를 같이 한다. 그러나 지금도 치열하게 논쟁이 벌어지고 있는 것으로 보건대 아직까지 정답은 없는 모양이다.

부칙

우리 헌법의 본문은 제1조부터 제130조까지 모두 130개의 조문으로 구성되어 있고, 그 외 전문과 부칙이 더 있다. 부칙은 본문 또는 본칙의 말미에 덧붙인 규정을 말하는데, 본문의 내용을 보충하기 위한 목적을 지닌다. 보통은 그 법률의 시행일, 경과 규정, 관계 법령의 개폐에 관한 내용을 담는다. 하지만 반드시 그런 내용에 국한되지는 않는다. 필요한 사항이라면 무엇이든지 부칙에 규정할 수 있다. 부칙은 헌법이나 법률뿐 아니라, 시행령이나 시행규칙, 정관, 심지어 친목회 회칙에도 붙여놓을 수 있다.

부칙은 비교적 부수적 사항을 규정하고 있는 것처럼 보이지만, 그 법적 효력은 본문과 같다. 따라서 헌법이나 법률에 반드시 부칙을 두어야 하는 것은 아니다. 부칙에 규정할 내용을 모조리 본문에 옮겨놓아도 상관없다. 우리 헌법이나 법률은 거의 모두 부칙을 두고 있다. 법을 만드는 형식의 습관이라고 보면 된다. 물론 부칙이 없는 헌법도 있다.

제1조

시행일

이 헌법은 1988년 2월 25일부터 시행한다. 다만, 이 헌법을 시행하기 위하여 필요한 법률의

제정 · 개정과 이 헌법에 의한 대통령 및 국회의원의 선거 기타 이 헌법시행에 관한 준비는 이

헌법시행 전에 할 수 있다.

이 헌법이란 대한민국의 열 번째 헌법, 1948년 제정한 헌법 이래 아홉 번째 개정한 헌법이다. 1987년 10월 29일에 공포하였는데, 시행은 1988년 2월 25일부터 한다고 부칙 제1조에 규정했다.

왜 하필이면 1988년 2월 25일을 시행일로 정했을까? 이 헌법 이전의 헌법에 의한 대통령은 통일주체국민회의에서 선출된 제12대 대통령 전두환이었다. 임기는 1981년 2월 25일부터 1988년 2월 24일까지 7년이었다. 이 헌법에 따라 대통령을 다시 국민의 직접선거에 의해 뽑았지만, 전임 대통령의 임기를 무사히 마칠 수 있도록 배려한 결과다. 이 헌법에 의해 선출된 대통령의 임기 시작일과 헌법의 시행일을 맞추다 보니 그렇게 된 것이다.

단서 조항에 의하면 이 헌법 시행을 위한 준비는 이 헌법 시행일 이전에 할 수 있다. 그런데 이 헌법의 부칙 역시 이 헌법이 시행되어야 효력이 생긴다. 이 헌법 시행일 이전이라면 부칙 제1조의 단서 조항 역시 효력이 발생하지 않는다. 그럼에도 불구하고 이 단서 조항에 따라 선거 등 준비 행위를 하면, 이 헌법 시행일을 맞아 소급하여 합법화되는 것이다. 어쨌든 그렇게 해석할 수밖에 없다. 아니면 이 헌법에 의한 대통령과 국회의원 선거 등 준비에 관한 규정은 미리 효력이 발생한다고 해석해야 할까? 전자보다는 후자가 덜 우스워 보인다.

제2조

최초의 대통령선거일 · 임기

① 이 헌법에 의한 최초의 대통령 선거는 이 헌법시행일 40일 전까지 실시한다.

② 이 헌법에 의한 최초의 대통령 임기는 이 헌법시행일로부터 개시한다.

이 부칙 조항을 보면 바로 앞의 부칙 제1조의 의미를 짐작할 수 있다. 이 헌법에 의한 최초의 대통령 선거란 국민의 직접투표에 의한 대통령 선출을 말한다. 바로 직전의 헌법은 선거인단에 의한 간접선거로 대통령을 뽑게 되어 있었기 때문이다. 이 부칙 제2조에 따르면 이 헌법 시행일인 1988년 2월 25일보다 40일 전인 1988년 1월 16일까지는 대통령 선거를 해야 한다는 말이다. 그래야 40일 동안 정권 인수 등 필요한 준비를 마치고, 2항에 따라 이 헌법 시행일에 맞추어 새 대통령의 취임식을 거행한다는 정치 일정이 담겨 있다.

그런데 바로 이 부칙 제2조에 따라 대통령 선거를 하고, 대통령 당선자를 확정한다고 하자. 그때는 아직 이 헌법의 효력이 발생하기 전이다. 그러면 대통령 선거는 무효가 되는 게 아닌가? 아니면 그때는 잠정적으로 무효이지만, 이 헌법이 시행되는 1988년 2월 25일부터 모든 효력이 살아나므로 소급하여 유효로 바뀌는가? 그것은 우스운 논리라고 앞서 말했다. 따라서 부칙 제1조의 단서를 시행일의 예외로 해석해야 한다. 대통령과 국회의원 선거, 그리고 이 헌법 시행에 관한 준비는 2월 25일 전에 할 수 있다는 것이다. 그런데 그전이라면, 언제부터 그전까지라는 말인가? 명확한 표현이 없긴 하지만, 이 헌법 공포일인 1987년 10월 29일부터 할 수 있다고 해석할 수 있다. 이런 부분도 가능한 한 해석의 여지를 남기지 말고, 분명하게 규정하는 편이 헌법의 체면을 살리는 길이다.

이 부칙 조항에 따라 제13대 대통령으로 노태우가 당선되었고, 이 헌법 시행일에 취임했다.

제3조

최초의 국회의원선거 · 이 헌법시행 당시의 국회의원 임기

① 이 헌법에 의한 최초의 국회의원선거는 이 헌법공포일로부터 6월 이내에 실시하며, 이 헌법에 의하여 선출된 최초의 국회의원의 임기는 국회의원선거후 이 헌법에 의한 국회의 최초의 집회일로부터 개시한다.

② 이 헌법공포 당시의 국회의원의 임기는 제1항에 의한 국회의 최초의 집회일 전일까지로 한다.

이 헌법에 의한 국회의원 선거에 관한 조항이다. 이 조항도 이 헌법 시행일의 예외 규정이다.

바로 이 부칙 제3조에 따라 제13대 국회가 구성되었고, 국회의원의 임기는 1988년 5월 30일에 개시했다.

제4조

이 헌법시행 당시의 공무원등의 지위

① 이 헌법시행 당시의 공무원과 정부가 임명한 기업체의 임원은 이 헌법에 의하여 임명된 것으로 본다. 다만, 이 헌법에 의하여 선임방법이나 임명권자가 변경된 공무원과 대법원장 및 감사원장은 이 헌법에 의하여 후임자가 선임될 때까지 그 직무를 행하며, 이 경우 전임자인 공무원의 임기는 후임자가 선임되는 전일까지로 한다.

② 이 헌법시행 당시의 대법원장과 대법원판사가 아닌 법관은 제1항 단서의 규정에도 불구하고 이 헌법에 의하여 임명된 것으로 본다.

③ 이 헌법중 공무원의 임기 또는 중임제한에 관한 규정은 이 헌법에 의하여 그 공무원이 최초로 선출 또는 임명된 때로부터 적용한다.

이 헌법은 종전 헌법을 부분적으로 개정한 것이 아니라 전면적으로 개정한 것이다. 기본권 조항은 권리의 이름이나 표현 방식은 달라도 내용은 다를 것이 없다. 하지만 국가기구는 완전히 쇄신되고, 중요한 공무원은 직책명과 임기도 바뀌었다. 국가기구는 이 헌법과 함께 새로 출발한 것이나 다름없었다. 그렇다면 국가기관의 구성원인 공무원도 이 헌법 시행과 함께 모두 다시 임명해야 할 수도 있다. 그렇지만 이 헌법에 의해 중요한 부분에 변동이 있는 경우를 제외하고는 공무원 조직을 그대로 이어가는 것이 혼란을 피하는 안정적인 방법이다. 그래서 공무원들이나 그에 준하는 공기업체의 임원은 이 헌법에 의해 임명한 것으로 간주했다.

다만 예외가 있다. 이 헌법에 따라 선임 방법이나 임명권자가 달라진 공무원은 이 헌법에 의해 다시 임명할 수밖에 없다. 대법원장과 감사원장은 임명권자가 달라지진 않았지만, 그 직책의 중요도를 감안해 새 대통령이 다시 임명하도록 했다.

이 헌법 이전의 헌법에서는 대법관을 대법원판사라고 했다. 그리고 개정과 함께 임기도 5년에서 6년으로 바뀌었다. 대법원의 구성 자체가 달라졌다고 할 수 있을 정도다. 그러나 부칙 제4조에 대법원판사에서 대법관으로 명칭이 바뀌는 데 따르는 특별한 규정이 없다. 따라서 이 헌법에 의한 대법관은 그대로 지위가 유지된다. 단, 임기는 새로 시작하지 않는다.

2항에서 "대법원장과 대법원판사가 아닌 법관"이란, 앞에서도 지적했듯이 '대법원장도 대법원판사도 아닌 법관', 즉 일반 법관이란 의미다. 이 헌법 전의 헌법은 일반 법관은 대법원장이 임명했다. 하지만 이 헌법 제

104조 3항에서 일반 법관은 대법관회의의 동의를 얻어 임명하도록 했다. 따라서 1항의 단서 중 선임 방법이 변경된 경우에 해당한다. 그렇다면 모든 법관을 절차를 밟아 다시 임명해야 한다. 그러한 번거로움을 피하기 위해 일반 법관은 이 헌법에 의해 임명한 것으로 간주하는 규정을 둔 것이다.

어떤 경우든 이 헌법의 임기나 중임 제한 등 규정은 이 헌법에 의해 새로 선출 또는 임명된 공무원에게만 적용한다. 종전 헌법에 의해 임명되었으나 이 헌법에 의해 임명된 것으로 간주하는 경우에는 종전의 임기가 그대로 적용된다고 해석해야 한다. 이 부분도 좀 더 명확히 규정했어야 옳다.

제5조
이 헌법시행 당시의 법령과 조약

이 헌법시행 당시의 법령과 조약은 이 헌법에 위배되지 아니하는 한 그 효력을 지속한다.

이것은 당연한 조항이다. 과거에 제정되거나 체결된 법령이나 조약의 내용이 지금 헌법에 위배되면 위헌 결정을 받아 무효가 될 수밖에 없기 때문이다. 그럼에도 불구하고 이런 조항을 둔 이유는 바로 직전 시행됐던 전두환 정권의 헌법기관이었던 국가보위입법회의 때문이다.

1980년 헌법은 부칙에 국가보위입법회의라는 강력한 기구를 설치하는 근거를 규정했다. 국가보위입법회의는 헌법 시행일부터 최초의 국회 집회일까지 국회의 권한을 대행하며 필요한 법을 만들 수 있었다. 그리고 당시 헌법이나 그 밖에 무엇으로도 국가보위입법회의가 만든 법에 이의를 제기할 수 없다고 못박았다. 또한 부패 정치인에 대해 소급하여 처벌하는 법률 제정의 근거도 마련했다. 그 모든 초헌법적 내용이 당시 헌법의 부칙에 규정되어 있었다.

훗날 국가보위입법회의에서 만든 법은 법 제정 절차 자체가 위헌이므로 모두 무효라는 주장이 제기되었다. 하지만 헌법재판소는 1996년에 법 제정 절차를 위헌이라 할 수는 없고, 당시 제정된 법의 내용이 위헌인지 따질 수 있을 뿐이라고 결정했다.

제6조

특별기관에 관한 경과조치

이 헌법시행 당시에 이 헌법에 의하여 새로 설치될 기관의 권한에 속하는 직무를 행하고 있는 기관은 이 헌법에 의하여 새로운 기관이 설치될 때까지 존속하며 그 직무를 행한다.

"이 헌법에 의하여 새로 설치될 기관"의 대표적 예가 헌법재판소다. 그리고 새로 설치될 헌법재판소의 "권한에 속하는 직무를 행하고 있는 기관"은 종전 헌법의 헌법위원회다.

이 헌법은 1988년 2월 25일부터 시행되었으나, 헌법재판소는 1988년 9월 19일에 문을 열었다. 따라서 그사이 기간에는 종전의 헌법위원회가 직무를 계속했다.

주 │ 헌법재판소 결정번호

1. 헌재 2005. 6. 30. 2004헌마859
2. 헌재 2009. 3. 26. 2007헌마843
3. 헌재 2009. 3. 26. 2007헌마843
4. 헌재 2000. 8. 31. 97헌가12
5. 헌재 2004. 4. 29. 2003헌마255·256
6. 헌재 2014. 12. 19. 2013헌다1
7. 헌재 1997. 7. 16. 95헌가8
8. 헌재 2005. 2. 3. 2001헌가9
9. 헌재 2006. 5. 25. 2003헌마715
10. 헌재 2004. 5. 27. 2004헌가1,4
11. 헌재 2007. 5. 31. 2008헌가25
12. 헌재 1991. 4. 1. 89헌마160
13. 헌재 2001. 9. 27. 2000헌마159
14. 헌재 2009. 9. 24. 2008헌가25
15. 헌재 2014. 4. 24. 2011헌가29
16. 헌재 1994. 7. 29. 92헌바49
17. 헌재 1999. 10. 21. 97헌바26
18. 헌재 2007. 6. 28. 2004헌마644
19. 헌재 1991. 7. 22. 89헌가106
20. 헌재 2007. 8. 30. 2004헌마670
21. 헌재 1998. 2. 27. 95헌바10
22. 헌재 2002. 12. 18. 2002헌마52
23. 헌재 2007. 5. 31. 2006헌마627
24. 헌재 1999. 7. 29. 93헌가4
25. 헌재 2002. 2. 24. 97헌바5
26. 헌재 2004. 5. 14. 2004헌나1
27. 헌재 2004. 5. 14. 2004헌나1
28. 헌재 2004. 5. 14. 2004헌나1
29. 헌재 1995. 1. 20. 94헌마246
30. 헌재 1998. 12. 24. 89헌마214, 90헌바16
31. 헌재 1993. 7. 9. 89헌마31

주

지금 다시, 헌법

초판	1쇄 발행	2016년 11월 18일
개정신판	1쇄 발행	2022년 4월 5일
개정신판	5쇄 발행	2025년 2월 14일

지은이		차병직, 윤재왕, 윤지영
편집		김정희
디자인		지노디자인 이승욱

펴낸이		김정희
펴낸곳		노르웨이숲
출판등록		제 2021-000058호
등록일자		2021년 9월 3일
이메일		norwaybook123@gmail.com
인스타그램		@norw.egian_book

ISBN		979-11-977917-0-3 03360

©	2022	차병직, 윤재왕, 윤지영